SAMMLUNG TUSCULUM

Herausgegeben von

Karl Bayer, Manfred Fuhrmann, Rainer Nickel

C. PLINII SECUNDI

NATURALIS HISTORIAE
LIBRI XXXVII

Liber XVIII

C. PLINIUS SECUNDUS d. Ä.

NATURKUNDE

Lateinisch–deutsch
Buch XVIII

Botanik: Ackerbau

Herausgegeben und übersetzt
von Roderich König
in Zusammenarbeit mit Joachim Hopp
und Wolfgang Glöckner

ARTEMIS & WINKLER

Titelvignette aus der Plinius-Ausgabe Venedig 1513

Die Deutsche Bibliothek – CIP-Einheitsaufnahme

Plinius Secundus, Gaius:
Naturkunde : lateinisch-deutsch / C. Plinius Secundus d. Ä.
Hrsg. und übers. von Roderich König
in Zusammenarbeit mit Joachim Hopp und Wolfgang Glöckner.
München : Artemis und Winkler.
(Sammlung Tusculum)
Einheitssacht.: Historia naturalis
Parallelsacht.: Naturalis historiae libri XXXVII.
Teilw. im Heimeran-Verl., München.
Buch 3/4 und 5 hrsg. und übers. von Gerhard Winkler
in Zusammenarbeit mit Roderich König
ISBN 3-7608-1618-5
NE: König, Roderich [Hrsg.]; Winkler, Gerhard [Hrsg.]

Buch 18: Botanik. Ackerbau. – 1995
ISBN 3-7608-1598-7

Artemis & Winkler Verlag
© 1995 Artemis Verlags-AG, Zürich
Satz: IBV Satz- und Datentechnik GmbH, Berlin
Druck und Bindung: Pustet, Regensburg
Printed in Germany

INHALT

LIBRO XVIII CONTINENTUR
INHALT DES 18. BUCHES

---

* Die römischen Ziffern entsprechen der alten Kapiteleinteilung. Die arabischen Ziffern beziehen sich auf die seit etwa 100 Jahren gebräuchliche Einteilung in Paragraphen.

Ex auctoribus
Masurio Sabino. Cassio Hemina.
Verrio Flacco. L. Pisone. Cornelio
Celso. Turranio Gracile. D. Silano.
M. Varrone. Catone censorio.
Scrofa. Sasernis patre et filio.
Domitio Calvino. Hygino. Vergilio.
Trogo. Ovidio. Graecino. Colu-
mella. Tuberone. L. Tarutio qui
Graece de astris scripsit. Caesare dic-
tatore qui item. Sergio Plauto. Sabino
Tirone. Fabiano. M. Cicerone. Cal-
purnio Basso. Ateio Capitone.
Mamilio Sura. Attio qui Praxidicum
scripsit.

Externis
Hesiodo. Theophrasto. Aristotele.
Democrito. Hierone rege. Philome-
tore Attalo rege. Archelao rege.
Archyta. Xenophonte. Amphilocho
Athenaeo. Anaxipoli Thasio. Apol-
lodoro Lemnio. Aristophane Mile-
sio. Antigono Cymaeo. Agathocle
Chio. Apollonio Pergameno. Ari-
standro Athenaeo. Bacchio Milesio.
Bione Solense. Chaerea Atheniense.
Cheresto item. Diodoro Prieneo.
Dinone Colophonio. Epigene Rho-
dio. Euagone Thasio. Euphronio
Athenaeo. Androtione qui de agri-
cultura scripsit. Aeschrione qui item.
Lysimacho qui item. Dionysio qui
Magonem transtulit. Diophane qui
ex Dionysio epitomas fecit. Thalete.
Eudoxo. Philippo. Callippo. Dosi-
theo. Parmenisco. Metone. Critone.
Oenopide. Conone. Euctemone.
Harpalo. Hecataeo. Anaximandro.
Sosigene. Hipparcho. Arato. Zoro-
astre. Archibio.

Quellen: Römische Autoren
Masurius Sabinus. Cassius Hemina.
Verrius Flaccus. L. Piso. Cornelius
Celsus. Turranius Gracilis. D. Sila-
nus. M. Varro. Cato, der Zensor.
Scrofa. Saserna, Vater und Sohn.
Domitius Calvinus. Hyginus. Ver-
gilius. Trogus. Ovidius. Graecinus.
Columella. Tubero. L. Tarutius, der
in griechischer Sprache über die
Gestirne schrieb. Caesar, der Dikta-
tor, ebenfalls. Sergius Plautus. Sabi-
nus Tiro. Fabianus. M. Cicero. Cal-
purnius Bassus. Ateius Capito.
Mamilius Sura. Attius, der den »Pra-
xidicus« schrieb.

Fremde Autoren
Hesiodos. Theophrastos. Aristote-
les. Demokritos. König Hieron.
König Attalos Philometor. König
Archelaos. Archytas. Xenophon.
Amphilochos aus Athen. Anaxipolis
aus Thasos. Apollodoros aus Lem-
nos. Aristophanes aus Milet. Antigo-
nos aus Kyme. Agathokles aus
Chios. Apollonios aus Pergamon.
Aristandros aus Athen. Bacchios aus
Milet. Bion aus Soli. Chaireas aus
Athen. Cherestos aus Athen. Diodo-
ros aus Priene. Dion aus Kolophon.
Epigenes aus Rhodos. Euagon aus
Thasos. Euphronios aus Athen.
Androtion, der über den Ackerbau
schrieb. Aischrion ebenso. Lysima-
chos ebenso. Dionysios, der den
Mago übersetzte. Diophanes, der aus
dem Dionysios einen Auszug
machte. Thales. Eudoxos. Philippos.
Kallippos. Dositheos. Parmeniskos.
Meton. Kriton. Oinopides. Konon.
Euktemon. Harpalos. Hekataios.
Anaximandros. Sosigenes. Hippar-
chos. Aratos. Zoroastros. Archibios.

TEXT UND ÜBERSETZUNG

C. PLINI SECUNDI
NATURALIS HISTORIAE
LIBER XVIII

Sequitur natura frugum hortorumque ac florum
quaeque alia praeter arbores aut frutices benigna
tellure proveniunt, vel per se tantum herbarum
inmensa contemplatione, si quis aestimet varieta-
tem, numerum, flores, odores coloresque et sucos
ac vires earum, quas salutis aut voluptatis hominum
gratia gignit. qua in parte primum omnium patroci-
nari terrae et adesse cunctorum parenti iuvat,
quamquam inter initia operis defensae. quoniam
tamen ipsa materia accedit intus ad reputationem
eiusdem parientis et noxia: nostris eam criminibus
urguemus nostramque culpam illi inputamus.
genuit venena. sed quis invenit illa praeter hominem? cavere ac refugere alitibus ferisque satis est.
atque cum arbore exacuant limentque cornua ele-
phanti et uri, saxo rhinocerotes, utroque apri den-
tium sicas, sciantque ad nocendum praeparare se
animalia, quod tamen eorum excepto homine tela
sua venenis tinguit? nos et sagittas unguimus ac
ferro ipsi nocentius aliquid damus, nos et flumina
inficimus et rerum naturae elementa, ipsumque quo
vivitur in perniciem vertimus. neque est, ut putemus ignorari ea ab animalibus; quae praepararent

I
I

2

3

C. PLINIUS SECUNDUS
NATURKUNDE
BUCH 18

Es folgt die Beschaffenheit der Feldfrüchte, der Gärten und
Blumen und was sonst noch, außer den Bäumen oder Sträuchern, aus der freigebigen Erde hervorkommt; es geht zwar
allein die Betrachtung der Kräuter schon ins Unermeßliche,
wenn man deren Verschiedenheit, Anzahl, Blüten, Gerüche,
Farben, Säfte und Kräfte würdigen will, welche ⟨die Natur⟩
zur Gesundheit oder zum Vergnügen der Menschen hervor-
bringt. Hier vor allem will ich die Erde in Schutz nehmen und
der Mutter aller Dinge beistehen, obgleich ich sie bereits zu
Beginn meines Werkes [2,154] verteidigt habe. Weil jedoch
die Materie selbst auf den Gedanken führt, ⟨die Erde⟩ bringe
auch schädliche Dinge hervor, beschweren wir sie mit unseren Lastern und schieben die Schuld daran auf sie. Sie hat
Gifte hervorgebracht, doch wer anders hat sie entdeckt als der
Mensch? Den Vögeln und den wildenTieren genügt es, davor
auf der Hut zu sein und sie zu meiden. Und so wetzen und
schärfen an einem Baum die Elefanten und Auerochsen ihre
Hörner, an einem Felsen die Rhinozerosse, an beiden ⟨Stel-
len⟩ die Eber ihre dolchartigen Hauer, und die Tiere wissen,
daß sie sich, wenn sie ⟨andern⟩ schaden wollen, vorbereiten
müssen; welches Tier aber, außer dem Menschen, benetzt
seine Waffen mit Giften? Wir bestreichen auch Pfeile damit
und machen das Eisen selbst noch schädlicher, wir vergiften
auch die Flüsse und die Elemente der Natur und selbst das,
was uns leben läßt, ⟨die Luft⟩, verderben wir. Wir sollten
nicht meinen, die Tiere kennten die Gifte nicht; wir haben

contra serpentium dimicationes, quae post proe-
lium ad medendum excogitarent, indicavimus. nec
ab ullo praeter hominem veneno pugnatur alieno.
fateamur ergo culpam ne iis quidem, quae nascun-   4
tur, contenti; etenim quanto plura eorum genera
humana manu fiunt! quid? non et homines quidem
ut venena nascuntur? atra ceu serpentium lingua
vibrat tabesque animi contacta adurit culpantium
omnia ac dirarum alitum modo tenebris quoque
suis et ipsarum noctium quieti invidentium gemitu,
quae sola vox eorum est, ut inauspicatarum ani-
mantium vice obvii quoque vetent agere aut prodesse vitae. nec ullum aliud abominati spiritus prae-
mium novere quam odisse omnia. verum et in hoc   5
eadem naturae maiestas. quanto plures bonos
genuit ut fruges! quanto fertilior in his, quae iuvent
alantque! quorum aestimatione et gaudio nos quoque, relictis exustioni suae istis hominum rubis,
pergemus excolere vitam eoque constantius, quo
operae nobis maior quam famae gratia expetitur.
quippe sermo circa rura est agrestesque usus, sed
quibus vita constet honosque apud priscos maximus fuerit.

Arvorum sacerdotes Romulus in primis instituit   II
seque duodecimum fratrem appellavit inter illos   6
Acca Larentia nutrice sua genitos, spicea corona,
quae vitta alba colligaretur, sacerdotio ei pro reli-
giosissimo insigni data; quae prima apud Romanos
fuit corona, honosque is non nisi vita finitur et
exules etiam captosque comitatur. bina tunc iugera
p. R. satis erant, nullique maiorem modum adtri-   7

bereits erwähnt, wie sie sich zum Kampf mit Schlangen vorbereiten und was sie sich für danach als Heilmittel ausge-
dacht haben [8,88.97]. Mit fremdem Gift kämpft außer dem
Menschen kein Lebewesen. Bekennen wir also unsere
Schuld: Wir sind nicht einmal mit den Giften zufrieden, die
⟨in der Natur⟩ wachsen; denn weit mehr Arten von Giften
werden von Menschenhand bereitet! Ja, werden nicht auch
Menschen gleichsam wie Gift geboren? Ihre schwarze Zunge
zittert wie die der Schlangen, die Pest ihrer Seele verdirbt,
was sie berührt, indem sie alles angiften und gleich abscheu-
lichen Vögeln, die in ihrer Finsternis sogar die Nachtruhe
mit ihrem Gekrächze, dem einzigen Laut, den sie von sich
geben können, stören, so daß solche ⟨Menschen⟩, wenn sie
uns begegnen, uns wie Tiere mit unglücklicher Vorbedeutung auch daran hindern, zu handeln oder dem Leben zu
nützen. Ihre schändliche Seele kennt keinen anderen Genuß,
als alles zu hassen. Aber auch darin zeigt sich die Vortreff-
lichkeit der Natur: Wieviel mehr gute Menschen hat sie
geschaffen! Wieviel fruchtbarer ist sie in den Dingen, die
erfreuen und nähren! Mit Anerkennung und Freude darüber
werden wir jene Menschen ihrem üblen Tun überlassen und
fortfahren, dem Leben zu nützen, und das um so beharrli-
cher, als uns mehr an diesem Wirken gelegen ist als an eitlem
Ruhm. Wir sprechen zwar nur vom Land und von den ländlichen Arbeiten, doch war dies für unsere Vorfahren der
Lebensmittelpunkt und stand in höchsten Ehren.

Romulus hat als erstes Flurpriester (*arvorum sacerdotes*)
eingesetzt und sich den zwölften Bruder unter jenen genannt,
die seine Amme Acca Larentia geboren hatte; er gab ihnen als
heiligstes Abzeichen ihres Priestertums einen Ährenkranz,
der mit einer weißen Binde zusammengebunden war; dies
war der erste Kranz bei den Römern, und diese Würde en-
digte erst zugleich mit dem Leben ⟨des Trägers⟩; sie begleitete
selbst Verbannte und Gefangene. Zwei Morgen Land genüg-

buit, quo servorum paulo ante principis Neronis
contento huius spatii viridiariis? piscinas iuvat
maiores habere, gratumque, si non aliquem culinas.
Numa instituit deos fruge colere et mola salsa sup-
plicare atque, ut auctor est Hemina, far torrere,
quoniam tostum cibo salubrius esset, id uno modo
consecutus, statuendo non esse purum ad rem divi-
nam nisi tostum. is et Fornacalia instituit farris tor-   8
rendi ferias et aeque religiosas Terminis agrorum.
hos enim deos tum maxime noverant, Seiamque a
serendo, Segestam a segetibus appellabant, quarum
simulacra in circo videmus – tertiam ex his nomi-
nare sub tecto religio est –, ac ne degustabant quidem novas fruges aut vina, antequam sacerdotes
primitias libassent.

   Iugerum vocabatur, quod uno iugo boum in die   III
exarari posset; actus, in quo boves agerentur cum   9
aratro uno impetu iusto. hic erat CXX pedum
duplicatusque in longitudinem iugerum faciebat.
dona amplissima imperatorum ac fortium civium
quantum quis uno die plurimum circumaravisset,
item quartarii farris aut heminae, conferente
populo. cognomina etiam prima inde: Pilumni, qui   10
pilum pistrinis invenerat, Pisonis a pisendo, iam
Fabiorum, Lentulorum, Ciceronum, ut quisque
aliquod optime genus sereret. Iuniorum in familia

ten damals dem römischen Volk, und keinem verlieh Romulus ein größeres Maß. Welcher von denen, die vor kurzem unter Kaiser Nero noch Sklaven waren, gäbe sich ⟨heute⟩ noch mit Lustgärten solchen Umfangs zufrieden? Es gefällt ihnen, größere Fischteiche zu haben, und man muß schon dankbar sein, wenn einer von ihnen nicht auch noch Küchen ⟨solchen Ausmaßes⟩ haben will. Numa ordnete an, die Götter mit Feldfrüchten zu ehren und mit gesalzenem Schrotmehl anzuflehen, ferner, wie Hemina berichtet, das Getreide zu rösten, weil das geröstete eine gesündere Nahrung sei; er erreichte damit, daß nur geröstetes ⟨Getreide⟩ für rein genug zum Götterdienst erachtet wurde. Numa setzte auch das Fest der Ofengöttin *(Fornicalia)* ein, um das Getreide zu rösten, und ein ebenso heiliges Fest für die Grenzmarken der Felder. Diese ⟨ländlichen⟩ Götter nämlich kannte man damals vor allem, so auch Seia nach dem Säen *(serere)*, Segesta nach den Saaten *(segetes)* genannt, deren Standbilder man im Circus ⟨Maximus⟩ sieht – die dritte von diesen zu Hause zu nennen ist Sünde –, und man kostete nicht einmal die neuen Früchte oder Weine, ehe die Priester die Erstlinge geopfert hatten.

Ein *iugerum* nannte man, was man mit einem Joch Ochsen an einem Tage umpflügen konnte; einen *actus*, so weit die Ochsen mit dem Pfluge in einem einzigen Gange getrieben werden konnten. Dieser war 120 Fuß lang, und das ergab ⟨im Quadrat⟩ einen Morgen. Als reichstes Geschenk für Feldherren und tapfere Bürger ⟨galt⟩ so viel Land, wie einer an einem Tage ⟨höchstens⟩ umpflügen konnte; ferner steuerte das Volk einen *quartarius* oder eine *hemina* Getreide bei. Daher ⟨stammen⟩ auch die ersten Beinamen: *Pilumnus* ⟨für den⟩, der die Stampfkeule *(pilum)* für die Mühlen erfunden hatte, Piso vom Stampfen *(pisere)*, dann *Fabius* („Bohnenmann"), *Lentulus* („Linsenmann"), *Cicero* („Kichererbsenmann"), je nachdem einer eine Fruchtart *(faba, lens, cicer)* am besten anbaute. Aus der Familie der Junier erhielt einer den

Bubulcum nominarunt, qui bubus optime uteba-
tur. quin et in sacris nihil religiosius confarreationis
vinculo erat, novaeque nuptae farreum praefere-
bant. agrum male colere censorium probrum iudi-   11
cabatur, atque, ut refert Cato, cum virum laudantes
bonum agricolam bonumque colonum dixissent,
amplissime laudasse existimabantur. hinc et locu-
pletes dicebant loci, hoc est agri, plenos. pecunia
ipsa a pecore appellabatur. etiam nunc in tabulis
censoriis pascua dicuntur omnia, ex quibus popu-
lus reditus habet, quia diu hoc solum vectigal
fuerat. multatio quoque non nisi ovium boumque
inpendio dicebatur, nec omittenda priscarum
legum benivolentia: cautum quippe est, ne bovem
prius quam ovem nominaret, qui indiceret multam.
ludos boum causa celebrantes Bubetios vocabant.   12
Servius rex ovium boumque effigie primum aes sig-
navit. frugem quidem aratro quaesitam furtim
noctu pavisse ac secuisse puberi XII tabulis capital
erat, suspensumque Cereri necari iubebant gravius
quam in homicidio convictum, inpubem praetoris
arbitratu verberari noxiamve duplionemve decerni.
iam distinctio honosque civitatis ipsius non aliunde   13
erat. rusticae tribus laudatissimae eorum, qui rura
haberent, urbanae vero, in quas transferri ignomi-
nia esset, desidiae probro. itaque quattuor solae
erant, a partibus urbis, in quibus habitabant, Suburana, Palatina, Collina, Esquilina. nundinis urbem

Namen *Bubulcus*, weil er am besten mit Ochsen umgehen konnte. Ja sogar unter den heiligen Gebräuchen war nichts feierlicher als das Band der Ehe *(confarreatio)*, und man trug den Neuvermählten einen Kuchen aus Spelt *(far)* voran. Wer seinen Acker schlecht bestellte, erhielt einen Tadel vom Zensor, und man glaubte, wie Cato berichtet, einen Mann am besten loben zu können, wenn man von ihm sagte, er sei ein guter Bauer und Landwirt. Daher nannte man diejenigen begütert, welche viel Land, d.h. Äcker besaßen. Selbst das Geld *(pecunia)* wurde nach dem Vieh *(pecus)* benannt. Noch jetzt heißt in den Listen der Zensoren alles, woraus das Volk Einkünfte bezieht, ‚Weiden‘ *(pascua)*, weil dies lange Zeit die einzige Einnahmequelle war. Auch gab es keine andere Vermögensstrafe als den Verlust an Schafen und Ochsen, wobei man die Milde der alten Gesetze nicht übersehen darf: Es war nämlich festgesetzt, daß der, welcher die Strafe bestimmte, zuerst nur ein Schaf und dann erst einen Ochsen nehmen durfte. Diejenigen, die wegen der Ochsen Spiele veranstalteten, hießen *Bubetii*. König Servius ließ die erste Münze mit dem Bild von Schafen und Ochsen prägen. Wer heimlich in der Nacht Feldfrüchte, die mit dem Pflug bestellt worden waren, abweidete oder abschnitt, wurde, wenn er erwachsen war, nach den Zwölftafelgesetzen mit dem Tod bestraft und sollte, der Ceres verfallen, gehängt werden, da man dies als ein schwereres Verbrechen ansah als einen Mord; ein Unmündiger sollte nach dem Urteil des Prätors ausgepeitscht und zum ⟨einfachen oder⟩ doppelten Schadensersatz verpflichtet werden. Unterschied und Rang in der Bürgerschaft selbst hatten keinen anderen Ursprung. Unter den Tribus waren die aus den Eigentümern der Ländereien bestehenden am angesehensten, die städtischen aber, in die versetzt zu werden als Schande galt, waren wegen ihrer Trägheit verachtet. Es gab daher nur vier, die nach den Stadtteilen, in denen die Leute wohnten, benannt waren: die suburanische, palatinische, col-

revisitabant et ideo comitia nundinis habere non
licebat, ne plebes rustica avocaretur. quies somnus-   14
que in stramentis erat. gloriam denique ipsam a farris honore adoriam appellabant. equidem ipsa
etiam verba priscae significationis admiror; ita
enim est in commentariis pontificum: ‚Augurio
canario agendo dies constituantur, priusquam frumenta vaginis exeant et antequam in vaginas perve-
niant.‘

Ergo his moribus non modo sufficiebant fruges   IV
nulla provinciarum pascente Italiam, verum etiam   15
annonae vilitas incredibilis erat. Manius Marcius
aedilis plebis primum frumentum populo in
modios assibus datavit. L. Minucius Augurinus,
qui Spurium Maelium coarguerat, farris pretium in
trinis nundinis ad assem redegit undecimus plebei
tribunus, qua de causa statua ei extra portam Trige-
minam a populo stipe conlata statuta est. Seius in   16
aedilitate assibus populo frumentum praestitit,
quam ob causam et ei statuae in Capitolio ac Palatio
dicatae sunt, ipse supremo die populi umeris porta-
tus in rogum est. quo verum anno Mater deum
advecta Romam est, maiorem ea aestate messem
quam antecedentibus annis decem factam esse tradunt. M. Varro auctor est, cum L. Metellus in   17
triumpho plurimos duxit elephantos, assibus singulis farris modios fuisse, item vini congios ficique
siccae pondo XXX, olei pondo X, carnis pondo
XII. ne e latifundiis singulorum contingebat arcen-
tium vicinos, quippe etiam lege Stolonis Licini

linische und esquilinische. Alle neun Tage kamen ⟨die Land-leute⟩ in die Stadt, und es war daher nicht erlaubt, an diesen Tagen Volksversammlungen einzuberufen, damit sie nicht ⟨von ihren Geschäften⟩ abgehalten würden. Ruhe und Schlaf fand man auf Stroh. Schließlich nannten sie den Ruhm selbst zu Ehren des Dinkels *adoria*. Ich bewundere allein schon die Worte der altertümlichen Ausdrucksweise. So heißt es näm-lich in den Priesterordnungen: „Zur Zeichendeutung durch das Hundeopfer *(augurium canarium)* solle man die Tage bestimmen, ehe das Getreide aus seinen Blattscheiden geht und bevor die Ähre selbst sich bildet."

Bei solchen Sitten reichte das Getreide nicht nur aus, so daß Italien von keiner Provinz Zufuhr erhalten mußte, sondern auch sein Preis war unglaublich niedrig. Der Volksädil Manius Marcius gab zum ersten Mal dem Volk den *modius* Getreide für einen *as*. L. Minucius Augurinus, der den Spu-rius Maelius überführt hatte, brachte als elfter Volkstribun den Preis des Getreides in drei Markttagen auf einen *as* zurück, weshalb ihm das Volk vor der Porta Trigemina aus gesammelten Beiträgen eine Bildsäule errichtete. Seius gab während seines Amtes als Ädil dem Volke das Getreide für einen *as*, weshalb man auch ihm Bildsäulen auf dem Kapitol und auf dem Palatin widmete und er selbst an seinem Todestag vom Volk auf den Schultern zum Scheiterhaufen getragen wurde. In dem Jahre aber, in dem die Göttermutter (Kybele) nach Rom gebracht wurde, soll im Sommer die Ernte reicher ausgefallen sein als in den zehn vorhergehenden Jahren. M. Varro ist Gewährsmann, daß zur Zeit, als L. Me-tellus eine große Zahl Elefanten im Triumphzug aufführte, der *modius* Getreide einen *as* gekostet habe, ebenso ein *con-gius* Wein, 30 Pfund trockene Feigen, zehn Pfund Öl und zwölf Pfund Fleisch. Und dies war nicht die Folge der großen Landgüter einzelner, welche ihre Nachbarn verdrängten, denn auch nach dem Gesetz des Stolo Licinius war deren

incluso modo quingentorum iugerum, et ipso sua
lege damnato, cum substituta filii persona amplius
possideret. luxuriantis iam rei p. fuit ista mensura.   18
Mani quidem Curi post triumphos inmensumque
terrarum adiectum imperio nota contio est: perni-
ciosum intellegi civem, cui septem iugera non
essent satis. haec autem mensura plebei post exac-
tos reges adsignata est.

Quaenam ergo tantae ubertatis causa erat? ipso-   19
rum tunc manibus imperatorum colebantur agri, ut
fas est credere, gaudente terra vomere laureato et
triumphali aratore, sive illi eadem cura semina trac-
tabant, qua bella, eademque diligentia arva dispo-
nebant, qua castra, sive honestis manibus omnia
laetius proveniunt, quoniam et curiosius fiunt.
serentem invenerunt dati honores Serranum, unde
ei et cognomen. aranti quattuor sua iugera in Vati-   20
cano, quae prata Quintia appellantur, Cincinnato
viator attulit dictaturam et quidem, ut traditur,
nudo, plenoque nuntius morarum: ‚Vela corpus‘,
inquit, ut perferam senatus populique Romani
mandata.‘ tales tum etiam viatores erant, quod   21
ipsum nomen inditum est subinde ex agris senatum
ducesque arcessentibus. at nunc eadem illa vincti
pedes, damnatae manus inscriptique vultus exer-
cent, non tam surda tellure, quae parens appellatur
colique dicitur, ipso honore his absumpto, ut non
invita ea et indignante credatur id fieri. sed nos

Größe auf 500 Morgen begrenzt, und er selbst wurde nach seinem eigenen Gesetz bestraft, weil er auf den Namen seines Sohnes mehr besaß. Diese Maßbegrenzung war bereits das Indiz eines üppig blühenden Staates. Es ist ja die Rede des Manius Curius bekannt, die er nach seinen Triumphen und dem ungeheuren Zuwachs des Reiches hielt: Ein Bürger, dem sieben Morgen nicht genügten, müsse als gefährlich angesehen werden. Dieses Maß war dem Volk nach der Vertreibung der Könige zugeteilt worden.

Was war nun die Ursache dieser großen Fruchtbarkeit? Die Äcker wurden damals von den Feldherren mit eigenen Händen bestellt, so daß es wohl glaublich ist, daß sich die Erde über die lorbeerbedeckte Pflugschar und den mit einem Triumph geehrten Bauern freute, sei es, daß jene ihre Saaten mit derselben Sorgfalt behandelten wie ihre Kriege und ihre Felder mit derselben Genauigkeit bestellten wie ihre Lager, sei es, daß unter ehrenvollen Händen alles besser gedieh, weil es mit größerer Aufmerksamkeit geschieht. Als man dem Serranus Ehrenämter übertrug, traf man ihn beim Säen an, wovon er auch seinen Beinamen erhielt. Als dem Cincinnatus, während er seine vier Morgen auf dem vatikanischen Hügel pflügte, welche ‚quintinische Wiesen' genannt wurden, ein Bote das Amt des Diktators überbrachte, soll er sogar nackt und staubbedeckt gewesen sein, weshalb der Bote sagte: „Bedecke deinen Körper, damit ich dir die Befehle des Senats und des römischen Volkes übermitteln kann!" Solche Staatsboten (*viatores*) hatte man damals; sie erhielten ihren Namen davon, daß sie den Senat und die Feldherren von ihren Feldern herbeirufen mußten. Jetzt aber verrichten die Feldarbeit ⟨Sklaven mit⟩ gefesselten Füßen, verurteilten Händen und gebrandmarkten Gesichtern; doch ist die Erde, die als Mutter bezeichnet und verehrt werden soll, nicht so unempfindlich, daß man glauben dürfte, sie ertrüge es gern und ohne Widerwillen, daß man diesen ⟨Sklaven⟩ solche Ehre antut. Und da

miramur ergastulorum non eadem emolumenta
esse, quae fuerint imperatorum!

Igitur de cultura agri praecipere principale fuit   V
etiam apud exteros, siquidem et reges fecere, Hiero,   22
Philometor Attalus, Archelaus, et duces, Xenophon et Poenus etiam Mago, cui quidem tantum
honorem senatus noster habuit Carthagine capta,
ut, cum regulis Africae bibliothecas donaret, unius
eius duodetriginta volumina censeret in Latinam
linguam transferenda, cum iam M. Cato praecepta
condidisset, peritisque Punicae dandum negotium,   23
in quo praecessit omnes vir clarissimae familiae D.
Silanus. sapientiae vero auctores et carminibus
excellentes quique alii illustres viri conposuissent,
quos sequemur, praetexuimus hoc in volumine,
non in grege nominando M. Varrone, qui LXXXI
vitae annum agens de ea re prodendum putavit.

Apud Romanos multo serior vitium cultura esse   24
coepit, primoque, ut necesse erat, arva tantum
coluere, quorum a nobis nunc ratio tractabitur, non
volgari modo, verum, ut adhuc fecimus, et vetustis
et postea inventis omni cura perquisitis causaque
rerum et ratione simul eruta. dicemus et sidera side-
rumque ipsorum terrestria signa dabimus indubi-
tata, quandoquidem qui adhuc diligentius ea tracta-
vere, quibusvis potius quam agricolis scripsisse
possunt videri.

Ac primum omnium oraculis maiore ex parte   VI
agemus, quae non in alio vitae genere plura certio-   25

wundern wir uns, daß Sträflinge nicht denselben Ertrag erzielen wie vormals die Feldherren!

Über den Ackerbau Vorschriften zu geben war auch bei den Ausländern eine Sache von Wichtigkeit, denn sogar Könige befaßten sich damit, wie Hieron, Philometor Attalos, Archelaos, und Feldherren, wie Xenophon, und sogar der Karthager Mago, dem auch unser Senat nach der Einnahme Karthagos eine solche Achtung erwies, daß er, während er die Bibliotheken an die Kleinkönige Afrikas verschenkte, nur die 28 Bücher dieses Mannes in die lateinische Sprache übertragen ließ, obgleich schon M. Cato ⟨entsprechende⟩ Anweisungen aufgezeichnet hatte. Der Senat vertraute diese Arbeit Männern an, die in der punischen Sprache erfahren waren; unter diesen ragte D. Silanus hervor, ein Mann aus sehr angesehener Familie. Wir haben aber gelehrte, in der Dichtkunst ausgezeichnete und andere berühmte Schriftsteller, denen wir folgen werden, schon eingangs dieses Werkes aufgeführt, und außer der Reihe heben wir M. Varro hervor, der ⟨noch⟩ in seinem 81. Lebensjahr über diesen Gegenstand schreiben zu müssen glaubte.

Bei den Römern begann der Weinbau viel später, und sie bebauten, wie es die Notwendigkeit erforderte, zuerst nur Felder. Deren Bearbeitungsmethode wird jetzt von uns besprochen werden, und zwar nicht auf die gewöhnliche Art, sondern nachdem wir, wie wir es schon bisher taten, Altes und später Erfundenes mit aller Sorgfalt durchforscht und Ursache und Beschaffenheit der Dinge zugleich ausfindig gemacht haben. Wir werden auch von den Gestirnen sprechen und die unbezweifelbaren Anzeichen der Sterne für die Erde angeben, weil man den Eindruck haben kann, daß ⟨die Autoren⟩, die dies bisher sorgfältiger behandelt haben, eher für jeden anderen als für den Bauern geschrieben haben.

Zunächst müssen wir uns vor allem den ‚Orakelsprüchen‘ zuwenden, die in keinem Lebenszweig zahlreicher und

rave sunt. cur enim non videantur oracula, a certis-
simo die maximeque veridico, usu, profecta?

Principium autem a Catone sumemus: ‚Fortis-   26
simi viri et milites strenuissimi ex agricolis gignuntur minimeque male cogitantes. – Praedium ne
cupide emas. in re rustica operae ne parcas, in agro
emendo minime. quod male emptum est, semper
paenitet. agrum paraturos ante omnia intueri oportet aquam, viam, vicinum.‘ singula magnas interpre-
tationes habent nec dubias. Cato in conterminis   27
hoc amplius aestimari iubet, quo pacto niteant. ‚In
bona enim‘, inquit ‚regione bene nitent.‘ Atilius
Regulus ille Punico bello bis consul aiebat neque
fecundissimis locis insalubrem agrum parandum
neque effetis saluberrimum. salubritas loci non
semper incolarum colore detegitur, quoniam ad-
sueti etiam in pestilentibus durant. praeterea sunt
quaedam partibus anni salubria, nihil autem salu-
tare est, nisi quod toto anno salubre. malus est ager,
cum quo dominus luctatur.

Cato inter prima spectari iubet, ut solum sua vir-   28
tute valeat qua dictum est positione, ut operari-
orum copia prope sit oppidumque validum, ut
navigiorum evectus vel itinerum, ut bene aedifica-
tus et cultus. in quo falli plerosque video; segnitiem
enim prioris domini pro emptore esse arbitrantur.

zuverlässiger sind. Denn warum soll man das nicht für Orakelsprüche halten, was von dem zuverlässigsten und die
Wahrheit im höchsten Maße verkündenden Gott, der Erfahrung nämlich, seinen Ausgang genommen hat?

Den Anfang wollen wir aber mit Cato machen: „Aus den
Bauern gehen die tapfersten Männer und die tüchtigsten Krie-
ger hervor, und sie haben am wenigsten schlechte Gedanken." – „Ein Landgut ⟨wenn du zu kaufen gedenkst,⟩ kaufe
nicht gierig!" – In der Landwirtschaft „spare keine Mühe",
schon gar nicht „beim Kauf eines Ackers!" Einen schlechten
Kauf bereut man immer. Wer einen Acker kaufen will, muß
vor allem auf „das Wasser, den Weg und den Nachbarn" achten. Alle diese Punkte führen zu wichtigen, nicht zu bezwei-
felnden Anwendungen. Nach Cato soll man ⟨sich⟩ bei den
Nachbargütern ⟨umsehen und⟩ besonders darauf achten, in
welchem Zustand sie sich zeigen. Er sagt nämlich: „In einer
guten Gegend müssen sie in gutem Wohlstand sein." Atilius
Regulus, der im Punischen Krieg zweimal Konsul war, sagte,
man solle weder an sehr fruchtbaren Orten ein ungesundes
noch an erschöpften Stellen ein sehr gesundes Feld wählen.
Die gesunde Lage eines Ortes läßt sich nicht immer aus der
Gesichtsfarbe der Bewohner ersehen, denn auch an ungesun-
den Orten halten Leute aus, die sich daran gewöhnt haben.
Außerdem sind manche Gegenden nur zu gewissen Jahreszei-
ten gesund; nichts aber ist gesund, wenn es nicht das ganze
Jahr über gesund ist. Schlecht ist ein Acker, mit dem sich der
Besitzer abmühen muß.

Nach Cato soll man vor allem darauf achten, daß der Boden
seiner Beschaffenheit nach wertvoll ist, durch die erwähnte
Lage, daß in der Nähe genügend Arbeitskräfte zur Verfügung
stehen und eine ansehnliche Stadt, daß Wasser- oder Land-
wege zum Abtransport vorhanden sind, daß sich die Gebäude
in gutem Zustand befinden. Ich sehe, daß sich sehr viele hierin
täuschen lassen; sie glauben nämlich, die Nachlässigkeit des

nihil est damnosius deserto agro. itaque Cato, de
bono domino melius emi, nec temere contemnen-
dam alienam disciplinam, agroque ut homini,
quamvis quaestuosus sit, si tamen et sumptuosus,
non multum superesse. ille in agro quaestuosissi-   29
mam iudicat vitem, non frustra, quoniam ante
omnia de inpensae ratione cavit; proxime hortos
irriguos, nec id falso, si sub oppido sint; et prata
antiqui parata dixere, idemque Cato interrogatus,
quis esset certissimus quaestus, respondit: ‚Si bene   30
pascas‘; qui proximus: ‚si sat bene.‘ summa omnium
in hoc spectando fuit, ut fructus is maxime probare-
tur, qui quam minimo inpendio constaturus esset.
hoc ex locorum occasione aliter alibi decernitur.
eodemque pertinet, quod agricolam vendacem esse   31
oportere dixit, fundum in adulescentia conseren-
dum sine cunctatione, aedificandum non nisi consito agro, tunc quoque cunctanter, optimumque
est, ut volgo dixere, aliena insania frui, sed ita, ut
villarum tutela non sit oneri. eum tamen, qui bene
habitet, saepius ventitare in agrum, frontemque
domini plus prodesse quam occipitium non men-
tiuntur.

Modus hic probatur, ut neque fundus villam   VII
quaerat neque villa fundum, non, ut fecerunt iuxta   32
diversis eadem aetate exemplis L. Lucullus et Q.
Scaevola, cum villa Scaevolae fructus non caperet,
villam Luculli ager, quo in genere censoria castiga-

Vorbesitzers komme dem Käufer zustatten; denn nichts
bringt größeren Schaden als ein verwahrloster Acker. Deshalb meint Cato, es sei besser, von einem guten Herrn zu kaufen und fremde Einrichtungen nicht unbesonnen zu verach-
ten; denn es gehe beim Acker wie beim Menschen: selbst
wenn er etwas einbringe, bleibe nicht viel übrig, wenn er ver-
schwenderisch ist. Als das Ertragsreichste auf einem Landgut
betrachtet Cato den Weinstock, und dies nicht ohne guten
Grund, weil er vor allem auf das Verhältnis von Aufwand und
Ertrag achtet; als nächstes bewässerte Gärten, und auch das
zu Recht, wenn sie in Stadtnähe liegen. Auch die Wiesen
(prata) nannten die Alten ‚fertige Felder‘ *(parata)*; und derselbe Cato antwortete auf die Frage, was der sicherste
Gewinn sei: „Wenn du eine gute Weide hast" und auf die
⟨weitere Frage⟩, was dem am nächsten komme: „Wenn du die
Weide genügend gut nutzt." Bei dieser Betrachtung war sein
wichtigster Grundsatz, daß man am meisten den Ertrag emp-
fehlen müsse, der mit einem möglichst geringen Aufwand zu
erzielen ist. Darüber wird je nach den Verhältnissen vor Ort
unterschiedlich gedacht. Auf das gleiche Ziel ist die Ansicht
gerichtet, der Bauer müsse gerne verkaufen, das Landgut solle
man als junger Mann ohne Zögern besäen, Bauten erst errichten, wenn das Feld angepflanzt ist, aber auch dann noch mit
Bedacht, und es sei, wie man gewöhnlich sagt, am besten, aus
der Torheit anderer Nutzen zu ziehen, jedoch so, daß der
Unterhalt der Bauerngüter nicht zur Last wird. Wer aber gut
wohnt, kommt öfters auf sein Feld, und es stimmt schon, daß
die Stirn des Herrn mehr nützt als sein Hinterkopf.

Das richtige Verhältnis besteht darin, daß man weder bei
einem Gut das Haus noch beim Haus das Gut vermissen darf.
Man sollte nicht den gleichzeitigen, aber gegensätzlichen Bei-
spielen des L. Lucullus und des Q. Scaevola folgen; das Gut
des Q. Scaevola konnte nämlich die Ernte nicht fassen, und
dem Landhaus des L. Lucullus fehlte das Ackerland; es zog

tio erat minus arare quam verrere. nec hoc sine arte
quadam est. novissimus villam in Misenensi posuit
C. Marius VII cos., sed peritia castra metandi sic, ut
conparatos ei ceteros etiam Sulla Felix caecos fuisse
diceret. convenit neque iuxta paludes ponendam   33
esse neque adverso amne, quamquam Homerus
omnino e flumine semper antelucanas auras insalu-
bres verissime tradidit. spectare in aestivosis locis
septentriones debet, meridiem in frigidis, in tempe-
ratis exortum aequinoctialem.

   Agri ipsius bonitas quibus argumentis iudicanda   34
sit, quamquam de terrae genere optimo disserentes
abunde dixisse possumus videri, etiamnum tamen
traditas notas subsignabimus Catonis maxime verbis: ‚Ebulum vel prunus silvestris vel rubus, bulbus
minutus, trifolium, herba pratensis, quercus, silvestris pirus malusque frumentarii soli notae, item
nigra terra et cinerei coloris. omnis creta coquet,
nisi permacra, sabulumque, nisi id etiam pertenue
est, et multo campestribus magis quam clivosis
respondent eadem.‘

   Modum agri in primis servandum antiqui puta-   35
vere, quippe ita censebant, satius esse minus serere
et melius arare; qua in sententia et Vergilium fuisse
video. verumque confitentibus latifundia perdidere
Italiam, iam vero et provincias – sex domini semissem Africae possidebant, cum interfecit eos Nero
princeps –, non fraudando magnitudine hac quoque sua Cn. Pompeio, qui numquam agrum merca-

daher eine Rüge durch den Zensor nach sich, wenn man weniger zu pflügen als zu kehren hatte. Auch dies erfordert einen gewissen Sachverstand. Als erster legte C. Marius, der siebenmal Konsul war, im Gebiet von Misenum ein Landgut an, jedoch nach seiner Erfahrung in der Art eines Lagers, so daß Sulla Felix sagte, im Vergleich mit ihm seien alle anderen blind gewesen. Man ist sich darüber einig, daß man ein Haus weder in der Nähe von Sümpfen noch in Richtung auf einen Fluß hin anlegen soll, wo doch bereits Homer sehr richtig bemerkte, daß die vor Tagesanbruch aus einem Flusse aufsteigenden Dünste ungesund sind. In heißen Gegenden soll das Haus gegen Norden, in kalten gegen Süden und in gemäßigten gegen Osten gerichtet sein.

Was die Kriterien für die Beurteilung der Güte des Bodens selbst betrifft, wollen wir, obwohl das, was wir bei unserer Untersuchung der besten Bodenart mitgeteilt haben [17,25], als ausreichend erscheinen kann, dennoch die überlieferten Merkmale vor allem mit den Worten Catos anfügen: „Der Attich oder der Schlehdorn oder die Brombeere, die kleine Zwiebel, der Klee, das Wiesengras, die Eiche und der wilde Birn- und Apfelbaum sind Merkmale eines Getreidebodens, ebenso schwarze und aschgraue Erde. Jede Kreide verbrennt, wenn sie nicht sehr mager ist, auch Sand, wenn er nicht sehr fein ist, und dies gilt mehr für flaches als für abschüssiges Gelände."

Die Alten waren der Meinung, man solle vor allem ein mäßig großes Feld haben, denn sie vertraten den Grundsatz, es sei vorteilhafter, weniger zu säen und besser zu pflügen; die gleiche Ansicht hatte, wie ich sehe, Vergil. Wollen wir die Wahrheit gestehen, so haben die großen Güter Italien zugrunde gerichtet, und nun auch die Provinzen – sechs Grundherren besaßen die Hälfte Afrikas, als Kaiser Nero sie töten ließ –; auch in diesem Punkte darf man die dem Cn. Pompeius eigene Größe nicht schmälern: er hat niemals

tus est conterminum. agro empto domum venden-
dam inclementer atque non ex utilitate publici sta-
tus Mago censuit, hoc exordio praecepta pandere
ingressus, ut tamen appareat adsiduitatem deside-
ratam ab eo.

Dehinc peritia vilicorum in cura habenda est,
multaque de his Cato praecepit. nobis satis sit
dixisse, quam proximum domino corde esse debere
et tamen sibimet ipsi non videri. coli rura ab ergas-
tulis pessumum est, ut quidquid agitur a desperan-
tibus. temerarium videatur unam vocem antiquo-
rum posuisse, et fortassis incredibile, ni penitus
aestimetur, ,nihil minus expedire, quam agrum
optime colere.' L. Tarius Rufus infima natalium
humilitate consulatum militari industria meritus,
antiquae alias parsimoniae, circiter ⌐M⌐ HS liberal-
litate divi Augusti congestum usque ad detractio-
nem heredis exhausit agros in Piceno coemendo
colendoque in gloriam. internicionem ergo famemque censemus? immo, Hercules, modum iudicem
rerum omnium utilissimum. bene colere necessarium est, optime damnosum; praeterquam subole,
suo colono aut pascendis alioqui colente domino,
aliquas messes colligere non expedit, si conputetur
inpendium operae, nec temere olivam, nec quasdam terras diligenter colere, sicut in Sicilia tradunt,
itaque decipi advenas.

ein angrenzendes Feld angekauft. Wer einen Acker gekauft hat, müsse sein Stadthaus verkaufen, meinte Mago zu Beginn seiner Vorschriften streng und nicht zum Nutzen der Allgemeinheit, um doch darauf hinzuweisen, daß er die beständige Gegenwart ⟨des Gutsherrn⟩ für wünschenswert hält.

Sodann muß man sich um die Erfahrung der Gutsverwalter kümmern, und Cato hat darüber viele Vorschriften gegeben. Uns mag die Bemerkung genügen, daß ⟨der Gutsverwalter⟩ dem Herrn an Einsicht möglichst nahestehen und dennoch sich nicht selbst diesen Anschein geben soll. Am schlechtesten gelingt der Anbau des Landes durch Sträflinge, wie alles, was von Menschen ohne Hoffnung gemacht wird. Es mag gewagt erscheinen, einen Ausspruch der Alten anzuführen, und man wird ihn vielleicht ganz und gar für unglaublich halten, nämlich „es sei nichts weniger zuträglich als einen Acker allzu gut zu bebauen." L. Tarius Rufus, ein Mann sehr niederer Abstammung, der sich durch seinen militärischen Eifer das Konsulat verdient hatte und sonst an Sparsamkeit den Alten ⟨glich⟩, verbrauchte sein dank der Freigebigkeit des Divus Augustus zusammengebrachtes Vermögen von 100000000 Sesterzen durch Ankauf und prunkvollen Ausbau von Ländereien im Gebiet von Picenum, so daß sein Erbe die Nachfolge verweigerte. Soll man daher Untergang und Hunger schätzen? Nein, beim Herkules, vielmehr ist Maßhalten in allen Dingen am nützlichsten. Den Acker gut zu bestellen ist notwendig, ⟨ihn⟩ allzu gut ⟨zu bestellen⟩ aber schädlich, außer wenn die eigenen Kinder, die eigenen Bauern oder Leute, die der Gutsherr ohnehin ernähren muß, die Arbeiten verrichten. Es bringt dem Gutsherrn ⟨andernfalls⟩ keinen Nutzen, einige Ernten einzubringen, wenn er die Kosten der Arbeit in Rechnung stellt; man soll auch nicht unüberlegt den Ölbaum pflanzen und gewisse Erdarten sorgfältig bebauen, wie dies in Sizilien der Fall sein soll, wodurch die Neuankömmlinge irregeführt werden.

Quonam igitur modo utilissime colentur agri? ex oraculo scilicet: ‚Malis bonis.' sed defendi aequum est abavos, qui praeceptis suis prospexere vitae. namque cum dicerent malis, intellegere voluere vilissimos, summumque providentiae illorum fuit, ut quam minimum esset inpendii. praecipiebant enim ista, qui triumphales denas argenti libras in supellectile crimini dabant, qui mortuo vilico relinquere victorias et reverti in rura sua postulabant, quorum heredia colenda suscipiebat res p., exercitusque ducebant senatu illis vilicante. inde illa reliqua oracula: ‚Nequam agricolam esse quisquis emeret quod praestare ei fundus posset; malum patrem familias quisquis interdiu faceret, quod noctu posset, nisi in tempestate caeli; peiorem qui profestis diebus ageret, quod feriatis deberet; pessimum qui sereno die sub tecto potius operaretur quam in agro.'

Nequeo mihi temperare, quo minus unum exemplum antiquitatis adferam, ex quo intellegi possit, apud populum etiam de culturis agendi morem fuisse qualiterque defendi soliti sint illi viri. C. Furius Cresimus e servitute liberatus, cum in parvo admodum agello largiores multo fructus perciperet, quam ex amplissimis vicinitas, in invidia erat magna, ceu fruges alienas perliceret veneficiis. quamobrem ab Spurio Albino curuli aedile die dicta metuens damnationem, cum in suffragium tri-

VIII
39

40

41

42

Auf welche Weise sollen nun die Felder am nützlichsten bebaut werden? Natürlich nach dem Leitsatz: „Mit Schlechtem Gutes tun". Gerecht ist es aber, unsere Ahnen zu verteidigen, die durch ihre Vorschriften für das Leben Sorge trugen. Wenn sie nämlich sagten „mit Schlechtem", wollten sie darunter das verstanden wissen, was am billigsten war, und ihre Vorsorge richtete sich hauptsächlich darauf, möglichst geringe Unkosten zu haben. Solche Vorschriften gaben nämlich Männer, die ⟨Feldherren⟩, die triumphiert hatten, einen Vorwurf daraus machten, wenn sie unter ihrem Hausrat zehn Pfund Silber besaßen, und die, wenn ihr Gutsverwalter starb, darum baten, ihre Siegeslaufbahn verlassen und auf ihre Güter zurückkehren zu dürfen, Männer, deren Erbe der Staat zu bebauen übernahm, und die ihre Heere führten, während der Senat ihre Güter verwaltete. Daher auch jene weiteren Leitsätze: „Ein leichtfertiger Bauer ist, wer etwas kauft, was ihm sein Acker bieten kann; ein schlechter ⟨Hausvater ist der⟩, welcher eine Arbeit, die er nachts verrichten könnte, untertags erledigt, es sei denn, es herrsche schlechtes Wetter; ein noch schlechterer ist der, welcher das, was er an Feiertagen hätte tun sollen, an Werktagen verrichtet; der schlechteste aber der, welcher an heiteren Tagen lieber im Hause arbeitet als auf dem Feld."

Ich kann es mir nicht versagen, hier ein Beispiel aus dem Altertum anzuführen, aus dem man ersehen kann, daß es Sitte war, vor dem Volk auch über den Ackerbau ⟨gerichtlich⟩ zu verhandeln, und wie sich jene Männer zu verteidigen pflegten. C. Furius Cresimus, ein Freigelassener, wurde, weil er auf seinem ziemlich kleinen Acker einen viel größeren Ertrag erzielte als seine Nachbarschaft auf ihren sehr großen ⟨Grundstücken⟩, aus Neid verdächtigt, er ziehe fremde Früchte durch Zauberkünste auf seinen eigenen Acker herüber. Er wurde deshalb von dem kurulischen Ädil Spurius Albinus für einen bestimmten Termin vorgeladen. Da er eine

bus oporteret ire, instrumentum rusticum omne in
forum attulit et adduxit familiam suam validam
atque, ut ait Piso, bene curatam ac vestitam, ferramenta egregie facta, graves ligones, vomeres pon-
derosos, boves saturos. postea dixit: ‚Veneficia
mea, Quirites, haec sunt, nec possum vobis osten-
dere aut in forum adducere lucubrationes meas
vigiliasque et sudores.‘ omnium sententiis absolutus
itaque est. profecto opera, non inpensa, cultura
constat, et ideo maiores fertilissimum in agro ocu-
lum domini esse dixerunt.

Reliqua praecepta reddentur suis locis, quae propria generum singulorum erunt. interim communia, quae succurrunt, non omittemus, et in primis
Catonis humanissimum utilissimumque: ‚Id agen-
dum, ut diligant te vicini.‘ causas reddit ille, nos
existimamus nulli esse dubias. – Inter prima idem
cavet, ne familiae male sit. – Nihil sero faciendum in
agricultura omnes censent, iterumque suo quaeque
tempore facienda, et tertio praecepto praetermissa
frustra revocari.

De terra cariosa execratio Catonis abunde indi-
cata est, quamquam praedicere non cessat is: Quidquid per asellum fieri potest, vilissime constat. –
Filex biennio moritur, si frondem agere non patia-
ris. id efficacissime contingit germinantis ramis
baculo decussis; sucus enim ex ipsa defluens necat

42

43

44

45

Verurteilung fürchtete, weil die Tribus durch Abstimmung
darüber zu entscheiden hatten, schaffte er sein gesamtes
Ackergerät auf das Forum und brachte sein kräftiges und, wie
Piso sagt, wohlgenährtes und gut gekleidetes Gesinde mit,
ferner seine ausgezeichnet gefertigten Eisengeräte, schweren
Hacken, gewichtigen Pflugscharen und seine gut gefütterten
Ochsen. Dann sagte er: „Dies, Quiriten, sind meine Zauber-
werkzeuge; mein nächtliches Arbeiten, mein Wachen und
meinen Schweiß kann ich euch aber nicht zeigen und auf das
Forum mitbringen." Er wurde daher einstimmig freigespro-
chen. Wahrlich, der Ackerbau beruht auf ⟨der aufgewende-
ten⟩ Arbeit, nicht auf dem Aufwand an Kosten, und deshalb
sagten unsere Ahnen, das Fruchtbarste auf dem Acker sei das
Auge des Herrn.

Die übrigen Vorschriften werden an den passenden Stellen,
wo von den einzelnen Arten des Feldbaus gesprochen wird,
angeführt werden. Inzwischen werde ich ⟨nur⟩ die allgemeinen ⟨Vorschriften⟩, die mir unterkommen, nicht übergehen
und darunter vor allem die sehr menschenfreundliche und
nützliche des Cato zitieren: „Trachte danach, daß dich die
Nachbarn schätzen!" Er gibt auch die Gründe dafür an, von
denen keiner, wie ich glaube, zu bezweifeln ist. – Ganz besonders will er verhütet wissen, daß es dem Gesinde schlecht
geht. – Alle sind der Meinung, daß beim Ackerbau nichts zu
spät getan werden darf, sodann, daß man jedes zu seiner Zeit
tun soll, und nach der dritten Vorschrift, daß man Versäumtes
vergebens nachholt.

Es wurde hinreichend davon gesprochen [17,3], daß Cato
einen fauligen Boden verwirft, obschon er diese Vorschrift
unablässig wiederholt: „Was durch einen Esel verrichtet werden kann, kommt am billigsten." – Das Farnkraut stirbt bin-
nen zwei Jahren ab, wenn man seine Blätter nicht treiben läßt.
Dies geschieht am sichersten, wenn man die Triebe, sobald sie
sprießen, mit einem Stock abschlägt; der ausfließende Saft

radices. aiunt et circa solstitium avolsas non renasci
nec harundine sectas aut exaratas vomeri harundine
inposita. similiter et harundinem exarari filice
vomeri inposita praecipiunt. – Iuncosus ager verti   46
pala debet aut in saxoso bidentibus. frutecta igni
optime tolluntur. umidiorem agrum fossis concidi   47
atque siccari utilissimum est, fossas autem cretosis
locis apertas relinqui, in solutiore terra saepibus fir-
mari, ne procidant, aut supinis lateribus procumbere; quasdam obcaecari et in alias dirigi maiores
patentioresque et, si sit occasio, silice vel glarea
sterni, ora autem earum binis utrimque lapidibus
statuminari et alio superintegi. silvae extirpandae
rationem Democritus prodidit, lupini flore in suco
cicutae uno die macerato sparsisque radicibus.

Et quoniam praeparatus est ager, nunc indicabi-   IX
tur natura frugum. sunt autem duo prima earum   48
genera: frumenta, ut triticum, hordeum, et legumina, ut faba, cicer. differentia notior, quam ut
indicari deceat.

Frumenti ipsius totidem genera per tempora satu   X
divisa: hiberna, quae circa Vergiliarum occasum   49
sata terra per hiemem nutriuntur, ut triticum, hordeum; aestiva, quae aestate ante Vergiliarum exortum seruntur, ut milium, panicum, sesama, horminum, irio, Italiae dumtaxat ritu. alioquin in Graecia
et in Asia omnia a Vergiliarum occasu seruntur,

vernichtet nämlich die Wurzeln. Man sagt auch, es solle nicht
nachwachsen, wenn man es zur Zeit der Sonnenwende
abreißt, ferner nicht, wenn man es mit einem Rohr abschnei-
det oder mit einem Pflug, auf den Rohr gelegt ist, auspflügt.
Auf ähnliche Weise soll man auch das Rohr mit einer Pflugschar, auf die man Farnkraut gelegt hat, auspflügen. – Ein mit
Binsen bewachsener Acker muß mit einem Spaten, an steini-
gen Stellen mit einer zweizinkigen Hacke umgestochen werden. Sträucher beseitigt man am besten durch Feuer. Ein zu
feuchtes Feld durchschneidet man am besten mit Gräben und
legt es so trocken; die Gräben läßt man aber in kreidigem
Boden offen, in einem zu lockeren Boden befestigt man sie
mit Faschinen oder läßt sie an den Seiten schräg ablaufen;
einige muß man abdecken und in andere, größere und breitere
leiten sowie nach Möglichkeit mit Kieselsteinen oder Kies
auslegen, ihre Mündungen aber müssen auf beiden Seiten mit
je zwei Steinen gesichert und mit einem weiteren überdeckt
werden. Demokrit lehrte das Verfahren, einen Wald zu
roden: Man weicht Lupinenblüten einen Tag lang in Schier-
lingsaft ein und besprengt damit die Baumwurzeln.

Da nun der Acker vorbereitet ist, wird jetzt von der
Beschaffenheit der Feldfrüchte gesprochen werden. Es gibt
von ihnen zwei Hauptarten: Getreide, wie den Weizen und
die Gerste, und Hülsenfrüchte, wie die Bohne und die Kichererbse. Ihr Unterschied ist zu bekannt, als daß man ihn
hier anzugeben brauchte.

Beim Getreide selbst unterscheidet man ebenso viele Arten
wie Anbauzeiten: Wintergetreide, das beim Untergang der
Plejaden (des Siebengestirns) ausgesät und im Winter durch
die Erde ernährt wird, wie der Weizen und die Gerste; Sommergetreide, das im Sommer vor dem Frühaufgang der Plejaden ausgesät wird, wie die Hirse, die Kolbenhirse, der Sesam,
das Scharlachkraut, der *irio*; so ist es wenigstens in Italien
üblich. Übrigens sät man in Griechenland und Kleinasien

quaedam autem utroque tempore in Italia, ex his quaedam et tertio veris. aliqui verna milium, panicum, lentem, cicer, alicam appellant, sementiva autem triticum, hordeum, fabam, rapam. et in tritici genere pars aliqua pabuli est quadripedum causa sati, ut farrago, et in leguminibus, ut vicia; ad communem quadripedum hominumque usum lupinum.

Legumina omnia singulas habent radices praeter fabam, easque surculosas, quia non in multa dividuntur, altissimas autem cicer. frumenta multis radicantur fibris sine ramis. erumpit a primo satu hordeum die septimo, legumen quarto vel, cum tardissime, septimo, faba a XV ad XX, legumina in Aegypto tertio die. ex hordeo alterum caput grani in radicem exit, alterum in herbam, quae et prior floret. radicem crassior pars grani fundit, tenuior florem, ceteris seminibus eadem pars et radicem et florem.

Frumenta hieme in herba sunt, verno tempore fastigantur in stipulam quae sunt hiberni generis, at milium et panicum in culmum geniculatum et concavum, sesama vero in ferulaceum. omnium sativorum fructus aut spicis continetur, ut tritici, hordei, muniturque vallo aristarum contra aves et parvas quadripedes, aut includitur siliquis, ut leguminum, aut vasculis, ut sesamae ac papaveris. milium et panicum tantum pro indiviso et parvis avibus expositum est; indefensa quippe membranis continentur.

alles gleich nach dem Untergang der Plejaden, in Italien aber
einiges zu beiden Zeiten, und davon wieder einiges zu einer
dritten Zeit, nämlich im Frühling. Manche nennen die Hirse,
die Kolbenhirse, die Linse, die Kichererbse und die Speltgraupen Frühlingsfrüchte, den Weizen aber, die Gerste, die
Bohne und die Rübe ⟨Spät-⟩Früchte. Bei den Weizenarten
gibt es auch einen Teil, der als Futter für das Vieh gesät wird,
wie das Mischfutter *(farrago)*, und bei den Hülsenfrüchten
z. B. die Wicke; zum gemeinsamen Gebrauch für Vieh und
Mensch dient die Lupine.

Alle Hülsenfrüchte, die Bohne ausgenommen, haben einzelne Wurzeln, und zwar holzige, weil sie sich nicht ver-
ästeln; die am weitesten in die Tiefe reichenden aber hat die
Kichererbse. Das Getreide hat Wurzeln mit vielen Fasern
ohne Verästelungen. Die Gerste bricht am siebten Tag nach
der Aussaat hervor, am vierten oder spätestens am siebten
Tage kommen die Hülsenfrüchte, die Bohnen zwischen dem
15. und dem 20. Tag, und in Ägypten die Hülsenfrüchte
schon am dritten Tag. Bei der Gerste schlägt das eine Ende des
Korns in die Wurzel aus, das andere in den Stengel, der auch
früher zur Blüte gelangt. Der dickere Teil am Korn erzeugt
die Wurzel, der dünnere die Blüte, bei den übrigen Samen
⟨erzeugt⟩ derselbe Teil sowohl die Wurzel als auch die Blüte.

Das Getreide hat im Winter nur grasartige ⟨Kurzhalme⟩,
erst im Frühjahr wächst das, was Wintergetreide ist, zum
⟨langen⟩ Halm empor, die Hirse aber und die Kolbenhirse zu
einem knotigen und hohlen, der Sesam jedoch zu einem pfrie-
menkrautartigen Stengel. Die Frucht aller Saaten sitzt entweder in den Ähren, wie beim Weizen und bei der Gerste, und
wird durch einen Wall von Grannen gegen Vögel und kleine
Vierfüßler geschützt, oder sie ist in Schoten eingeschlossen,
wie bei den Hülsenfrüchten, oder in Kapseln, wie beim Sesam
und beim Mohn. Nur die Hirse und die Kolbenhirse sind
⟨gleichsam⟩ Allgemeingut und den kleinen Vögeln preisgege-
ben, denn sie sind schutzlos, nur von Häutchen umschlossen.

Panicum a paniculis dictum, cacumine languide
nutante, paulatim extenuato culmo paene in surcu-
lum, praedensis acervatur granis, cum longissima,
pedali phoba. milio comae granum complexae fim-
briato capillo curvantur. sunt et panico genera   54
mammosa, e pano parvis racemata paniculis, et
cacumine gemino; quin et colore distinguntur candido, nigro, rufo, etiam purpureo. panis multifariam et e milio fit, e panico rarus; sed nullum ponderosius frumentum est aut quod coquendo magis
crescat. LX pondo panis e modio reducunt modi-
umque pultis ex tribus sextariis madidis. milium   55
intra hos X annos ex India in Italiam invectum est
nigrum colore, amplum grano, harundineum
culmo. adolescit ad pedes altitudine VII, praegran-
dibus comis – phobas vocant –, omnium frugum
fertilissimum. ex uno grano sextarii terni gignuntur. seri debet in umidis.

Frumenta quaedam in tertio genu spicam incipi-   56
unt concipere, quaedam in quarto, sed etiamnum
occultam. genicula autem sunt tritico quaterna,
farri sena, hordeo octona. sed non ante supra dictum geniculorum numerum conceptus est spicae,
qui ut spem sui fecit, quattuor aut quinque tardissime diebus florere incipiunt totidemque aut paulo
pluribus deflorescunt, hordea vero, cum tardissime, diebus septem. Varro quater novenis diebus
fruges absolvi tradit et mense nono meti.

Fabae in folia exeunt ac deinde caulem emittunt   57
nullis distinctum internodiis. reliqua legumina sur-

Die Kolbenhirse *(panicum)*, die nach ihren Rispen *(paniculi)* so genannt wird, hängt an ihrer Spitze schlaff herab, ihr Halm verjüngt sich allmählich fast zu einem Reis und hat dicht in Haufen stehende Körner in einem höchstens fußlangen Kolben. Die Ähren der Hirse, die das Korn einschließen, krümmen sich zu krausen Haarbüscheln. Es gibt auch bei der Kolbenhirse ⟨verschiedene⟩ Arten: zitzenförmige, solche, die sich aus dem Büschel in kleine Nebenrispen verzweigen, und solche, die eine doppelte Spitze haben; sie unterscheiden sich sogar durch die Farbe: ⟨es gibt⟩ weiße, schwarze, rötliche und sogar purpurrote. Auch aus der Hirse bereitet man auf verschiedene Weise Brot, aus der Kolbenhirse ⟨nur⟩ selten; kein Getreide hat mehr Gewicht und geht beim Backen stärker auf. Aus einem *modius* erhält man 60 Pfund Brot, aus drei *sextarii* eingeweichter Hirse einen *modius* Brei. In den letzten zehn Jahren hat man aus Indien eine Hirse von schwarzer Farbe mit dickem Korn und rohrartigem Halm nach Italien eingeführt. Sie wächst bis zu einer Höhe von sieben Fuß mit sehr langen Rispen – ‚Kolben‘ *(iubae)* genannt – und sie ist die fruchtbarste aller Getreidearten. Aus einem einzigen Korn erhält man drei *sextarii*. Sie muß in feuchten Boden gesät werden.

Einige Getreidearten beginnen schon am dritten Knoten Ähren anzusetzen, andere am vierten, zunächst aber verborgen. Der Weizen hat vier, der Dinkel sechs und die Gerste acht Halmknoten. Doch bildet sich vor der soeben genannten Zahl von Knoten keine Ähre; sobald diese zu sehen ist, beginnen ⟨die Ähren⟩ in vier oder spätestens fünf Tagen zu blühen, verblühen dann in ebensoviel Tagen oder wenigen mehr, die Gerste hingegen spätestens in sieben Tagen. Nach Varro sind die Früchte in 36 Tagen ausgewachsen, und man erntet sie im neunten Monat.

Die Bohnen bilden zuerst Blätter und treiben dann Stengel, die durch keine Knoten unterbrochen sind. Die übrigen Hül-

culosa sunt. ex his ramos cicer, ervum, lens. quorundam caules sparguntur in terram, si non habeant
adminiculum; at pisa scandunt, si habuere, aut
deteriora fiunt. leguminum unicaulis faba sola,
unus et lupino, sed ceteris ramosus praetenui sur-
culo, omnibus vero fistulosus. folium quaedam ab   58
radice mittunt, quaedam a cacumine. frumentum et
hordeum utrumque et quidquid in stipula est in
cacumine unum folium habet – sed hordeo scabra
sunt, ceteris levia –, multiplicia contra faba, cicer,
pisum. frumentis folium harundinaceum, fabae
rotunda et magnae leguminum parti, longiora erviliae et piso, passiolis venosa, sesamae et irioni san-
guinea. cadunt folia lupino tantum et papaveri.   59
legumina diutius florent, et ex his ervum ac cicer,
sed diutissime faba, XL diebus, non autem singuli
scapi tamdiu, quoniam alio desinente alius incipit,
nec tota seges, sicut frumenti, pariter. siliquantur
vero omnia diversis diebus et ab ima primum parte,
paulatim flore subeunte.

Frumenta cum defloruere, crassescunt maturan-   60
turque, cum plurimum, diebus XL, item faba, pau-
cissimis cicer. id enim a sementi diebus XL perfici-
tur. milium et panicum et sesama et omnia aestiva
XL diebus maturantur a flore, magna terrae caelique differentia. in Aegypto enim hordeum sexto a
satu mense, frumenta septumo metuntur, in Hel-

senfrüchte sind strauchartig. Davon sind verzweigt die Kichererbse, die Erve und die Linse. Die Stengel von manchen
breiten sich, wenn sie keine Stütze haben, auf der Erde aus;
die Erbsen aber ranken sich empor, wenn sie ⟨eine Stütze⟩
haben; wenn nicht, gedeihen sie weniger gut. Von den Hülsenfrüchten hat nur die Bohne und die Lupine einen einfa-
chen Stengel, bei den übrigen verzweigt er sich in sehr dünne
Reiser, bei allen aber ist er rohrartig. Einige treiben das Blatt
an der Wurzel hervor, einige an der Spitze, wie das Getreide
und die Gerste. Beide Arten, und was sonst noch aus einem
Halm besteht, haben nur ein einziges Blatt an der Spitze – bei
der Gerste sind die Blätter jedoch rauh, bei den übrigen glatt
–; viele Blätter hat hingegen die Bohne, die Kirchererbse und
die Erbse. Die Getreidearten haben ein schilfartiges Blatt, die
Bohne und ein großer Teil der Hülsenfrüchte ein rundes; länger ist es bei der *ervilia* und der Erbse, voll Adern bei den
Schwertbohnen, blutrot beim Sesam und beim *irio*. Nur bei
der Lupine und beim Mohn fallen die Blätter ab. Die Hülsenfrüchte blühen länger, vor allem die Erve und die Kichererbse, am längsten jedoch die Bohne, nämlich 40 Tage, jedoch
nicht jeder einzelne Stengel so lang, weil, wenn der eine zu
blühen aufhört, der andere erst damit beginnt; auch ⟨blüht⟩
nicht die ganze Saat wie beim Getreide gleichzeitig. Sie alle
bilden an verschiedenen Tagen Schoten, und zwar zuerst am
untersten Teil, dann blühen sie allmählich nach oben hin weiter.

Wenn das Getreide verblüht ist, schwillt es an und wird in
längstens 40 Tagen reif, ebenso die Bohne, in der kürzesten
Frist aber die Kichererbse. Sie ist nämlich 40 Tage nach der
Aussaat reif. Die Hirse, die Kolbenhirse, der Sesam und alles
Sommergetreide reifen innerhalb von 40 Tagen nach der
Blüte, doch verursachen Boden und Klima große Unter-
schiede: In Ägypten erntet man nämlich die Gerste im sech-
sten Monat nach der Aussaat, Brotgetreide im siebten, in

lade VII hordeum, in Peloponneso octavo, et frumenta etiamnum tardius. grana in stipula crinito
textu spicantur. in faba leguminibusque alternis
lateribus siliquantur. fortiora contra hiemes frumenta, legumina in cibo.

Tunicae frumento plures. hordeum maxime   61
nudum et arinca, sed praecipue avena. calamus
altior frumento quam hordeo, arista mordacior
hordeo. in area exteruntur triticum et siligo et hordeum. sic et seruntur pura, qualiter moluntur, quia
tosta non sunt. e diverso far, milium, panicum purgari nisi tosta non possunt. itaque haec cum suis
folliculis seruntur cruda. et far in vaginulis suis servant ad satus atque non torrent.

Levissimum ex his hordeum raro excedit XV li-   XI
bras et faba XXII. ponderosius far magisque etiam-   62
num triticum. far in Aegypto ex olyra conficitur.
tertium genus spicae hoc ibi est. Galliae quoque
suum genus farris dedere, quod illic bracem vocant,
apud nos scandalam, nitidissimi grani. est et alia
differentia, quod fere quaternis libris plus reddit
panis quam far aliud. populum Romanum farre
tantum e frumento CCC annis usum Verius tradit.

Tritici genera plura, quae fecere gentes. Italico   XII
nullum equidem comparaverim candore ac pon-   63
dere, quo maxime decernitur. montanis modo
comparetur Italiae agris externum, in quo principa-

⟨Mittel-⟩Griechenland die Gerste im siebten, auf der Peloponnes im achten und das Getreide noch später. Die Körner
sitzen auf dem Halm in einer mit Grannen bewehrten Ähre.
Bei der Bohne und bei den Hülsenfrüchten setzen die Schoten
abwechselnd an den Seiten an. Das Getreide ist widerstandsfähiger gegen Frost, die Hülsenfrüchte haben höheren Nähr-
wert.

Das Getreide hat mehrere Hüllen. Kaum umhüllt ist die
Gerste, vor allem aber der Hafer. Der Halm ist beim Getreide
höher als bei der Gerste, doch sind bei der Gerste die Grannen
schärfer. Auf der Tenne werden der Weizen, der Winterweizen und die Gerste ausgedroschen. Man sät sie auch so gereinigt, wie sie gemahlen werden, weil man sie nicht dörrt.
Dagegen können der Dinkel, die Hirse und die Kolbenhirse
nur gereinigt werden, wenn sie getrocknet sind. Deshalb sät
man diese unbehandelt samt ihren Hüllen. Auch den Dinkel
bewahrt man bis zur Aussaat in seinen Hüllen auf und dörrt
ihn nicht.

Am leichtesten unter diesen Feldfrüchten ist die Gerste, sie
wiegt selten mehr als 15 Pfund ⟨pro *modius*⟩, die Bohne mehr
als 22. Schwerer ist der Dinkel und noch schwerer der Weizen. In Ägypten macht man Mehl aus der *olyra*. Sie ist dort
eine dritte Art von Feldfrucht. Auch in Gallien hat man eine
eigene Art von Brotgetreide, die man dort *braces*, bei uns
scandala nennt; es hat ein sehr weißes Korn und zeichnet sich
auch noch dadurch aus, daß es fast vier Pfund Brot mehr gibt
als irgendein anderes Getreide. Verrius berichtet, das römische Volk habe 300 Jahre lang nur den Emmer als Brotgetreide benutzt.

Vom Weizen gibt es mehrere Arten, welche die ⟨verschie-
denen⟩ Völker hervorgebracht haben. Mit dem italischen
Weizen möchte ich keinen an Weiße und Gewicht vergleichen; hierdurch zeichnet er sich nämlich besonders aus. Nur
mit dem in den Berggegenden Italiens wachsenden ⟨Weizen⟩

tum tenuit Boeotia, dein Sicilia, mox Africa. tertium pondus erat Thracio, Syrio, deinde et Aegyp-
tio, athletarum tum decreto, quorum capacitas
iumentis similis quem diximus ordinem fecerat.
Graecia et Ponticum laudavit, quod in Italiam non
pervenit. ex omni autem genere grani praetulit dra-   64
contian et strangian et Selinusium argumento cras-
sissimi calami. itaque pingui solo haec genera adsi-
gnabat. levissimum et maxime inane speudian,
tenuissimi calami, in umidis seri iubebat, quoniam
multo egeret alimento. hae fuere sententiae Alexan-   65
dro Magno regnante, cum clarissima fuit Graecia
atque in toto orbe terrarum potentissima, ita tamen
ut ante mortem eius annis fere CXLV Sophocles
poeta in fabula Triptolemo frumentum Italicum
ante cuncta laudaverit, ad verbum tralata sententia:
‚Et fortunatam Italiam frumento canere candido.‘
quae laus peculiaris hodieque Italico est; quo magis
admiror posteros Graecorum nullam mentionem
huius fecisse frumenti.

Nunc ex his generibus, quae Romam invehuntur,   66
levissimum est Gallicum atque Chersoneso advec-
tum, quippe non excedunt modii vicenas libras, si
quis granum ipsum ponderet. Sardum adicit selibram, Alexandrinum et trientem – hoc et Siculi
pondus –, Baeticum totam libram addit, Africum et
dodrantem. in transpadana Italia scio vicenas
quinas libras farris modios pendere, circa Clusium
et senas. lex certa naturae, ut in quocumque genere   67

mag der ausländische verglichen werden, wobei der böotische den Vorzug verdient, dann folgt Sizilien, hierauf Afrika. Den dritten Rang nimmt dem Gewicht nach der thrakische, der syrische, dann auch der ägyptische ein, und zwar nach der Meinung der Athleten, deren Gefräßigkeit – sie ist der von Zugochsen ähnlich – die besagte Rangfolge aufgestellt hat. Griechenland hat auch den pontischen ⟨Weizen⟩ gelobt, der aber nicht nach Italien gelangt ist. Unter allen Kornarten schätzte ⟨Griechenland⟩ den *drakontias* und den *strangias* sowie die selinuntische wegen des sehr dicken Halms. Diese Arten bestimmte man daher für fetten Boden. Den leichtesten und meist tauben *speudias* mit seinem sehr dünnen Halm ließ man an feuchten Stellen säen, weil er mehr Nahrung nötig hat. Dies waren die Meinungen zur Zeit der Regierung Alexanders des Großen, als Griechenland das berühmteste und mächtigste Reich auf dem ganzen Erdkreis war; jedoch bereits 14 Jahre vor ⟨Alexanders⟩ Tod hat der Dichter Sophokles in seinem Schauspiel ‚Triptolemos‘ den italischen Weizen vor allen anderen gelobt, wie aus folgender wörtlich übersetzten Stelle hervorgeht: „und das glückliche Italien mit ⟨seinem⟩ Korn zu besingen“. Dieses besondere Lob gebührt auch heute noch dem italischen Weizen; um so mehr wundere ich mich, daß die Nachkommen der Griechen dieses Getreide nicht erwähnt haben.

Heutzutage ist von den Arten, die man nach Rom einführt, am leichtesten die gallische und die aus der Chersonnes kommende; wiegt man nämlich das Korn selbst, so gehen auf einen *modius* nicht über 20 Pfund. Der Weizen aus Sardinien wiegt ein halbes Pfund mehr, der aus Alexandreia noch ein Drittel darüber – auch der aus Sizilien hat dieses Gewicht –, der aus der Baetica wiegt ein ganzes Pfund mehr, der aus Afrika noch dreiviertel darüber. Mir ist bekannt, daß im transpadanischen Italien ein *modius* Emmer 25 Pfund, in der Gegend von Clusium sogar 26 Pfund wiegt. Es ist ein festste-

pani militari tertia portio ad grani pondus accedat,
sicut optumum frumentum esse, quod in subactum
congium aquae capiat. quibusdam generibus per se
pondus, sicut Baliarico: modio tritici panis p̄.
XXXV reddit; quibusdam binis mixtis, ut Cyprio
et Alexandrino XX prope libras non excedentibus.
Cyprium fuscum est panemque nigrum facit, ita-   68
que miscetur Alexandrinum candidum, redeuntque
XXV pondo. Thebaicum libram adicit. marina
aqua subigi, quod plerique in maritimis locis faciunt occasione lucrandi salis, inutilissimum. non alia
de causa opportuniora morbis corpora existunt.
Galliae et Hispaniae frumento in potum resoluto
quibus diximus generibus spuma ita concreta pro
fermento utuntur, qua de causa levior illis quam
ceteris panis est. differentia est et calami, crassior   69
quippe melioris est generis. plurimis tunicis Thra-
cium triticum vestitur ob nimia frigora illi plagae
exquisitum. eadem causa et trimestre invenit deti-
nentibus terras nivibus, quod tertio fere a satu
mense et in reliquo orbe metitur. totis hoc Alpibus
notum, et hiemalibus provinciis nullum hoc frumento laetius, unicalamum praeterea nec usquam
capax, seriturque non nisi tenui terra. est et   70
bimestre circa Thraciae Aenum, quod XL die, quo
satum est, maturescit, mirumque nulli frumento
plus esse ponderis et furfuribus carere. utitur eo et
Sicilia et Achaia, montuosis utraque partibus,
Euboea quoque circa Carystum. in tantum fallitur

hendes Naturgesetz, daß beim Kommißbrot jeder Getreide-
anteil ein Drittel mehr wiegen muß, als das Korn wog, sowie,
daß dasjenige Getreide das beste ist, das beim Kneten einen
congius Wasser aufnimmt. Manche Arten, wie die von den
Balearen, haben an sich schon ein höheres Gewicht: ein
modius ⟨von diesem⟩ Weizen ergibt 35 Pfund Brot, wieder
andere, wie ⟨der Weizen⟩ von Zypern und Alexandreia, ergeben, wenn man sie miteinander mischt, nicht über 20 Pfund.
Der Weizen aus Zypern ist dunkelbraun und ergibt schwar-
zes Brot; man mischt ihm deshalb den weißen aus Alexandreia bei und erhält dann 25 Pfund. Der Weizen aus der Thebaïs legt noch ein Pfund drauf. Mit Seewasser zu kneten, wie
viele in den Küstengegenden es tun, um Salz zu sparen, ist
sehr nachteilig. Aus keiner anderen Ursache wird der Körper
für Krankheiten anfälliger. In Gallien und in Spanien bereitet
man aus den genannten [§§ 62.67] Getreidearten ein Getränk
und verwendet den dabei sich bildenden Schaum als Gärungs-
mittel, weshalb das Brot dort leichter ist als bei den übrigen
Völkern. Es besteht auch ein Unterschied beim Halm, da der
dickere eine bessere Art anzeigt. Der Weizen aus Thrakien ist
mit sehr vielen Hüllen bedeckt und eignet sich ausgezeichnet
für jene Gegend mit allzu großer Kälte. Dieselbe Ursache
führte auch zur Entdeckung des Dreimonatsweizens, weil die
Länder ⟨dort⟩ lange von Schnee bedeckt sind; er wird ungefähr im dritten Monat nach der Aussaat geerntet, auch in den
übrigen Ländern. Er ist im gesamten Alpenraum bekannt,
und kein Getreide wächst in diesen winterkalten Provinzen
besser; außerdem treibt er nur einen Halm, benötigt nirgends
viel Raum und wird nur auf mageren Boden gesät. Es gibt
auch einen Zweimonatsweizen bei Ainos in Thrakien; er wird
40 Tage nach der Aussaat reif und ist seltsamerweise schwerer
und ärmer an Kleie als jedes andere Getreide. Man verwendet
ihn auch auf Sizilien und in Achaia in bergigen Gegenden der
beiden Länder, auch auf Euboia bei Karystos. Columella

Columella, qui ne trimestri quidem proprium
genus existimaverit esse, cum sit antiquissimum.
Graeci setanion vocant. tradunt in Bactris grana
tantae magnitudinis fieri, ut singula spicas nostras
aequent.

Primum ex omnibus frumentis seritur hordeum. XIII
dabimus et dies serendo cuique generi natura singu- 71
lorum exposita. hordeum Indis sativum et silvestre,
ex quo panis apud eos praecipuus et alica. maxume
quidem oryza gaudent, ex qua tisanam conficiunt,
quam reliqui mortales ex hordeo. oryzae folia car-
nosa, porro similia, sed latiora, altitudo cubitalis,
flos purpureus, radix gemmeae rotunditatis.

Antiquissimum in cibis hordeum, sicut Athe- XIV
niensium ritu Menandro auctore apparet et gladia- 72
torum cognomine, qui hordearii vocabantur.
polentam quoque Graeci non aliunde praeferunt.
pluribus fit haec modis. Graeci perfusum aqua hordeum siccant nocte una ac postero die frigunt, dein
molis frangunt.

Sunt qui vehementius tostum rursus exigua aqua 73
adspergant et siccent, priusquam molant. alii vero
virentibus spicis decussum hordeum recens pur-
gant madidumque in pila tundunt atque in corbibus
eluunt ac siccatum sole rursus tundunt et purgatum
molunt. quocumque autem genere praeparato vice-
nis hordei libris ternas seminis lini et coriandri

täuschte sich sehr, wenn er nicht einmal den Dreimonatsweizen für eine besondere Art hielt, wo dieser doch die Urform
ist. Die Griechen nennen ihn *setanion*. In Baktrien sollen die
Körner eine solche Größe bekommen, daß jedes einzelne so
groß ist wie bei uns eine Ähre.

Als erste von allen Getreide⟨arten⟩ wird die Gerste ausgesät. Wir werden, wenn wir die einzelnen Arten besprochen
haben, auch die Saatzeit für jede davon angeben. [§ 201] Die
Inder haben eine kultivierte und eine wilde Gerste, die ihnen
vorzügliches Brot und Graupen liefert. Am meisten schätzen
sie jedoch den Reis *(óryza)*, aus welchem sie ein Getränk
(tisana) bereiten, das die anderen Menschen aus Gerste ⟨her-
stellen⟩. Die Reisblätter sind fleischig und dem Lauch ähnlich, aber breiter; die Pflanze erreicht die Höhe einer Elle, hat
eine purpurfarbene Blüte und eine Wurzel, die wie ein Edel-
stein gerundet ist.

Die Gerste gehört zu den ältesten Nahrungsmitteln, wie
aus der Erwähnung der athenischen Sitte bei Menander und
dem Beinamen der Fechter hervorgeht, die man ‚Gerstenbrotesser‘ nannte. Auch ziehen die Griechen der Graupe aus
Gerste keine andere vor. Man bereitet sie auf mehrfache
Weise. Die Griechen feuchten die Gerste mit Wasser an,
trocknen sie eine Nacht lang, dörren sie am folgenden Tag
und mahlen sie dann.

Manche dörren sie stärker, besprengen sie dann nochmals
mit etwas Wasser und trocknen sie vor dem Mahlen. Andere
aber schlagen die Gerste aus den noch grünen Ähren, reinigen
sie in frischem Zustand, feuchten sie an, stampfen sie in einem
Mörser und waschen sie in Körben aus; sie lassen sie dann an
der Sonne trocknen, stoßen sie abermals, reinigen sie und
mahlen sie schließlich. Ganz gleich, wie man die Graupen
herstellt, mischt man jedenfalls in der Mühle auf 20 Pfund
Gerste drei Pfund Leinsamen, ein halbes Pfund Koriander
und ein *acetabulum* Salz bei, nachdem man alles vorher

selibram salisque acetabulum, torrentes omnia
ante, miscent in mola. qui diutius volunt servare,   74
cum polline ac furfuribus suis condunt novis fictili-
bus. Italia sine perfusione tostum in subtilem farinam molit, isdem additis atque etiam milio.

Panem ex hordeo antiquis usitatum vita damna-
vit, quadripedumque fere cibus est, cum tisanae   XV
inde usus validissimus saluberrimusque tanto opere
probetur. unum laudibus eius volumen dicavit   75
Hippocrates e clarissimis medicinae scientia. tisanae bonitas praecipua Uticensi. in Aegypto vero est
quae fiat ex hordeo, cui sunt bini anguli. in Baetica
et Africa genus, ex quo fiat, hordei glabrum appellat Turranius. idem olyran et oryzan eandem esse
existimat. tisanae conficiendae volgata ratio est.

Simili modo e tritici semine tragum fit, in Cam-   XVI
pania dumtaxat et Aegypto, amylum vero ex omni   76
tritico ac siligine, sed optimum e trimestri. inventio   XVII
eius Chio insulae debetur; et hodie laudatissimum
inde est, appellatum ab eo quod sine mola fiat. proximum trimestri quod e minime ponderoso tritico.
madescit dulci aqua in ligneis vasis, ita ut integatur
quinquies in die mutata; melius, si et noctu, ita ut
misceatur pariter. emollitum priusquam acescat,   77
linteo aut sportis saccatum tegulae infunditur inli-

getrocknet hat. Will man die Gerstengraupen länger aufbewahren, so gibt man sie mit dem Staubmehl und ihrer Kleie in
neue irdene Gefäße. In Italien dörrt man sie ohne vorheriges
Anfeuchten und mahlt sie zu einem feinen Mehl, mit denselben Zusätzen und auch mit Hirse.

Das bei den Alten gebräuchliche Gerstenbrot entspricht
den heutigen Ernährungsgewohnheiten nicht mehr; es dient
fast nur noch als Viehfutter, dafür schätzt man den sehr kräftigen und gesunden Gerstentrank um so mehr. Hippokrates,
einer der berühmtesten Männer der Medizinwissenschaften,
hat zum Lob ⟨des Gerstensaftes⟩ einen ganzen Band geschrieben. Von vorzüglicher Güte ist das Gerstengetränk aus Utica.
In Ägypten aber ist es das aus der zweizeiligen Gerste hergestellte. Die Gerstenart, aus der man das Getränk in der Provinz Baetica und in Afrika bereitet, nennt Turranius die
‚glatte‘. Er glaubt, *ólyra* und Reis *(óryza)* sei die gleiche
Pflanze. Das Verfahren zur Herstellung des Gerstentrankes
ist allgemein bekannt.

Auf ähnliche Weise ⟨wie aus der Gerste⟩ macht man aus
dem Weizenkorn die Weizengrütze *(trágos)*, freilich nur in
Kampanien und Ägypten, das Stärkemehl aber aus allen Weizenarten, auch aus dem Winterweizen, das beste aber aus dem
Dreimonatsweizen. Die Erfindung ⟨des Stärkemehls⟩ verdankt man der Insel Chios, und auch heute noch kommt das
beste von dort; seinen Namen *(ámylon)* hat es davon erhalten, daß es ‚ohne Mühle‘ *(mýle)* hergestellt wird. Die nächste
Qualität nach dem Dreimonatsweizen gewinnt man aus dem
Weizen, der das geringste Gewicht hat. Man weicht ihn mit
Süßwasser in hölzernen Gefäßen so ein, daß er bedeckt wird,
und wechselt ⟨das Wasser⟩ fünfmal am Tag; besser ist es,
wenn dies auch nachts geschieht, so daß ⟨alles⟩ gleichmäßig
durchfeuchtet wird. Ist ⟨die Masse⟩ weich geworden, so siebt
man sie, ehe sie sauer werden kann, durch Leinwand oder
durch Körbe, gießt sie auf Ziegel, die mit Sauerteig bestrichen

tae fermento, atque ita in sole densatur. post Chium
maxime laudatur Creticum, mox Aegyptium – probatur autem levore et levitate atque ut recens sit –,
iam et Catoni dictum apud nos.

Hordei farina et ad medendum utuntur, mirum-   XVIII
que in usu iumentorum ignibus durato ac postea   78
molito offisque humana manu demissis in alvum
maiores vires torosque corporis fieri.

Spicae quaedam binos ordines habent, quaedam
plures usque ad senos. grano ipsi aliquot differentiae: longius leviusque aut brevius et rotundius,
candidius nigriusque vel, cui purpura est optimo ad
polentam. contra tempestates candido maxima
infirmitas. hordeum frugum omnium mollissimum
est. seri non volt nisi in sicca et soluta terra ac nisi   79
laeta. palea ex optimis, stramento vero nullum con-
paratur. hordeum ex omni frumento minime cala-
mitosum, quia ante tollitur quam triticum occupet
rubigo – itaque sapientes agricolae triticum cibariis
tantum serunt, hordeum sacculo seri dicunt –,
propterea celerrime redit, fertilissimumque quod in   80
Hispaniae Carthagine Aprili mense collectum est.
hoc seritur eodem mense in Celtiberia, eodemque
anno bis nascitur. rapitur omne a prima statim
maturitate festinantius quam cetera. fragili enim
stipula et tenuissima palea granum continetur.
meliorem etiam polentam fieri tradunt, si non
excocta maturitate tollatur.

Frumenti genera non eadem ubique nec, ubi   XIX

sind, und verdichtet sie so an der Sonne. Nach dem Stärkemehl von Chios schätzt man am meisten das von Kreta und
dann das aus Ägypten; seine Güte erkennt man an der Glätte
und Leichtigkeit und daran, daß es frisch ist. Schon Cato hat
bei uns davon gesprochen.

Das Gerstenmehl verwendet man auch als Heilmittel, und
es ist erstaunlich, welchen Nutzen es beim Zugvieh bewirkt;
wenn man die Gerste nämlich am Feuer röstet, dann mahlt,
Klöße daraus formt und mit der Hand den Zugtieren in den
Schlund schiebt, werden sie kräftiger und muskulöser.

Einige Ähren haben zwei Reihen, andere mehr, bis zu
sechs. Auch das Korn selbst zeigt einige Unterschiede: Es ist
länger und leichter, kürzer und runder, weißer oder schwärzer, sogar purpurfarben; letzteres ist fett und eignet sich am
besten zu Graupen. Gegen schlechtes Wetter ist das weiße am
wenigsten widerstandsfähig. Die Gerste ist von allen Feldfrüchten die weichste. Sie will nur in trockenen, lockeren und
dabei fruchtbaren Böden gesät werden. Ihre Spreu gehört
zum Besten, ihr Stroh läßt sich mit keinem andern verglechen. Die Gerste ist von allem Getreide Schädigungen am
wenigsten ausgesetzt, weil man sie schon erntet, bevor der
Weizen vom Rost befallen wird; deshalb säen kluge Bauern
Weizen nur für den Speisebedarf, die Gerste aber, wie man
sagt, ⟨zum Abfüllen⟩ in Säcke. Deswegen bringt sie am
schnellsten etwas ein; am ergiebigsten ist die, welche zu
(Neu-)Karthago in Spanien im Monat April geerntet wird. In
Keltiberien sät man sie im selben Monat, und sie gedeiht
zweimal im selben Jahr. Alle Gerste wird sogleich nach der
Reife eiliger als alles übrige Getreide geerntet. Denn ihr Halm
ist zerbrechlich und ihr Korn wird in einer äußerst dünnen
Spreuhülle festgehalten. Eine bessere Graupe soll man sogar
erhalten, wenn man ⟨die Gerste⟩ vor dem völligen Ausreifen
aberntet.

Nicht überall hat man dieselben Getreidearten, und auch

eadem sunt, isdem nominibus. volgatissima ex his   81
atque potentissima far, quod adoreum veteres
appellavere, siligo, triticum. haec plurimis terris
communia. arinca Galliarum propria, copiosa et
Italiae est, Aegypto autem ac Syriae Ciliciaeque et
Asiae ac Graeciae peculiares zea, olyra, tiphe.
Aegyptus similaginem conficit e tritico suo nequa-   82
quam Italicae parem. qui zea utuntur non habent
far. est et haec Italiae, in Campania maxime, semen-
que appellatur. hoc habet nomen res praeclara, ut
mox docebimus, propter quam Homerus ζείδω-
ρος ἄρουρα dixit, non, ut aliqui arbitrantur,
quoniam vitam donaret. amylum quoque ex ea fit
priore crassius; haec sola differentia est.

Ex omni genere durissimum far et contra hiemes   83
firmissimum. patitur frigidissimos locos et minus
subactos vel aestivosos sitientesque. primus anti-
quo is Latio cibus, magno argumento in adoriae
donis, sicuti diximus. pulte autem, non pane,
vixisse longo tempore Romanos manifestum,   84
quoniam et pulmentaria hodieque dicuntur et
Ennius, antiquissimus vates, obsidionis famem
exprimens offam eripuisse plorantibus liberis pat-
res commemorat. et hodie sacra prisca atque natalium pulte fitilla conficiuntur, videturque tam puls
ignota Graeciae fuisse quam Italiae polenta.

Tritici semine avidius nullum est nec quod plus   XX
alimenti trahat. siliginem proprie dixerim tritici   85

dort, wo es die gleichen sind, führen sie nicht den gleichen Namen. Am verbreitetsten und stärkehaltigsten sind der Emmer *(far)*, den die Alten *adoreum* nannten, der Winterweizen *(siligo)* und der Sommerweizen *(triticum)*. Diese kommen in den meisten Ländern vor. Die *arinca* ist in Gallien heimisch, sie wächst auch häufig in Italien, in Ägypten aber und in Syrien, Kilikien, Kleinasien und Griechenland sind die *zeia*, die *olyra* und die *tiphe* zuhause. Ägypten macht aus seinem Weizen das feinste Mehl *(similago)*, das aber dem italischen nicht gleichkommt. Wo man die *zeiá* verwendet, hat man keinen Emmer. ⟨Die *zeiá*⟩ findet sich auch in Italien, vor allem in Kampanien, und heißt dort ‚Samen‘ *(semen)*. Diesen Namen hat, wie wir bald zeigen werden [§ 112], eine berühmte Sache, weshalb Homer den Ausdrucks „zeiaspendender Acker" verwendete, nicht, wie manche meinen, weil ⟨der Acker⟩ Leben *(zoḗ)* spendet. Man bereitet ⟨aus der *zeiá*⟩ auch Stärkemehl, das aber gröber ist als das oben genannte; dies ist der einzige Unterschied.

Der Emmer ist unter allen Getreidearten die härteste und widerstandsfähigste gegen den Winter. Er verträgt sehr kalte und wenig bearbeitete oder auch heiße und trockene Böden. Er war die erste Nahrung im alten Latium, wofür die Ehrengeschenke, wie wir gesagt haben [§ 14] den deutlichen Beweis liefern. Daß die Römer aber lange Zeit von Brei und nicht von Brot lebten, ist offenkundig; auch Ennius, der älteste Dichter, belegt das, wenn er über die Hungersnot bei einer Belagerung schreibt, die Väter hätten ihren weinenden Kindern das Breiklößchen ⟨aus dem Mund⟩ gerissen. Und heute noch werden Opfer nach altem Brauch und Geburtstagsfeiern mit einem Opferbrei begangen; dieser Brei scheint in Griechenland ebenso unbekannt gewesen zu sein wie in Italien die Graupen.

Kein Same ist unersättlicher als der des Weizens und keiner zieht mehr Nahrung an sich. Den Winterweizen möchte ich

delicias candore sive virtute sive pondere. conve-
niens umidis tractibus, quales Italiae sunt et Galliae
Comatae, sed trans Alpes in Allobrogum tantum
Remorumque agro pertinax, in ceteris ibi partibus
biennio in triticum transit. remedium, ut gravissima quaeque grana eius serantur.

E siligine lautissimus panis pistrinarumque opera   86
laudatissima. praecellit in Italia, si Campana Pisis
natae misceatur. rufior illa, at Pisana candidior
ponderosiorque cretacea. iustum est e grano Cam-
panae, quam vocant castratam, e modio redire sextarios quattuor siliginis vel e gregali sine castratura
sextarios quinque, praeterea floris semodium et   87
cibarii, quod secundarium vocant, sextarios quattuor, furfuris sextarios totidem, e Pisana autem siliginis sextarios quinque, cetera paria sunt. Clusina
Arretinaque etiamnum sextarios siliginis adiciunt,
in reliquis pares. si vero pollinem facere libeat, XVI
pondo panis redeunt et cibarii terna furfurumque
semodius. molae discrimine hoc constat. nam quae
sicca moluntur, plus farinae reddunt, quae salsa
aqua sparsa, candidiorem medullam, verum plus
retinent in furfure. farinam a farre dictam nomine   88
ipso apparet. siligineae farinae modius Gallicae XX
libras panis reddit, Italicae duabus tribusve amplius
in artopticio pane. nam furnaceis binas adiciunt libras in quocumque genere.

Similago e tritico fit, laudatissima ex Africo. ius-   89
tum est e modiis redire semodios et pollinis sextarios quinque – ita appellant in tritico quod florem in

eigentlich den schmackhaftesten Weizen nennen, wegen seiner Weiße, seiner Kraft oder seines Gewichtes. Er eignet sich für feuchte Böden, wie sie in Italien und in Gallia Comata vorkommen; jenseits der Alpen aber hält er sich nur im Lande der Allobroger und der Remer, in den übrigen Ländern verwandelt er sich nach zwei Jahren in gewöhnlichen Weizen. Ein Mittel dagegen ist, nur die schwersten Körner anzusäen.

Aus dem Winterweizen erhält man das feinste Brot und das beste Backwerk. In Italien ist es am vorzüglichsten, wenn man kampanischen Weizen mit dem bei Pisa gewachsenen mischt. Jener ist rötlicher, der pisanische aber weißer, schwerer und ⟨sieht aus, als wäre er⟩ mit Kreide gestreckt. Gewöhnlich ergibt ein *modius* vom kampanischen, sog. gereinigten Weizen vier *sextarii* Mehl oder ein *modius* vom nicht gereinigten Weizen fünf *sextarii*, außerdem einen halben *modius* Feinmehl, vier *sextarii* Speisemehl, das man die ‚zweite Sorte‘ nennt, und ebenso viele *sextarii* Kleie; der pisanische Weizen aber ergibt fünf *sextarii* Mehl und das übrige in gleicher Menge. Der Weizen von Clusium und Arretium ergibt noch einen *sextarius* mehr Mehl, alles übrige bleibt sich gleich. Wenn man Staubmehl bereiten will, erhält man 16 Pfund Brotmehl, 3 Pfund Speisemehl und einen halben *modius* Kleie. Der Unterschied entsteht beim Mahlen. Was nämlich trocken gemahlen wird, ergibt mehr Mehl; was mit Salzwasser besprengt wird, helleres Mehl, wobei allerdings mehr in der Kleie hängen bleibt. Daß die Bezeichnung ‚Mehl‘ *(farina)* sich vom Emmer *(far)* herleitet, geht schon aus dem Wort hervor. Ein *modius* Weizenmehl aus Gallien ergibt 20 Pfund Brot, einer aus Italien zwei oder drei Pfund mehr, wenn es in einer Form gebacken wird. Beim Ofenbrot erhält man nämlich von jeder Art zwei Pfund mehr.

Das Feinmehl *(similago)* erhält man aus dem Sommerweizen *(triticum)*, das vorzüglichste von dem aus Afrika. Nach der Regel ergibt ein *modius* einen halben *modius* Feinmehl

siligine; hoc aerariae officinae chartariaeque utuntur –, praeterea secundarii sextarios quattuor furfurumque tantundem, panis vero e modio similaginis
p. XXII, e floris modio p. XVI. pretium huic   90
annona media in modios farinae XL asses, simila-
gini octonis assibus amplius, siligini castratae
duplum. est et alia distinctio semel pollinatam XVII
p. panis reddere, bis XVIII, ter XIX cum triente et
secundarii panis quinas selibras, totidem cibarii et
furfurum sextarios VI.

Siligo numquam maturescit pariter, nec ulla   91
segetum minus dilationem patitur propter teneritatem, iis quae maturuere protinus granum dimitten-
tibus. sed minus quam cetera frumenta in stipula
periclitatur, quoniam semper rectam habet spicam
nec rorem continet, qui robiginem faciat.
    Ex arinca dulcissimus panis. ipsa spissior quam   92
far, et maior spica, eadem et ponderosior. raro
modius grani non XVI libras implet. exteritur in
Graecia difficulter, ob id iumentis dari ab Homero
dicta. haec enim est quam olyram vocat. eadem in
Aegypto facilis fertilisque.

    Far sine artista est, item siligo, excepta quae   93
Laconica appellatur. adiciuntur his genera bromos
et tragos, externa omnia, ab oriente invectae oryzae
similia. tiphe et ipsa eiusdem est generis, ex qua fit
in nostro orbe oryza. apud Graecos est et zea, tra-
duntque eam ac tiphen, cum sint degeneres, redire

und fünfeinhalb *sextarii* Staubmehl *(pollen)* – so nennt man nämlich beim Weizen das, was beim Winterweizen ‚Feinmehl' *(flos)* heißt; die Erz- und die Papierwerkstätten verwenden es –, außerdem erhält man vier *sextarii* Mehl ‚zweiter Sorte' und ebensoviel Kleie; ein *modius* Feinmehl ergibt 22 Pfund Brot, ein *modius* feines Mehl *(flos)* 16 Pfund. Der durchschnittliche Getreidepreis für einen *modius* Mehl beträgt 40 *asses*, von feinem acht *asses* mehr, von gesiebtem Feinmehl doppelt so viel. Noch einen weiteren Unterschied gibt es, sofern eine einmal fein gebeutelte Weizenart 17 Pfund, eine zweimal gebeutelte 18, eine dreimal gebeutelte 19¹/₃ Pfund Weißbrot ergibt und dazu vom Mehl zweiter Sorte 2 Pfund Brot, ebensoviel Speisemehl und 6 *sextarii* Kleie.

Der Winterweizen *(siligo)* reift nie zu gleicher Zeit, und wegen seiner Zartheit verträgt er weniger Aufschub als jede andere Saat, weil die Ähren, sobald sie reif sind, sogleich ihre Körner verlieren. Auf dem Halm ist er aber weniger gefährdet als die übrigen Getreidearten, weil er die Ähre stets aufrecht trägt und keinen Tau festhält, der Rost verursachen könnte.

Die *arinca* ergibt das schmackhafteste Brot. Sie ist dichter als der Emmer, ihre Ähre ist größer und auch schwerer. Ein *modius* ihrer Körner wiegt selten weniger als 16 Pfund. In Griechenland läßt sie sich nur schwer dreschen und wird deshalb, wie Homer berichtet, den Zugtieren gegeben. Es ist dieselbe Frucht, die er *ólyra* nennt. In Ägypten läßt sie sich leicht dreschen und ist ergiebig.

Der Emmer ist ohne Grannen, ebenso der Winterweizen, ausgenommen der sog. lakonische. Zu diesen Getreidearten kommen noch der *brómos* und der *trágos* hinzu, die alle ausländisch sind, aus dem Orient eingeführt wurden und dem Reis gleichen. Auch das Einkorn *(típhe)* selbst gehört zur gleichen Art; aus ihm entsteht bei uns eine Art von Reis. Bei den Griechen gibt es auch die *zeiá*, und sie behaupten, daß sowohl diese als auch das Einkorn, wenn sie entarten, wieder zu

ad frumentum, si pistae serantur, nec protinus, sed
tertio anno.

Tritico nihil est fertilius – hoc ei natura tribuit,   XXI
quoniam eo maxime alebat hominem –, utpote cum   94
e modio, si sit aptum solum, quale in Byzacio Africae campo, centeni quinquageni modii reddantur.
misit ex eo loco divo Augusto procurator eius ex
uno grano, vix credibile dictu, CCCC paucis minus
germina, exstantque de ea re epistulae. misit et   95
Neroni similiter CCCLX stipulas ex uno grano.
cum centesimo quidem et Leontini Siciliae campi
fundunt aliique et tota Baetica et in primis Aegyptus. fertilissima tritici genera ramosum ac quod
centigranium vocant. inventus est iam et scapus
unus centum fabis onustus.

Aestiva frumenta diximus sesamam, milium,   XXII
panicum. sesama ab Indis venit. ex ea et oleum faci-   96
unt; colos eius candidus. huic simile est in Asia
Graeciaque erysimum, idemque erat, nisi pinguius
esset, quod apud nos vocant irionem, medicamini-
bus adnumerandum potius quam frugibus. eiusdem naturae et horminum Graecis dictum, sed
cumino simile; seritur cum sesama. hac et irione
nullum animal vescitur virentibus.

Pistura non omnium facilis, quippe Etruria spi-   XXIII
cam farris tosti pisente pilo praeferrato fistula ser-   97
rata et stella intus denticulata, ut, si intenti pisant,
concidantur grana ferrumque frangatur. maior pars
Italiae nudo utitur pilo, rotis etiam, quas aqua ver-

gutem Getreide werden, wenn man sie geschält ansät, allerdings nicht sogleich, sondern erst im dritten Jahr.

Nichts ist fruchtbarer als der Sommerweizen – diese Eigenschaft verlieh ihm die Natur, weil sie den Menschen vor allem
durch ihn ernähren wollte –, denn ein *modius* bringt, wenn
der Boden sich eignet, wie auf dem Feld von Byzacium in
Afrika, 150 *modii* ein. Der Procurator ⟨von Afrika⟩ sandte
aus dieser Gegend dem Divus Augustus fast 400 Halme, die,
was kaum glaublich erscheint, aus einem einzigen Korn ent-
sprossen waren; der Briefwechsel hierüber existiert noch.
Auch an Nero schickte man 360 aus einem einzigen Korn
gewachsene Halme. Hundertfältig tragen ja auch die leontinischen Felder und andere in Sizilien, auch die ganze Provinz
Baetica und vor allem Ägypten. Die fruchtbarsten Weizenarten sind der vielästige und der sog. hundertkörnige Weizen.
Auch hat man schon einen Stengel gefunden, der mit hundert
Bohnen beladen war.

Als Sommergetreide haben wir den Sesam, die Hirse und
die Kolbenhirse bezeichnet [§ 49]. Der Sesam kommt aus
Indien. Aus ihm bereitet man auch ein Öl; seine Farbe ist
weiß. Ihm ähnlich ist in Asien und in Griechenland das *erýsimon*, und es wäre, wenn es nicht fetter wäre, dieselbe Pflanze
⟨wie die⟩, die man bei uns *irico* nennt; man muß sie eher zu
den Heilpflanzen zählen als zu den Feldfrüchten. Von gleicher Beschaffenheit ist auch ⟨die⟩ von den Griechen *hórminon* genannte ⟨Pflanze⟩, doch ist sie dem Kümmel ähnlich;
man sät sie gemeinsam mit dem Sesam. Von diesem und vom
irico frißt kein Tier, solange sie noch grün sind.

Nicht alles Getreide läßt sich leicht stampfen; so stampft
man in Etrurien die Ähre des gerösteten Emmers mit einem
vorne eisenbeschlagenen Stößel, der mit einem sägeförmigen
Rand und einem gezahnten Stern ausgestattet ist, so daß man,
wenn man zu heftig stampft, die Körner zerschneidet und das
Eisen zerbricht. Im größeren Teil Italiens verwendet man

set, obiter et mola. de ipsa ratione pisendi Magonis
proponemus sententiam: triticum ante perfundi   98
aqua multa iubet, postea evalli, dein sole siccatum
pilo repeti, simili modo hordeum. huius sextarios
XX spargi duobus sextariis aquae. lentem torreri
prius, dein cum furfuribus leviter pisi aut addito in
sextarios XX lateris crudi frusto et harenae semo-
dio. erviliam iisdem modis, quibus lentem. sesamam in calida maceratam exporrigi, dein confricari
et frigida mergi, ut paleae fluctuentur, iterumque
exporrigi in sole super lintea, quod nisi festinato
peragatur, lurido colore mucescere. et ipsa autem,   99
quae evalluntur, variam pistrinarum rationem
habent. acus vocatur, cum per se pisitur spica tantum, aurificum ad usus, si vero in area teritur cum
stipula, palea, in maiore terrarum parte ad pabula
iumentorum. mili et panici et sesamae purgamenta
adpludam vocant et alibi aliis nominibus.

Milio Campania praecipue gaudet pultemque   XXIV
candidam ex eo facit. fit et panis praedulcis. Sarma-   100
tarum quoque gentes hac maxime pulte aluntur et
cruda etiam farina, equino lacte vel sanguine e cru-
ris venis admixto. Aethiopes non aliam frugem
quam mili hordeique novere.

Panico et Galliae quidem, praecipue Aquitania   XXV
utitur, sed et circumpadana Italia addita faba, sine   101

einen unbeschlagenen Stößel, und auch Räder, die das Wasser antreibt; gelegentlich auch eine Mühle. Über die Methode des Stampfens wollen wir die Meinung Magos mitteilen: Er läßt zunächst den Weizen reichlich mit Wasser übergießen, dann enthülsen, hierauf an der Sonne trocknen und danach abermals mit dem Stößel bearbeiten; auf ähnliche Weise auch die Gerste. Auf 20 *sextarii* von ihr solle man zwei *sextarii* Wasser gießen. Die Linse solle man zuerst rösten, dann mit Kleie leicht stampfen oder zu 20 *sextarii* ein Stück ungebrannten Ziegel und einen halben *modius* Sand hinzugeben. Die *ervilia* solle man ebenso wie die Linse behandeln. Den Sesam solle man in warmem Wasser einweichen, dann ausbreiten, danach reiben und hierauf in kaltes Wasser werfen, damit die Spreu obenauf schwimmt, sodann ein zweites Mal an der Sonne auf Leintüchern ausbreiten; dies müsse schnell geschehen, sonst bekomme der Sesam eine fahle Farbe und setze Schimmel an. Auch die Getreidearten, die enthülst werden, erfahren beim Stampfen eine unterschiedliche Behandlung. Man nennt den Abfall *acus*, wenn nur die Ähre für sich allein gestampft wird – sie dient zum Gebrauch der Goldschmiede –; wird aber die Ähre mit dem Halm auf der Tenne gedroschen, so nennt man ihn *palea* und verwendet ihn im größeren Teil der Länder nur als Viehfutter. Den Abfall, der beim Reinigen der Hirse, der Kolbenhirse und des Sesams entsteht, nennt man *adpluda*, an anderen Orten auch anders.

In Kampanien gibt es besonders viel Hirse; man bereitet aus ihr einen weißen Brei. Auch ein sehr süßes Brot wird daraus hergestellt. Auch die Volksstämme der Sarmaten leben zum größten Teil von einem solchen Brei, sogar aus ungekochtem Mehl, dem sie Pferdemilch oder Blut aus den Schenkeladern ⟨der Pferde⟩ beimischen. Die Äthiopier kennen kein anderes Getreide als Hirse und Gerste.

Die Kolbenhirse *(panicum)* verwendet man auch in Gallien, vorwiegend in Aquitanien; aber auch in den beiderseits

qua nihil conficiunt. Ponticae gentes nullum panico praeferunt cibum. – Cetera aestiva frumenta riguis magis etiam quam imbribus gaudent, milium et panicum aquis minime, quoniam in folia exeunt. vetant ea inter vites arboresve frugiferas seri, terram emaciari hoc satu existimantes.

Mili praecipuus ad fermenta usus e musto subacti   XXVI
in annuum tempus. simile fit e tritici ipsius furfuri-   102
bus minutis et optimis e musto albo triduo maturato subactis ac sole siccatis. inde pastillos in pane
faciendo dilutos cum similagine seminis fervefaci-
unt atque ita farinae miscent, sic optimum panem
fieri arbitrantes. Graeci in binos semodios farinae
satis esse bessem fermenti constituere. et haec qui-   103
dem genera videmiis tantum fiunt; quo libeat vero
tempore ex aqua hordeoque bilibres offae ferventi
foco vel fictili patina torrentur cinere et carbone,
usque dum rubeant. postea operiuntur in vasis,
donec acescant. hinc fermentum diluitur. cum fie-
ret autem panis hordeacius, ervi aut cicerculae
farina ipse fermentabatur; iustum erat binae librae   104
in quinos semodios. nunc fermentum fit ex ipsa
farina, quae subigitur, priusquam addatur sal, ad
pultis modum decocta et relicta, donec acescat.
vulgo vero nec suffervefaciunt, sed tantum pridie
adservata materia utuntur, palamque est naturam
acore fermentari, sicut evalidiora esse corpora,
quae fermentato pane alantur, quippe cum apud

des Padus gelegenen Gebieten Italiens, wo man aber die Bohne dazumischt, ohne die sie nichts backen. Die Völker am Pontos ziehen der Kolbenhirse kein anderes Nahrungsmittel vor. – Übrigens liebt das Sommergetreide mehr die Bewässerung als vielen Regen; Hirse und Kolbenhirse vertragen das Wasser gar nicht, weil sie ⟨dadurch⟩ auswachsen. Man verbietet auch, sie zwischen Weinstöcken oder Obstbäumen anzubauen, da man glaubt, die Erde werde durch diese Saat ausgelaugt.

Die Hirse *(milium)* verwendet man hauptsächlich zum Sauerteig; wenn man sie mit Most knetet, hält sie sich ⟨in diesem Zustand⟩ ein ganzes Jahr. Ein ähnliches ⟨Gärungsmittel⟩ stellt man auch aus der feinsten und besten Weizenkleie her, indem man sie mit drei Tage altem weißem Most knetet und danach an der Sonne trocknet. Beim Brotbacken erwärmt man kleine Stückchen davon, fein verteilt, mit feinstem Weizenmehl und mischt sie so dem Mehl bei; man glaubt, auf diese Weise das beste Brot zu erhalten. Die Griechen haben festgestellt, daß für zwei halbe *modii* Mehl acht Unzen Sauerteig ausreichen. Diese Arten von Sauerteig kann man nur während der Weinlese herstellen; zu jeder beliebigen Zeit aber bereitet man ihn, indem man aus Wasser und Gerste Klöße von zwei Pfund Gewicht formt, sie über Asche und Kohle auf einem heißen Herd oder in einer irdenen Schüssel so lange röstet, bis sie rötlich werden. Dann schließt man sie in Deckelgefäße, bis sie sauer werden. Darauf löst man sie zu Sauerteig auf. Als man aber noch Gerstenbrot herstellte, ließ man es mit dem Mehl der Erve oder der Platterbe aufgehen; in der Regel nahm man zwei Pfund auf fünf halbe *modii*. Jetzt bereitet man den Sauerteig aus dem Mehl selbst, das man, ehe man Salz zugibt, knetet und dann wie Brei kocht; hernach läßt man es bis zum Sauerwerden stehen. Gewöhnlich aber kocht man es nicht auf, sondern verwendet nur den vom Vortag aufbewahrten Teig. Offenbar wird die Gärung durch die Säure verursacht, wie auch Körper, die sich von gesäuertem

veteres ponderosissimo cuique tritico praecipua
salubritas perhibita sit.

Panis ipsius varia genera persequi supervacuum XXVII
videtur, alias ab opsoniis appellati, ut ostrearii, alias 105
a deliciis, ut artolagani, alias a festinatione, ut strep-
tici, nec non a coquendi ratione, ut furnacei vel
artopticii aut in clibanis cocti, non pridem etiam e
Parthis invecto quem aquaticum vocant, quoniam
aqua trahitur ad tenuem et spongiosam inanitatem,
alii Parthicum. summa laus siliginis bonitate et
cribri tenuitate constat. quidam ex ovis aut lacte
subigunt, butyro vero gentes etiam pacatae, ad operis pistorii genera transeunte cura. durat sua Piceno 106
in panis inventione gratia ex alicae materia. eum
novem diebus maceratum decumo ad speciem trac-
tae subigunt uvae passae suco, postea in furnis ollis
inditum, quae rumpantur ibi, torrent. neque est ex
eo cibus nisi madefacto, quod fit lacte maxime
mulso.

Pistores Romae non fuere ad Persicum usque XXVIII
bellum annis ab urbe condita super DLXXX. ipsi 107
panem faciebant Quirites, mulierumque id opus
maxime erat, sicut etiam nunc in plurimis gentium.
artoptas iam Plautus appellat in fabula, quam Aulu-
lariam inscripsit, magna ob id concertatione erudi-
torum, an is versus poetae sit illius, certumque fit 108
Atei Capitonis sententia cocos tum panem lautiori-

Brot nähren, kräftiger sind, so wie ja bei den Alten gerade der schwerste Weizen als besonders gesund galt.

Es erscheint als überflüssig, die verschiedenen Brotarten selbst aufzuzählen; bald wird das Brot nach der Zukost benannt, wie das ,Austernbrot', bald nach der Schmackhaftigkeit, wie das ,Kuchenbrot', bald nach der schnellen Zubereitung, wie das ,Schnellbrot', dann auch nach dem Backverfahren, wie das ,Ofenbrot', das ,Pfannenbrot' oder das in tönernen Formen gebackene 〈,Formbrot'〉; vor kurzem hat man auch von den Parthern ein Brot eingeführt, das man ,Wasserbrot' nennt, weil es mit Wasser angemacht wird, bis es dünn und schwammartig durchlöchert wird; andere 〈nennen es〉 ,Partherbrot'. Die höchste Güte des Brotes beruht auf der Qualität des Mehles und der Feinheit des Siebes. Einige kneten es mit Eiern oder Milch, mit Butter auch einige 〈von uns〉 befriedete Völker, deren Interesse sich 〈nur noch〉 auf 〈die verschiedenen〉 Arten von Backwaren richtet. Picenum bewahrt durch die Erfindung eines Brotes, das aus Speltgraupen *(alicae)* bereitet wird, eine Spezialität. Man weicht 〈die Graupen〉 nämlich neun Tage lang ein, knetet sie am zehnten Tag mit Rosinensaft zu länglichen Broten und röstet diese dann im Ofen in Töpfen, die dabei zerspringen müssen. Man kann 〈dieses Brot〉 nur eingeweicht verzehren, was vor allem mit Milchmet geschieht.

Bäcker gab es in Rom nicht bis zum Krieg mit Perseus, also mehr als 580 Jahre seit Gründung der Stadt. Die Römer bereiteten sich ihr Brot selbst, und dies war, wie bei den meisten Völkern auch heute noch, hauptsächlich die Arbeit für Frauen. Plautus erwähnt schon in einer Komödie, die er *Aulularia* betitelt hat, Backformen *(artoptae)*; darüber entstand aber unter den Gelehrten ein heftiger Streit, ob dieser Vers denn wirklich von jenem Dichter stammt; nach Meinung des Ateius Capito ist es jedenfalls gewiß, daß zur damaligen Zeit Köche *(coci)* nur für die vornehmeren Bürger Brot

bus coquere solitos, pistoresque tantum eos, qui far
pisebant, nominatos. nec cocos vero habebant in
servitiis, eosque ex macello conducebant.

Cribrorum genera Galliae saetis equorum inve-
nere, Hispaniae lino excussoria et pollinaria,
Aegyptus papyro atque iunco.

Sed inter prima dicatur et alicae ratio praestantis-   XXIX
simae saluberrimaeque, quae palma frugum indubi-   109
tata Italiae contingit. fit sine dubio et in Aegypto,
sed admodum spernenda, in Italia vero pluribus
locis, sicut Veronensi Pisanoque agro, in Campania
tamen laudatissima.

Campus est subiacens montibus nimbosis, totus
quidem $\overline{XL}$ p. planitie. terra eius, ut protinus soli   110
natura dicatur, pulverea summa, inferior bibula et
pumicis vice fistulosa quoque. montium culpa in
bonum cedit. crebros enim imbres percolat atque
transmittit, nec dilui aut madere voluit propter faci-
litatem culturae, eadem acceptum umorem nullis
fontibus reddit, sed temperate concoquens intra se
vice suci continet. seritur toto anno, panico semel,   111
bis farre. et tamen vere segetes, quae interquievere,
fundunt rosam odoratiorem sativa. adeo terra non
cessat parere, unde volgo dictum, plus apud Cam-
panos unguenti quam apud ceteros olei fieri. quantum autem universas terras campus antecedit, tantum ipsum pars eius, quae Leboriae vocantur,
quem Phlegraeum Graeci appellant. finiuntur

zu backen pflegten und daß man nur diejenigen ‚Bäcker'
(pistores) nannte, die den Emmer stampften. Man hatte aber
damals noch keine Köche unter der Dienerschaft, sondern
mietete sie vom Markt.

Die Gallier haben die verschiedenen Arten von Sieben aus
Pferdehaar erfunden, die Spanier die Beutel- und Staubsiebe
aus Leinwand, die Ägypter die Siebe aus Papyrus und Binsen.

Vor allem muß man aber auch die ganz vortrefflichen und
gesunden Speltgraupen (alicae) erwähnen; Italien gebührt
⟨auch⟩ für diese Feldfrüchte unstreitig der Vorrang. Zweifellos stellt man sie auch in Ägypten her, aber diese sind völlig zu
verwerfen; in Italien hingegen bereitet man sie an mehreren
Orten, so im Gebiet von Verona und von Pisa; die besten
jedoch liefert Kampanien.

Dort erstreckt sich am Fuße wolkenumhüllter Berge eine
Ebene von 40 Meilen. Ihr Boden, um sogleich dessen Beschaffenheit zu erwähnen, ist an der Oberfläche staubig, darunter
aber saugfähig und löcherig wie Bimsstein. Die ⟨an sich⟩
nachteilige Lage am Gebirge wird so zum Vorteil. Häufige
Regengüsse läßt der Boden nämlich durchsickern und durch-
laufen, so daß sie ihn nicht auflösen oder verschlammen lassen
können, was den Anbau erleichtert; doch gibt er die empfan-
gene Feuchtigkeit nicht wieder durch Quellen ab, sondern
mischt und verteilt sie und hält sie wie einen Saft fest. Man sät
dort das ganze Jahr hindurch, einmal mit Kolbenhirse und
zweimal mit Emmer. Und dennoch bringen die Saatfelder im
Frühling, wenn sie brach gelegen waren, eine ⟨wilde⟩ Rose
hervor, die angenehmer duftet als die kultivierte. Die Erde
hört also nie zu tragen auf, woher auch das Sprichwort
kommt, in Kampanien gebe es mehr Geruchsstoffe als in
anderen Gegenden Öl. So weit aber die ⟨kampanische⟩
Ebene alle anderen Länder übertrifft, so weit wird sie von
einem ihrer Teile übertroffen, dem sog. leborischen Feld, das
bei den Griechen das phlegräische heißt. Die leborischen

Leboriae via ab utroque latere consulari, quae a
Puteolis et quae a Cumis Capuam ducit.

Alica fit e zea, quam semen appellavimus. tundi-   112
tur granum eius in pila lignea, ne lapidis duritia
conterat, mobili, ut notum est, pilo vinctorum
poenali opera. primori inest pyxis ferrea. excussis
inde tunicis iterum isdem armamentis nudata con-
ciditur medulla. ita fiunt alicae tria genera: minimum ac secundarium, grandissimum vero aphaere-
ma appellant. nondum habent candorem suum,   113
quo praecellunt, iam tamen Alexandrinae praefe-
runtur. poestea, mirum dictu, admiscetur creta,
quae transit in corpus coloremque et teneritatem
adfert. invenitur haec inter Puteolos et Neapolim in   114
colle Leucogaeo appellato, extatque divi Augusti
decretum, quo annua ducena milia Neapolitanis
pro eo numerari iussit e fisco suo, coloniam dedu-
cens Capuam, adiecitque causam adferendi, quoniam negassent Campani alicam confici sine eo
metallo posse. – In eodem reperitur et sulpur, emi-
cantque fontes Araxi oculorum claritati et volne-
rum medicinae dentiumque firmitati.

Alica adulterina fit maxime quidem e zea, quae in   115
Africa degenerat. latiores eius spicae nigrioresque
et brevi stipula. pisunt cum harena et sic quoque
difficulter deterunt utriculos, fitque dimidia nudi
mensura, posteaque gypsi pars quarta inspargitur
atque, ut cohaesit, farinario cribro subcernunt.

Felder werden auf beiden Seiten von Konsularstraßen
begrenzt, von denen die eine von Puteoli, die andere von
Cumae nach Capua führt.

Die Graupen bereitet man aus der *zeiá*, die wir ‚Samen‘
genannt haben [§ 82]. Ihr Korn wird in einem hölzernen Mörser gestoßen, damit es nicht von der Härte des Steines zer-
malmt wird, und zwar, wie bekannt, durch Zwangsarbeit von
Sträflingen. Am vorderen Teil ⟨des Stößels⟩ befindet sich ein
becherförmiges Eisen. Wenn die Hülsen entfernt sind, wird
der freigelegte Kern nochmals mit demselben Werkzeug zer-
stoßen. So erhält man drei Arten von Graupen: eine sehr
feine, eine mittlere und eine sehr grobe Sorte, die man *aphaí-
rema* nennt. Sie haben die glänzend weiße Farbe, durch die sie
sich auszeichnen, noch nicht; werden aber dennoch schon
denen von Alexandreia vorgezogen. Nachher mischt man
seltsamerweise Kreide bei, die in die Masse einzieht und ihr
⟨die weiße⟩ Farbe und ihre Zartheit verleiht. Diese ⟨Kreide⟩
findet sich zwischen Puteoli und Neapel auf dem sog. leuko-
gäischen Hügel, und es gilt noch das Dekret des Divus Augustus, durch das er, als er eine Kolonie in Capua anlegte, den
Neapolitanern jährlich 200 000 *sestertii* aus seiner Kasse aus-
zahlen ließ und als Grund für diese Vergütung angab, die
Kampaner hätten erklärt, ohne dieses Mineral ließen sich
keine Graupen herstellen. – In der gleichen Gegend findet
sich auch Schwefel, und es entspringen hier die Araxusquellen, die zur Klarheit der Augen, zur Heilung von Wunden
und zur Festigung der Zähne beitragen.

Unechte Graupen stellt man meist aus einer *zeiá* her, die in
Afrika verwildert ⟨vorkommt⟩. Ihre Ähren sind breiter und
dunkler und haben einen kurzen Halm. Man stampft sie mit
Sand, aber selbst hierdurch gehen die Hüllen nur schwer ab;
das Enthülste ergibt nur noch die Hälfte des ⟨ursprünglichen⟩
Maßes; hierauf wird der vierte Teil Gips eingestreut; sobald
dieser bindet, schlägt man ⟨die Mischung⟩ durch ein Mehl-

quae in eo remansit, excepticia appellatur et grandissima est. rursus, quae transit, artiore cernitur et
secundaria vocatur, item cribraria, quae simili
modo in tertio remansit cribro angustissimo et tantum harenas transmittente. alia ratio ubique adulte-   116
randi: ex tritico candidissima et grandissima eligunt
grana ac semicocta in ollis postea arefaciunt sole ad
initium rursusque leviter adspersa molis frangunt.
ex zea pulchrius quam e tritico fit graneum, quamvis id alicae vitium sit. candorem autem ei pro creta
lactis incocti mixtura confert.

Sequitur leguminum natura, inter quae maxime   XXX
honos fabae, quippe ex qua temptatus sit etiam   117
panis. lomentum appellatur farina ea, adgravatur-
que pondus illa et omni legumine, iam vero et
pabulo, in pane venali. fabae multiplex usus
omnium quadripedum generi, praecipue homini.
frumento etiam miscetur apud plerasque gentes, et
maxime panico solida ac delicatius fracta. quin et   118
prisco ritu fabata suae religionis diis in sacro est.
praevalens pulmentari cibo et hebetare sensus exis-
timata, insomnia quoque facere, ob haec Pythago-
ricae sententiae damnata, ut alii tradidere, quoniam
mortuorum animae sint in ea, qua de causa paren-
tando utique adsumitur. Varro et ob haec flaminem   119
ea non vesci tradit et quoniam in flore eius litterae

sieb. Was darin zurückbleibt, nennt man die ‚zurückbehalte-
nen‘ ⟨Graupen⟩, und sie sind die größten. Wenn das Durchge-
siebte nochmals durch ein engeres Sieb gegangen ist, nennt
man es ‚mittlere Graupen zweiter Güte‘; ‚gesiebte Graupen‘
aber ⟨nennt man⟩ die, die auf ähnliche Weise in einem dritten,
sehr engen und nur für den Sand durchlässigen Sieb zurück-
bleiben. Es gibt noch überall eine andere Art der Verfäl-
schung aus dem Weizen. Man nimmt ⟨dazu⟩ die hellsten und
dicksten Körner, kocht sie in Töpfen halbgar, trocknet sie
nachher an der Sonne, wie sie anfangs waren, feuchtet sie
dann wieder leicht an und schrotet sie in Mühlen. Aus der *zeiá*
erhält man eine schönere Graupe als aus dem Weizen, doch ist
auch diese eine schlechte Sorte von Graupen. Die weiße Farbe
erhalten sie aber durch die Beimischung gekochter Milch
anstatt von Kreide.

Es folgt die Beschaffenheit der Hülsenfrüchte. Unter ihnen
genießt vor allem die Bohne Ansehen, wie man denn sogar
versucht hat, Brot aus ihr zu backen. Das Mehl aus ihr heißt
lomentum, und es vermehrt, wie jede Hülsenfrucht, das
Gewicht, sogar beim Futter und bei dem zum Verkauf
bestimmten Brot. Die Bohne findet vielfache Verwendung
für alle Vierfüßler, inbesondere aber beim Menschen. Bei sehr
vielen Völkern mischt man sie unter das Getreide, vor allem
unter die Kolbenhirse, im ganzen oder auch feiner geschrotet.
Nach altem Brauch ist der Bohnenbrei, den man Göttern
opfert, sogar von religiöser Bedeutung; die Bohne war als
Zukost vorherrschend, und man glaubte, sie stumpfe die
Sinne ab und rufe Traumgesichte hervor; deshalb wurde
nach pythagoreischer Lehre verboten ⟨sie zu essen⟩; nach
Meinung anderer, weil sich in ihr die Seelen der Verstorbenen
befänden. Aus diesem Grund verwendet man sie jedenfalls,
um feierliche Totenopfer darzubringen. Varro sagt, ein Fla-
men-Priester dürfe sie aus diesem Grunde nicht essen, aber
auch weil sich in ihrer Blüte Trauerbuchstaben befänden. Mit

lugubres reperiantur. in eadem peculiaris religio,
namque fabam utique ex frugibus referre mos est
auspici causa, quae ideo referiva appellatur. et auc-
tionibus adhibere eam lucrosum putant. sola certe
frugum etiam exesa repletur crescente luna. aqua
marina aliave salsa non percoquitur. seritur ante   120
Vergiliarum occasum leguminum prima, ut antece-
dat hiemem. Vergilius eam per ver seri iubet cir-
cumpadanae Italiae ritu, sed maior pars malunt
fabalia maturae sationis quam trimestrem fructum.
eius namque siliquae caulesque gratissimo sunt
pabulo pecori. aquas in flore maxime concupiscit,
cum vero defloruit, exiguas desiderat. solum, in
quo sata est, laetificat stercoris vice. ideo circa
Macedoniam Thessaliamque, cum florere coepit,
vertunt arva. nascitur et sua sponte plerisque in   121
locis, sicut septentrionalis oceani insulis, quas ob id
nostri Fabarias appellant, item in Mauretania silvestris passim, sed praedura et quae percoqui non
possit. nascitur et in Aegypto spinoso caule, qua de
causa crocodili oculis timentes refugiunt. longitudo   122
scapo quattuor cubitorum est amplissima, crassitudo digiti; ni genicula abessent, molli calamo similis; caput papaveri, colore roseo, in eo fabae non
supra tricenas; folia ampla, fructus ipse amarus et
odore, sed radix perquam grata incolarum cibis,

ihr ist eine weitere eigentümliche religiöse Ansicht verbunden: Es besteht nämlich die Sitte, von den Feldfrüchten der
Vorbedeutung wegen auf jeden Fall eine Bohne mit nach
Hause zu tragen, die daher die ‚zurückgetragene‘ genannt
wird. Man hält es auch für vorteilhaft, sie zu Versteigerungen
mitzunehmen. Sie ist ohne Zweifel die einzige Frucht, die
sich, selbst wenn sie ausgehöhlt wurde, bei zunehmendem
Mond wieder auffüllt. In Seewasser oder anderem salzhalti-
gem Wasser läßt sie sich nicht weichkochen. Man sät sie vor
dem Untergang der Plejaden als erste von allen Hülsenfrüchten an, so daß sie noch vor Wintereinbruch ⟨unter die Erde
kommt⟩. Vergil schreibt vor, sie im Verlauf des Frühlings
anzusäen, wie es in den beiderseits des Padus gelegenen
Gebieten Italiens Brauch ist; der größere Teil der Bauern
zieht aber Bohnengewächse von früher Aussaat den Dreimo-
natsfrüchten vor. Ihre Schoten und Stengel sind nämlich ein
sehr geschätztes Viehfutter. Am meisten Wasser verlangt die
Bohne während der Blüte; ist sie aber abgeblüht, so braucht
sie nur noch wenig. Den Boden, in den sie gesät wurde, macht
sie wie Dünger fruchtbar. Deshalb pflügt man in der Gegend
von Makedonien und Thessalien, wenn sie zu blühen begonnen hat, die Felder um. Sie wächst auch wild an sehr vielen
Orten, so auf den Inseln des nördlichen Ozeans, weshalb man
diese bei uns die ‚Bohneninseln‘ *(Fabariae)* nennt; ebenso findet man sie in Mauretanien überall in Wildform, doch ist sie
dort sehr hart und läßt sich nicht weichkochen. Auch in
Ägypten wächst eine Bohne mit dornigem Stengel; die Kro-
kodile meiden sie aus diesem Grunde, aus Angst um ihre
Augen. Ihr Stengel wird meist vier Ellen lang und ist finger-
dick; wenn er keine Gelenke hätte, wäre er von weicher, rohr-
ähnlicher Beschaffenheit; der Blütenkopf sieht aus wie beim
Mohn und ist von roter Farbe; in ihm liegen nie mehr als 30
Bohnen; die Blätter sind breit, die Frucht ist herb, auch im
Geruch; die Wurzel aber ist, roh und im ganzen gekocht, bei

cruda et omni modo cocta, harundinum radicibus
similis. nascitur et in Syria Ciliciaque et in Toronae
Chalcidices lacu.

Ex leguminibus autumno vereve seruntur lens et   **XXXI**
in Graecia pisum. lens amat solum tenue magis   123
quam pingue, caelum utique siccum. duo genera
eius Aegypto, alterum rotundius nigriusque, alterum sua figura, unde vario usu tralatum est in lenti-
culas nomen. invenio apud auctores aequanimita-
tem fieri vescentibus ea.

Pisum in apricis seri debet frigorum inpatientis-
simum. ideo in Italia et in austeriore caelo non nisi
verno tempore terra facili, soluta.

Ciceris natura est gigni cum salsilagine, ideo   **XXXII**
solum urit nec nisi madefactum pridie seri debet.   124
differentiae plures, magnitudine, colore, figura,
sapore. est enim arietino capiti simile, unde ita
appellatur, album nigrumque; est et columbinum,
quod alii Venerium appellant, candidum, rotun-
dum, leve, arietino minus, quod religio pervigiliis
adhibet. est et cicercula minuti ciceris, inaequalis,
angulosi, veluti pisum, dulcissimum autem id quod
ervo simillimum, firmiusque quod nigrum et rufum
quam quod album.

Siliquae rotundae ciceri, ceteris leguminum lon-   **XXXIII**
gae et ad figuram seminis latae, piso cylindratae.   125
passiolorum cum ipsis manduntur granis. serere
eos qua velis terra licet ab idibus Octobribus in kal.

den Eingeborenen als Speise überaus geschätzt; sie ist den Schilfwurzeln ähnlich. Sie gedeiht auch in Syrien, Kilikien und am See von Torone auf der Chalkidike.

Von den Hülsenfrüchten werden im Herbst oder Frühling die Linse, in Griechenland die Erbse angesät. Die Linse liebt mageren Boden mehr als fetten und vor allem trockenes Klima. In Ägypten gibt es zwei Arten von ihr; die eine ist runder und schwärzer, die andere hat die gewöhnliche Form, von der man den Namen in anderer Bedeutung auf die Sommersprossen *(lenticulae)* übertragen hat. Ich finde bei den Schriftstellern, daß, wer ⟨Linsen⟩ ißt, seelische Ausgeglichenheit gewinne.

Die Erbse muß man an sonnigen Stellen ansäen, da sie die Kälte sehr schlecht verträgt. Man sät sie deshalb in Italien und in rauherem Klima nur im Frühling in einen leichten und lokkeren Boden.

Die Kichererbse *(cicer)* hat die Eigenschaft, daß sie schon beim Entstehen salzhaltig ist, daher dörrt sie den Boden aus und darf nur gesät werden, wenn sie am Tage davor eingeweicht wurde. Es gibt mehrere Arten, die sich durch Größe, Farbe, Gestalt und Geschmack voneinander unterscheiden. Eine ist nämlich einem Widderkopf ähnlich, wonach sie so genannt wird, und sie kommt weiß und schwarz vor; es gibt auch eine Tauben-Kichererbse, die andere Venus-Kichererbse nennen; sie ist weiß, rund, leicht, kleiner als die widderkopfähnliche; der religiöse Kult verwendet sie bei Nachtfeiern. Es gibt auch die Platterbse, die eine kleine, unregelmäßige und eckige Kichererbse ist, wie die Erbse selbst; die süßeste Art ist diejenige, welche der Erve am ähnlichsten ist; die schwarze und die rote Art sind kräftiger als die weiße.

Die Schoten der Kichererbse sind rund, die der übrigen Hülsenfrüchte lang und der Gestalt des Samens entsprechend breit; die der Erbse sind walzenförmig. Die ⟨Schoten⟩ der Schwertbohnen werden mit den Samen gegessen. Man kann sie in jeden beliebigen Boden säen, von den Iden des Oktober

Novembris. legumina, cum maturescere coepe-
runt, rapienda sunt, quoniam cito exiliunt latent-
que, cum decidere, sicut et lupinum.

Quamquam prius de rapis dixisse conveniat – in   XXXIV
transcursu ea attigere nostri, paulo diligentius
Graeci, et ipsi tamen inter hortensia – si iustus ordo   126
fiat, a frumento protinus aut certe faba dicendis,
quando alius usus praestantior ab his non est.

Ante omnia namque cunctis animalibus nascuntur, nec in novissimis satiant ruris alitum quoque
genera, magisque si decoquantur aqua. quadripedes   127
et fronde eorum gaudent, et homini non minore
rapiciorum suis horis gratia quam cymarum, flavi-
dorum quoque et in horreis enecatorum vel maiore
quam virentium. ipsa vero durant et in sua terra ser-
vata et postea passa paene ad alium proventum,
famemque sentiri prohibent. a vino atque messe
tertius hic Transpadanis fructus. terram non   128
morose eligit, paene ubi nihil aliud seri possit.
nebulis et pruinis ac frigore ultro aluntur, amplitudine mirabili; vidi XL libras excedentia. in cibis
quidem nostris pluribus modis commendantur,
durantque ad alia sinapis acrimonia domita, etiam
coloribus picta praeter suum sex aliis, purpureo
quoque. neque aliud in cibis tingui decet. genera   129
eorum Graeci duo prima fecere, masculinum femi-
ninumque, et ea serendi modo ex eodem semine:

bis zu den Kalenden des November. Man muß die Hülsenfrüchte ernten, sobald sie zu reifen beginnen, weil sie rasch
aufspringen und man ⟨die Früchte⟩ nicht mehr findet, wenn
sie ausgefallen sind, wie es auch bei der Lupine der Fall ist.
Doch müssen wir zuvor noch von den Rüben *(rapae)* sprechen – unsere ⟨Autoren⟩ haben sie nur im Vorbeigehen
erwähnt, die Griechen etwas ausführlicher, doch auch sie nur
unter den Gartengewächsen –; der strengen Ordnung nach
müßte man sie jedoch sogleich nach dem Getreide oder
wenigstens nach der Bohne besprechen, weil man nach diesen
⟨Pflanzen⟩ keine andere mit größerem Nutzen anbaut.
Denn vor allem wachsen sie für sämtliche Tiere und sie sind
auch nicht das schlechteste Futter für das Geflügel auf dem
Lande, besonders, wenn man sie in Wasser abkocht. Die Vierfüßler fressen auch ihre Blätter gern, und beim Menschen sind
die Rübenstengel zur rechten Zeit nicht weniger beliebt als
die vom Kohl, die vergilbten und in der Miete getrockneten
noch mehr als die frischen. In ihrer eigenen Erde aufbewahrt
und dann getrocknet, halten sie sich fast bis zur neuen Ernte
und verhindern so das Aufkommen einer Hungersnot. Nach
dem Wein und dem Getreide sind sie im Lande jenseits des
Padus die drittwichtigste Frucht. In der Wahl des Bodens ist
die Rübe nicht anspruchsvoll, denn sie wächst nahezu überall,
wo man nichts anderes ansäen kann. Selbst bei Nebel, Reif
und Kälte gedeihen ⟨die Rüben⟩ wider Erwarten und erreichen eine erstaunliche Größe; ich habe welche gesehen, die
über 40 Pfund wogen. Unter unseren Nahrungsmitteln emp-
fehlen sie sich auf mehrfache Weise; sie halten sich, bis es neue
gibt, wenn man sie in scharfem Senf einmacht; auch werden
sie außer ihrer eigenen mit sechs anderen Farben bestrichen,
sogar mit Purpur. Bei anderen Lebensmitteln ziemt sich das
Färben nicht. Die Griechen haben zwei ganz vorzügliche
Arten gezüchtet, eine männliche und eine weibliche, die je
nach Art des Säens aus demselben Samen entstehen sollen: In

densiore enim satu masculescere, item in terra difficili. semen praestantius quo subtilius. species vero   130
omnium tres. aut enim in latitudinem fundi, aut in
rotunditatem globari. tertiam speciem silvestrem
appellavere, in longitudinem radice procurrente,
raphani similitudine et folio anguloso scabroque,
suco acri, qui circa messem exceptus oculos purget
medeaturque caligini admixto lacte mulierum. frigore dulciora fieri existimantur et grandiora. tepore
in folia exeunt. palma in Nursino agro nascentibus
– taxatio in libras sesterti singuli et in penuria bini –,
proxima in Algido natis.

Napi vero Amiterni, quorum eadem fere natura,   XXXV
gaudent aeque frigidis. seruntur et ante kalendas   131
Martias, in iugero sextarii IIII. diligentiores quinto
sulco napum seri iubent, rapa quarto, utrumque
stercorato, rapa laetiora fieri, si cum palea seminen-
tur. serere nudum volunt precantem sibi et vicinis
serere se. satus utrique generi iustus inter duorum   132
numinum dies festos, Neptuni atque Volcani,
feruntque subtili observatione, quota luna praece-
dente hieme nix prima ceciderit, si totidem lumi-
num die intra praedictum temporis spatium serantur, mire provenire. seruntur et vere in calidis atque
umidis.

Lupino usus proximus, cum sit et homini et qua-   XXXVI
dripedum generi ungulas habenti communis. reme-   133
dium eius, ne metentes fugiat exiliendo, ut ab imbre

einer dichteren Aussaat würden sie männlich, ebenso in
einem schweren Boden. Der Samen ist um so besser, je feiner
er ist. Im ganzen gibt es aber drei Arten ⟨von Rüben⟩. Sie deh-
nen sich nämlich entweder in die Breite oder werden kugelig.
Die dritte Art nennt man ‚die wilde‘; sie streckt ihre Wurzel
wie der Rettich in die Länge und hat ein gezacktes, rauhes
Blatt und einen scharfen Saft, der, zur Erntezeit ausgepreßt
und mit Frauenmilch gemischt, die Augen reinigt und Augen-
schwäche heilt. Man glaubt, daß die Rüben bei Kälte süßer
und größer werden; in der Wärme schießen sie ins Kraut. Die
besten wachsen im Gebiet von Nursia – von ihnen kostet das
Pfund einen *sestertius*, in Mangelzeiten zwei *sestertii* –, dann
folgen die auf dem Algidus wachsenden.

Die Steckrüben von Amiternum, die fast die gleiche
Beschaffenheit haben, lieben ebenso die Kälte. Man sät sie vor
den Kalenden des März (1. 3.) an, und zwar auf den Morgen
vier *sextarii*. Sorgfältigere ⟨Landwirte⟩ schreiben vor, die
Steckrübe in fünffach, die gewöhnliche Rübe in vierfach
gepflügten, beide aber in gedüngten Boden zu säen, und sie
behaupten, die Rübe werde schöner, wenn man sie mit Spreu
aussäe. Auch solle man sie nackt säen und dabei betend sagen,
man säe für sich und seine Nachbarn. Die rechte Saatzeit für
beide Rübenarten liegt zwischen den Festtagen zweier Gottheiten, dem des Neptunus und dem des Vulcanus (zwischen
23. 7. und 23. 8.), und man berichtet von der scharfsinnigen
Beobachtung, daß sie erstaunlich gedeihen, wenn man sie
innerhalb des genannten Zeitraumes ebenso viele Tage vor
Neumond säe, wie im letzten Winter der Mond beim ersten
Schneefall Tage zählte. In warmen und feuchten Gegenden
sät man sie auch im Frühjahr.

Von ähnlichem Nutzen ist die Lupine *(lupinum)*, denn sie
dient gemeinsam sowohl den Menschen als auch der Vierfüß-
lerklasse, die Hufe hat. Um zu verhüten, daß ⟨ihre Frucht⟩ bei
der Ernte durch Aufspringen verlorengeht, muß man sie

tollatur. nec ullius quae seruntur natura adsensu
caeli terraeque mirabilior est. primum omnium
cotidie cum sole circumagitur horasque agricolis
etiam nubilo demonstrat. ter praeterea floret. terram amat terraque operiri non vult. et unum hoc   134
seritur non arato. quaerit maxime sabulosa et sicca
atque etiam harenosa. coli utique non vult. tellurem
adeo amat, ut, quamvis frutectoso solo coiectum
inter folia vepresque, ad terram tamen radice perve-
niat. pinguescere hoc satu arva vineasque diximus;
itaque adeo non eget fimo, ut optimi vicem repraes-
sentet, nihilque aliud nullo inpendio constat, ut
quod ne serendi quidem gratia opus sit adferre:
protinus seritur ex arvo ac ne spargi quidem post-   135
ulat decidens sponte. primumque omnium seritur,
novissimum tollitur, utrumque Septembri fere
mense, quia, si non antecessit hiemem, frigoribus
obnoxium est. inpune praeterea iacet, vel derelic-
tum etiam, si non protinus secuti obruant imbres,
ab omnibus animalibus amaritudine sua tutum, plerumque tamen levi sulco integunt. ex densiore terra
rubricam maxime amat. ad hanc alendam post tertium florem verti debet, in sabulo post secundum.
cretosa tantum limosaque odit et in his non provenit. maceratum calida aqua homini quoque in cibo   136
est. nam bovem unum modii singuli satiant vali-
dumque praestant, quando etiam inpositum puero-
rum ventribus pro remedio est. condi in fumo

⟨gleich⟩ nach einem Regenfall ernten. Keine andere Pflanze, die gesät wird, ist durch ihre Anpassungsfähigkeit an ⟨Klima und⟩ Boden bewundernswerter. Vor allem dreht sie sich täglich nach der Sonne und zeigt den Bauern so auch bei trübem Wetter die Stunden an. Außerdem blüht sie dreimal. Sie liebt die Erde, will aber nicht von der Erde bedeckt sein. Sie ist die einzige Pflanze, die auf ungepflügten Boden gesät wird. Sie sucht vor allem sandigen, trockenen und kiesigen Boden. Sie verlangt keinerlei Wartung. Die Erde liebt sie so sehr, daß sie, selbst wenn man sie an einer mit Gesträuch bewachsenen Stelle zwischen Blätter und Dornbüsche wirft, dennoch mit ihrer Wurzel zur Erde findet. Wir haben bereits gesagt [17,54], daß Äcker und Weingärten durch sie fruchtbar werden; sie braucht daher den Mist so wenig, daß sie selbst den besten darstellt; keine andere Pflanze verursacht weniger Kosten, da man sie nicht einmal zur Aussaat herbeischaffen muß: Man sät sie sofort vom Dreschplatz weg aus, und man muß sie nicht einmal auswerfen, da sie von selbst ausfällt. Man sät sie als erste von allen ⟨Feldfrüchten⟩ und erntet sie als letzte; beides geschieht regelmäßig im September, weil ihr die Kälte schadet, wenn sie nicht vor dem Winter aufgegangen ist. Außerdem bleibt sie ohne Schaden liegen, sogar vernachlässigt, selbst wenn kein Regenguß unmittelbar auf die Aussaat folgt und sie mit Erde bedeckt, ⟨denn⟩ gegen alle Tiere ist sie durch ihre Bitterkeit geschützt; meist bedeckt man sie jedoch in einer flachen Furche. Von den festeren Bodenarten liebt sie am meisten eine rötliche. Um diese Erde zu düngen, muß man sie in dieser nach der dritten, im Sand aber nach der zweiten Blüte unterpflügen. Nur kreidigen und schlammigen Boden haßt sie und geht darin nicht auf. In warmem Wasser weichgemacht, dient sie auch dem Menschen als Nahrung. Ein einziger *modius* sättigt einen Ochsen und macht ihn stark; Kindern auf den Leib gelegt, dient ⟨die Lupine⟩ auch als Heilmittel. Am besten ist es, sie im Rauch aufzubewahren, weil an

maxime convenit, quoniam in umido vermiculi
umbilicum eius in sterilitatem castrant. si depastum
sit in fronde, inarari protinus solum opus est.

Et vicia pinguescunt arva, nec ipsa agricolis ope-   XXXVII
rosa. uno sulco sata non saritur, non stercoratur nec   137
aliud quam deoccatur. sationis eius tria tempora:
circa occasum Arcturi, ut Decembri mense pascat.
tum optime seritur in semen. aeque namque fert
depasta. secunda satio mense Ianuario est, novis-
sima Martio, tum ad frondem utilissima. siccitatem   138
ex omnibus, quae seruntur, maxime amat. non
aspernatur etiam umbrosa. ex semine eius, si lecta
matura est, palea ceteris praefertur. vitibus praeri-
pit sucum, languescuntque, si in arbusto seratur.

Nec ervi operosa cura est. hoc amplius quam XXXVIII
vicia runcatur, et ipsum medicaminis vim optinens,   139
quippe cum divom Augustum curatum epistulis
ipsius memoria exstet. sufficiunt singulis boum
iugis modi quini sati. Martio mense satum noxium
esse bobus aiunt, item autumno gravedinosum,
innoxium autem fieri primo vere satum.

Et silicia, hoc est fenum Graecum, scariphatione   XXXIX
seritur, non altiore quattuor digitorum sulco,   140
quantoque peius tractatur, tanto provenit melius.
rarum dictu esse aliquid, cui prosit neglegentia.

Id autem, quod secale ac farrago appellatur,   XL
occari tantum desiderat. Secale Taurini sub Alpibus   141

einem feuchten Ort Würmer ihren Keim anfressen und sie
unfruchtbar machen. Wenn man ihr Laub hat abweiden lassen, muß der Boden sogleich umgeackert werden.

Auch die Wicke *(vicia)* macht die Äcker fruchtbar und verursacht den Bauern wenig Mühe. Man sät sie in ein einmal
gepflügtes Feld, behackt und düngt sie nicht und behandelt
sie lediglich mit der Egge. Es gibt für sie drei Saatzeiten: beim
Untergang des Arcturus, damit sie im Dezember als Viehfutter zur Verfügung steht. Um diese Zeit sät man sie auch am
besten, um Saatgut ⟨zu gewinnen⟩. Sie trägt nämlich auch
abgeweidet noch gleich gut. Die zweite Aussaat findet im
Januar statt, die letzte im März; sie eignet sich dann am besten
für das Grünfutter. Von allen Pflanzen, die angesät werden,
liebt die Wicke die Trockenheit am meisten. Sie verschmäht
auch schattige Stellen nicht. Wenn man die Spreu von ihrem
Samen in reifem Zustand einsammelt, wird sie jeder anderen
vorgezogen. Den Weinstöcken entzieht sie den Saft, und sie
werden schlaff, wenn man ⟨die Wicke⟩ in einen Baumgarten
sät.

Die Pflege der Erve *(ervum)* ist ebenfalls nicht mühevoll.
Man muß sie jedoch öfter ausjäten als die Wicke; sie besitzt
auch Heilkraft, jedenfalls wurde der Divus Augustus durch
sie geheilt, wie wir aus seinen Briefen erfahren. Die Aussaat
von fünf *modii* ist für ein Joch Ochsen ausreichend. Die im
März gesäte ⟨Erve⟩ soll dem Vieh schaden, die im Herbst
gesäte Stockschnupfen verursachen, die zu Frühlingsanfang
gesäte soll aber unschädlich sein.

Auch das Bockshorn *(silicia)*, d. h. ‚das griechische Heu‘,
wird nach leichtem Überpflügen in eine nicht über vier Finger
tiefe Furche gesät; je weniger gut man es behandelt, desto besser gedeiht es. Man kann nur selten von einer Sache behaupten, ihre Vernachlässigung sei vorteilhaft.

Was man aber Roggen *(secale)* und Futterkorn *(farrago)*
nennt, muß nur mit der Egge behandelt werden. Der Roggen,

asiam vocant, deterrimum et tantum ad arcendam
famem, fecunda, sed gracili stipula, nigritia triste,
pondere praecipuum. admiscetur huic far, ut miti-
get amaritudinem eius, et tamen sic quoque ingra-
tissimum ventri est. nascitur qualicumque solo cum
centesimo grano, ipsumque pro laetamine est.

    Farrago ex recrementis farris praedensa seritur,   XLI
admixta aliquando et vicia. eadem in Africa fit ex   142
hordeo. omnia haec pabularia, degeneransque ex
leguminibus quae vocatur cracca, in tantum columbis grata, ut pastas ea negent fugitivas illius loci
fieri.

    Apud antiquos erat pabuli genus, quod Cato oci-   XLII
num vocat, quo sistebant alvom bubus. id erat e   143
pabuli segete viride desectum, antequam generaret.
Sura Mamilius aliter id interpretatur et tradit fabae
modios X, viciae binos, tantundem erviliae in
iugero autumno misceri et seri solitos, melius et
avena Graeca, cui non cadit semen, admixta. hoc
vocitatum ocinum boumque causa seri solitum.
Varro appellatum a celeritate proveniendi e Grae-
co, quod ὠκέως dicunt.

    Medica externa etiam Graeciae est, ut a Medis   XLIII
advecta per bella Persarum, quae Darius intulit, sed   144
vel in primis dicenda; tanta dos ei, cum ex uno satu
amplius quam tricenis annis duret. similis est trifo-
lio caule foliisque, geniculata. quidquid in caule

den die Tauriner am Fuße der Alpen *asia* nennen, ist sehr schlecht und dient nur zur Verhütung von Hungersnot; er hat einen fruchtbaren, allerdings dünnen Halm, sieht wegen seiner dunklen Farbe traurig aus, wiegt aber sehr viel. Man mischt ihm Emmer bei, um seine Bitterkeit zu mildern, aber auch so bekommt er dem Magen noch schlecht. Er wächst auf jedem Boden mit hundertfältigem Ertrag und dient selbst als Dünger.

Das Futterkorn *(farrago)* erhält man durch dichte Aussaat der Spreu vom Emmer, der zuweilen noch Wicke beigemengt wird. In Afrika erhält man es aus Gerste. Alles dies dient nur als Viehfutter, wie auch die aus Hülsenfrüchten ausgeartete sog. Vogelwicke *(cracca)*, welche die Tauben so sehr lieben, daß sie den Schlag, an dem sie damit gefüttert wurden, angeblich nicht mehr verlassen.

Die Alten hatten eine Futterart, die Cato *ocinum* nennt, mit der sie beim Vieh den Durchfall behandelten. Sie bestand aus Futterpflanzen, die noch grün gemäht wurden, also bevor sie Frucht ansetzten. Sura Mamilius hat eine andere Erklärung; er sagt, man säe gewöhnlich im Herbst auf den Morgen ein Gemisch von zehn *modii* Bohnen, zwei *modii* Wicken und ebensoviel Ervilien; ⟨noch⟩ besser sei es, griechischen Hafer, dessen Same nicht abfällt, beizumengen. Diese Mischung habe man *ocinum* genannt , und man pflegte sie für das Vieh anzusäen. Nach Varro wird ⟨das *ocinum*⟩ wegen des raschen Wachstums nach dem griechischen Wort ōkéōs (rasch) so genannt.

Die Luzerne *(Medica)* ist auch für Griechenland eine ausländische Pflanze, da sie von den Medern zur Zeit der Perserkriege, die Dareios begann, eingeführt wurde; sie verdient aber eine besondere Erwähnung, denn ihr Wert ist groß, da sie, einmal gesät, mehr als 30 Jahre ausdauert. Sie ist dem Klee ähnlich und am Stengel und an den Blättern mit Gelenken versehen. Je höher der Stengel wächst, desto schmaler fallen

adsurgit, folia contrahuntur. unum de ea et cytiso
volumen Amphilochus condidit. solum, in quo
seratur,   elapidatum   purgatumque   subigitur
autumno, mox aratum et occatum integitur crate
iterum ac tertium, quinis diebus interpositis et fimo
addito. poscit autem siccum sucosumque vel
riguum. ita praeparato seritur mense Maio, alias
pruinis obnoxia. opus est densitate seminis omnia
occupari internascentesque herbas excludi. id praestant in iugera modi terni. cavendum ne adurat sol,
terraque protinus integi debet. si sit umidum solum
herbosumve, vincitur et desciscit in pratum. ideo
protinus altitudine unciali herbis omnibus libe-
randa est, manu potius quam sarculo. secatur inci-
piens florere et quotiens refloruit. id sexies evenit
per annos, cum minimum, quater. in semen maturescere prohibenda est, quia pabulum utilius est
usque ad trimatum. verno sariri debet liberarique
ceteris herbis, ad trimatum marris ad solum radi. ita
reliquae herbae intereunt sine ipsius damno propter
altitudinem radicum. si evicerint herbae, remedium
unicum in aratro, saepius vertendo, donec omnes
aliae radices intereant. dari non ad satietatem debet,
ne deplere sanguinem necesse sit. et viridis utilior
est. arescit surculose ac postremo in pulverem
inutilem extenuatur.

De cytiso, cui et ipsi principatus datur in pabulis,

die Blätter aus. Amphilochos hat über sie und den Schneckenklee *(kýtisos)* ein 〈eigenes〉 Buch geschrieben. Der Boden, in
den sie gesät werden soll, muß von Steinen völlig gesäubert
sein, im Herbst umgearbeitet, dann gepflügt und geeggt und
jeweils im Abstand von je fünf Tagen zum zweiten- und zum
drittenmal mit der Egge überzogen und mit Mist bestreut
werden. Sie fordert aber einen trockenen und saftigen Boden
oder einen, der sich bewässern läßt. Nach solcher Vorberei-
tung sät man 〈die Luzerne erst〉 im Mai aus, da ihr andernfalls
der Reif schadet. Durch eine dichte Aussaat muß alles bedeckt
und so das dazwischen wachsende Unkraut unterdrückt werden. Man nimmt hierfür drei *modii* auf einen Morgen, muß
aber darauf achten, daß die Sonne 〈den Samen〉 nicht ver-
sengt, ihn also sogleich mit Erde bedecken. Ist der Boden
feucht oder grasig, so wird die Luzerne unterdrückt, und das
Land artet zu einer Wiese aus. Daher muß man 〈den Boden〉
von allem Unkraut, sobald es einen Zoll hoch ist, sofort
befreien, besser mit der Hand als mit der Hacke. Man schneidet 〈die Luzerne〉, wenn sie zu blühen beginnt und sooft sie
wieder Blüten ansetzt. Dies geschieht sechsmal, mindestens
aber viermal im Jahr. Das Samentragen muß man verhindern,
denn bis zum dritten Jahr bringt sie als Futterpflanze mehr
Nutzen. Im Frühjahr muß sie umgehackt, von allem Unkraut
befreit und bis zum dritten Jahr mit der Hacke bis zum Boden
abgelaubt werden. So geht das Unkraut zugrunde; wegen der
Tiefe ihrer Wurzeln leidet dabei keinen Schaden. Wenn das
Unkraut überhandnehmen sollte, besteht die einzige Abhilfe
im Unterpflügen und öfteren Umwenden des Bodens, bis alle
Unkrautwurzeln vernichtet sind. Man darf die Luzerne dem
Vieh nicht bis zur Sättigung geben, damit kein Aderlaß not-
wendig wird. Im grünen Zustand ist sie zuträglicher. Durch
Trocknen wird sie holzig und zerfällt schließlich zu nutzlo-
sem Staub.
    Vom Schneckenklee *(kýtisos)*, der ebenfalls einen vorzügli-

adfatim diximus inter frutices. et nunc frugum
omnium natura peragenda est, cuius in parte de
morbis quoque dicatur.

Primum omnium frumenti vitium avena est, et   XLIV
hordeum in eam degenerat sic, ut ipsa frumenti sit   149
instar, quippe cum Germaniae populi serant eam
neque alia pulte vivant. soli maxime caelique umore
hoc evenit vitium. sequentem causam habet inbecil-
litas seminis, si diutius retentum est terra, priusquam erumpat. eadem ratio et si cariosum fuit, cum   150
sereretur. prima autem statim eruptione agnosci-
tur, ex quo apparet in radice esse causam. est et
aliud ex vicino avenae vitium, cum amplitudine
inchoata granum, sed nondum matura, prius quam
roboret corpus, adflatu noxio cassum et inane in
spica evanescit quodam abortu.

Venti autem tribus temporibus nocent frumento   151
et hordeo: in flore aut protinus cum defloruere vel
maturescere incipientibus. tum enim exinaniunt
grana, prioribus causis nasci prohibent. nocet et sol
creber ex nube. nascuntur et vermiculi in radice,
cum sementem imbribus secutis inclusit repentinus
calor umorem. gignuntur et in grano, cum spica e   152
pluviis calore infervescit. est et cantharis dictus sca-
rabaeus parvus, frumenta erodens. omnia ea animalia cum cibo deficiunt. oleum, pix, adips contraria
seminibus, cavendumque ne contacta his serantur.

chen Rang unter den Futterpflanzen einnimmt, haben wir ausführlich bei den Sträuchern gesprochen [13,130]. Jetzt wollen wir die Beschaffenheit aller Feldfrüchte behandeln und dabei auch einen besonderen Abschnitt den Krankheiten widmen.

Die erste Fehlerquelle ist für alle Getreidearten der Hafer; in ihn artet die Gerste in der Weise aus, daß er selbst zu einer Art Getreide wird; die Völker Germaniens bauen ihn nämlich an und leben von keinem anderen Brei ⟨als von Haferbrei⟩. Diese Entartung ⟨des Hafers⟩ tritt vor allem infolge von Bodennässe und feuchtem Klima auf. Eine weitere Ursache ist die Schwäche des Samens, wenn er nämlich zu lange im Boden gelegen ist, bevor er aufgeht. Dasselbe geschieht, wenn er beim Säen bereits faul war. Man erkennt dies sogleich beim Aufgehen, woraus deutlich wird, daß die Ursache in der Wurzel liegt. Noch ein anderer mit dem Hafer verbundener Fehler ist es, wenn das sich bildende, aber noch nicht reife Korn, ehe es seine volle Größe erreicht, durch einen schädlichen Luftzug in der Ähre taub und leer schwindet, einer Fehlgeburt gleich.

Die Winde aber schaden zu drei verschiedenen Zeiten dem Getreide und der Gerste: während der Blüte, sogleich nach dem Abblühen oder beim Beginn der Reife. Im letzten Fall werden nämlich die Körner taub, in den beiden ersten Fällen wird das Wachstum behindert. Auch die Sonne schadet, wenn sie häufig durch die Wolken kommt. Es bilden sich auch Würmer in der Wurzel, wenn Regengüsse auf die Aussaat folgen und dann eine plötzliche Hitzewelle die Feuchtigkeit im Boden einschließt. Sie entstehen auch im Korn, wenn sich die Ähre nach dem Regen überhitzt. Es gibt auch einen kleinen Käfer, *kantharís* genannt, der das Getreide annagt. Alle diese Tiere verschwinden, wenn ihre Nahrung zu Ende geht. Öl, Pech und Fett schaden den Samen, und man muß sich davor hüten, Samen zu säen, die damit in Berührung gekommen

imber in herba utilis a partu, florentibus autem frumento et hordeo nocet, leguminibus innocuus
praeterquam ciceri. maturescentia frumenta imbre
laeduntur et hordeum magis. nascitur et herba alba,   153
panico similis, occupans arva, pecori quoque mor-
tifera. nam lolium et tribulos et carduos lappasque
non magis quam rubos inter frugum morbos potius
quam inter ipsius terrae pestes numeraverim. cae-   154
leste frugum vinearumque malum nullo minus
noxium est robigo. frequentissima haec in roscido
tractu convallibusque ac perflatum non habentibus; e diverso carent ea ventosa et excelsa. inter
vitia segetum et luxuria est, cum oneratae fertilitate
procumbunt. commune autem omnium satorum
vitium uricae, etiam ciceris, cum salsilaginem eius
abluendo imber dulcius id facit.

Est herba, quae cicer enecat et ervum circumli-   155
gando se; vocatur orobanche. tritico simili modo
aera, hordeo festuca, quae vocatur aegilops, lenti
herba securiclata, quam Graeci a similitudine pele-
cinum vocant; et hae conplexu necant. circa Philippos ateramum nominant in pingui solo herbam,
qua faba necatur, teramum, qua in macro, cum
udam quidam ventus adflavit. aerae granum mini-   156
mum est in cortice aculeato. cum est in pane, celerrime vertigines facit, aiuntque in Asia et Graecia
balneatores, cum velint turbam pellere, carbonibus

sind. Regen ist von Nutzen, wenn die Pflanzen gekeimt haben; wenn aber das Getreide und die Gerste blühen, ist er nachteilig; den Hülsenfrüchten schadet er nicht, mit Ausnahme der Kichererbse. Reifendes Getreide leidet durch den Regen, besonders die Gerste. Es wächst auch ein weißes, der Kolbenhirse ähnliches Kraut, das die Äcker überzieht und auch für das Kleinvieh todbringend ist. Denn den Lolch, den *tribulus*, die Distel und die Kletten möchte ich ebenso wie die Brombeeren lieber zu den Krankheiten der Feldfrüchte als zu den Plagen der Erde selbst rechnen. Ein durch das Klima verursachtes, den Feldfrüchten und Weinstöcken nicht weniger schädliches Übel ist der Rost *(robigo)*. Er tritt am häufigsten in taureichen Landstrichen auf, in Tälern und dort, wo kein Luftzug stattfindet: dem Wind ausgesetzte und hochliegende Stellen bleiben dagegen verschont. Zu den Gefahrenquellen für die Saaten gehört auch zu üppiges Wachstum, wenn sie sich nämlich, durch ihre Fruchtbarkeit überlastet, niederlegen. Ein allen Pflanzen gemeinsames Übel aber sind die Raupen, die sogar die Kichererbse befallen, wenn Regen ihren Salzgehalt wegspült und sie dadurch süßer macht.

Es gibt eine Pflanze, welche die Kichererbse und die Erve durch Umschlingung tötet; man nennt sie ‚Seide‘ *(orobánchē)*. Auf ähnliche Weise tötet die *aîra* den Weizen, ein Halm, *aigílōps* genannt, die Gerste, und das Beilkraut, das die Griechen wegen seiner Ähnlichkeit (mit einem Beil: *pélekys) pelekînon* nennen, die Linse; auch diese Kräuter töten durch Umschlingung. Bei Philippoi nennt man ein Kraut, das die Bohne tötet, *aterámōn*, wenn es auf fettem Boden wächst, wenn auf magerem Boden, *terámōn*, sofern es, von einem bestimmten Wind angeweht, feucht wurde. Die *aîra* hat ein sehr kleines Korn in einer stacheligen Hülle. Wenn sie ins Brot gerät, ruft sie schnell Schwindel hervor, und man sagt, die Bademeister in Kleinasien und in Griechenland streuen, wenn sie den Andrang der Massen vertreiben wollen, diesen Samen auf die

id semen inicere. nascitur et phalangion in ervo,
bestiola aranei generis, si hiems aquosa sit. limaces
nascuntur in vicia et aliquando e terra, cocleae
minutae, mirum in modum erodentes eam. et
morbi quidem fere hi sunt.

   Remedia eorum, quaecumque pertinent ad her-   XLV
bas, in sarculo et, cum semen iactatur, cinere. quae   157
vero in semine et circa radicem consistunt, praece-
dente cura caventur. vino ante semina perfusa
minus aegrotare existimant. Vergilius nitro et
amurca perfundi iubet fabam; sic etiam grandescere
promittit. quidam vero, si triduo ante satum urina   158
et aqua maceretur, praecipue adolescere putant; ter
quidem saritam modium fractae e modio solidae
reddere. reliqua semina, cupressi foliis tusis si mis-
ceantur, non esse vermiculis obnoxia, ne si interlunio serantur. multi ad mili remedia rubetam noctu
arvo circumferri iubent, priusquam sariatur, defo-
dique in medio inclusam fictili. ita nec passerem nec
vermes nocere, sed eruendam, priusquam metatur;
alioquin amarum fieri. quin et armo talpae contacta
semina uberiora esse. Democritus suco herbae,   159
quae appellatur aizoum, in tegulis nascens, et ab
aliis aesum, Latine vero sedum aut digitillum,
medicata seri iubet omnia semina. vulgo vero, si
dulcedo noceat et vermes radicibus inhaereant,
remedium est amurca pura ac sine sale spargere,

Kohlen. In der Erve entsteht, wenn der Winter naß ist, auch das *phalángion*, eine Art Spinne. Auf der Wicke entstehen Wegschnecken und zuweilen aus der Erde kleine Schnecken, die diese Pflanze auf seltsame Weise benagen. Dies etwa sind die Krankheiten der Feldfrüchte.

Als Mittel gegen sie dienen, soweit es sich um Unkraut handelt, die Hacke, und wenn der Samen ausgesät wird, die Asche. Was aber im Samen und um die Wurzel herum stattfindet, muß durch vorhergehende sorgfältige Behandlung geschützt werden. Man glaubt, daß Samenkörner, die man vorher mit Wein befeuchtet, weniger krankheitsanfällig sind. Vergil schreibt vor, die Bohne mit Natron und Ölschaum anzufeuchten; er versichert, daß sie auf diese Weise recht groß werde. Einige sind aber der Meinung, ⟨die Samen⟩ gediehen vorzüglich, wenn man sie vor der Aussaat drei Tage lang in Harn und Wasser einweiche; wenn man sie dreimal ausjäte, ergebe ein *modius* ganzer Bohnen einen *modius* geschroteter Bohnen. Die übrigen Samen würden, wenn man sie mit zerstoßenen Zypressensamen mische, nicht von Würmern befallen, und auch nicht, wenn man sie bei Neumond säe. Viele schreiben als Heilmittel für die Hirse vor, man solle in der Nacht vor dem Behacken eine Kröte um das Feld tragen, sie in ein irdenes Gefäß einschließen und in der Mitte ⟨des Feldes⟩ vergraben. Auf diese Weise könnten weder der Sperling noch die Würmer Schaden anrichten; man müsse sie aber vor der Ernte wieder herausnehmen, sonst werde die Frucht bitter. Ja sogar, wenn man die Samen mit dem Schulterblatt eines Maulwurfs berühre, gäben sie reichere Ernte. Demokrit schreibt vor, man solle mit dem Saft eines Krautes, das auf Ziegeln wächst und *aeízōon* heißt, – andere nennen es *aisózon*, im Lateinischen aber *sedum* oder *digitillum* – vor der Saat alle Samen besprengen. Gewöhnlich aber dient, wenn der Honigtau schadet und sich Würmer an die Wurzeln hängen, als Gegenmittel, Ölschaum rein und ohne Salz zu versprühen,

dein sarire, si in articulum seges ire coeperit, run-
care, ne herbae vincant. pestem a milio atque   160
panico, sturnorum passerumve agmina, scio abigi
herba, cuius nomen ignotum est, in quattuor angu-
lis segetis defossa, mirum dictu, ut omnino nulla
avis intret. mures abiguntur cinere mustelae vel felis
diluto et semine sparso vel decoctarum aqua. sed
redolet virus animalium eorum etiam in pane. ob id
felle bubulo semina attingi utilius putant. rubigo   161
quidem, maxima segetum pestis, lauri ramis in arvo
defixis transit in ea folia ex arvis. luxuria segetum
castigatur dente pecoris in herba dumtaxat, et
depastae quidem vel saepius nullam in spica iniuriam sentiunt. retonsarum etiam semel omnino certum est granum longius fieri et inane cassumque ac
satum non nasci. Babylone tamen bis secant, tertium depascunt; alioquin folia tantum fierent. sic   162
quoque cum quinquagesimo fenore messes reddit
eximia fertilitas soli, diligentioribus vero cum centesimo. neque est cura difficilis quam diutissime
aqua rigandi, ut praepinguis et densa ubertas dilua-
tur. limum autem non invehunt Euphrates Tigris-
que sic ut in Aegypto Nilus, nec terra ipsa herbas
gignit. ubertas tamen tanta est, ut sequente anno
sponte restibilis fiat seges inpressis vestigio seminibus. quae tanta soli differentia admonet terrae
genera in fruges discribere.

dann zu hacken; wenn die Saat angefangen hat, Knoten zu treiben, jäten, damit das Unkraut nicht überhandnimmt. Eine Plage für Hirse und Kolbenhirse sind die Scharen der Stare und Sperlinge; man hält sie, wie ich weiß, durch ein Kraut ab, dessen Name ⟨mir⟩ unbekannt ist; man vergräbt es an den vier Ecken des Saatfeldes, und es ist erstaunlich, daß dann überhaupt kein Vogel hineinfliegt. Mäuse vertreibt man, indem man den Samen mit der Asche eines Wiesels oder einer Katze, ⟨in Wasser⟩ gelöst, oder mit einer Abkochung dieser Tiere in Wasser besprengt. Den üblen Geruch dieser Tiere nimmt man freilich auch im Brot wahr. Deshalb hält man es für nützlicher, den Samen mit Ochsengalle zu befeuchten. Der Rost, dieses größte Übel für die Saaten, geht, wenn man Lorbeerzweige auf den Acker steckt, aus dem Boden auf die Lorbeerblätter über. Zu üppiges Wachstum der Saaten wird, solange sie noch im Grase stehen, vom Zahn des Kleinviehs in Zaum gehalten; selbst wenn sie öfters abgeweidet werden, leidet die Ähre keinen Schaden. Es ist gewiß, daß das Korn auch durch einmaliges Abschneiden zwar länger, aber leer und taub wird und nach dem Säen nicht aufgeht. Bei Babylon jedoch schneidet man ⟨die Saaten⟩ zweimal, das dritte Mal läßt man sie abweiden: sonst bekäme man nur Blätter. Auch so gibt die außerordentliche Fruchtbarkeit des Bodens Ernten mit 50fachem, bei sorgfältigerer Behandlung sogar mit 100fachem Ertrag. Die Bestellung ist nicht schwierig, denn man muß nur möglichst lange bewässern, damit die allzu fette und dichte Fülle des Bodens verdünnt werde. Euphrat und Tigris führen aber nicht so wie der Nil in Ägypten Schlamm herbei, und auch das Land selbst bringt kein Unkraut hervor. Die Fruchtbarkeit ist dennoch so groß, daß im folgenden Jahr die Saat von selbst wieder kommt, wenn man die Samen nur mit den Füßen in die Erde tritt. Diese große Verschiedenheit des Bodens veranlaßt mich, die Erdarten im Hinblick auf die Feldfrüchte zu beschreiben.

Igitur Catonis haec sentijа est: in agro crasso et ⟨XLVI⟩
laeto frumentum seri, si vero nebulosus sit idem, ⟨163⟩
rapa, raphanos, milium, panicum. in frigido, aquoso prius serendum, postea in calido, in solo autem
rubricoso vel pullo vel harenoso, si non sit aquo-
sum, lupinum; in creta et rubrica et aquosiore agro
adoreum; in sicco et non herboso nec umbroso triticum; in solo valido fabam; viciam vero quam ⟨164⟩
minime aquoso herbidoque; siliginem et triticum in
loco aperto, edito, qui sole quam diutissime torrea-
tur; lentem in rudecto et rubricoso, qui non sit her-
bidus; hordeum in novali et in arvo, quod restibile
possit fieri; trimestre, ubi sementem maturam
facere non possis et cuius crassitudo sit restibilis.

Subtilis et illa sententia: serenda ea in tenuiore ⟨165⟩
terra, quae non multo indigent suco, ut cytisus et
cicere excepto, legumina quae velluntur e terra, non
subsecantur – unde et legumina appellata, quia ita
leguntur –, in pingui autem quae cibi sunt maioris,
ut olus, triticum, siligo, linum. sic ergo tenue solum
hordeo dabitur – minus enim alimenti radix poscit –, laetior terra densiorque tritico. in loco umidi- ⟨166⟩
ore far adoreum potius quam triticum seretur, temperato et triticum et hordeum. colles robustius, sed
minus reddunt triticum. far, siligo et cretosum et
uliginosum solum patiuntur.

Ex frugibus ostentum semel, quod equidem

Dies ist also Catos Meinung: Auf dichten und fruchtbaren Acker solle man Getreide säen; wenn er aber dem Nebel ausgesetzt ist, Rüben, Rettiche, Hirse und Kolbenhirse. Auf kalten und feuchten Boden müsse man früher säen, auf warmen später, auf roten, schwarzen oder sandigen ⟨Boden⟩, wenn er nicht wässerig ist, die Lupine; auf Kreide, roterdigen und wässerigen Boden Dinkel; auf trockenen, nicht mit Unkraut bestandenen und nicht schattigen den Weizen; auf kräftigen die Bohne; die Wicke aber keinesfalls auf wässerigen oder grasigen; Winterweizen und Sommerweizen an offenen und hochliegenden Stellen, die möglichst lange von der Sonne erwärmt werden; die Linse auf mageren und roten Boden, der aber nicht voller Unkraut sein darf; Gerste auf einen neu angelegten Acker, der dauernd tragfähig sein kann; Dreimonatsgetreide ⟨säe man⟩ aber dort, wo man die Aussaat nicht rechtzeitig vornehmen konnte und der Boden fett genug ist, um auch in Zukunft wieder tragen zu können.

Auch folgender Gedanke ist vortrefflich: Man solle in eher magere Erde das säen, was nicht viel Feuchtigkeit benötigt, wie der Schneckenklee, sowie, die Kichererbse ausgenommen, Hülsenfrüchte, die aus der Erde herausgerissen und nicht abgeschnitten werden – sie heißen daher Hülsenfrüchte *(legumina)*, weil sie gelesen werden *(leguntur)* –, ⟨ferner⟩ soll man in fetten Boden nur solche säen, die mehr Nahrung nötig haben, wie der Kohl, der Weizen, der Winterweizen und der Lein. Man wird daher der Gerste einen mageren Boden geben – ihre Wurzel verlangt nämlich weniger Nahrung –, dem Weizen aber ein fruchtbareres und dichteres Erdreich. In einen feuchteren Boden sät man besser Emmer als Weizen, in einen leichten sowohl Weizen als auch Gerste. Hügel geben kräftigeren Weizen, aber mit weniger Ertrag. Emmer und Winterweizen vertragen sowohl kreidigen als auch sumpfigen Boden.

Bei den Feldfrüchten hat sich auch einmal, soviel ich jeden-

invenerim, accidit P. Aelio Cn. Cornelio cos., quo
anno superatus est Hannibal. in arboribus enim
tum nata produntur frumenta.

Et quoniam de frugum terraeque generibus   XLVII
abunde diximus, nunc de arandi ratione dicemus,   167
ante omnia Aegypti facilitate conmemorata. Nilus
ibi coloni vice fungens evagari incipit, ut diximus, a
solstitio et nova luna, primo lente, dein vehementius, quamdiu in Leone sol est. mox pigrescit in Vir-
ginem transgresso atque in Libra residit. si XII   168
cubita non excessit, fames certa est, nec minus si
XVI exsuperavit. tanto enim tardius decedit,
quanto abundantius crevit, et sementem arcet.
vulgo credebatur a decessu eius serere solitos, mox
sues inpellere vestigiis semina deprimentes in
madido solo, et credo antiquitus factitatum, nunc   169
quoque non multo graviore opera; sed tamen
inarari certum est abiecta prius semina in limo de-
gressi amnis. hoc fit Novembri mense incipiente,
postea pauci runcant – botanismon vocant –, reliqua pars non nisi cum falce arva visit paulo ante kal.
Apriles. peragitur autem messis mense Maio, stipula numquam cubitali, quippe sabulum subest
granumque limo tantum continetur. excellentius   170
Thebaidis regioni frumentum, quoniam palustris
Aegyptus. similis ratio, sed felicitas maior Babylo-

falls gefunden habe, ein Wunder ereignet, und zwar unter dem Konsulat des P. Aelius und des Cn. Cornelius in dem Jahre, in dem Hannibal besiegt wurde (202 v. Chr.). Damals soll nämlich Getreide auf Bäumen gewachsen sein.

Nachdem wir nun ausführlich über die Arten der Feldfrüchte und des Bodens gesprochen haben, wollen wir jetzt das Verfahren beim Pflügen behandeln und vor allem die Leichtigkeit, mit der dies in Ägypten geschieht, erwähnen. Der Nil, der dort die Stelle des Bauern vertritt, beginnt, wie wir bereits gesagt haben [5,57], bei Vollmond zur Zeit der Sommersonnenwende anzuschwellen, zuerst langsam, dann heftiger, solange die Sonne im Zeichen des Löwen steht. Dann wird er, wenn die Sonne in das Zeichen der Jungfrau übergeht (20. 8.), wieder träger, und er geht zurück, wenn sie im Zeichen der Waage steht. Wenn er nicht über zwölf Ellen steigt, ist eine Hungersnot sicher, und ebenso, wenn es mehr als 16 Ellen sind. Er fällt nämlich um so langsamer, je höher er gestiegen ist, und behindert so die Aussaat. Allgemein glaubte man, daß man nach seinem Rückgang zu säen und dann die Schweine darauf zu treiben pflege, damit diese mit ihren Füßen den Samen in den nassen Boden treten; auch ich selbst glaube, daß dies früher so gehandhabt wurde, und auch jetzt noch ist die Arbeit nicht viel schwerer: aber dennoch ist gewiß, daß man ⟨jetzt⟩ die vorher in den Schlamm des zurückgetretenen Flusses gebrachten Samen unterpflügt. Dies geschieht zu Beginn des November, nachher jäten noch einige wenige – man nennt dies den *botanismós* –, die andern suchen das Ackerland nur mit der Sichel auf, kurz vor den Kalenden des April. Die Ernte wird aber im Mai abgeschlossen, wobei der Halm nie die Länge einer Elle erreicht, weil unten Kies liegt und das Korn sich nur im Schlamm hält. Die Thebaïs hat besonders ausgezeichnetes Getreide, weil Ägypten dort sumpfig ist. Ähnlich, aber noch viel glücklicher sind die Verhältnisse im babylonischen Seleukeia wegen der Über-

niae Seleuciae, Euphrate atque Tigri restagnanti-
bus, quoniam rigandi modus ibi manu temperatur.
Syria quoque tenui sulco arat, cum multifariam in
Italia octoni boves ad singulos vomeres anhelent. in
omni quidem parte culturae, sed in hac maxime
valet oraculum illud: ‚Quid quaeque regio patiatur.‘

Vomerum plura genera: culter vocatur inflexus XLVIII
praedensam, priusquam proscindatur, terram 171
secans futurisque sulcis vestigia praescribens inci-
suris, quas resupinus in arando mordeat vomer.
alterum genus est volgare rostrati vectis. tertium in
sole facili, nec toto porrectum dentali, sed exigua
cuspide in rostro. latior haec quarto generi et acu- 172
tior in mucronem fastigata eodemque gladio scin-
dens solum et acie laterum radices herbarum
secans. non pridem inventum in Raetia Galliae ut
duas adderent tali rotulas, quod genus vocant plau-
morati. cuspis effigiem palae habet. serunt ita non 173
nisi culta terra et fere nova. latitudo vomeris caespi-
tes versat. semen protinus iniciunt cratesque denta-
tas supertrahunt. nec sarienda sunt hoc modo sata,
sed protelis binis ternisque sic arant. uno boum
iugo censeri anno facilis soli quadragena iugera, difficilis tricena iustum est.

In arando magnopere servandum est Catonis XLIX

schwemmung durch den Euphrat und den Tigris, weil man dort das Maß der Bewässerung mit der Hand regulieren kann. Auch in Syrien pflügt man nur eine seichte Furche, während in Italien an vielen Orten acht Ochsen vor einem einzigen Pflug keuchen. Auf jedem Gebiet der Landwirtschaft, auf diesem aber ganz besonders, gilt der bekannte Grundsatz: „Wie jede Gegend es verträgt".

Von den Pflugscharen gibt es mehrere Arten: ‚Messer' *(culter)* heißt diejenige, welche eine sehr dichte Erde, bevor sie aufgerissen wird, durchschneidet und den künftigen Furchen die Spuren durch Einschnitte vorzeichnet, in die sich der zurückgebogene Pflug beim Ackern einfressen soll. Eine zweite Art ist die gewöhnliche, nämlich ein mit einem Schnabel versehener Balken *(rostratus vectis)*. Eine dritte Art ist nur auf leichtem Boden gebräuchlich; bei ihr erstreckt sich die Pflugschar nicht über die ganze Länge des Balkens, sondern besteht nur in einer kleinen Spitze am Schnabel *(exigua cuspis in rostro)*. Bei der vierten Art ist diese 〈Spitze〉 breiter und schärfer zu einer Schneide zugespitzt *(cuspis in mucronem fastigata)*; sie spaltet mit demselben Schwert den Boden und schneidet mit ihren scharfen Seiten die Wurzeln des Unkrauts durch. Vor nicht langer Zeit hat man im rätischen Gallien die Erfindung gemacht, an einer solchen Pflugschar zwei kleine Räder anzubringen; man nennt diese Art *plaumoratum* (Räderpflug). Die Spitze hat die Form eines Spatens *(pala)*. Man sät auf diese Weise nur auf geackertes und fast jungfräuliches Land. Die Breite der Pflugschar wendet den Rasen um. Dann wirft man sogleich den Samen aus und zieht mit der gezackten Egge darüber. Die auf diese Weise angesäten Felder müssen nicht gejätet werden; man muß aber mit zwei bis drei Gespannen pflügen. Mit einem einzigen Joch Ochsen schätzt man gewöhnlich im Jahr bei leichtem Boden 40 Morgen, bei schwerem Boden 30 Morgen 〈bearbeiten zu können〉.

Beim Pflügen soll man sich vor allem an Catos Ausspruch

oraculum: ,Quid est bene agrum colere? bene arare.   174
quid secundum? arare. quid tertium? stercorare.
sulco vario ne ares. tempestive ares.' tepidioribus
locis a bruma proscindi arva oportet, frigidioribus
ab aequinoctio verno, et maturius sicca regione
quam umida, maturius densa terra quam soluta,
pingui quam macra. ubi siccae et graves aestates,   175
terra cretosa aut gracilis, utilius inter solstitium et
autumni aequinoctium aratur; ubi leves aestus, fre-
quentes imbres, pingue herbosumque solum, ibi
mediis caloribus. altum et grave solum etiam hieme
moveri placet, tenue valde et aridum paulo ante
sationem.

Sunt et huic suae leges: lutosam terram ne tan-   176
gito. vi omni arato. prius quam ares proscindito.
hoc utilitatem habet, quod inverso caespite herbarum radices necantur. quidam utique ab aequinoctio verno proscindi volunt. – quod vere semel aratum est, a temporis argumento vervactum vocatur.
hoc in novali aeque necessarium est. novale est   177
quod alternis annis seritur. – araturos boves quam
artissime iungi oportet, ut capitibus sublatis arent –
sic minime colla contundunt –; si inter arbores
vitesque aretur, fiscellis capistrari, ne germinum
tenera praecerpant; securiculam in stiva pendere,
qua intercidantur radices – hoc melius quam con-

halten: „Was heißt, den Acker gut bebauen? Gut pflügen. Was ist das Zweite? Pflügen. Was kommt drittens? Düngen." Pflüge keine ungleichen Furchen. Pflüge zur rechten Zeit." In wärmeren Gegenden muß das Land nach der Wintersonnwende, in kälteren nach der Frühjahrs-Tagundnachtgleiche umgebrochen werden, und zwar zeitiger bei trockenem als bei feuchtem Boden, bei dichtem als bei lockerem, bei fettem als bei magerem Boden. Wo die Sommer trocken und beschwerlich sind, pflügt man einen kreidigen oder mageren Boden besser zwischen der Sommersonnenwende und der Herbst-Tagundnachtgleiche; wo die Sommer mäßig und Regengüsse häufig sind und der Boden fett und grasig ist, pflügt man mitten in der heißen Zeit. Einen tiefen und schweren Boden kann man gut auch im Winter pflügen, einen sehr leichten und trockenen kurz vor der Aussaat.

Auch hierfür gibt es besondere Regeln: Rühre keinen verschlammten Boden an! Pflüge mit aller Kraft! Brich um, bevor du pflügst! Dies hat den Vorteil, daß durch das Umwenden des Rasens die Unkrautwurzeln zerstört werden. Manche wollen ⟨den Boden⟩ unbedingt gleich nach der Frühjahrs-Tagundnachtgleiche umbrechen. – Das Land, das erst im Frühling einmal gepflügt worden ist, wird nach dieser Zeit *vervactum* (Frühbruch) genannt. Diese Behandlung ist auch bei einem Brachfeld *(novale)* notwendig. Brachfeld nennt man einen Acker, der nur ein um das andere Jahr bebaut wird. – Die zum Pflügen verwendeten Ochsen muß man so straff wie möglich zusammenspannen, damit sie mit erhobenem Kopf pflügen – so scheuern sie sich den Hals am wenigsten auf –, wenn man zwischen Bäumen und Rebstöcken pflügt, muß man ⟨den Ochsen⟩ einen Maulkorb anlegen, damit sie nicht die zarten Sprossen abbeißen; an den Pflugsterz soll man ein kleines Beil hängen, um damit die Wurzeln abzuhauen – dies ist nämlich besser als sie mit dem Pflug zu durchtrennen und die Ochsen sich damit abmühen zu lassen –, beim

velli aratro bovesque luctari –; in arando versum
peragi nec strigare in actu spiritus. iustum est pro-   178
scindi sulco dodrantali iugerum uno die, iterari ses-
quiiugerum, si sit facilitas soli; si minus, proscindi
semissem, iterari assem, quando et animalium
labori natura leges statuit. omne arvum rectis sulcis,
mox et obliquis subigi debet. in collibus traverso
tantum monte aratur, sed modo in superiora modo
in inferiora rostrante vomere, tantumque est labo-
ris homini, ut etiam boum vice fungatur. certe sine
hoc animali montanae gentes sarculis arant. arator   179
nisi incurvus praevaricatur. inde tralatum hoc cri-
men in forum. ibi utique caveatur, ubi inventum
est. purget vomerem subinde stimulus cuspidatus
rallo. scamna inter duos sulcos cruda ne relinquan-
tur, glaebae ne exultent. male aratur arvom, quod
satis frugibus occandum est. id demum recte subactum erit, ubi non intellegetur, utro vomer ierit. in
usu est et collicias interponere, si ita locus poscat,
ampliore sulco, quae in fossas aquam educant.

Aratione per traversum iterata occatio sequitur,   180
ubi res poscit, crate vel rastro, et sato semine itera-
tio, haec quoque, ubi consuetudo patitur, crate

Pflügen muß man die Furche zu Ende führen und darf nicht während des Ganges zum Verschnaufen innehalten. Gewöhnlich kann man bei einer Furchentiefe von neun Zoll innerhalb eines Tages einen Morgen umbrechen und 1 Morgen zum zweiten Male pflügen, wenn sich der Boden leicht bearbeiten läßt; wenn dies weniger der Fall ist, breche man einen halben Morgen um und pflüge einen ganzen zum zweiten Mal; denn die Natur hat auch der Arbeitskraft der Tiere Grenzen gesetzt. Jeder Acker muß zuerst mit Längs-, dann aber auch mit Querfurchen aufgelockert werden. An Hügeln pflüge man nur quer zum Abhang hin, indem man die Pflugschar bald nach oben, bald nach unten eingreifen läßt; auf den Menschen kommt dabei so viel Anstrengung zu, daß er geradezu die Arbeit von Zugtieren verrichtet. Die Bergvölker bearbeiten ihr Land ohne Hilfe von Tieren nur mit Hacken. Wenn der Pflüger nicht gekrümmt geht, hält er beim Pflügen keine gerade Linie *(praevaricatur)*. Daher hat man die Bezeichnung für diesen Fehler auch auf gerichtliche Vorgänge übertragen. Man muß diesen Fehler auf jeden Fall dort vermeiden, wo die Bezeichnung ihren Ursprung hat. Den Pflug muß man zuweilen mit einem als Scharre zugespitzten Treibstecken reinigen. Zwischen zwei Furchen soll kein unberührter Rain stehen bleiben, die Erdschollen sollen nicht in die Nachbarfurche fallen. Schlecht gepflügt ist ein Acker, wenn man nach der Aussaat der Früchte noch eggen muß. Dann erst wird der Acker recht bearbeitet sein, wenn man nicht erkennt, wohin der Pflug gegangen ist. Es ist auch üblich, wenn der Boden es verlangt, Wasserrinnen anzulegen und breitere Furchen dazwischen zu ziehen, die das (Regen-) Wasser in Gräben ableiten.

Wenn das Pflügen in die Quere wiederholt ist, folgt das Eggen je nach Erfordernis mit Flechtwerk oder mit dem Rechen; nach der Aussaat wird dies wiederholt; dies geschieht auch, wo es die Gewohnheit mit sich bringt, mit der

contenta vel tabula aratro adnexa – quod vocant
lirare – operiente semina; ni operiantur, quae primum appellata, deliratio est. quarto seri sulco Ver- 181
gilius existimatur voluisse, cum dixit optimam esse
segetem, quae bis soles, bis frigora sensisset. spis-
sius solum, sicut plerumque in Italia, quinto sulco
seri melius est, in Tuscis vero nono. at fabam et
viciam non proscisso serere sine damno conpen-
dium operae est.

Non omittemus unam etiamnum arandi ratio- 182
nem in transpadana Italia bellorum iniuria excogi-
tatam. Salassi cum subiectos Alpibus depopularen-
tur agros, panicum miliumque iam excrescens
temptavere. postquam respuebat natura, inararunt.
at illae messes multiplicatae docuere quod nunc
vocant artrare, id est aratrare, ut credo, tunc dictum. hoc fit vel incipiente culmo, cum iam is bina
ternave emiserit folia. nec recens subtrahemus 183
exemplum in Treverico agro tertio ante hunc
annum conpertum. nam cum hieme praegelida cap-
tae segetes essent, reseverunt etiam campos mense
Martio uberrimasque messes habuerunt.

Nunc reliqua cultura tradetur per genera frugum.
Siliginem, far, triticum, semen, hordeum occato, L
sarito, runcato quibus dictum erit diebus. singulae 184
operae cuique generi in iugero sufficient. sarculatio

Egge oder mit einer am Pflug befestigten Platte, die den Samen zudeckt – man nennt dies *lirare* (einfurchen) –; wenn die Samen nicht, wie zuerst gesagt, zugedeckt werden, spricht man von *deliratio* (Verlassen der Furche). Man glaubt, Vergil sei der Meinung gewesen, man solle erst nach viermaligem Pflügen säen, da er sagt, es komme die Saat am besten, die zweimal die Sonne und zweimal die Kälte zu spüren bekam. Einen dichteren Boden, wie er in Italien meistens vorkommt, besät man besser erst nach dem fünften Pflügen, bei den Etruskern nach dem neunten. Die Bohne aber und die Wicke kann man ohne Nachteil in nicht gepflügten Boden säen und sich dadurch Mühe sparen.

Noch eine Art des Pflügens wollen wir nicht übergehen; sie wurde im transpadanischen Italien infolge der Verheerung durch Kriege erdacht: Als die Salasser die am Fuße der Alpen liegenden Felder verwüsteten, machten sie sich auch an die Kolbenhirse und die Hirse, die schon im Hervorsprossen waren. Da die Natur sich dem widersetzte, pflügten sie ⟨die Pflanzen⟩ unter. Dadurch vervielfachte sich der Ernteertrag und lehrte so ⟨ein Verfahren⟩, das jetzt *artrare* (wieder umpflügen) heißt und, wie ich glaube, damals *aratrare* genannt wurde. Man wendet es sogar noch an, wenn der Halm sich bereits zu bilden beginnt und schon zwei oder drei Blätter ausgetrieben hat. Auch eine neue Erfindung wollen wir nicht vorenthalten, die vor drei Jahren im Land der Treverer gemacht wurde. Als nämlich in einem sehr kalten Winter die Saaten erfroren waren, besäte man die Felder erst im März noch einmal und erhielt eine überaus reiche Ernte.

Nun soll das weitere Verfahren beim Ackerbau in der Reihenfolge der Feldfrüchte behandelt werden.

Den Winterweizen, den Emmer, den Weizen, den Spelt und die Gerste soll man an den Tagen, die ich noch benennen werde, eggen, behacken und jäten. Zu jedem dieser Geschäfte wird eine Arbeitskraft für einen Morgen genügen. Das

induratam hiberno rigore soli tristitiam laxat temporibus vernis novosque soles admittit. qui sariet,
caveat ne frumenti radices subfodiat. triticum,   185
semen, hordeum, fabam bis sarire melius. runcatio,
cum seges in articulo est, evolsis inutilibus herbis,
frugum radices vindicat segetemque discernit a
caespite. leguminum cicer eadem quae far desiderat. faba runcari non gestit. quoniam evincit herbas
lupinum, occatur tantum. milium et panicum occatur et saritur, non iteratur, non runcatur. silicia et
passioli occantur tantum. sunt genera terrae, quo-   186
rum ubertas pectinari segetem in herba cogat – cra-
tis et hoc genus dentatae stilis ferreis –, eademque
nihilominus et depascuntur. quae depasta sunt, sarculo iterum excitari necessarium. at in Bactris,
Africa, Cyrenis omnia haec supervacua fecit indul-
gentia caeli, et a semente non nisi messibus in arva
redeunt, quia siccitas coercet herbas, fruges noc-
turno tantum rore nutriente. Vergilius alternis ces-   187
sare arva suadet – si patiantur ruris spatia, utilissimum procul dubio est –; quod si neget condicio, far
serendum, unde lupinum aut vicia aut faba sublata
sint et quae terram faciant laetiorem. inprimisque et
hoc notandum, quaedam propter alia seri obiter,
sed parum provenire priore diximus volumine, ne
eadem saepius dicantur; plurimum enim refert soli
cuiusque ratio.

Behacken lockert im Frühjahr den durch die winterliche
Kälte verhärteten Boden wieder auf und läßt die neue Son-
nenwärme einwirken. Wer behacken will, achte darauf, die
Getreidewurzeln nicht zu untergraben. Weizen, Spelt, Gerste
und Bohnen behackt man besser zweimal. Das Ausjäten
schafft dann, wenn der Halm Knoten gebildet hat, durch
Ausreißen nutzlosen Unkrauts den Wurzeln der Feldfrüchte
Raum und trennt die Saat vom Rasen. Unter den Hülsenfrüchten erfordert die Kichererbse dieselbe Behandlung wie
der Emmer. Die Bohne braucht man nicht jäten. Weil die
Lupine das Unkraut überwältigt, muß man sie nur eggen. Die
Hirse und die Kolbenhirse werden geeggt und behackt, aber
nicht zweimal; man jätet sie auch nicht. Bockshorn und
Schwertbohne werden nur geeggt. Es gibt Bodenarten, deren
Fruchtbarkeit dazu zwingt, die schon aufgegangene Saat
unterzueggen – ⟨dazu verwendet man⟩ eine Art von Egge, die
mit Eisenstiften gezähnt ist –; man läßt sie trotzdem auch
abweiden. Es ist jedoch nötig, sie nach dem Abweiden wiederum mit der Hacke zu bearbeiten. In Baktrien aber, in
Afrika und in Kyrene hat das milde Klima alle diese Arbeiten
überflüssig gemacht; man kehrt nach der Aussaat erst zur
Ernte wieder auf das Feld zurück, weil die Trockenheit kein
Unkraut aufkommen läßt und die Früchte sich vom nächtli-
chen Tau allein nähren. Vergil rät, man solle die Felder ein
Jahr ums andere ruhen lassen – wenn die Größe der Länder-
reien es erlaubt, ist dies zweifellos das Vorteilhafteste –; erlau-
ben die Verhältnisse dies nicht, so solle man Emmer dort säen,
wo die Lupine, die Wicke oder die Bohne standen, weil diese
den Boden fruchtbar machen. Ganz besonders ist noch zu
bemerken, daß manche Früchte um anderer willen nebenbei
angesät werden; allerdings gedeihen diese nur schlecht, wie
wir im vorhergehenden Buch [17,56] bereits gesagt haben,
⟨worauf wir verweisen⟩, um nicht zu oft ein und dasselbe zu
wiederholen; am meisten kommt es nämlich auf die Beschaffenheit des jeweiligen Bodens an.

Civitas Africae in mediis harenis petentibus Syr-
tis Leptimque Magnam vocatur Tacape, felici super
omne miraculum riguo solo. ternis fere milibus
passuum in omnem partem fons abundat, largus
quidem, sed et certis horarum spatiis dispensatur
inter incolas. palmae ibi praegrandi subditur olea,
huic ficus, fico punica, illi vitis, sub vite seritur frumentum, mox legumen, deinde olus, omnia eodem
anno, omniaque aliena umbra aluntur. quaterna
cubita eius soli in quadratum, nec ut a porrectis
metiantur digitis, sed in pugnum contractis, quaternis denariis venundantur. super omnia est bifera
vite bis anno vindemiare. et nisi multiplici partu
exinaniatur ubertas, pereant luxuria singuli fructus.
nunc vero toto anno metitur aliquid, constatque
fertilitati non occurrere homines. aquarum quoque
differentia magna riguis. est in Narbonensi provin-
cia nobilis fons Orgae nomine. in eo herbae nascuntur in tantum expetitae bubus, ut mersis capitibus
totis eas quaerant. sed illas in aqua nascentes certum
est non nisi imbribus ali. ergo suam quisque terram
aquamque noverit.

Si fuerit illa terra, quam appellavimus teneram,
poterit sublato hordeo seri milium, eo condito
rapa, his sublatis hordeum rursus vel triticum, sicut
in Campania, satisque talis terra aratur, cum saritur. alius ordo ut, ubi adoreum fuerit, cesset quat-

LI
188

189

190

LII
191

Eine Stadt in Afrika, namens Tacape, mitten in der Sand-
wüste auf dem Wege zu den Syrten und nach Leptis Magna
gelegen, hat, jedes Wunder übertreffend, eine besonders
glückliche Bewässerung ihres Bodens. Dort strömt eine
starke Quelle 3000 Schritt weit nach allen Richtungen, und
zwar reichlich: ⟨ihr Wasser⟩ wird nach einem Stundenplan
unter die Bewohner verteilt. Unter einer sehr hohen Palme
steht dort ein Ölbaum, unter diesem eine Feige, unter der
Feige folgt ein Granatapfelbaum, unter diesem ein Weinstock; unter diesem Weinstock sät man Getreide, dann Hülsenfrüchte und schließlich Kohl, alles im selben Jahr und alles
gedeiht im Schatten des anderen. Von diesem Boden kosten
16 Quadratellen, nicht mit ausgestreckten Fingern, sondern
mit geballter Faust gemessen, vier Denare. All dies übertrifft
noch die Tatsache, daß dieser Weinstock zweimal trägt und
zweimal im Jahr abgeerntet wird. Würde die Ergiebigkeit
nicht durch das mehrfache Tragen geschwächt, so müßten die
einzelnen Früchte infolge ihres üppigen Wachstums zugrun-
degehen. So aber erntet man das ganze Jahr hindurch etwas,
und es steht fest, daß die Menschen der Fruchtbarkeit nicht zu
Hilfe kommen müssen. Auch das Wasser zeigt bei der Bewässerung große Unterschiede. In der narbonensischen Provinz
gibt es eine berühmte Quelle, Orgae genannt. In ihr wachsen
Kräuter, die von den Rindern so begehrt werden, daß sie ihre
Köpfe ganz untertauchen, um sie zu suchen. Es ist aber
gewiß, daß diese Wasserpflanzen sich nur vom Regenwasser
nähren. Jeder sollte also seinen Boden und sein Wasser kennen.
Wenn der Boden zu der Art gehört, die wir ‚die zarte‘
genannt haben [17,36], könnte man nach dem Ernten der
Gerste Hirse säen; ist diese eingebracht, ⟨dann⟩ Rüben, wenn
diese geerntet sind, wieder Gerste oder Weizen, wie in Kampanien; ein solcher Boden ist genügend gepflügt, wenn man

tuor mensibus hibernis et vernam fabam recipiat.
ante hiemalem ne cesset. nimis pinguis alternari
potest, ita ut frumento sublato legumen tertio seratur. gracilior et in annum tertium cesset. frumentum seri quidam vetant nisi in ea, quae proximo
anno quieverit.

Maximam huius loci partem stercorationis opti-
net ratio, de qua et priore diximus volumine. hoc
tantum enim in confesso est, nisi stercorato seri non
oportere, quamquam et huic leges sunt propriae.
milium, panicum, rapa, napus nisi in stercorato ne
serito. non stercorato frumentum potius quam hordeum seritor. item in novalibus, tametsi in illis
fabam seri volunt, eandem ubicumque quam recen-
tissime stercorato solo. autumno aliquid saturus
Septembri mense fimum inaret post imbrem. utique, si verno erit saturus, per hiemen fimum dispo-
nat. iustum est vehes XVIII iugero tribui, disper-
gere autem, priusquam ares, aut iacto semine, si
haec omissa sit stercoratio, sequens est, priusquam
sarias, ut ex aviariis pulverem stercoris spargas.
quod ut hanc quoque curam determinemus, iustum
mense singulas vehes fimi redire in singulas pecudes
minores, in maiores denas. nisi contingat hoc, male
substravisse pecori colonum appareat. sunt qui
optime stercorari putent sub divo retibus inclusa
pecorum mansione. ager si non stercoratur, alget; si
nimium stercoratus est, aduritur, satiusque est id

ihn behackt. Eine andere Reihenfolge besteht darin, daß man
⟨das Land⟩, auf dem Emmer gestanden hat, vier Wintermo-
nate lang ruhen läßt und es dann so mit der Frühjahrsbohne
bepflanzt. Vor der Wintersaat soll es nicht brachliegen. Bei
allzu fettem Boden kann man so abwechseln, daß man nach
der Getreideernte im dritten Jahr Hülsenfrüchte sät. Magerer
Boden soll auch im dritten Jahr ruhen. Nach einigen ⟨Auto-
ren⟩ soll man Getreide nur in solchen Boden säen, der das
vorhergehende Jahr brachgelegen hat.

Eine sehr wichtige Rolle spielt hier noch die Art und Weise
des Düngens, worüber wir auch im vorhergehenden Buch
[17,50] gesprochen haben. Wenigstens so viel weiß jeder, daß
man nur in gedüngten Boden säen darf, obgleich es auch hier
besondere Regeln gibt. Hirse, Kolbenhirse, Rüben und
Steckrüben darf man nur auf gedüngten Boden säen. Auf
nicht gedüngten säe man lieber Getreide als Gerste. Ebenso
auf Neubruch, obgleich man darauf lieber Bohnen gesät wissen will, wie auch überall dort, wo möglichst frisch gedüngt
wurde. Wer im Herbst etwas ansäen will, muß den Mist im
September nach einem Regenfall unterpflügen. Wer aber im
Frühjahr säen will, muß den Mist während des Winters ver-
teilen. In der Regel genügen 18 Fuhren für den Morgen; man
darf ihn aber nicht ausstreuen, bevor man pflügt. Wenn aber
der Same ausgeworfen, das Düngen jedoch versäumt wurde,
ist es folgerichtig, vor dem Behacken mit feinverteiltem Mist
aus den Geflügelhäusern zu düngen. Um auch dieses Verfahren anzugeben, gelte als Regel, daß kleinere Tiere pro Monat
eine Fuhre, größere aber zehn Fuhren Mist geben. Stimmt
dies nicht, so hat der Landwirt offenbar dem Vieh schlecht
eingestreut. Manche sind der Meinung, das Düngen geschehe
am besten dadurch, daß man das Kleinvieh auf der Weide
unter freiem Himmel in einem Netzpferch eingeschlossen
hält. Ein nicht gedüngter Acker friert; wenn man ihn zu stark
düngt, wird er zu heiß; es ist besser, öfter zu düngen als ⟨ein-

saepe quam supra modum facere. quo calidius
solum est, eo minus addi stercoris ratio est.

Semen optimum anniculum, bimum deterius, LIV
trimum pessimum, ultra sterile; etenim omnium 195
definita generatio est. quod in ima area subsedit, ad
semen reservandum est; id enim optimum, quoniam gravissimum, neque alio modo utilius discerni-
tur. quae spica intervallata semina habebit, abicie-
tur. optimum granum, quod rubet et dentibus frac-
tum eundem habet colorem; deterius, cui plus intus
albi est. certum terras alias plus seminis recipere, 196
alias minus, religiosumque inde primum colonis
augurium: cum avidius accipiat, esurire creditur et
comesse semen. sationem locis umidis celerius fieri
ratio est, ne semen imbre putrescat; siccis serius, ut
pluviae sequantur nec diu iacens atque non conci-
piens evanescat; itemque festinata satione densum
spargi semen, quia tarde concipiat, serotina rarum,
quia densitate nimia necetur. artis quoque cuius- 197
dam est aequaliter spargere. manus utique congru-
ere debet cum gradu semperque cum dextro pede.
fit quoque quorundam occulta ratione, quod sors
genialis atque fecunda est. non transferendum est
ex frigidis locis semen in calida, neque ex praecoci-
bus in serotina nihilque in contrarium, ut praece-
pere quidam falsa diligentia.

Serere in iugera temperato solo iustum est tritici LV
aut siliginis modios V, farris aut seminis, quod fru- 198
menti genus ita appellamus, X, hordei VI, fabae

mal⟩ im Übermaß. Je wärmer der Boden ist, desto weniger darf er der Regel nach gedüngt werden.

Einjähriger Samen ist der beste, zweijähriger ist schlechter, dreijähriger am schlechtesten, noch älterer ist unfruchtbar; denn die Keimfähigkeit ist für alle ⟨Samen⟩ begrenzt. Was sich unten auf der Tenne ablagert, muß als Saatgut aufbewahrt werden; denn das ist der beste ⟨Samen⟩, weil er der schwerste ist; er läßt sich auf keine andere Weise besser absondern. Eine Ähre, die Lücken zwischen den Samen hat, wird man verwerfen. Am besten ist das Korn, das rötlich aussieht und, wenn man es zerbeißt, diese Farbe beibehält; schlechter ist es, wenn es im Innern mehr weiß aussieht. Sicher ist, daß manche Erdarten mehr, andere weniger Samen aufnehmen, und es ist daher für die Landwirte ein erstes heiliges Vorzeichen, wenn der Boden ⟨den Samen⟩ besonders begierig aufnimmt: Man glaubt dann, er habe Hunger und verzehre den Samen. Es ist vernünftig, an feuchten Stellen früher auszusäen, damit der Samen nicht durch Regen fault; an trockenen aber später, damit der Regen darauf folgt und der Samen nicht lange liegt und ohne zu keimen abstirbt; ebenso muß man bei frühzeitiger Saat den Samen dicht ausstreuen, weil er langsam keimt, bei späterer aber dünn, weil er bei allzu großer Dichte erstickt würde. Es gehört auch eine gewisse Kunstfertigkeit dazu, ⟨den Samen⟩ gleichmäßig auszustreuen. Die Handbewegung muß jedesmal mit dem Schritt übereinstimmen, und zwar immer mit dem rechten Fuß. Bei manchen geschieht es auch auf geheimnisvolle Weise, daß ihre Aussaat besonders gedeihlich und fruchtbar ist. Aus kalten Gegenden darf man Samen nicht in warme und aus frühtragenden nicht in spättragende bringen, und nichts darf gegenteilig geschehen, wie manche aus falscher Genauigkeit empfohlen haben.

Auf einen Morgen mäßig guten Bodens sät man in der Regel fünf *modii* Weizen oder Winterweizen, zehn *modii* Emmer oder ‚Samen‘, wie wir diese Getreideart genannt

quinta amplius quam tritici, viciae VII, ciceris et
cicerculae et pisi III, lupini X, lentis III – sed hanc
cum fimo arido seri volunt –, ervi VI, siliciae VI,
passiolorum IIII, pabuli XX, milii, panici sextarios
IIII, pingui solo plus, gracili minus. est et alia   199
distinctio: in denso aut cretoso aut uliginoso tritici
aut siliginis modios VI, in soluta terra et sicca et
laeta IIII. macies enim soli, nisi rarum culmum
habet, spicam minutam facit et inanem; pinguia
arva ex uno semine fruticem numerosum fundunt
densamque segetem ex raro semine emittunt. ergo   200
inter quattuor et sex modios, pro natura soli quinta
minus seri plusve praecipiunt; item in consito aut
clivoso, ut in macro. hoc pertinet oraculum illud
magno opere custodiendum: ‚Segetem ne defrudes.‘
adiecit his Attius in Praxidico, ut sereretur, cum
luna esset in Ariete, Geminis, Leone, Libra, Aqua-
rio, Zoroastres sole Scorpionis duodecim partes
transgresso, cum luna esset in Tauro.

Sequitur huc dilata et maxima indigens cura de   LVI
tempore fruges serendi quaestio magnaque ex parte   201
rationi siderum conexa; quamobrem sententias
omnium in primis ad id pertinentes exponemus.
Hesiodus, qui princeps hominum de agricultura
praecepit, unum tempus serendi tradidit a Vergiliarum occasu. scribebat enim in Boeotia Helladis, ubi
ita seri diximus. inter diligentissimos convenit, ut in   202

haben [§ 82], sechs *modii* Gerste, von Bohnen den fünften Teil
mehr als Weizen, zwölf *modii* Wicken, sieben *modii* Kichererbsen, drei *modii* Platterbsen und gewöhnliche Erbsen, zehn
modii Lupinen, drei *modii* Linsen – doch diese soll man mit
trockenem Mist säen –, sechs *modii* Erven, sechs *modii* Bockshorn, vier *modii* Schwertbohnen, zwanzig *modii* Futterkraut
und vier *sextarii* Hirse und Kolbenhirse; auf fettem Boden
mehr, auf magerem weniger. Es gibt noch eine andere Einteilung: Man sät auf dichtem und kreidigem oder sumpfigem
Boden sechs *modii* Weizen oder Winterweizen, auf lockerer,
trockener und frischer Erde aber vier. Denn bei Magerkeit
macht der Boden, wenn der Halm nicht locker steht, die Ähre
klein und leer; fetter Boden läßt aus einem Samenkorn zahlreiche Halme treiben und aus dünn gestreutem Samen eine dichte
Menge hervorgehen. Man soll also zwischen vier und sechs
modii und je nach Beschaffenheit des Bodens weniger als fünf
oder mehr säen; auf gleiche Weise auf bepflanztem oder
abschüssigem wie auch auf magerem Boden. Hierher gehört
auch jener wohl zu beachtende Satz: Laßt die Saat nicht ver-
kümmern! Attius fügt dem in seinem *Praxidicus* noch hinzu,
man solle säen, wenn der Mond im Widder, in den Zwillingen,
im Löwen, in der Waage und im Wassermann stehe; Zoroaster
aber, wenn die Sonne 12 Grad des Skorpions durchschritten
hat und der Mond sich im Stier befindet.

Es folgt nun die bisher aufgeschobene und der größten
Sorgfalt zu bedürfende Frage der richtigen Zeit für die Aussaat der Feldfrüchte, ⟨eine Frage⟩, die zum großen Teil mit
der Astronomie verbunden ist; wir werden deshalb zuerst die
dazu bezüglichen Meinungen aller ⟨Experten⟩ mitteilen.
Hesiod, der als erster Anleitungen für den Ackerbau formu-
liert hat, nennt als einzige Saatzeit die nach dem Untergang
der Plejaden. Er schrieb nämlich in Boiotien in Griechenland,
wo man, wie bereits gesagt [§ 49], um diese Zeit sät. Unter den
gewissenhaftesten ⟨Schriftstellern⟩ besteht Übereinstim-

alitum quadripedumque genitura, esse quosdam ad
conceptum impetus et terrae. hoc Graeci ita defini-
unt, cum sit calida et umida. Vergilius triticum et
far a Vergiliarum occasu seri iubet, hordeum inter
aequinoctium autumni et brumam, viciam vero et
passiolos et lentem Boote occidente. quo fit, ut
horum siderum aliorumque exortus et occasus
digerendi sint in suos dies. sunt qui et ante Vergilia-   203
rum occasum seri iubeant, dumtaxat in arida terra
calidisque provinciis; custodiri enim semen, cor-
rumpente umore, et a proximo imbre uno die
erumpere; alii statim ab occasu Vergiliarum – sequi
imbres a septimo fere die –; aliqui in frigidis ab
aequinoctio autumni, in calidas serius, ne ante hiemem luxurient. inter omnes autem convenit circa   204
brumam serendum non esse, magno argumento,
quoniam hiberna semina, cum ante brumam sata
sint, septimo die erumpant; si post brumam, vix
quadragesimo. sunt qui properent atque ita pro-
nuntient, festinatam sementem saepe decipere,
serotinam semper. e contrario alii vel vere potius
serendum quam malo autumno atque, ubi fuerit
necesse, inter favonium et vernum aequinoctium.
quidam omissa caelesti subtilitate temporibus defi-   205
niunt: vere linum et avenam et papaver atque, uti
nunc Transpadani servant, usque in quinquatrus,

mung, daß auch die Erde wie die Vögel und die vierfüßigen
Tiere gewisse Triebe zur Empfängnis hat. Die Griechen
bestimmen sie so: Wenn ⟨die Erde⟩ warm und feucht ist. Vergil schreibt vor, man solle den Weizen und den Emmer nach
dem Untergang der Plejaden säen, die Gerste zwischen der
Herbst-Tagundnachtgleiche und der Wintersonnenwende,
die Wicke aber, die Schwertbohne und die Linse beim Untergang des ,Ochsentreibers' *(Boótes).* Daher müssen Auf- und
Untergang dieser und anderer Gestirne nach ihren Tagen
bestimmt werden. Manche schreiben vor, man solle vor dem
Untergang der Plejaden säen, wenigstens in trockenem Boden
und in warmen Gegenden; denn so werde der Samen
geschützt, während er durch Feuchtigkeit verdirbt, und gehe
einen Tag nach dem nächsten Regenfall auf; andere säen
sogleich nach dem Untergang der Plejaden – etwa sieben Tage
später folge Regen –, wieder andere sagen, man solle in kalten
Gegenden nach der Herbst-Tagundnachtgleiche säen, in warmen später, damit die Saat nicht vor dem Winter üppig her-
vorschießt. Alle aber stimmen darin überein, daß man zur
Zeit der Wintersonnenwende nicht säen solle, aus dem wichtigen Grund, weil die Wintersaat, wenn sie vor der Wintersonnenwende angesät wird, am siebten Tag aufgeht; geschieht die Aussaat aber nach der Wintersonnenwende, so
geht die Saat kaum vor dem 40. Tag auf. Es gibt Leute, die es
eilig haben und folgendermaßen argumentieren: Eine frühzeitige Aussaat enttäusche oft, eine späte immer. Dagegen
⟨meinen⟩ andere, man solle lieber im Frühjahr säen als in
einem schlechten Herbst, und wo es notwendig sein sollte,
zwischen dem Beginn des Westwindes *(favonius)* und der
Frühlings-Tagundnachtgleiche. Manche lassen die Feinheiten
der Astronomie außer acht und richten sich nach den Jahreszeiten: Im Frühjahr säen sie den Lein, den Hafer und den
Mohn, und zwar, wie man es auch jetzt noch im transpadanischen Land handhabt, bis zum Fünftagefest *(Quinquatrus)*

fabam, siliginem Novembri mense, far Septembri
extremo usque in idus Octobres, alii post hunc
diem in kal. Novembres. ita his nulla naturae cura
est, illis nimia, et ideo caeca subtilitas, cum res gera-
tur inter rusticos litterarumque expertes, non modo
siderum. et confitendum est caelo maxime constare　　　206
ea, quippe Vergilio iubente praedisci ventos ante
omnia ac siderum mores neque aliter quam navi-
gantibus servari. spes ardua, inmensa, misceri posse
caelestem divinitatem inperitiae rusticae, sed tempt-
anda tam grandi vitae emolumento. prius tamen
sideralis difficultas, quam sensere etiam periti, sub-
icienda contemplationi est, quo deinde laetior mens
discedat a caelo et facta sentiat, quae futura prae-
nosci non possint.

　　Primum omnium dierum ipsorum anni solisque　　　LVII
motus prope inexplicabilis ratio est, ad CCCLXV　　207
adiciente anno intercalario diei noctisque quadran-
tes. ita fit, ut tradi non possint certa siderum tempora. accedit confessa rerum obscuritas, nunc prae-
currente nec paucis diebus tempestatum significatu, quod προχειμάζειν Graeci vocant, nunc
postveniente, quod ἐπιχειμάζειν, et plerumque
alias celerius, alias tardius caeli effectu ad terram
deciduo: vulgo serenitate reddita confectum sidus
audimus. praeterea cum omnia haec statis sideribus　　　208

die Bohne, den Winterweizen im November, den Emmer
vom Ende des September bis zu den Iden des Oktober, andere
auch noch nach diesem Tag bis zu den Kalenden des November. So berücksichtigen die einen die Natur gar nicht, die
andern allzu sehr, und deshalb ist ⟨übertriebene⟩ Genauigkeit
sinnlos, da die Sache ja nur die Bauern angeht, die weder von
den Wissenschaften noch von den Gestirnen viel verstehen.
Auch muß man zugestehen, daß das meiste vom Himmel
abhängt, wie ja auch Vergil vorschreibt, man solle vor allem
die Winde und den Lauf der Gestirne kennenlernen und
ebenso wie die Seefahrer darauf achtgeben. Zwar ist die Hoffnung, man könne zwischen der himmlisch-göttlichen Weisheit und der Unerfahrenheit der Bauern eine Beziehung stiften, schwierig und unabsehbar, man muß es aber im Blick auf
den großen Vorteil für das Leben dennoch versuchen. Zuvor
jedoch muß man die mit den Gestirnen verbundenen Schwierigkeiten, die auch die Sachkundigen wahrnahmen, einer
Betrachtung unterziehen, damit sich der Geist dann um so
ermutigter vom Himmel abwende und als Tatsache wahr-
nehme, was sich nicht im voraus erkennen läßt.
　Zunächst ist schon die Berechnung aller Tage im Jahr und
die Bewegung der Sonne mit nahezu unüberwindlichen
Schwierigkeiten verbunden: Man zählt nämlich zu den 365
Tagen noch je ein Viertel eines Tages und einer Nacht als Ein-
schaltung hinzu. Das hat zur Folge, daß man die Sternzeiten
nicht exakt angeben kann. Hinzu kommt das anerkannt uner-
klärliche Phänomen, daß die Kennzeichen der Jahreszeiten
bald nicht wenige Tage zu früh kommen, was die Griechen
procheímasis nennen, bald später eintreffen, was bei ihnen
epicheímasis heißt, und daß die Einwirkung des Himmels auf
die Erde meistens bald schneller, bald langsamer erfolgt: Wir
hören dann, wenn sich wieder heiteres Wetter eingestellt hat,
allgemein, mit dem Einfluß der Gestirne sei es aus und vorbei.
Außerdem machen sich, wo doch alle ⟨Angaben⟩ auf den fest

caeloque adfixis constent, interveniunt motu stellarum, grandines, imbres, et ipsi non levi effectu, ut
docuimus, turbantque conceptae spei ordinem.
idque, ne nobis tantum putemus accidere, et reliqua
fallit animalia sagaciora circa hoc, ut quo vita
eorum constet, aestivasque alites praeposteri aut
praeproperi rigores necant, hibernas aestus. ideo   209
Vergilius errantium quoque siderum rationem
ediscendam praecipit, admonens observandum fri-
gidae Saturni stellae transitum. sunt qui certissi-
mum veris indicium arbitrentur ob infirmitatem
animalis papiliones. id eo ipso anno, cum commen-
taremur haec, notatum est, proventum eorum ter
repetito frigore extinctum advenasque volucres a.
d. VI. kal. Febr. spem veris adtulisse mox saevis-
sima hieme conflictatas. res anceps primum   210
omnium a caelo peti legem, deinde eam argumentis
esse quaerendam. super omnia est mundi convexi-
tas terrarumque globi differentia, eodem sidere alio
tempore aliis aperiente se gentibus, quo fit, ut causa
eius non isdem diebus ubique valeat. addidere diffi-
cultatem et auctores diversis in locis observando,
mox etiam in isdem diversa prodendo. tres autem
fuere sectae, Chaldaea, Aegyptia, Graeca. his addi-   211
dit quartam apud nos Caesar dictator annos ad solis
cursum redigens singulos Sosigene perito scientiae

am Himmel angehefteten Fixsternen beruhen, die Bewegun-
gen der Planeten störend bemerkbar, die ihrerseits, wie wir
gezeigt haben [§ 152], Hagelschlag und Regen stark beeinflussen und dadurch die erhoffte Ordnung durcheinanderbrin-
gen. Wir dürfen aber nicht glauben, daß dies nur uns so geht:
auch die übrigen Lebewesen, die darin viel scharfsinniger
sind, weil ihr Leben davon abhängt, werden getäuscht; so
tötet die Sommervögel zu früh oder zu spät eintretende Kälte,
die Wintervögel ⟨entsprechend⟩ die Hitze. Vergil lehrt daher,
man solle sich auch mit dem Lauf der Planeten beschäftigen,
und mahnt, den Durchgang des kalten Gestirnes Saturn zu
beobachten. Manche betrachten das Erscheinen der Schmetterlinge als sicherstes Kennzeichen für den Frühling, da diese
Tiere sehr zart sind. Aber gerade in diesem Jahr, in dem wir
dies schreiben [76 n. Chr.], wurde festgestellt, daß sie bei
ihrem Erscheinen durch sich dreimal wiederholenden Kälte-
einbruch vernichtet wurden und daß auch die Zugvögel, die
durch ihr Eintreffen am sechsten Tage vor den Kalenden des
Februar [27. 1.] einen baldigen Frühling versprachen, dann
unter strenger Winterkälte zu leiden hatten. Es ist ein gewag-
tes Unternehmen, zuerst für alle Erscheinungen vom Himmel
ein Gesetz zu fordern und dann nach Beweisen dafür zu
suchen. Entscheidend ist die Wölbung der Welt und die
unterschiedliche Lage der Länder auf dem Erdball; deshalb
zeigt sich dasselbe Gestirn anderen Völkern zu anderer Zeit,
was zur Folge hat, daß seine Wirkung an denselben Tagen
nicht überall gleich stark ist. Die Autoren haben die Schwierigkeit auch noch dadurch vermehrt, daß sie ihre Beobachtungen an verschiedenen Orten anstellten, dazu auch
dadurch, daß sie an denselben Orten Unterschiedliches
berichten. Es gab aber drei Astronomenschulen, die chaldäische, die ägyptische und die griechische. Der Diktator Caesar fügte bei uns noch eine vierte hinzu, als er den Kalender
nach dem Sonnenlauf ordnete, wobei er den in dieser Wissen-

eius adhibito; et ea ipsa ratio postea conperto errore
correcta est ita, ut duodecim annis continuis non
intercalaretur, quia coeperat ad sidera annus
morari, qui prius antecedebat. et Sosigenes ipse tri-
nis commentationibus – quamquam diligentior
ceteris, non cessavit tamen addubitare ipse semet
corrigendo. auctores prodidere ea, quos praetexuimus volumini huic, raro ullius sententia cum alio
congruente. minus hoc in reliquis mirum, quos
diversi excusaverint tractus. eorum, qui in eadem
regione dissedere, unam discordiam ponemus
exempli gratia: occasum matutinum Vergiliarum
Hesiodus – nam huius quoque nomine exstat astro-
logia – tradidit fieri, cum aequinoctium autumni
conficeretur, Thales XXV die ab aequinoctio, Anaximander XXIX, Euctemon XLIIII, Eudoxus
XLVIII. nos sequimur observationem Caesaris
maxime; haec erit Italiae ratio. dicemus autem et
aliorum placita, quoniam non unius terrae, sed
totius naturae interpretes sumus, non auctoribus
positis – id enim verbosum est –, sed regionibus.
legentes tantum meminerint brevitatis gratia, cum
Attica nominata fuerit, simul intellegere Cycladas
insulas; cum Macedonia, Magnesiam, Threciam;
cum Aegyptus, Phoenicen, Cyprum, Ciliciam;
cum Boeotia, Locridem, Phocidem et finitimos
semper tractus; cum Hellespontus, Chersonesum
et continentia usque Atho montem; cum Ionia,

schaft erfahrenen Sosigenes hinzuzog; aber auch diese
Berechnung wurde später, nachdem man einen Fehler
bemerkt hatte, in der Weise verbessert, daß man zwölf Jahre
nacheinander keinen Schalttag ansetzte, weil das Jahr, das früher den Gestirnen vorausgeeilt war, hinter diesen zurückzu-
bleiben begann. Auch Sosigenes selbst, obgleich sorgfältiger
als die anderen, zögerte nicht, in drei Abhandlungen seine
Zweifel auszusprechen und sich selbst zu verbessern. Auch
die Schriftsteller, die wir in der Einleitung zu diesem Buch
angeführt haben, schrieben darüber, wobei nur selten einer
mit der Meinung eines anderen übereinstimmt. Dies ist bei
denen weniger erstaunlich, die durch die unterschiedliche
Lage ihrer Beobachtungsorte entschuldigt sind. Von denen,
die in derselben Gegend nicht übereinstimmen, wollen wir als
Beispiel nur eine einzige nicht übereinstimmende Ansicht
hier anführen: Hesiod – denn auch unter seinem Namen existiert ein Werk über die Astronomie – hat gesagt, der Frühuntergang der Plejaden finde gleich nach der Herbst-Tagundnachtgleiche statt, nach Thales erst am 25., nach Anaximander
am 31., nach Euktemon am 44. und nach Eudoxos am 48.
Tage danach. Wir folgen vor allem der Beobachtung Caesars;
denn diese wird für Italien ⟨zutreffend⟩ sein. Wir werden aber
auch die Lehrmeinungen anderer mitteilen, weil wir nicht nur
ein Land, sondern die gesamte Natur beschreiben wollen,
wobei wir nicht die Autorennamen – das wäre nämlich zu
weitläufig –, sondern nur die Gegenden anführen wollen.
Meine Leser mögen nur daran denken, daß wir der Kürze hal-
ber, wenn wir von Attika sprechen, zugleich auch die Kykladen meinen, wenn von Makedonien, auch Magnesia und
Thrakien, wenn von Ägypten, auch Phönikien, Zypern und
Kilikien, wenn von Boiotien, auch Lokris und Phokis und
jedesmal die benachbarten Landstriche, wenn vom Hellespont, auch die Chersones und das Gebiet bis zum Berge
Athos, wenn von Ionien, auch Kleinasien und die asiatischen

Asiam et insulas Asiae; cum Peloponnesus, Achai-
am et ad vesperam iacentes terras. Chaldaei Assy-   216
riam et Babyloniam demonstrabunt. Africam, His-
panias, Gallias sileri non erit mirum; nemo enim
observavit in iis, qui proderet siderum exortus. non
tamen difficili ratione dinoscentur in illis quoque
terris digestione circulorum, quam in sexto volumine fecimus, qua cognatio caeli non gentium
modo, verum urbium quoque singularum intellegi-
tur. ergo ex iis terris, quas nominavimus, sumpta   217
convexitate circuli pertinentis ad quas quisque
quaeret terras, iidem erunt siderum exortus per
omnium circulorum pares umbras. indicandum et
illud, tempestates ipsas cardines suos habere qua-
drinis annis, et easdem non magna differentia
reverti ratione solis, octonis vero augeri easdem,
centesima revolvente se luna.

Omnis autem ratio observata est tribus modis,   LVIII
exortu siderum occasuque et ipsorum temporum   218
cardinibus. exortus occasusque binis modis intelleguntur. aut enim adventu solis occultantur stellae et
conspici desinunt aut eiusdem abscessu proferunt
se, ut emersum hoc melius quam exortum consuetudo dixisset et illud occultationem potius quam
occasum. alio modo, quo die incipiunt apparere vel   219
desinunt oriente sole aut occidente, matutini ves-
pertinive cognominati, prout alteruter eorum mane
vel crepusculo contingit. dodrantes horarum, cum

Inseln, wenn von der Peloponnes, auch Achaia und die westlich davon gelegenen Länder. Die Chaldäer werden sich über
Assyrien und Babylon äußern. Daß wir über Afrika, Spanien
und Gallien schweigen, wird nicht erstaunlich sein; niemand
hat nämlich in diesen Ländern Beobachtungen angestellt, der
den Aufgang der Gestirne angegeben hätte. Durch ein einfaches Verfahren wird man ⟨diese Daten⟩ dennoch auch in
jenen Ländern feststellen können, wenn man von der Kreis-
einteilung, die wir im 6. Buch [6,212 ff.] vorgenommen haben,
ausgeht, an der man die Verwandtschaft des Klimas nicht nur
bei den ⟨verschiedenen⟩Völkern, sondern sogar bei den einzelnen Städten erkennt. Folgt man also ⟨auf der Karte⟩ von
den Ländern aus, die wir genannt haben, dem (Breiten-)
Kreisbogen, der den Ländern entspricht, die man sucht, so
wird der Aufgang der Gestirne derselbe sein, da die (Mit-
tags-)Schatten auf allen (Breiten-)Kreisen sich gleich bleiben.
Auch ist noch zu bemerken, daß das Wettergeschehen alle
vier Jahre einen Wendepunkt hat und sich danach ohne großen Unterschied nach dem Stand der Sonne wiederholt, sich
aber alle acht Jahre einmal steigert, wenn der Mond zum 100.
Male (in die gleiche Position) zurückkehrt.

   Jede Berechnung beruht auf drei Beobachtungen, auf dem
Auf- und dem Untergang der Gestirne und auf den Wendepunkten der Jahreszeiten selbst. Auf- und Untergang ist in
zweierlei Weise zu verstehen: Entweder verblassen die Sterne
bei Sonnenaufgang und hören damit auf, sichtbar zu sein,
oder sie treten erst bei Sonnenuntergang hervor; das erstere
hätte der Sprachgebrauch besser als ‚Auftauchen' (emersus)
bezeichnet statt als ‚Aufgang' (exortus), das letztere besser als
‚Unsichtbarwerden'(occultatio)statt als‚Untergang' (occasus).
Auf eine andere Weise nennt man Auf- und Untergang der
Sterne an dem Tage, an dem sie beim Auf- und Untergang der
Sonne (zum erstenmal) sichtbar werden oder verschwinden,
den Frühaufgang oder den Spätuntergang, je nachdem das

minimum, intervalla ea desiderant ante solis ortum
vel post occasum, ut aspici possint. praeterea bis
quaedam exoriuntur et occidunt, omnisque sermo
de iis est stellis, quas adhaerere caelo diximus.

Cardines temporum quadripertita anni distinc-   LIX
tione constant per incrementa lucis. augetur haec a   220
bruma et aequatur noctibus verno aequinoctio diebus XC horis tribus, dein superat noctes ad solstitium diebus XCIIII horis XII; ...usque ad aequinoctium autumni, et tum aequata diei procedit nox
ex eo ad brumam diebus LXXXVIII horis tribus –
horae nunc in omni accessione aequinoctiales, non   221
cuiuscumque diei, significantur –, omnesque eae
differentiae fiunt in octavis partibus signorum,
bruma Capricorni a. d. VIII kal. Ian. fere, aequinoctium vernum Arietis, solstitium Cancri, alte-
rumque aequinoctium Librae, qui et ipsi dies raro
non aliquos tempestatum significatus habent. rur-   222
sus hi cardines singulis etiamnum articulis temporum dividuntur, per media omnes dierum spatia,
quoniam inter solstitium et aequinoctium autumni
Fidiculae occasus autumnum inchoat die XLVI, ab
aequinoctio eo ad brumam Vergiliarum matutinus
occasus hiemen die XLIIII, inter brumam et aequi-

jeweils in der Morgen- oder in der Abenddämmerung stattfindet. Dabei ist eine Beobachtungszeit von mindestens einer
Dreiviertelstunde vor dem Sonnenaufgang oder nach dem
Sonnenuntergang erforderlich, damit ⟨die Sterne⟩ ausge-
macht werden können. Außerdem gehen manche zweimal auf
und unter; doch ist hier nur von den (Fix-)Sternen die Rede,
die, wie wir gesagt haben [2,7], am Himmel feststehen.

Die Wendepunkte der Jahreszeiten beruhen auf einer vier-
fachen Einteilung des Jahres nach der Zu- und Abnahme des
Tageslichtes. Dessen Dauer nimmt vom kürzesten Tag an zu
und ist nach 90 Tagen und 3 Stunden bei der Frühjahrs-Tagundnachtgleiche der Länge der Nacht gleich; dann wird es
bis zur Sommersonnenwende in 94 Tagen 12 Stunden ⟨län-
ger als die Nacht⟩, ...nimmt darauf wieder ab bis zur
Herbst-Tagundnachtgleiche, worauf die Nacht, dem Tage an
Länge gleich geworden, sodann bis zum kürzesten Tag in 88
Tagen und 3 Stunden wieder länger wird. Bei jeder Zunahme
werden hier ⟨unter Stunden⟩ Äquinoktialstunden und nicht
die gewöhnlichen (variablen) Tagesstunden verstanden; alle
diese Wechsel fallen in den achten Grad der Tierkreiszeichen,
der kürzeste Tag (die Wintersonnenwende) in den des Stein-
bocks ungefähr am 8. Tage vor den Kalenden des Januar
(25. 12.), die Frühjahrs-Tagundnachtgleiche in den des Widders, die Sommersonnenwende in den des Krebses und die
Herbst-Tagundnachtgleiche in den der Waage; und gerade
diese Tage sind nur selten für die Wetterentwicklung ohne
Bedeutung. Die ⟨Zeiträume zwischen diesen⟩ Wendepunkten
werden nun weiter in einzelne Zeitabschnitte unterteilt, und
zwar alle in der Mitte der Zahl ihrer Tage; zwischen der Sommersonnenwende nämlich und der Herbst-Tagundnachtgleiche beginnt am 46. Tage mit dem Untergang der Leier der
Herbst, zwischen dieser Tagundnachtgleiche und der Wintersonnenwende am 44. Tag mit dem Frühuntergang der Plejaden der Winter, zwischen der Wintersonnenwende und der

noctium die XLV flatus favoni vernum tempus, ab
aequinoctio verno initium aestatis die XLVIII Vergiliarum exortus matutinus. nos incipiemus a   223
sementibus frumenti, hoc est Vergiliarum occasu
matutino. nec deinde parvorum siderum mentione
concidenda ratio est et difficultas rerum augenda,
cum sidus vehemens Orionis isdem diebus longo
decidat spatio.

Sementibus tempora plerique praesumunt et ab   LX
XI die autumnalis aequinoctii fruges serunt adve- 224
niente Coronae exortu continuis diebus certo
prope imbrium promisso, Xenophon non antequam deus signum dederit. hoc Cicero noster
imbre fieri interpretatus est, cum sit vera ratio non
prius serendi quam folia coeperint decidere. hoc   225
ipso Vergiliarum occasu fieri putant aliqui a. d. III
idus Novembris, ut diximus, servantque id sidus
etiam vestis institores, et est in caelo notatu facilli-
mum. ergo ex occasu eius de hieme augurantur quibus est cura insidiandi, negotiatores avari. ita
nubilo occasu pluviosam hiemem denuntiat, sta-
timque augent lacernarum pretia; sereno asperam,
et reliquarum vestium accendunt. sed ille indocilis 226
caeli agricola hoc signum habeat inter suos vepres
humumque suam aspiciens: cum folia viderit deci-
dua. sic iudicetur anni temperies, alibi tardius, alibi

Frühjahrs-Tagundnachtgleiche am 45. Tage mit dem Wehen des Westwindes der Frühling, und am 48. Tage nach der Frühjahrs-Tagundnachtgleiche mit dem Frühaufgang der Plejaden der Sommer. Wir werden mit der Aussaat des Getreides, d. h. mit dem Frühuntergang der Plejaden beginnen. Dann wollen wir aber nicht durch die Erwähnung kleiner Gestirne die Darstellung unterbrechen und so die Schwierigkeit des Gegenstandes vermehren, da das gewaltige Sternbild des Orion in denselben Tagen nach langem Laufe verschwindet.

Die meisten nehmen die Aussaat schon früher vor und beginnen am elften Tage nach der Herbsttagundnachtgleiche Feldfrüchte zu säen, neun Tage vor dem Aufgang der Krone (15. 10.), nach dem mehrtägiger Regen mit Gewißheit zu erwarten ist; Xenophon ⟨ist dagegen⟩, ehe der Gott das Zeichen ⟨für den Beginn der Aussaat⟩ gegeben hat. Nach der Deutung unseres Cicero geschieht dies durch Regen, während die wahre Regel lautet, nicht zu säen, ehe das Fallen des Laubs einsetzt. Einige glauben, dies finde beim Untergang der Plejaden statt, am dritten Tag vor den Iden des November [11. 11.], wie wir schon gesagt haben [2,125]; auch die Kleiderverkäufer richten sich nach diesem Sternbild, und dieses läßt sich am Himmel sehr leicht beobachten. Aus dem Untergang ⟨der Plejaden⟩ schließen daher diejenigen auf ⟨die Art⟩ des Winters, die auf ihren Vorteil bedacht sind, nämlich die habsüchtigen Händler. Gehen die Plejaden im Nebel unter, so kündigen sie einen regnerischen Winter an, und sogleich steigen die Preise für die Oberbekleidung; gehen sie aber bei heiterem Wetter unter, so wird der Winter streng, und es steigen ⟨die Preise⟩ für die übrigen Kleider. Jener des Himmels unkundige Bauer aber könnte dieses Vorzeichen ebenfalls haben, wenn er, beim Betrachten seines Bodens inmitten seiner Dornsträucher abgefallene Blätter sieht. So kündigt sich wohl die richtige Zeit ⟨für die Aussaat⟩ an, hier später, dort früher. Sie macht sich nämlich auf diese Weise bemerk-

maturius. ita enim sentitur, ut caeli locique adficit
natura, idque in hac ratione praecellit, quod eadem
et in mundo publica est et unicuique loco peculiaris. miretur hoc qui non meminerit ipso brumali die   227
puleium in carnariis florere. adeo nihil occultum
esse natura voluit. et serendi igitur hoc dedit signum. haec est vera interpretatio argumenta
naturae secum adferens, quippe ·sic terram peti
suadet promittitque quandam stercoris vicem et
contra rigores terram satusque operiri a se nuntiat
ac monet festinare.

Varro in fabae utique satu hanc observationem   LXI
custodiri praecepit. alii plena luna serendam, lentim   228
vero a vicesima quinta ad tricesimam, viciam quoque iisdem lunae diebus. ita demum sine limacibus
fore. quidam pabuli causa sic iubent seri, seminis
autem vere.

Est et alia manifestior ratio mirabiliore naturae
providentia, in qua Ciceronis sententiam ipsius
verbis subsignabimus:

  ,Iam vero semper viridis semperque gravata
  Lentiscus triplici solita est grandescere fetu
  Ter fruges fundens tria tempora monstrat arandi.'

Ex his unum hoc erit idem et lino ac papaveri   229
serendo. Cato de papavere ita tradit: ,Virgas et sarmenta, quae tibi usioni supererunt, in segete com-
burito. ubi eas combusseris, ibi papaver serito.' silvestre in miro usu est melle decoctum ad faucium

bar, wie es die Beschaffenheit des Klimas und des Bodens bedingt, und diese Beobachtung hat auch noch den Vorteil, daß sie sowohl für die Welt im allgemeinen als auch für jeden Ort im besonderen Geltung hat. Darüber wird sich vielleicht wundern, wer nicht weiß, daß gerade am kürzesten Tage der Polei in den Fleischkammern blüht. So sehr wollte die Natur, daß uns nichts verborgen bleibe. Also hat sie auch dieses Zeichen zur Aussaat gegeben. Dies ist die wahre Erklärung, die ihre Beweise aus der Natur selbst beibringt, da diese uns ja auf ihre Weise rät, an die Erde zu denken; sie verspricht uns eine Art Düngerersatz ⟨in Gestalt der abfallenden Blätter⟩, deutet an, sie wolle den Boden und die Saat damit gegen die Kälte bedecken, und mahnt so zur Eile.

Varro schreibt vor, diese Regel auf jeden Fall bei der Aussaat der Bohne zu beachten. Nach anderen soll man sie zur Zeit des Vollmondes säen, die Linse aber vom 25. bis zum 30. Tag, und auch die Wicke an den gleichen Tagen der Mondphase. Nur auf diese Weise blieben sie dann vom Schneckenbefall verschont. Einige schreiben vor, man solle die zum Viehfutter bestimmte Bohne zu dieser Zeit säen, die für die Samenbildung aber im Frühjahr.

Es gibt eine weitere, zuverlässigere Andeutung, durch die die Vorsorge der Natur noch bewundernswerter erscheint; hierfür werden wir die Meinung Ciceros mit seinen eigenen Worten anführen:

Ferner der immergrüne und immer fruchtbeladne
Mastixbaum pflegt dreimal im Jahre mit Früchten zu
    schwellen,
gibt dreifachen Ertrag und zeigt die drei Zeiten des Pflügens.

Von diesen Zeiten wird eine dieselbe sein, in der man den Lein und den Mohn säen soll. Cato sagt vom Mohn: „Ruten und Stengel, für die du keine Verwendung hast, verbrenne auf dem Saatfeld! Wo du sie verbrannt hast, säe den Mohn!" Der wilde Mohn ist, in Honig gekocht, ein wunderbares Heilmit-

remedia, visque somnifera etiam sativo. et hactenus
de hiberna semente.

Verum ut pariter omnis culturae quoddam bre-   LXII
viarium peragatur, eodem tempore conveniet arbo-   230
res stercorare, adcumulare item vineas – sufficit in
iugerum una opera – et, ubi patietur loci ratio,
arbusta ac vineas putare, solum seminariis bipalio
praeparare, incilia aperire, aquam de agro pellere,
torcular lavare et recondere. a kal. Novemb. gallinis   231
ova supponere nolito, donec bruma conficiatur. in
eum diem ternadena subicito aestate tota, hieme
pauciora, non tamen infra novena. Democritus
talem futuram hiemem arbitratur, qualis fuerit bru-
mae dies et circa eum terni; item solstitio aestatem.
circa brumam plerisque bis septeni alcyonum fetu-
rae ventorum quiete molliunt caelum. sed et in his
et in aliis omnibus ex eventu significationum intellegi sidera debebunt, non ad dies utique praefinitos
expectari tempestatum vadimonia.

Per brumam vitem ne colito. vina tum defaecari   LXIII
vel etiam diffundi Hyginus suadet a confecta ea   232
septimo die, utique si septima luna conpetat; cerasa
circa brumam seri. bubus glandem tum adspergi
convenit in iuga singula modios. largior valetudi-
nem infestat, et quocumque tempore detur, si
minus XXX diebus continuis data sit, narrant verna

tel gegen Halskrankheiten; auch der gesäte Mohn hat eine einschläfernde Wirkung. Soviel von der Wintersaat.

Um aber zugleich eine Art von Kurzübersicht über alle Feldarbeit zu geben, bemerken wir, daß man zur gleichen Zeit die Bäume düngen, die Weingärten häufeln muß – für einen Morgen genügt ein Arbeiter – und, wo es die Beschaffenheit des Ortes erlaubt, die Sträucher und die Weinstöcke beschneiden, den Boden in den Pflanzschulen mit dem Doppelspaten vorbereiten, die Abzugsgräben öffnen, das Wasser vom Felde entfernen, die Weinpresse auswaschen und wieder verwahren soll. Von den Kalenden des November an soll man den Hühnern keine Eier mehr unterlegen, bis die Wintersonnenwende vorüber ist. Bis zu diesem Tag kann man ihnen den ganzen Sommer hindurch dreizehn, im Winter nicht soviel, jedoch nicht weniger als neun Eier unterlegen. Demokrit glaubt, der Winter werde so ausfallen, wie der kürzeste Tag und die drei ihm nächsten Tage waren; das gleiche gelte von der Sommersonnenwende für den Sommer. Nach den meisten ⟨Autoren⟩ herrscht um die Zeit der Wintersonnenwende, wenn die Eisvögel brüten, zweimal sieben Tage lang bei Windstille eine milde Witterung. Bei diesen sowohl wie auch bei allen anderen ⟨Erscheinungen⟩ wird man aber die Gestirne nach der Wirkung ihrer Anzeichen beurteilen müssen und keinesfalls für vorausbestimmte Tage verbürgte Wetterprognosen erwarten dürfen.

Um die Zeit des kürzesten Tages lasse man den Weinstock ruhen. Hyginus rät, am siebten Tag danach, jedenfalls wenn dieser mit dem siebten Tag des Mondes zusammenfällt, den Wein von der Hefe zu befreien oder auch abzuziehen. Kirschbäume pflanze man um die Zeit des kürzesten Tages. Den Ochsen solle man dann zweckmäßigerweise Eicheln vorschütten, und zwar einen *modius* für jedes Joch. Eine größere Menge schadet ihrer Gesundheit, und wenn man sie, zu welcher Zeit auch immer verabreicht, weniger als 30 Tage nach-

scabie poenitere. materiae caedendae tempus hoc
dedimus. reliqua opera nocturna maxime vigilia   233
constent, cum sint noctes tanto ampliores, qualos,
crates, fiscinas texere, faces incidere, ridicas praeparare interdiu XXX, palos LX et in lucubratione ves-
pertina ridicas V, palos X, totidem antelucana.

A bruma in favonium Caesari nobilia sidera si-   LXIV
gnificant, III kal. Ian. matutino Canis occidens,   234
quo die Atticae et finitimis regionibus Aquila vesperi occidere traditur. pridie nonas Ian. Caesari
Delphinus matutino exoritur et postero die Fidicula, quo Aegypto Sagitta vesperi occidit. item ad   235
VI idus Ian. eiusdem Delphini vespertino occasu
continui dies hiemant Italiae, et cum sol in Aqua-
rium sentiatur transire, quod fere XVI kal. Feb.
evenit. VIII kal. stella Regia appellata Tuberoni in
pectore Leonis occidit matutina, et pridie nonas
Feb. Fidicula vespera.

Huius temporis novissimis diebus, ubicumque   236
patietur caeli ratio, terram ad rosaria et vineae
satum vertere bipalio oportet – iugero operae LXX
sufficiunt –, fossas purgare aut novas facere, antelu-
canis ferramenta acuere, manubria aptare, dolia
quassa sarcire, ovium tegimenta concinnare ipsa-
rumque lanas scabendo purgare.

einander gibt, sollen die Ochsen im Frühjahr unter Räude leiden. Diese Zeit haben wir auch zum Fällen des Holzes
bestimmt. Die übrigen Arbeiten lassen sich meist bei Nacht
verrichten, da die Nächte jetzt viel länger sind; man flicht
Körbe, Hürden und Reusen, schneidet Fackeln zu, bereitet
pro Tag 30 viereckige und 60 runde Pfähle vor, bei Licht 5
viereckige und 10 runde Pfähle und ebenso viele vor Tagesanbruch.

Vom kürzesten Tag (25. 12.) an bis zum Auftreten des
Westwindes (8. 2.) sind nach Caesar folgende bekannten
Gestirne von Wichtigkeit: am Morgen des 3. Tages vor den
Kalenden des Januar (30. 12.) geht der Sirius (Hundsstern)
unter; an diesem Tage soll für Attika und die benachbarten
Gegenden der Adler am Abend untergehen. Am Tag vor den
Nonen des Januar (4. 1.) geht nach Caesar am Morgen der
Delphin auf und am nächsten Tag (5. 1.) die Leier; gleichzeitig
geht in Ägypten am Abend der Pfeil unter. Ebenso herrscht
bis zum 6. Tag vor den Iden des Januar (8. 1.), dem Spätuntergang desselben Delphins, in Italien mehrere Tage lang Win-
terwetter, wobei man feststellt, daß die Sonne in das Zeichen
des Wassermanns übertritt, was ungefähr am 16. Tage vor den
Kalenden des Februar (17. 1.) geschieht. Am 8. Tage vor den
Kalenden des Februar (25. 1.) geht der bei Tubero ‚königlich‘
genannte Stern (Regulus) auf der Brust des Löwen am Morgen unter, und am Tag vor den Nonen des Februar (4. 2.) am
Abend die Leier.

In den letzten Tagen dieses Zeitabschnitts muß man, wo
nur immer die Wetterlage es erlaubt, den Boden zur Anpflan-
zung der Rosen und der Weinstöcke mit der Hacke umwerfen
– für einen Morgen genügen 70 Arbeiter –, die Gräben reinigen oder neue anlegen, vor Tagesanbruch die eisernen Geräte
schärfen, die Stiele zurechtmachen, lecke Fässer ausbessern,
die Schafställe herrichten und die Wolle der Schafe selbst
durch Abschaben reinigen.

A favonio in aequinoctium vernum Caesari si- LXV
gnificat, XIIII kal. Mart. triduum varie, et VIII kal. 237
hirundinis visu et postero die Arcturi exortu vespertino, item III non. Mart. – Caesar Cancri exortu
id fieri observavit, maior pars auctorum Vindemi-
toris emersu – VIII idus aquilonii Piscis exortu et
postero die Orionis. in Attica milvum apparere servatur. Caesar et idus Mart. ferales sibi notavit Scorpionis occasu, XV kal. vero April. Italiae milvum
ostendi, XII kal. Equum occidere matutino.

Hoc intervallum temporis vegetissimum agrico- 238
lis maximeque operosum est, in quo praecipue fal-
luntur. neque enim eo die vocantur ad munia, quo
favonius flare debeat, sed quod coeperit. hoc acri
intentione servandum est; hoc illo mense signum
deus habet observatione minime fallaci aut dubia, si
quis adtendat. unde autem spiret is ventus quaque 239
parte veniat, diximus secundo volumine et dicemus
mox paulo operosius. interim ab eo die, quisquis
ille fuerit, quo flare coeperit – non utique VI id.
Feb., sed sive ante, quando praevernat, sive postea,
quando posthiemat –, innumera rusticos cura di-
stringat et prima quaeque peragantur, quae differri

Vom Auftreten des Westwindes (8. 2.) bis zur Frühjahrs-Tagundnachtgleiche (25. 3.) bringt nach Caesar der 14.
Tag vor den Kalenden des März (16. 2.) drei Tage lang veränderliches Wetter, ebenso der 8. Tag vor den Kalenden des
März (22. 2.), an dem sich die Schwalben sehen lassen, und
auch der folgende Tag (23. 2.), an dem abends der Arcturus
aufgeht, sowie auch der 3. Tag vor den Nonen des März (5. 3.)
– Caesar beobachtete, daß dies beim Aufgang des Krebses,
der größere Teil der Schriftsteller, daß es beim Auftauchen
des Winzers geschehe –, der 8. Tag vor den Iden des März
(8. 3.), an dem der nördliche Fisch, und der folgende Tag
(9. 3.), an dem der Orion aufgeht. In Attika bemerkt man, daß
sich um diese Zeit der Weih zeigt. Caesar hat auch angemerkt,
daß ihm die Iden des März (15. 3.) beim Untergang des Skorpions verhängnisvoll würden, daß sich am 15. Tag vor den
Kalenden des April (18. 3.) in Italien der Weih zeige und am
12. Tage (21. 3.) das Pferd am Morgen untergehe.
    Diese Zeit ist für die Bauern die unruhigste und mühevoll-
ste, ⟨aber auch die,⟩ in der sie sich hauptsächlich täuschen lassen. Denn nicht an dem Tage, an dem der Westwind wehen
sollte, sondern an dem er tatsächlich zu wehen begonnen hat,
werden sie zur Arbeit gerufen. Dies muß mit strenger Aufmerksamkeit beachtet werden; in diesem Monat gibt ein Tag
ein Zeichen, dessen Beobachtung keineswegs trügerisch oder
zweifelhaft ist, wenn man nur darauf achten will. Woher aber
dieser Wind weht und von welcher Seite er kommt, haben wir
im zweiten Buch gesagt [2,122] und werden es demnächst
noch etwas ausführlicher darlegen. Inzwischen müssen die
Bauern von dem Tag an – welcher es auch sein mag –, an dem
der Westwind zu wehen beginnt – dies wird nicht stets der 6.
Tag vor den Iden des Februar (8. 2.) sein, er kann auch etwas
davor liegen, wenn der Frühling früher eintritt, oder danach,
wenn der Winter länger anhält –, ungezählte Arbeiten ausfüh-
ren und stets das zuerst tun, was keinen Aufschub duldet. Da

nequeunt. trimestria serantur, vites putentur qua 240
diximus ratione, oleae curentur, poma serantur
inseranturque, vineae pastinentur, seminaria dige-
rantur, instaurentur alia, harundines, salices, genis-
tae serantur caedanturque, serantur vero ulmi,
populi, platani, uti dictum est. tum et segetes con- 241
venit purgare, sarire hibernas fruges maximeque
far. lex certa in eo, cum quattuor fibrarum esse
coeperit, faba vero non antequam trium foliorum,
tunc quoque levi sarculo purgare verius quam
fodere, florentem utique XV primis diebus non
attingere. hordeum nisi sicco ne sarito. putationem
aequinoctio peractam habeto. vineae iugerum qua-
ternae operae putant, alligant in arbusto singulae
operae arbores XV. eodem hoc tempore hortorum 242
rosariorumque cura est, quae separatim proximis
voluminibus dicetur, eodem et topiarii. tum optime
scrobes fiunt. terra in futurum proscinditur Vergilio maxime auctore, ut glaebas sol coquat. utilior
sententia, quae non nisi temperatum solum medio
vere arari iubet, quoniam in pingui statim sulcos
occupent herbae, gracili insecuti aestus exsiccent
omnemque sucum venturis seminibus auferant.
talia autumno melius arari certum est.

Cato verna opera sic definit: ‚Scrobes fieri, semi- 243
nariis, vitiariis locum verti; vites propagari, in locis
crassis et umidis ulmos, ficos, poma, oleas seri,

sind die Dreimonatsfrüchte anzusäen, die Weinstöcke auf die angegebene Weise zu beschneiden [17,176], die Ölbäume zu besorgen, Obstbäume zu pflanzen und zu pfropfen, Weingärten umzuhacken, Baumschulen anzulegen, andere zu erneuern, Rohr, Weiden, Ginster zu setzen und zu beschneiden und, wie bereits gesagt [17,78], Ulmen, Pappeln und Platanen zu pflanzen. Dann muß man auch die Saatfelder reinigen, die Winterfrüchte und besonders den Emmer behacken. Eine genaue Vorschrift verlangt, den letzteren erst ⟨dann zu behacken⟩, wenn er vier Wurzelfasern zu treiben begonnen hat, die Bohne aber nicht eher, als bis sie drei Blätter hat, und auch dann darf man sie nur mit einer leichten Hacke mehr säubern als umgraben; wenn sie blüht, darf man sie in den ersten 15 Tagen unter keinen Umständen berühren. Die Gerste soll man nur bei trockenem Wetter behacken. Das Beschneiden muß bis zur Frühjahrs-Tagundnachtgleiche beendet sein. Ein Morgen Weingarten benötigt zum Beschneiden vier Arbeiter; zum Anbinden in Baumweingärten kommen 15 Bäume auf einen Arbeiter. In dieselbe Zeit fällt die Pflege der Gärten und der Rosenpflanzungen, worüber in den nächsten Büchern [19,49; 21,14] zu sprechen sein wird, ebenso auch ⟨die Pflege⟩ der Ziergärten. Jetzt legt man auch am besten die Gruben an. Wie vor allem Vergil empfiehlt, bricht man für die kommende Zeit die Erde auf, damit die Sonne die Schollen wärmt. Nützlicher erscheint die Ansicht, die vorschreibt, mitten im Frühjahr nur mittelmäßigen Boden zu pflügen, weil sich auf fettem sofort das Unkraut in den Furchen breitmacht, auf magerem aber die nachfolgende Hitze es austrocknet und der künftigen Saat allen Saft wegnimmt. Solche Äcker pflügt man bestimmt besser im Herbst.

Cato setzt die Frühjahrsarbeiten folgendermaßen fest: „Man mache Pflanzgruben und Baumschulen, verpflanze, setze an dichte und feuchte Stellen Ulmen, Feigenbäume, Obst- und Ölbäume, dünge die Wiesen bei Neumond; Wie-

prata stercorari luna sitiente; quae rigua non erunt,
a flatu favoni defendi, purgari, herbas malas radici-
tus erui, ficos interputari, seminaria fieri et vetera
sarciri: haec antequam vineam fodere incipias.'
idemque: ‚Piro florente arare incipito macra hare-
nosaque. postea uti quaeque gravissima et aquosis-
sima, ita postremo arato.' ergo haec aratio has habe-   244
bit notas: lentisci primum fructum ostendentis ac
piri florentis. erit et tertia in bulborum satu scillae,
item in coronamentorum narcissi, namque et haec
ter florent primoque flore primam arationem os-
tendunt, medio secundam, tertio novissimam,
quando inter sese alia aliis notas praebent. ac non in   245
novissimis cavetur, ne fabis florentibus attingatur
hedera; id enim noxium et exitiale ei est tempus.
quaedam vero et suas habent notas, sicuti ficus.
cum folia pauca in cacumine acetabuli modo germi-
nent, tunc maxime serendas ficus.

  Aequinoctium vernum a. d. VIII kal. April.   LXVI
peragi videtur. ab eo ad Vergiliarum exortum matu-   246
tinum Caesari significant kal. April. III non. April.
in Attica Vergiliae vesperi occultantur, eaedem
postridie in Boeotia, Caesari autem et Chaldaeis
nonis, Aegypto Orion et gladius eius incipiunt
abscondi. Caesari VI idus significatur imber Librae   247
occasu. XIIII kal. Mai. Aegypto Suculae occidunt
vesperi, sidus vehemens et terra marique turbidum.

sen, die nicht bewässert werden, schütze man vor dem Wehen des Westwindes und säubere sie, reiße das Unkraut mit der Wurzel aus, putze die Feigenbäume, lege Baumschulen an und stelle alte wieder her: Dies alles geschehe, bevor man den Weingarten umzugraben beginnt." Weiterhin: „Wenn der Birnbaum blüht, beginne man, mageren und sandigen Boden zu pflügen. Nachher die schwersten und wasserreichsten Böden; diese pflüge aber zuletzt!" Daher wird diese Pflügezeit folgende Merkmale haben: Wenn der Mastixbaum die ersten Früchte zeigt und wenn der Birnbaum blüht. Ein drittes Zeichen wird auch unter den Zwiebelgewächsen die Meerzwiebel nach ihrer Aussaat geben, ebenso unter den Kreuzblumen die Narzisse, denn auch diese blühen dreimal und zeigen beim ersten Blühen das erste, beim mittleren das zweite und beim dritten Blühen das letzte Pflügen an, wie demnach eines dem andern gegenseitig Zeichen gibt. Man hüte sich nicht zuletzt davor, während der Bohnenblüte den Efeu zu berühren; denn diese Zeit ist ihm schädlich und verderblich. Einige Pflanzen haben aber auch ihre eigenen Kennzeichen, wie der Feigenbaum: Wenn an seiner Spitze einige Blätter becherartig ausschlagen, dann vor allem soll man die Feige verpflanzen.

Die Frühjahrs-Tagundnachtgleiche scheint sich am 8. Tage vor den Kalenden des April (25. 3.) zu vollziehen. Von dieser bis zum Frühaufgang der Plejaden sind nach Caesar die Kalenden des April (1. 4.) von Wichtigkeit. In Attika gehen am 3. Tag vor den Nonen des April (3. 4.) am Abend die Plejaden unter, in Boiotien erst am Tage darauf (4. 4.), nach Caesar und den Chaldäern aber an den Nonen selbst (5. 4.); in Ägypten beginnen der Orion und sein Schwert unsichtbar zu werden. Nach Caesar zeigt der Untergang der Waage am 6. Tag vor den Iden des April (8. 4.) Regen an. Am 14. Tag vor den Kalenden des Mai (18. 4.) gehen in Ägypten die Hyaden am Abend unter, ein heftiges Gestirn, das zu Lande und zu Was-

XVI Atticae, XV Caesari continuo quadriduo significat, Assyriae autem XII kal. hoc est vulgo
appellatum sidus Parilicium, quoniam XI kal. Mai.
urbis Romae natalis, quo fere serenitas redditur,
claritatem observationi dedit, nimborum argumento Hyadas appellantibus Graecis eas stellas,
quod nostri a similitudine cognominis Graeci,
propter sues inpositum arbitrantes, inperitia appellavere Suculas. Caesari et VIII kal. notatur dies. VII   248
kal. Aegypto Haedi exoriuntur, VI Boeotiae et
Atticae Canis vesperi occultatur, Fidicula mane
oritur. V kal. Assyriae Orion totus absconditur,
IIII autem Canis. VI non. Mai. Caesari Suculae
matutino exoriuntur et VIII id. Capella pluvialis,
Aegypto autem eodem die Canis vesperi occultatur. sic fere in VI id. Mai., qui est Vergiliarum
exortus, decurrunt sidera.

In hoc temporis intervallo XV diebus primis   249
agricolae rapienda sunt quibus peragendis ante
aequinoctium non suffecerit, dum sciat inde natam
exprobrationem foedam putantium vites per imita-
tionem cantus alitis temporariae, quam cuculum
vocant. dedecus habetur obprobriumque meritum,
falcem ab illa volucre in vite deprehendi, et ob id

ser Stürme hervorruft. In Attika ⟨gehen sie⟩ schon am 16. Tag
(16. 4.) ⟨unter⟩, nach Caesar am 15. Tag (17. 4.), was vier Tage
lang das Wetter beeinflußt, in Assyrien aber am 12. Tag
(20. 4.). Dieses Gestirn nennt man gewöhnlich *Parilicium*
(Geburtsgestirn), weil auf den 11. Tag vor den Kalenden des
Mai (21. 4.) der Geburtstag der Stadt Rom fällt, an dem fast
immer schönes Wetter herrscht, was dieser Beobachtung
Berühmtheit verschaffte; die Griechen hingegen nennen ⟨die-
ses Gestirn⟩ wegen der Regenzeit ‚Regengestirn‘ *(Hyades)*;
wegen der Ähnlichkeit des griechischen Wortes glaubten wir,
die Bezeichnung komme von dem Wort ‚Schwein‘ (griech. *hys*
– lat. *sus*), und nannten es deshalb aus Unkenntnis *suculae*
(Schweinchen). Von Caesar wird auch der 8. Tag vor den
Kalenden (24. 4.) angemerkt. Am 7. Tag vor den Kalenden
(25. 4.) gehen in Ägypten die Böckchen *(Haedi)* auf, am 6.
Tag (26. 4.) wird der Sirius am Abend in Boiotien und in
Attika unsichtbar, und am Morgen geht die Leier auf. Am 5.
Tag vor den Kalenden (27. 4.) verschwindet in Assyrien der
Orion vollständig, am 4. Tag (28. 4.) aber der Sirius. Am 6.
Tag vor den Nonen des Mai (2. 5.) gehen nach Caesar am
Morgen die Hyaden auf und am 8. Tag vor den Iden (8. 5.) die
regenbringende Ziege *(Capella)*, in Ägypten aber geht am sel-
ben Tag abends der Sirius unter. So etwa ist der Lauf der
Gestirne bis zum 6. Tag vor den Iden des Mai (10. 5.), an dem
die Plejaden aufgehen.

   In der Zwischenzeit muß sich der Bauer in den ersten 15
Tagen mit allen Arbeiten beeilen, mit denen er vor der Frühjahrs-Tagundnachtgleiche nicht zu Rande kam; er weiß ja,
daß von daher der schimpfliche Tadel gegen diejenigen
kommt, die ⟨dann noch⟩ Weinstöcke beschneiden, indem
man den Ruf eines zu dieser Zeit erscheinenden Vogels,
Kuckuck genannt, nachahmt. Es gilt nämlich als Schande und
verdienter Vorwurf, wenn dieser Vogel noch das Messer am
Weinstock bemerkt, und man hält deshalb, bereits seit Beginn

petulantiae sales etiam cum primo vere laudantur;
auspicio tamen detestabiles videntur. adeo minima
quaeque in agro naturalibus trahuntur argumentis.

Extremo autem hoc tempore panici miliique   250
satio est. iustum haec seri maturato hordeo. atque
etiam in eodem arvo signum illius maturitati et
horum sationi commune lucentes vespere per arva
cicindelae – ita appellant rustici stellantes volatus,
Graeci vero lampyridas – incredibili benignitate
naturae.

Iam Vergilias in caelo notabiles caterva fecerat,   LXVII
non tamen his contenta terrestres fecit alias veluti   251
vociferans: ‚Cur caelum intuearis, agricola? cur
sidera quaeras, rustice? iam te breviore somno fes-
sum premunt noctes. ecce tibi inter herbas tuas
spargo peculiares stellas easque vespera et ab opere
disiungenti ostendo ac, ne possis praeterire, mira-
culo sollicito. videsne ut fulgor igni similis alarum   252
conpressu tegatur, secumque lucem habeat et
nocte? dedi tibi herbas horarum indices et, ut ne
sole quidem oculos tuos a terra avoces, heliotropium ac lupinum circumaguntur cum illo. cur etiamnum altius spectes ipsumque caelum scrutere?
habes ante pedes tuos ecce Vergilias.‘ incertis hae   253
diebus proveniunt durantque, sed esse sideris
huiusce partum eas certum est. proinde quisquis
aestivos fructus ante illas severit, ipse frustrabitur

des Frühlings, freche Witze für angebracht. Sie erscheinen
dennoch ihrer Vorbedeutung wegen verabscheuenswert. So
wird auch das Geringste in der Landwirtschaft von natürli-
chen Kennzeichen hergeleitet.

Am Ende dieser Zeit müssen die Kolbenhirse und die Hirse
ausgesät werden. Die rechte Zeit, dieses Getreide zu säen, ist
dann, wenn die Gerste reif ist. Und es gibt sogar auf demselben Feld für die Reife der Gerste und für die Aussaat der Hirsearten ein gemeinsames Anzeichen, nämlich die am Abend
auf den Feldern leuchtenden Glühwürmchen – so nennen die
Bauern funkenartig umherfliegende Insekten, die bei den
Griechen aber *lampyrídes* heißen – ein Beweis für die
unglaubliche Güte der Natur.

Sie hat schon am Himmel die Plejaden durch die Schar
⟨ihrer sieben Sterne⟩ auffällig gestaltet; doch damit nicht
zufrieden, schuf sie noch andere, irdische Sterne, gleichsam
laut ausrufend: „Warum, Bauer, blickst du zum Himmel auf?
Warum suchst du die Sterne, Bauer? Schon geben dir, wenn
du ermüdet bist, die Nächte mit verkürztem Schlaf keine
Erholung. Siehe, ich streue dir besondere Sterne unter deine
Kräuter, ich zeige sie dir des Abends, wenn du ⟨deine Och-
sen⟩ ausspannst, und damit du nicht achtlos vorübergehen
kannst, errege ich deine Aufmerksamkeit durch ein Wunder:
Siehst du nicht, wie ein feuerähnlicher Glanz durch das
Zusammendrücken der Flügel bedeckt wird und auch nachts
Licht um sich ausstrahlt? Ich habe dir Pflanzen als Stundenzeiger gegeben, und damit du nicht einmal der Sonne wegen
deine Augen von der Erde abzuwenden brauchst, drehen sich
mit ihr das *hēliotrópion* und die Lupine. Warum blickst du
noch weiter aufwärts und erforschst sogar den Himmel?
Siehe, vor deinen Füßen hast du Plejaden!" Sie zeigen sich an
unbestimmten Tagen und dauern aus, es ist aber gewiß, daß
sie Abkömmlinge eben dieses Gestirns sind. Jeder, der dennoch Sommerfrüchte vor ihrem Erscheinen säen wollte,

sese. hoc intervallo et apicula procedens fabam florere indicat, fabaque florescens eam evocat. dabitur
et aliud finiti frigoris indicium: cum germinare
videris morum, iniuriam postea frigoris timere
nolito.

Ergo opera: taleas olivarum ponere ipsasque   254
oleas interradere, rigare prata aequinoctii diebus
primis, cum herba creverit in festucam, arcere
aquas, vineam pampinare – et huic lex sua: cum
pampini quattuor digitos longitudine expleverint;
pampinat una opera iugerum –, segetes iterare. saritur diebus XX. ab aequinoctio sartura nocere et
vineae et segeti existimatur. et oves lavandi hoc
idem tempus est.

A Vergiliarum exortu significant Caesari postri-   255
die Arcturi occasus matutinus, III id. Mai. Fidiculae exortus, XII kal. Iun. Capella vesperi occidens
et in Attica Canis. XI kal. Caesari Orionis gladius
occidere incipit, IIII non. Iun. Caesari et Assyriae
Aquila vesperi oritur, VII id. Arcturus matutino
occidit Italiae, IIII Delphinus vesperi exoritur.
XVII kal. Iul. gladius Orionis exoritur, quod in   256
Aegypto post quadriduum. XI kal. eiusdem Orio-
nis gladius Caesari occidere incipit. VIII kal. vero
Iul. longissimus dies totius anni et nox brevissima
solstitium conficiunt.

würde sich also selbst betrügen. Zu dieser Zeit kündigt auch
die Biene durch ihr Ausschwärmen an, daß die Bohne blüht,
und die blühende Bohne lockt sie heraus. Noch ein weiteres
Zeichen für das Ende der Kälte wird gegeben: Wenn du den
Maulbeerbaum Knospen treiben siehst, dann sollst du später
keinen Schaden durch Kälte zu fürchten haben.

Es stehen also folgende Arbeiten an: die Stecklinge der
Ölbäume setzen, die Ölbäume selbst ausputzen, die Wiesen
an den ersten Tagen nach der Frühjahrs-Tagundnachtgleiche
bewässern, das Wasser fernhalten, wenn das Gras in den
Halm geschossen ist, und den Weinstock ablauben – auch
dafür gibt es eine eigene Vorschrift: ⟨es soll geschehen⟩, wenn
die Ranken eine Länge von vier Fingern erreicht haben; ein
Arbeiter laubt einen Morgen ab –, ⟨dann⟩ die Saaten ein zweites Mal behandeln. Man hat 20 Tage Zeit zum Behacken.
Nach der Frühlings-Tagundnachtgleiche soll das Behacken
sowohl dem Weinstock als auch der Saat schaden. Jetzt ist
auch die Zeit zum Waschen der Schafe.

Nach dem Aufgang der Plejaden (10. 5.) sind nach Caesar
von Bedeutung am Tage darauf (11. 5.) der Frühuntergang des
Arcturus, am 3. Tag vor den Iden des Mai (13. 5.) der Aufgang
der Leier, am 12. Tag vor den Kalenden des Juni (21. 5.) der
Spätuntergang der Capella und in Attika der des Sirius. Am
11. Tag vor den Kalenden (22. 5.) beginnt nach Caesar das
Schwert des Orion unterzugehen, am 4. Tag vor den Nonen
des Juni (2. 6.) geht nach Caesar und auch für Assyrien am
Abend der Adler auf, am 7. Tag vor den Iden (7. 6.) geht am
Morgen der Arcturus für Italien unter, und am 4. Tag (10. 6.)
der Delphin am Abend auf. Am 17. Tag vor den Kalenden des
Juli (15. 6.) geht das Schwert des Orion auf, für Ägypten erst
vier Tage später (19. 6.). Am 11. Tag vor den Kalenden ⟨des
Juli⟩ (21. 6.) beginnt nach Caesar das Schwert desselben Orion
unterzugehen, am 8. Tag vor den Kalenden des Juli (24. 6.)
bestimmen der längste Tag und die kürzeste Nacht des ganzen Jahres den Sonnenstillstand *(solstitium)*.

In hoc temporis intervallo vineae pampinantur, 257
curatur ut vinea vetus semel fossa sit, bis novella.
oves tondentur, lupinum stercorandi causa verti-
tur, terra proscinditur, vicia in pabulum secatur,
faba metitur, dein cuditur.

Prata circa kal. Iun. caeduntur, quorum facillima 258
agricolis cura ac minimi inpendii haec de se postulat
dici. relinqui debent in laeto solo vel umido vel
riguo, eaque aqua pluvia rigari aut publica. utilissimum, si malae herbae, arare, dein cratire, sarire,
florem ex fenilibus atque e praesepibus feno delap-
sum spargere, priusquam cratiantur, nec primo
anno rigari, nec pasci ante secunda fenisecia, ne herbae vellantur obtrituque hebetentur. senescunt 259
prata restituique debent faba in iis sata vel rapis vel
milio, mox insequente anno frumento, rursusque in
prata tertio relinqui, praeterea quotiens secta sint
siciliri, hoc est quae feniseces praeterierunt secari.
est enim in primis inutile enasci herbas sementatu-
ras. herba optima in prato trifoli, proxima graminis,
pessima nummuli siliquam etiam diram ferentis.
invisa et equisaeti est, a similitudine equinae saetae.
secandi tempus, cum spica deflorescere coepit 260
atque roborari. secandum, antequam inarescat.
Cato: ‚Fenum‘, inquit, ‚ne sero seces: prius quam
semen maturum sit, secato.‘ quidam pridie rigant.

In dieser Zeit laubt man die Weinstöcke ab und sorgt dafür, daß ein alter Weingarten einmal, ein neuer zweimal umgegraben wird. Die Schafe werden geschoren, die Lupine wird als Dünger untergepflügt, die Erde wird aufgebrochen, man schneidet die Wicke als Futter, erntet die Bohne und schlägt sie dann.

Die Wiesen mäht man um die Kalenden des Juni (1. 6.); ihre Pflege fällt dem Bauern am leichtesten und verursacht am wenigsten Kosten, erfordert aber doch die folgende Bemerkung: Man soll nur fruchtbaren, feuchten oder bewässerten Boden ⟨als Wiese⟩ liegen lassen und ihn nur mit Regen- oder Leitungswasser befeuchten. Wenn Unkraut ⟨wuchert⟩, ist es sehr nützlich, zu pflügen, dann zu eggen, zu behacken und vor dem Eggen die vom Heu abfallenden Blüten aus den Heuböden und aus den Krippen aufzustreuen; mn darf sie weder im ersten Jahr bewässern noch vor der zweiten Heuernte abweiden lassen, damit das Gras nicht ausgerissen und durch Niedertreten im Wachstum geschwächt wird. Die Wiesen altern und müssen durch die Aussaat von Bohnen, Rüben oder Hirse wiederhergestellt werden; im folgenden Jahr sät man dann Getreide und läßt sie im dritten Jahr wieder als Wiesen liegen; außerdem muß man sie, sooft sie gemäht werden, mit der Sichel nachmähen, also das abschneiden, was die Schnitter beim Mähen haben stehen lassen. Es ist nämlich besonders nachteilig, das Gras bis zum Samentragen weiterwachsen zu lassen. Das beste Gewächs auf den Wiesen ist der Klee, dann folgt das Gras, am schlechtesten ist der *nummulus*, der zudem schädliche Schoten trägt. Verhaßt ist auch das *equisaetum* (der Schachtelhalm), so genannt nach seiner Ähnlichkeit mit dem Pferdehaar (*equus*: Pferd, *saeta*: starkes Haar). Es ist die Zeit zu mähen, wenn die Rispe dürr zu werden beginnt. Cato sagt: „Mähe das Gras nicht zu spät, ⟨mähe es⟩, bevor der Samen reif ist." Einige bewässern ⟨die Wiesen⟩ am Tage vor dem Mähen. Wo keine Bewässerung möglich ist,

ubi non sunt rigua, noctibus roscidis secari melius.
quaedam partes Italiae post messem secant.

Fuit hoc quoque maioris inpendii apud priores,   261
Creticis tantum transmarinisque cotibus notis nec
nisi oleo aciem falcis excitantibus; igitur cornu
propter oleum ad crus ligato fenisex incedebat. Italia aquarias cotes dedit limae vice imperantes ferro,
sed aquariae protinus virent. falcium ipsarum duo
genera: Italicum brevius ac vel inter vepres quoque
tractabile, Galliarum latius. unde et maioris con-
pendii, quippe medias caedunt herbas brevioresque
praetereunt. Italus fenisex dextra una manu secat.
iustum est una opera in die iugerum desecari, alliga-   262
rique manipulos MCC quaterna pondo. sectum
verti ad solem nec nisi siccum construi oportet. ni
fuerit observatum hoc diligenter, exhalare matutino nebulam quandam metas, mox sole accendi et
conflagrare certum est. rursus rigari desecta opor-   263
tet, ut secetur autumnale fenum, quod vocant cor-
dum. Interamnae in Umbria quater anno secantur,
etiam non rigua; rigua vero ter plerisque in locis, et
postea in ipso pabulo non minus emolumenti est
quam e feno. armentorum ideo cura iumentorum-
que progeneratio suum cuique consilium dabit,
optimo maxime quadrigarum quaestu.

Solstitium peragi in octava parte Cancri et VIII   LXVIII
kal. Iul. diximus. magnus hic anni cardo, magna res   264
mundi. in hoc usque a bruma crescunt dies, at sol

mäht man besser in taureichen Nächten. In einigen Teilen Italiens mäht man erst nach der Ernte.

Auch diese ⟨Arbeit⟩ war bei den Vorfahren mit größeren Kosten verbunden, denn sie kannten nur kretische und aus Übersee eingeführte Wetzsteine und schärften die Schneide der Sichel nur mit Öl; deshalb ging der Schnitter, des Öls wegen, mit einem am Oberschenkel angebundenen Horn einher. Italien hat ⟨uns⟩ die Wasserwetzsteine geliefert, die das Eisen wie mit einer Feile schärfen; allerdings werden die Wasserwetzsteine schnell grün. Von Sensen gibt es zwei Arten: Die italische ist kürzer und sogar zwischen Dornsträuchern verwendbar; die auf den größeren Landgütern Galliens verwendeten sind größer, wodurch man Zeit spart, da man ja das Gras nur in der Mitte durchschneidet und das kürzere stehen läßt. Der italische Schnitter mäht nur mit der rechten Hand. Für gewöhnlich muß ein Arbeiter an einem Tag einen Morgen mähen und 1200 Bündel, jedes zu vier Pfund, zusammenbinden. Das geschnittene Gras soll man an der Sonne wenden und nur in trockenem Zustand aufhäufen. Wenn man dies nicht sorgfältig beachtet hat, muß man damit rechnen, daß die Heuschober am Morgen dampfen, sich dann an der Sonne entzünden und in Flammen aufgehen. Die gemähten Wiesen muß man wieder bewässern, damit man auch im Herbst Gras schneiden kann, das Grummet (cordum) genannt wird. Zu Interamna in Umbrien mäht man die Wiesen viermal im Jahr, auch wenn sie nicht bewässert werden; an den meisten Orten aber dreimal, wenn man sie bewässert hat; danach wirft ⟨die Wiese als⟩ Weide nicht weniger Nutzen ab als das Heu. Die Sorge für das Großvieh und die Aufzucht der Lasttiere wird jedem die richtigen Maßregeln geben; die Zucht von Viergespannen verspricht bei weitem den größten Gewinn.

Wir haben bereits gesagt [§ 221], daß die Sommersonnenwende im 8. Grad des Krebses und am 8. Tag vor den Kalenden des Juli (24. 6.) eintritt. Dies ist ein wichtiger Wende-

ipse ad aquilonem scandens ac per ardua enisus ab
ea meta incipit flecti ac degredi ad austrum, auctu-
rus noctes aliis sex mensibus ablaturusque diei
mensuram. ex hoc deinde rapiendi convehendique   265
fructus alios atque alios tempus, et praeparandi se
contra saevam feramque hiemem, decebatque hoc
discrimen indubitatis notis signasse naturam. quam
ob rem eas manibus ipsis agricolarum ingessit verti-
que iussit ipsa die folia et esse confecti sideris signum, nec silvestrium arborum remotarumque, ut
in saltus devios montesque eundum esset quaeren-
tibus signa, non rursus urbanarum quaeque topi-
ario tantum coluntur, quamquam his et in villa
visendis. vertit oleae ante pedes satae, vertit tiliae ad   266
mille usus petendae, vertit populi albae etiam vitibus nuptae. adhuc parum est. ,Ulmum', inquit, ,vite
dotatam habes: et huius vertam. pabulo folia eius
stringis aut deputas: aspice et tenes sidus. alia parte
caelum respiciunt quam qua spectavere pridie.
salice omnia alligas, humillima arborum, ipse toto   267
capite altior: et huius circumagam. quid te rusticum
quereris? non stat per me, quo minus caelum intel-
legas et caelestia scias. dabo et auribus signum:

punkt des Jahres, ein großes Ereignis für die gesamte Welt. Bis dahin nehmen die Tage von der Wintersonnenwende an zu; aber die Sonne selbst, die gegen Norden hin aufsteigend auf steiler Bahn emporklomm, beginnt von dieser Wendemarke an umzukehren und nach Süden hin abzusteigen, um in den weiteren sechs Monaten die Nächte zu verlängern und die Tage im selben Maße zu verkürzen. Jetzt folgt die Zeit, in der man die verschiedenen Früchte nacheinander abnehmen, einbringen und sich gegen den strengen und harten Winter vorbereiten muß; und so gehörte es sich, daß die Natur diesen ⟨entscheidenden⟩ Zeitpunkt durch eindeutige Anzeichen kenntlich machte. Sie legte diese deshalb dem Bauern geradezu in die Hand: Genau an diesem Tag ließ sie die Blätter sich wenden und gab damit das Zeichen, daß die Sonne ihren Gipfelpunkt erreicht habe; ⟨diese Zeichen zeigen sich⟩ aber nicht an wildwachsenden, fernen Bäume, so daß man, um sie zu suchen, in unwegsame Waldtäler und Gebirge gehen müßte, aber auch nicht ⟨an Bäumen⟩, wie sie in Städten und Ziergärten gepflanzt werden, obgleich ⟨die Anzeichen⟩ auch auf den Landsitzen wahrzunehmen sind. ⟨Nein, die Natur⟩ wendet die Blätter des Ölbaums, der vor unsern Füßen gepflanzt ist, sie wendet ebenso die der Linde, die uns zu tausend Zwecken dient, sie wendet die der Weißpappel, um die sich der Weinstock rankt. Auch dies ist ihr noch zu wenig. Sie spricht: „Du hast die vom Weinstock umschlungene Ulme: auch ihre Blätter will ich umwenden. Du streifst ihre Blätter zum Futter ab oder oder laubst ⟨den Weinstock⟩ ab: Betrachte sie, und du kennst die Wirkung der Sonne! Die Blätter schauen nun mit der anderen Seite zum Himmel als am Vortag. Du bindest alles mit der Weide, diesem niedrigsten Baum, und bist selbst einen ganzen Kopf größer: auch ihre ⟨Blätter⟩ will ich umkehren. Was beklagst du dich, daß du ein Bauer bist? An mir liegt es nicht, wenn du den Himmel nicht verstehst und die Himmelserscheinun-

palumbium utique exaudi gemitus. transisse solstitium caveto putes, nisi cum incubantem videris
palumbem.'

   Ab solstitio ad Fidiculae occasum VI kal. Iul.   268
Caesari Orion exoritur, zona autem eius IIII non.
Assyriae, Aegypto vero Procyon matutino aestuosus, quod sidus apud Romanos non habet nomen,
nisi Caniculam hanc volumus intellegi, hoc est
minorem canem, ut in astris pingitur, ad aestum
magno opere pertinens, sicut paulo mox docebimus. III non. Chaldaeis Corona occidit matutino,   269
Atticae Orion totus eo die exoritur. prid. id. Iul.
Aegyptiis Orion desinit exoriri, XVI kal. Aug.
Assyriae Procyon exoritur, dein postridie fere ubique confessum inter omnes sidus indicans, quod
Canis ortum vocamus, sole partem primam Leonis
ingresso. hoc fit post solstitium XXIII die. sentiunt   270
id maria et terrae, multae vero et ferae, ut suis locis
diximus. neque est minor ei veneratio quam de-
scriptis in deos stellis, accenditque solem et magnam aestus obtinet causam. XIII kal. Aegypto
Aquila occidit matutino etesiarumque prodromi
flatus incipiunt, quod Caesar X kal. sentire Italiam
existimavit. Aquila Atticae matutino occidit, III   271

gen nicht kennst. Auch ⟨deinen⟩ Ohren will ich ein Zeichen geben: horche genau auf das Gurren der Ringeltauben! Glaube ja nicht, die Sonnenwende wäre vorüber, ehe du die Ringeltaube brüten gesehen hast!"

In der Zeit zwischen der Sommersonnenwende (24. 06.) und dem Untergang der Leier (8. 8.) geht nach Caesar am 6. Tag vor den Kalenden des Juli (26. 6.) der Orion auf, sein Gürtel aber erst am 4. Tag vor den Nonen (4. 7.). Für Assyrien und für Ägypten jedoch bedeutet der Frühaufgang des Prokyon heiße Tage; dieses Gestirn hat bei den Römern keinen Namen, es sei denn, man versteht darunter die *canicula*, d. h. den Kleinen Hund, wie er auf den Sternkarten abgebildet wird; er ist von großem Einfluß auf die Hitze, wie wir bald (§ 272) zeigen werden. Am 4. Tag vor den Nonen (4. 7.) geht nach den Chaldäern die Krone des Morgens unter, und für Attika geht an diesem Tag der Orion in voller Größe auf; am Tag vor den Iden des Juli (14. 7.) hört der Orion für Ägypten zu erscheinen auf; am 16. Tag vor den Kalenden des August (17. 7.) geht der Prokyon für Assyrien auf, am folgenden Tag (18. 7.) dann das fast überall als einflußreich bekannte ungeheuere Gestirn, das wir Sirius nennen; es geht auf, wenn die Sonne in den 1. Grad des Löwen tritt. Dies geschieht am 23. Tage nach dem Sonnenstillstand (17. 7.). Meere und Länder spüren dies, sogar auch viele wilde Tiere, wie wir an den einschlägigen Stellen [2,107; 9,58] ausgeführt haben. Man verehrt dieses Gestirn nicht weniger als die mit Götternamen bezeichneten Sterne; es bringt die Sonne zum Glühen und ist hauptsächlich für die Hundstage verantwortlich. Am 13. Tag vor den Kalenden (20. 7.) geht am Morgen für Ägypten der Adler unter, und es beginnen die Winde, welche die Vorläufer der Etesien sind, die nach Caesars Meinung Italien erst am 10. Tag vor den Kalenden (23. 7.) zu spüren bekommt. Der Adler geht für Attika am Morgen unter; am 3. Tag vor den Kalenden (30. 7.) taucht nach Caesar der ‚königliche Stern' *(Regulus)* auf

kal. Regia in pectore Leonis stella matutino Caesari
emergit. VIII id. Aug. Arcturus medius occidit, III
id. Fidicula occasu suo autumnum inchoat, ut is
adnotavit, sed vera ratio id fieri invenit VI id. easdem.

In hoc temporis intervallo res summa vitium agi-   272
tur decretorio uvis sidere illo, quod Caniculam
appellavimus, unde carbunculare dicuntur ut quodam uredinis carbone exustae. non conparantur
huic malo grandines, procellae quaeque umquam
annonae intulere caritatem. agrorum quippe mala
sunt illa, carbunculus autem regionum late paten-
tium, non difficili remedio, nisi calumniari naturam
rerum homines quam sibi prodesse mallent. ferunt   273
Democritum, qui primus intellexit ostenditque
caeli cum terris societatem, spernentibus hanc
curam eius opulentissimis civium, provisa olei cari-
tate futura ex Vergiliarum ortu qua diximus ratione
ostendemusque iam planius, magna tum vilitate
propter spem olivae coemisse in toto tractu omne
oleum, mirantibus qui paupertatem quietemque
doctrinarum ei sciebant in primis cordi esse, atque   274
ut apparuit causa et ingens divitiarum cursus, resti-
tuisse mercedem anxiae et avidae dominorum
poenitentiae, contentum ita probavisse opes sibi in
facili, cum vellet, fore. hoc postea Sextius e Roma-
nis sapientiae adsectatoribus Athenis fecit eadem

der Brust des Löwen am Morgen auf. Am 8. Tag vor den Iden des August (6. 8.) geht der Arcturus zur Hälfte unter, am 3. Tag vor den Iden (11. 8.) leitet die Leier mit ihrem Untergang den Herbst ein, wie Caesar angemerkt hat; wie die richtige Berechnung herausgefunden hat, findet dies jedoch schon am 6. Tage vor den Iden dieses Monats (8. 8.) statt.

In dieser Zeit geht es um das Gedeihen der Reben, da jenes Gestirn, Sirius *(canicula)* genannt, für die Trauben entscheidend ist; daher sagt man, sie würden verkohlen *(carbunculare)*, weil sie wie von Kohlenglut *(uredo carbonis)* verbrannt sind. Mit diesem Übel lassen sich Hagel und Stürme nicht vergleichen, die noch nie eine Teuerung für das Getreide verursacht haben. Dieses Unglück trifft ja nur einzelne Felder, das Verkohlen aber weit ausgedehnte Landstriche; Abhilfe wäre nicht schwierig, wenn die Menschen nicht lieber der Natur die Schuld geben, statt sich selbst Nutzen verschaffen wollten. Man berichtet, daß Demokrit – er erkannte als erster den Zusammenhang zwischen Himmel und Erde und wies ihn nach, während die reichsten seiner Mitbürger diese seine Beschäftigung verachteten –, als er aus dem Aufgang der Plejaden eine bevorstehende Teuerung des Öls voraussah – und zwar nach einem Verfahren, von dem wir bereits gesprochen haben (17,11) und das wir noch ausführlicher darlegen wollen –, alles Öl, das damals wegen der Erwartung einer reichen Olivenernte spottbillig war, in der ganzen Gegend aufgekauft habe, sehr zur Verwunderung derer, die von seiner Armut und der Muße, die ihm für seine wissenschaftliche Arbeit vor allem am Herzen lag, Kenntnis hatten; als aber sein Motiv und das außerordentliche Anwachsen seines Vermögens bekannt wurde, habe er den in Reue angsterfüllten, habgierigen Grundbesitzern seinen Verdienst wieder zurückerstattet und sich damit begnügt, auf solche Weise bewiesen zu haben, daß es für ihn leicht wäre, Reichtum zu erwerben, wenn er nur wollte. Dasselbe machte später in Athen Sextius, einer

ratione. tanta litterarum occasio est. quas equidem
miscebo agrestibus negotiis quam potero dilucide
atque perspicue.

Plerique dixere rorem inustum sole acri frugibus   275
robiginis causam esse et carbunculi vitibus, quod ex
parte falsum arbitror omnemque uredinem frigore
tantum constare sole innoxio. id manifestum fiet
adtendentibus. nam primum omnium non hoc eve-
nire nisi noctibus et ante solis ardorem deprehendi-
tur totumque lunari ratione constat, quoniam talis
iniuria non fit nisi interlunio plenave luna, hoc est
praevalente. utroque enim habitu plena est, ut
saepius diximus, sed interlunio omne lumen, quod
a sole accepit, caelo regerens. differentia utriusque
habitus magna, sed manifesta. namque interlunio   276
aestate calidissima est, hieme gelida. e diverso in
plenilunio aestate frigidas facit noctes, hieme tepi-
das. causa evidens, sed alia quam redditur a Fabiano
Graecisque auctoribus. aestate enim interlunio   277
necesse est cum sole proximo nobis circulo currat,
igne eius comminus recepto candens, eadem interlunio absit hieme, quoniam abscedit et sol; item in
plenilunio aestivo procul abeat adversa soli, hieme
autem ad nos per aestivum circulum accedat. ergo
per se roscida, quotiens alget, infinitum quantum
illo tempore cadentes pruinas congelat.

von den nach Weisheit strebenden Römern. Solche Gelegenheit bietet die Gelehrsamkeit, die ich daher, so klar und verständlich es mir möglich ist, mit der ⟨Schilderung der⟩ ländlichen Arbeiten verbinden werde.

Die meisten haben behauptet, der von der starken Sonnenhitze eingebrannte Tau sei die Ursache des Rostes am Getreide
und des Brandes am Weinstock, was ich jedoch zum Teil für
falsch halte ⟨und annehme⟩, daß alle Verbrennung allein von
der Kälte herrühre und die Sonne daran nicht schuld sei. Dies
wird jedem aufmerksamen Betrachter klar werden. Zunächst
findet man nämlich, daß ⟨dieser Schaden⟩ nur bei Nacht und
vor ⟨der Einwirkung⟩ der Sonnenhitze auftritt, und dies hängt
ganz mit dem Stand des Mondes zusammen, weil ein solches
Übel nur bei Neu- oder bei Vollmond auftritt, d.h. wenn ⟨der
Mond⟩ besonders wirksam ist. Denn in beiden Stellungen ist er
voll, wie wir schon öfters gesagt haben [2,46], bei Neumond
aber wirft er alles Licht, das er von der Sonne empfangen hat,
auf den Himmel zurück. Der Unterschied der beiden Stellungen ist bedeutend, aber offenbar. Denn bei Neumond ist es im
Sommer sehr heiß, im Winter kalt. Dagegen bewirkt der Vollmond im Sommer kalte, im Winter laue Nächte. Der Grund ist
einleuchtend, aber anders als der von Fabianus und von griechischen Autoren angegebene. Im Sommer ist es nämlich bei
Neumond notwendigerweise wärmer, weil der Mond mit der
Sonne auf der uns am nächsten liegenden Kreisbahn läuft und
von dem aus nächster Nähe empfangenen Feuer erhitzt wird,
während er im Winter bei Neumond von uns entfernt ist, weil
auch die Sonne sich entfernt; ebenso muß der Mond, wenn er
im Sommer voll ist, weit entfernt sein, da er auf der der Sonne
entgegengesetzten Seite steht, während er im Winter auf der
sommerlichen Kreisbahn näher an uns heranrückt. Er macht
also, wie er an sich schon den Tau befördert, sooft er niedere
Temperatur hat, auch den zu dieser Zeit fallenden Reif besonders kalt.

Ante omnia autem duo genera esse caelestis iniuriae meminisse debemus: unum quod tempestates
vocamus, in quibus grandines, procellae ceteraque
similia intelleguntur, quae cum acciderint, vis
maior appellatur. haec ab horridis sideribus exeunt,
ut saepius diximus, veluti Arcturo, Orione, Haedis.
alia sunt illa, quae silente caelo serenisque noctibus
fiunt, nullo sentiente nisi cum facta sunt. publica
haec et magnae differentiae a prioribus, aliis robiginem, aliis uredinem, aliis carbunculum appellantibus, omnibus vero sterilitatem. de his nunc dicemus a nullo ante nos prodita, priusque causas red-
demus.

Duae sunt praeter lunarem paucisque caeli locis
constant. namque Vergiliae privatim attinent ad
fructus, ut quarum exortu aestas incipiat, occasu
hiems, semestri spatio intra se messes vindemiasque
et omnium maturitatem conplexae. est praeterea in
caelo qui vocatur lacteus circulus, etiam visu facilis
– huius defluvio velut ex ubere aliquo sata cuncta
lactescunt – duorum siderum observatione, Aqui-
lae in septentrionali parte et in austrina Caniculae,
cuius mentionem suo loco fecimus. ipse circulus
fertur per Sagittarium atque Geminos, solis centro
bis aequinoctialem circulum secans, commissuras
eorum optinente hinc Aquila illinc Canicula. ideo
effectus utriusque ad omnes frugiferas pertinent

Vor allem müssen wir aber daran erinnern, daß die vom Himmel herrührenden Übel von zweierlei Art sind: eine, die wir Unwetter nennen, worunter Hagel, Stürme und Ähnliches verstanden wird, was man, wenn es eintritt, ‚höhere Gewalt‘ *(vis maior)* nennt. Sie gehen, wie wir schon öfters gesagt haben [2,106; 18,223] von unheilbringenden Gestirnen aus, wie dem Arcturus, dem Orion und den Böckchen. Die anderen sind jene, die bei stillem Himmel und in heiteren Nächten auftreten, ohne daß jemand sie wahrnimmt, ehe sie eingetreten sind. Sie sind allgemein bekannt und sehr verschieden von den vorher genannten; sie heißen bei den einen ‚Rost‘, bei den anderen ‚Brand‘, bei wieder anderen ‚Verkohlen der Knospen‘, bei allen aber ⟨bedeuten sie⟩ Unfruchtbarkeit. Von diesen werden wir jetzt, was noch kein Schriftsteller vor uns getan hat, berichten und zuerst die Ursachen angeben.

Außer dem Einfluß des Mondes gibt es noch zwei ⟨Ursachen⟩, und diese beruhen auf wenigen Stellen des Himmels. Die Plejaden stehen nämlich in besonderer Beziehung zu den Feldfrüchten, da mit ihrem Aufgang der Sommer, mit ihrem Untergang der Winter beginnt und sie in diesem Halbjahr die Ernte, die Weinlese und das Reifen aller Früchte einschließen. Außerdem befindet sich am Himmel die sog. Milchstraße *(lacteus circulus)*, die leicht zu sehen ist – sie gibt allen Saaten wie aus einer Brust ihren milchigen Saft ab –; man erkennt sie durch Beobachtung zweier Sterne, des Adlers im nördlichen und des Sirius, den wir bereits an gegebener Stelle erwähnt haben [§ 268], im südlichen Teil. Die Milchstraße selbst geht durch den Schützen und die Zwillinge, schneidet [im Mittelpunkt] zweimal den Kreis der Sonnenbahn ⟨an den Punkten⟩ der Tagundnachtgleiche; an diesen Schnittpunkten befindet sich hier der Adler, dort der Sirius. Deshalb erstreckt sich die Wirkung dieser beiden ⟨Gestirne⟩ auf alle fruchttragenden Länder, weil nur an diesen beiden Stellen die Mittelpunkte

terras, quoniam in his tantum locis solis terraeque
centra congruunt. igitur horum siderum diebus si
purus atque mitis aër genitalem illum lacteumque
sucum transmisit in terras, laeta adulescunt sata; si
luna qua dictum est ratione roscidum frigus asper-
sit, admixta amaritudo ut in lacte puerperium necat.
modus in terris huius iniuriae, quem fecit in quacumque convexitate comitatus utriusque causae, et
ideo non pariter in toto orbe sentitur, ut nec dies.
Aquilam diximus in Italia exoriri a. d. XIII kal.
Ian., nec patitur ratio naturae quicquam in satis
ante eum diem spei esse certae. si vero interlunium
incidat, omnes hibernos fructus et praecoces laedi
necesse est.

Rudis fuit priscorum vita atque sine litteris. non
minus tamen ingeniosam fuisse in illis observationem apparebit quam nunc esse rationem. tria namque tempora fructibus metuebant, propter quos
instituerunt ferias diesque festos, Robigalia, Floralia, Vinalia. Robigalia Numa constituit anno regni
sui XI, quae nunc aguntur a. d. VII kal. Mai., quoniam tunc fere segetes robigo occupat. hoc tempus
Varro determinavit sole Tauri partem X obtinente,
sicut tunc ferebat ratio. sed vera causa est, quod
post dies triginta unum ab aequinoctio verno per id
quadriduum varia gentium observatione in IIII kal.
Mai. Canis occidit, sidus et per se vehemens et cui

der Sonne und der Erde ⟨mit ihnen⟩ auf einer Geraden liegen. Daher wachsen an den Tagen dieser Gestirne, wenn reine und milde Luft jenen befruchtenden Milchsaft zur Erde sendet, die Saaten üppig empor; wenn aber der Mond auf die bereits angegebene Weise [§ 277] seine tauige Kälte einwirken läßt, tötet er durch einen beigemischten bitteren Stoff, wie bei der Milch, die sich bildende Frucht. Dieser Schaden tritt in den Ländern in dem Maße auf, wie er unter dem jeweiligen Himmelskreis vom Zusammentreffen beider Ursachen begleitet wird; man stellt ihn daher auf der ganzen Erde weder an gleicher Stelle noch am gleichen Tag fest. Wir haben gesagt, daß der Adler in Italien am 13. Tag vor den Kalenden des Januar (20. 12.) aufgeht; die Beschaffenheit der Natur erlaubt es nicht, daß man sich vor diesem Tag eine sichere Hoffnung ⟨auf das Gedeihen⟩ der Saaten macht. Wenn aber der Neumond damit zusammentrifft, werden notwendigerweise alle Winterfrüchte und Frühsaaten geschädigt.

Die Lebensweise der Alten war roh und ohne wissenschaftliche Kenntnisse. Es wird sich aber zeigen, daß ihre Beobachtungs⟨gabe⟩ nicht weniger scharfsinnig war als unsere jetzige Berechnung. Sie fürchteten nämlich drei Zeitpunkte für die Feldfrüchte, um derentwillen sie auch Feier- und Festtage einsetzten, die *Robigalia* (das Rostfest), die *Floralia* (das Blütenfest) und die *Vinalia* (das Weinfest). Die *Robigalia* stiftete Numa im 11. Jahr seiner Regierung; sie werden jetzt am 7. Tag vor den Kalenden des Mai (25. 4.) begangen, weil ungefähr an diesem Tag der Rost *(robigo)* die Saaten befällt. Varro bestimmte diesen Zeitpunkt so, daß dann die Sonne im 10. Grad des Stiers steht, wie es die damalige Berechnung ergab. Der wahre Grund ist aber, daß 31 Tage nach der Frühjahrs-Tagundnachtgleiche (25. 4.) nach verschiedener Beobachtung der Völker vier Tage lang bis zum 4. Tag vor den Kalenden des Mai (28. 4.) der Sirius untergeht, ein an und für sich schon wirksames Gestirn, vor dem der Prokyon untergehen muß.

praeoccidere Caniculam necesse sit. itaque iidem   286
Floralia IIII kal. easdem instituerunt urbis anno
DXVI ex oraculis Sibyllae, ut omnia bene deflores-
cerent. hunc diem Varro determinat sole Tauri partem XIIII obtinente. ergo si in hoc quadriduum
inciderit plenilunium, fruges et omnia, quae flore-
bunt, laedi necesse erit. Vinalia priora, quae ante   287
hos dies sunt VIIII kal. Mai. degustandis vinis insti-
tuta, nihil ad fructus attinent, nec quae adhuc diximus ad vites oleasque, quoniam earum conceptus
exortu Vergiliarum incipit a. d. VI id. Mai., ut
docuimus. aliud hoc quadriduum est, quo neque
rore sordere velim – exurit enim frigidum sidus
Arcturi postridie occidens –, et multo minus plenilunium incidere. IIII non. Iun. iterum Aquila   288
exoritur vesperi, decretorio die florentibus oleis
vitibusque, si plenilunium in eum incidat. equidem
et solstitium VIII kal. Iul. in simili causa duxerim et
Canis ortum post dies a solstitio XXIII, sed interlunio accidente, quoniam vapore constat culpa aci-
nique praecocuntur in callum. rursus plenilunium
nocet a. d. IIII non. Iul., cum Aegypto Canicula
exoritur, vel certe XVI kal. Aug., cum Italiae, item
XIII kal. Aug., cum Aquila occidit, usque in X kal.
easdem. extra has causas sunt Vinalia altera, quae   289
aguntur a. d. XIIII kal. Sept. Varro ea Fidicula inci-

Deshalb haben ⟨die Vorfahren⟩ die *Floralia* auf den 4. Tag vor
den Kalenden (28. 4.) im 516. Jahr der Stadt (237 v. Chr.) nach
den Orakelsprüchen der Sibylle verlegt, damit alles gut verblühen möge. Varro setzt diesen Tag auf die Zeit fest, in der
die Sonne im 14. Grad des Stiers steht. Wenn also auf diese
vier Tage Vollmond fällt, müssen die Früchte und alles, was
blüht, Schaden nehmen. Die ersten *Vinalia*, die man vor diesen Tagen auf den 9. Tag vor den Kalenden des Mai (23. 4.) für
die Weinprobe festgelegt hat, haben nichts mit den Feldfrüchten zu tun, ebensowenig die bisher angeführten Feste mit den
Reben und Ölbäumen, denn ihr Fruchtansatz beginnt erst mit
dem Aufgang der Plejaden am 6. Tag vor den Iden des Mai
(10. 5.), wie wir schon ausgeführt haben [16,104; 17,11]. Dies
ist aber ein anderer Zeitraum von vier Tagen, den ich nicht
vom Tau verdorben sehen möchte – denn das am Tag darauf
(11. 5.) untergehende kalte Gestirn des Arcturus verzehrt ⟨die
Pflanzen⟩ –, und noch viel weniger darf der Vollmond dazu-
kommen. Am 4. Tag vor den Nonen des Juni (2. 6.) geht der
Adler wiederum am Abend auf, und dieser Tag ist, wenn
Vollmond auf ihn fällt, für die blühenden Ölbäume und
Reben entscheidend. Ich möchte auch die Sonnenwende am
8. Tag vor den Kalenden des Juli (24. 6.) zu den Mitverursa-
chern rechnen, ebenso den Aufgang des Sirius 23 Tage nach
der Sonnenwende (17. 7.), aber nur wenn Neumond dazu-
kommt, weil das Übel von der Hitze kommt und die Beeren
vorzeitig hart werden. Wiederum ist der Vollmond am 4. Tag
vor den Nonen des Juli (4. 7.) schädlich, wenn in Ägypten der
Prokyon aufgeht, oder sicherlich am 16. Tage vor den Kalenden des August (17. 7.), wenn er für Italien aufgeht, ebenso
am 13. Tag vor den Kalenden des August (20. 7.), wenn der
Adler untergeht, bis zum 10. Tag vor den Kalenden desselben
Monats (23. 7.). Außerhalb dieser Einflüsse steht das zweite
Weinfest, das am 14. Tag vor den Kalenden des September
(20. 8.) begangen wird. Varro legt es auf den Tag fest, an dem

piente occidere mane determinat, quod vult initium
autumni esse et hunc diem festum tempestatibus
leniendis institutum. nunc Fidiculam occidere a. d.
VI id. Aug. servatur.

Intra haec constat caelestis sterilitas, neque nega-   290
verim posse ea permutari algentium locorum vel
aestuantium natura. sed nobis rationem demon-
stratam esse satis est; reliqua observatione cuiusque
constabunt. alterutrum quidem fore in causa, hoc
est plenilunium aut interlunium, non erit dubium.
et in hoc mirari benignitatem naturae succurrit: iam   291
primum hanc iniuriam omnibus annis accidere non
posse propter statos siderum cursus, nec nisi paucis
noctibus anni, idque quando sit futurum facile
nosci ac, ne per omnes menses timeretur, earum
quoque lege divisum: aestate interlunia praeterquam biduo secura esse, hieme plenilunia, nec nisi
aestivis brevissimisque noctibus metui, diebus non
idem valere; praeterea tam facile intellegi, ut for-   292
mica, minimum animal, interlunio quiescat, plenilunio etiam noctibus operetur; avem parram oriente Sirio ipso die non apparere et donec occidat, e
diverso chlorionem prodire ipso die solstitii; ne-
utrum vero lunae statum noxium esse, ne noctibus
quidem nisi serenis et omni aura quiescente, quoniam neque in nube neque in flatu cadunt rores, sic
quoque non sine remedio.

die Leier beginnt, am Morgen unterzugehen, was nach seiner Meinung der Beginn des Herbstes ist, und dieser Feiertag sei auch zur Milderung der Unwetter eingesetzt worden. Jetzt aber beobachtet man den Untergang der Leier am 6. Tag vor den Iden des August (8. 8.).

Auf diese Zeit beschränkt sich die durch den Himmel bedingte Unfruchtbarkeit, doch will ich nicht in Abrede stellen, daß je nach der Beschaffenheit der unter Kälte ⟨oder⟩ Hitze ⟨leidenden⟩ Länder Abweichungen eintreten können. Es muß aber genügen, die Ansicht vorgetragen zu haben; das übrige wird von der Beobachtung jedes einzelnen abhängen. Daß aber eines von beiden, entweder der Voll- oder der Neumond, daran Schuld trägt, wird nicht anzuzweifeln sein. Auch hierbei ergibt sich die Gelegenheit, die Güte der Natur zu bewundern: denn zunächst kann sich dieses Unglück wegen der fest bestimmten Bahnen der Gestirne nicht in jedem Jahr ereignen, und auch dann nur in wenigen Nächten des Jahres; wann es eintreten wird; läßt sich leicht vorhersehen, und damit man nicht in allen Monaten in Furcht sein muß, besteht die folgende Gesetzmäßigkeit: Im Sommer sind die Neumonde, mit Ausnahme von zwei Tagen, unschädlich, im Winter die Vollmonde, und nur in den kürzesten Sommernächten besteht Grund zur Furcht, da die Wirkung ⟨des Mondes⟩ bei Tag nicht gleich stark ist; außerdem ist so leicht wahrzunehmen, daß die Ameise, dieses winzige Tier, bei Neumond ruht, bei Vollmond auch in der Nacht arbeitet, daß der Vogel *parra* von dem Tage an, wo der Sirius aufgeht, nicht mehr zu sehen ist, und so lange, bis dieser untergeht; hingegen erscheint die Goldamsel gerade am Tag der Sonnenwende (24. 6); der Mond ist aber in beiden Stellungen nicht einmal in den Nächten schädlich, außer wenn diese heiter und ohne Luftzug sind, weil weder bei nebeligem Wetter noch bei Wind Tau fällt; doch auch dagegen ist man nicht ohne Hilfsmittel.

Sarmenta aut palearum acervos et evulsas herbas   LXX
fruticesque per vineas camposque, cum timebis,   293
incendito: fumus medebitur hic. e paleis et contra
nebulas auxiliatur, ubi nebulae nocent. quidam tres
cancros vivos cremari iubent in arbustis, ut carbunculus ne noceat; alii siluri carnem leniter uri a   294
vento, ut per totam vineam fumus dispergatur.
Varro auctor est, si Fidiculae occasu, quod est
initium autumni, uva picta consecretur inter vites,
minus nocere tempestates. Archibius ad Anti-
ochum Syriae regem scripsit, si fictili novo obrua-
tur rubeta rana in media segete, non esse noxias
tempestates.

Opera rustica huius intervalli: terram iterare,   LXXI
arbores circumfodere aut, ubi aestuosa regio pos-   295
cat, adcumulare – germinantia nisi in solo luxurioso
fodienda non sunt –, seminaria purgare sarculo,
messem hordeaciam facere, aream messi praeparare, Catonis sententia amurca temperatam, Vergili
operosius creta. maiore ex parte aequant tantum et
fimo bubulo dilutiore inlinunt. id satis ad pulveris
remedium videtur.

Messis ipsius ratio varia. Galliarum latifundis   LXXII
valli praegrandes, dentibus in margine insertis,   296
duabus rotis per segetem inpelluntur, iumento in
contrarium iuncto; ita dereptae in vallum cadunt
spicae. stipulae alibi mediae falce praeciduntur,
atque inter duas mergites spica destringitur. alibi ab

Wenn du dergleichen befürchten solltest, zünde Reisig oder Haufen von Spreu an, ausgerissene Kräuter, Sträucher in den Weingärten und Feldern: der Rauch wird helfen; Rauch von Spreu ist auch gut gegen Nebel, wo Nebel schaden. Einige schreiben vor, man solle drei lebende Krebse in den Baumweingärten verbrennen, damit der Brand nicht schade, andere ⟨sagen⟩, man solle das Fleisch von einem Wels langsam in Richtung des Windes rösten, damit sich der Rauch über den ganzen Weingarten verteile. Varro ist Gewährsmann für folgendes: Wenn man beim Untergang der Leier (8. 8), mit dem der Herbst anfängt, eine gemalte Traube zwischen den Reben weiht, würden die Unwetter weniger Schaden anrichten. Archibios schrieb an den König Antiochos von Syrien, Unwetter würden keinen Schaden hervorrufen, wenn man eine Kröte mitten im Felde in einem neuen Tongefäß vergrabe.

In diesem Zeitraum soll man folgende ländliche Arbeiten ⟨verrichten⟩: den Boden nochmals pflügen, die Bäume rings umgraben oder, wo es eine heiße Gegend verlangt, umhäufeln – die schon ausschlagenden darf man nur auf üppigem Boden umhäufeln –, die Baumschulen mit der Hacke reinigen, die Gerstenernte einbringen, die Tenne für die Ernte vorbereiten, was nach der Meinung Catos mit Ölschaum, nach Vergil aufwendiger mit Kreide zu machen ist. Meistens ebnet man sie nur und bestreicht sie mit stark verdünntem Kuhmist. Dies scheint auch ein ausreichendes Mittel gegen den Staub zu sein.

Die Verfahren bei der Ernte selbst sind verschieden. Auf den großen Landgütern Galliens werden sehr große, am Rande mit Zähnen bewehrte zweirädrige Mähmaschinen von einem an der rückwärtigen Seite angespannten Zugtier durch das Feld geschoben; die auf diese Weise abgerissenen Ähren fallen in einen Sammelkasten. Anderswo schneidet man die Halme in der Mitte mit der Sichel durch und streift die Ähren zwischen zwei Gabelzinken ab. An anderen Orten

radice caeduntur, alibi cum radice velluntur, quique id faciunt, proscindi ab se obiter agrum inter-
pretantur, cum extrahant sucum. differentia haec: 297
ubi stipula domos contegunt, quam longissimam
servant; ubi feni inopia, e stramento paleam quae-
runt. panici culmo non tegunt, milii culmum fere
inurunt, hordei stipulam bubus gratissimam servant. panicum et milium singillatim pectine manua-
li legunt Galliae.

Messis ipsa alibi tribulis in area, alibi equarum 298
gressibus exteritur, alibi perticis flagellatur. triticum quo serius metitur, copiosius invenitur; quo
celerius vero, hoc speciosius ac robustius. lex aptis-
sima: ‚Antequam granum indurescat et cum iam
traxerit colorem‘; oraculum vero: ‚Biduo celerius
messem facere potius quam biduo serius.‘ siliginis et
tritici eadem ratio in area horreoque. far, quia difficulter excutitur, convenit cum palea sua condi, et
stipula tantum et aristis liberatur. palea plures gentium pro feno utuntur. melior ea, quo tenuior 299
minutiorque et pulveri propior; ideo optima e
milio, proxima ex hordeo, pessima ex tritico, praeterquam iumentis opere laborantibus. culmum
saxosis locis, cum inaruit, baculo frangunt sub-
stratu animalibus. si palea defecit, et culmus teritur.

schneidet man sie nahe an der Wurzel ab, anderswo reißt man
sie mitsamt der Wurzel aus, und die es so machen, sagen,
damit werde zugleich der Ackerboden aufgerissen, während
sie ihm ⟨in Wirklichkeit eher⟩ den Saft entziehen. Es besteht
folgender Unterschied: Wo man die Häuser mit Stroh deckt,
läßt man es möglichst lang; wo Mangel an Heu ist, sucht man
Spreu zum Einstreuen zu gewinnen. Mit dem Stengel der
Kolbenhirse deckt man nicht, den Stengel der Hirse verbrennt man gewöhnlich; Gerstenstroh, das beim Vieh als Futter sehr beliebt ist, bewahrt man auf. Kolbenhirse und
gewöhnliche Hirse erntet man in Gallien einzeln mit einem
Handkamm.

Die Ernte selbst wird auf der Tenne mancherorts mit
Dreschwagen gedroschen, andernorts durch darüber gehende
Stuten ausgetreten, wieder anderswo durch Dreschflegel aus-
geschlagen. Je später der Weizen geschnitten wird, um so
reichlicher findet man ihn; je früher aber, desto schöner und
kräftiger ist er. Sehr treffend ist die Vorschrift: „⟨Man ernte,⟩
bevor das Korn hart wird und wenn es schon Farbe bekommen hat"; ein orakelhaftes Wort aber lautet: „Lieber zwei
Tage früher als zwei Tage zu spät ernten." Der Winterweizen
und der gewöhnliche Weizen verlangen dieselbe Behand-
lungsweise auf der Tenne und in der Scheune. Weil der
Emmer schwer auszudreschen ist, lagert man ihn besser mit
seiner Spreu ein und befreit ihn nur vom Halm und von den
Grannen. Mehrere Völker verwenden die Spreu anstelle von
Heu. Sie ist um so besser, je feiner, kleiner und staubähnlicher
sie ist; die beste erhält man deshalb von der Hirse, nach ihr
kommt die Gerstenspreu; am schlechtesten ist die Weizenspreu, sie kommt nur für arbeitendes Zugvieh in Betracht.
Den Halm zerbricht man, wenn er dürr geworden ist, an stei-
nigen Stellen mit einem Stock, um ihn als Spreu für die Tiere
zu verwenden. Wenn es an Spreu fehlt, wird auch der Halm
gehäckselt. Dies geschieht auf folgende Weise: Der Halm

ratio haec: maturius desectus, muria dura sparsus, 300
dein siccatus in manipulos convolvitur atque ita pro
feno bubus datur. sunt qui accendant in arvo et stipulas, magno Vergili praeconio. summa autem eius
ratio, ut herbarum semen exurant. ritus diversos
magnitudo facit messium et caritas operarum.

   Conexa est ratio frumenti servandi. horrea ope-   LXXIII
rose tripedali crassitudine parietis laterici exaedifi-   301
cari iubent aliqui, praeterea superne impleri nec
adflatus admittere aut fenestras habere ullas; alii ab
exortu tantum aestivo aut septentrione, eaque sine
calce construi, quoniam sit frumento inimicissima;
nam quae de amurca praeciperentur indicavimus.
alibi contra suspendunt granaria lignea columnis et   302
perflari undique malunt, atque etiam a fundo. alii
omnino pendente tabulato extenuari granum arbitrantur et, si tegulis subiaceat, confervescere. multi
ventilare quoque vetant; curculionem enim non
descendere infra quattuor digitos, nec amplius
periclitari. Columella et favonium ventum confecto   303
frumento praedicit, quod miror equidem, siccissi-
mum alioqui. sunt qui rubeta rana in limine horrei
pede e longioribus suspensa invehere iubeant.
nobis referre plurimum tempestivitas condendi
videbitur. nam si parum tostum atque robustum
collectum sit auf calidum conditum, vitia innasci
necesse est.

   Diuturnitatis causae plures: aut in ipsius grani   304

wird etwas früher abgeschnitten, längere Zeit mit Salzwasser besprüht, dann getrocknet, zu Bündeln gewickelt und so dem Vieh anstelle von Heu gegeben. Einige verbrennen das Stroh auch auf dem Feld, was von Vergil sehr gelobt wird. Er rechtfertigt es aber vor allem damit, daß der Unkrautsame dabei mit verbrannt wird. Die verschiedenen Verfahren sind bedingt durch die Größe der Ernten und durch die hohen Löhne für die Arbeitskräfte.

Damit hängt das Verfahren bei der Einlagerung des Getreides zusammen. Einige schreiben vor, die Speicher aus Backstein mit drei Fuß dicken Mauern sorgfältig zu bauen, außerdem sollten sie von oben gefüllt werden, keinen Luftzug zulassen und keinerlei Fenster haben; nach anderen soll man ⟨den Speicher⟩ nur nach dem Aufgang der Sonne im Sommer oder nach Norden hin errichten, jedoch ohne Kalkstein, weil dieser dem Getreide sehr schädlich ist; die Anweisungen für die Verwendung von Ölschaum haben wir bereits mitgeteilt [15,33]. An anderen Orten stellt man hingegen hölzerne Kornspeicher auf Säulen und läßt die Luft lieber von allen Seiten, sogar auch von unten eintreten. Andere glauben, auf völlig schwebendem Bretterwerk würden die Körner schrumpfen und sich, wenn sie unter Ziegeln liegen, erhitzen. Viele wollen auch nicht umschaufeln lassen; denn der Kornwurm gehe nur vier Finger tief und wage sich nicht weiter. Columella erwähnt auch, daß der Westwind für das eingelagerte Getreide günstig sei, worüber ich mich aber wundere, da dieser Wind sonst sehr trocken ist. Es gibt auch Leute, die vorschreiben, man solle beim Einfahren des Getreides eine Kröte an einem ihrer Hinterbeine an der Schwelle der Scheune aufhängen. Uns will scheinen, daß es am meisten auf die rechte Zeit des Einbringens ankommt. Denn wenn ⟨das Getreide⟩ nicht genügend trocken und kräftig war oder warm geerntet wurde, muß notwendigerweise Ungeziefer entstehen.

Es gibt mehrere Ursachen für eine lange Haltbarkeit: Ent-

corio, cum est numerosius, ut milio, aut suci pin-
guedine, qui pro umore sufficit tantum, ut sesamae,
aut amaritudine, ut lupino et cicerculis. in tritico
maxime nascuntur animalia, quoniam spissitate sua
concalescit et furfure crasso vestitur. tenuior hordeo palea, exilis et legumini; ideo non generant.
faba crassioribus tunicis operitur; ob hoc efferves-
cit. quidam ipsum triticum diuturnitatis gratia   305
adspergunt amurca, mille modios quadrantali, alii
Chalcidica aut Carcia creta aut etiam absinthio. est
et Olynthi ac Cerinthi Euboeae terra, quae cor-
rumpi non sinat. nec fere condita in spica laedun-   306
tur, utilissime tamen servantur in scrobibus, quos
siros vocant, ut in Cappadocia ac Threcia et Hispa-
nia et in parte Africae. ante omnia ut sicco solo fiant
curatur, mox ut palea substernantur; praeterea cum
spica sua conduntur. ita frumenta si nullus spiritus
penetret, certum est nihil maleficum nasci. Varro   307
auctor est, sic conditum triticum durare annis L,
milium vero C, fabam et legumina in oleariis cadis
oblita cinere longo tempore servari. idem fabam a
Pyrrhi regis aetate in quodam specu Ambraciae
usque ad piraticum Pompei Magni bellum durasse
annis circiter CCXX. ciceri tantum nullae bestiolae   308
in horreis innascuntur. sunt qui urceis cinere sub-
stratis et pice inlitis, acetum habentibus, legumi-

weder liegen sie in der Hülle des Korns selbst, wenn diese nämlich vielfach ist, wie bei der Hirse, oder im Fettgehalt, der nur die Stelle der Feuchtigkeit vertritt, wie beim Sesam, oder in der Bitterkeit, wie bei der Lupine oder der kleinen Platterbse. Vor allem wächst das Ungeziefer im Weizen, weil dieser sich durch seine Dichte erhitzt und von dicker Kleie umgeben ist. Bei der Gerste ist die Spreu ziemlich zart, und auch bei den Hülsenfrüchten ist sie dünn; deshalb bilden sich auch ⟨keine Insekten⟩ darin. Die Bohne ist mit dickeren Hüllen bedeckt; deshalb erhitzt sie sich. Manche besprengen selbst den Weizen, um ihn haltbarer zu machen, mit Ölschaum, und zwar mit 1000 *modii* auf ein *quadrantal*, andere nehmen dazu chalkidische oder karische Kreide oder sogar Wermut. Zu Olynthos und zu Kerinthos auf Euboia gibt es auch eine Erde, die vor dem Verderb schützt. Wenn man das Getreide mit der Ähre erntet, wird es fast nicht beschädigt; am vorteilhaftesten wird es jedoch in Gruben gelagert, die man Silos *(seiroi)* nennt, wie in Kappadokien, Thrakien, Spanien und einem Teil Afrikas. Man sorgt vor allem dafür, daß ⟨diese Gruben⟩ in trockenem Boden angelegt werden, dann, daß Spreu die Unterlage bildet; außerdem bewahrt man das Getreide mit seiner Ähre auf. Wenn so keine Luft zum Getreide gelangt, ist man sicher, daß sich nichts Schädliches bildet. Varro versichert, daß auf diese Weise aufbewahrter Weizen sich 50, Hirse sogar 100 Jahre halte. Die Bohnen und ⟨die andern⟩ Hülsenfrüchte könnten in mit Asche bestrichenen Ölfässern lange Zeit aufbewahrt werden. Er berichtet auch, in einer Höhle in Ambrakien hätten sich Bohnen von der Zeit des Königs Pyrrhos bis zum Seeräuberkrieg des Pompeius Magnus, also ungefähr 220 Jahre lang, erhalten. Nur in der Kichererbse wächst in den Speichern kein Ungeziefer. Manche schütten die Hülsenfrüchte über essiggefüllte, auf Asche gelagerte und mit Pech verstrichene Krüge in Haufen auf, weil sie glauben, daß sich so kein Unge-

num acervos superingerant, ita non nasci maleficia
credentes, alii qui in salsamentariis cadis gypso inli-
nant, alii qui lentem aceto laserpiciato respergant
siccatamque oleo unguant. sed brevissima observatio, quod vitiis carere velis, interlunio legere. quare
plurimum refert, condere quis malit an vendere.
crescente enim luna frumenta grandescunt.

Sequitur ex divisione temporum autumnus a   LXXIV
Fidiculae occasu ad aequinoctium ac deinde Vergi-   309
liarum occasum initiumque hiemis. in his intervallis
significant prid. id. Aug. Atticae Equus oriens vespera, Aegypto et Caesari Delphinus occidens. XI
kal. Sept. Caesari et Assyriae stella, quae Vindemitor appellatur, exoriri mane incipit vindemiae
maturitatem promittens. eius argumentum erunt
acini colore mutati. Assyriae V kal. et Sagitta occidit et etesiae desinunt. Vindemitor Aegypto nonis   310
exoritur, Atticae Arcturus matutino, et Sagitta
occidit mane. V id. Sept. Caesari Capella oritur vesperi, Arcturus vero medius prid. id. vehementis-
simo significatu terra marique per dies quinque.
ratio eius haec traditur: si Delphino occidente   311
imbres fuerint, non futuros per Arcturum. signum
orientis eius sideris servetur hirundinum abitus;
namque deprehensae intereunt. XVI kal. Oct.

ziefer bilde; andere bewahren sie in Tonnen auf, in denen Salzfische waren, und verstreichen sie mit Gips, wieder andere besprengen die Linse mit Essig, der mit Lasersaft zubereitet ist, und feuchten sie nach dem Trocknen mit Öl an. Das kürzeste Verfahren, sich vor Schäden zu bewahren, besteht jedoch darin, daß man ⟨die Früchte⟩ bei Neumond einsammelt. Es kommt daher sehr viel darauf an, ob man ⟨die Ernte⟩ aufbewahren oder verkaufen will. Bei zunehmendem Mond wird nämlich das Getreide größer.

Gemäß der Einteilung der Jahreszeiten folgt nun der Herbst vom Untergang der Leier (8. 8.) bis zur Herbst-Tag-undnachtgleiche und dann weiter bis zum Untergang der Plejaden (11. 11.) und zum Anfang des Winters. In diesem Zeitabschnitt sind von Bedeutung das am Tag vor den Iden des August (12. 8.) für Attika abends aufgehende Pferd, für Ägypten und auch für Caesar der untergehende Delphin. Am 11. Tag vor den Kalenden des September (22. 8.) beginnt für Caesar und für Assyrien ein Stern, den man ‚Winzer‘ (vinde-mitor) nennt, am Morgen aufzugehen; er kündigt das Reif-werden der Trauben an. Ein Zeichen hierfür wird sein, daß die Beeren ihre Farbe ändern. Für Assyrien geht am 5. Tag vor den Kalenden (28. 8.) auch der Pfeil unter, und die Etesien hören auf zu wehen. Der Winzer geht an den Nonen (5. 9.) für Ägypten auf, für Attika geht der Arcturus am Morgen auf und der Pfeil am Morgen unter. Am 5. Tag vor den Iden des September (9. 9.) geht, nach Caesar, am Abend die Capella auf, der Arcturus aber am Tag vor den Iden (12. 9.) zur Hälfte; er ist zu Lande und zu Wasser fünf Tage lang von schlimmer Bedeutung. Damit hat es folgende Bewandtnis: Wenn beim Untergang des Delphin Regen fiel, wird der Arcturus keinen bringen. Als Zeichen für den Aufgang dieses Gestirns mag dienen, daß die Schwalben fortziehen; denn sie gehen zugrunde, wenn sie von ihm überrascht werden. Am 16. Tag vor den Kalenden des Oktober (16. 9.) geht für Ägyp-

Aegypto spica, quam tenet Virgo, exoritur matutino etesiaeque desinunt. hoc idem Caesari XIIII
kal., XIII Assyriae significant, et XI kal. Caesari
commissura Piscium occidens ipsumque aequi-
nocti sidus VIII kal. Oct.

Dein consentiunt, quod est rarum, Philippus,   312
Callippus, Dositheus, Parmeniscus, Conon, Cri-
ton, Democritus, Eudoxus IV kal. Oct. Capellam
matutino exoriri et III kal. Haedos. VI non Oct.
Atticae Corona exoritur mane, Asiae et Caesari V
Heniochus occidit matutino. IV Caesari Corona
exoriri incipit, et postridie occidunt Haedi vespere.
VIII id. Oct. Caesari fulgens in Corona stella exori-   313
tur, et VI id. Vergiliae vesperi, idibus Corona tota.
XVII kal. Nov. Suculae vesperi exoriuntur. prid.
kal. Caesari Arcturus occidit et Suculae exoriuntur
cum sole. IIII non. Arcturus occidit vesperi. V id.
Nov. gladius Orionis occidere incipit. dein III id.
Vergiliae occidunt.

In his temporum intervallis opera rustica: rapa,   314
napos serere quibus diximus diebus. vulgus agreste

ten die Ähre *(Spica)*, welche die Jungfrau *(Virgo)* in ihrer
Hand hält, am Morgen auf, und die Etesien legen sich. Für
Caesar hat dieselbe Bedeutung der 14. Tag vor den Kalenden
(18.9.), der 13. Tag (19.9.) für Assyrien, und, nach Caesar,
am 11. Tag vor den Kalenden (21.9.) das untergehende Band
der Fische, sowie am 8. Tag vor den Kalenden des Oktober
(24.9.) das Gestirn der Tagundnachtgleiche selbst.

Sodann stimmen, was selten der Fall ist, Philippos, Kalli-
pos, Dositheos, Parmeniskos, Konon, Kriton, Demokritos
und Eudoxos darin überein, daß am 4. Tag vor den Kalenden
des Oktober (28.9.) am Morgen die Capella und am 3. Tag
vor den Kalenden ⟨des Oktober⟩ (29.9.) die Haedi aufgehen.
Am 6. Tag vor den Nonen des Oktober (2.10.) geht für Attika
am Morgen die Krone auf, für Asien und für Caesar aber am
5. Tag ⟨vor den Kalenden des Oktober⟩ (27.9.) am Morgen
der Fuhrmann *(Hēniochos, Auriga)* unter. Am 4. Tag ⟨vor
den Kalenden des Oktober⟩ (28.9.) beginnt, nach Caesar, die
Krone aufzugehen, und am folgenden Tag (29.9.) gehen
abends die Haedi unter. Am 8. Tag vor den Iden des Oktober
(8.10.) geht, nach Caesar, der leuchtende Stern *(Gemma)* in
der Krone auf, am 6. Tag vor den Iden ⟨des Oktober⟩ (10.10.)
gehen abends die Plejaden auf und an den Iden ⟨des Oktober⟩
(15.10.) geht die Krone zur Gänze auf. Am 17. Tag vor den
Kalenden des November (16.10.) gehen am Abend die
Hyaden auf. Am Tag vor den Kalenden ⟨des November⟩
(31.10.) geht, nach Caesar, der Arcturus unter und die
Hyaden gehen mit der Sonne auf. Am 4. Tag vor den Nonen
⟨des November⟩ (2.11.) geht der Arcturus am Abend unter.
Am 5. Tag vor den Iden des November (9.11.) beginnt das
Schwert des Orion unterzugehen. Schließlich gehen am 3.
Tag vor den Iden ⟨des November⟩ (11.11.) die Plejaden
unter.

In diese Zeitabschnitte ⟨fallen⟩ folgende ländliche Arbeiten: An den bereits angegebenen Tagen [§ 131] muß man die

rapa post ciconiae discessum male seri putat, nos
omnino post Volcanalia, et praecocia cum panico, a
Fidiculae autem occasu viciam, passiolos, pabulum.
hoc silente luna seri iubent. et frondis praeparandae
tempus hoc est. unus frondator quattuor frondarias
fiscinas complere in die iustum habet. si decrescente luna praeparetur, non putrescit. aridam col-
ligi non oportet.

Vindemiam antiqui numquam existimavere   315
maturam ante aequinoctium; iam passim rapi
cerno. quamobrem et huius tempora notis argu-
mentisque signentur. leges ita se habent: uvam cal-
dam ne legito, hoc est in nimia siccitate ac nisi imber
intervenerit. uvam rorulentam ne legito, hoc est si
ros nocturnus fuerit nec prius quam sole discutia-
tur. vindemiare incipito, cum ad palmitem pampi-   316
nus procumbere coeperit aut cum exempto acino ex
densitate intervallum non conpleri apparuerit ac
iam non augeri acinos. plurimum refert, si contingat crescente luna vindemiare.

Pressura una culleos XX implere debet. hic est   317
pes iustus. ad totidem culleos et lacus XX iugeribus
unum sufficit torculum. premunt aliqui singulis,
utilius binis, licet magna sit vastitas singulis. longitudo in his refert, non crassitudo. spatiosa melius
premunt. antiqui funibus vittisque loreis ea detra-

Rübe und die Steckrübe säen. Das Bauernvolk meint, es sei
nachteilig, die Rübe nach dem Wegzug des Storches zu säen;
nach unserer Meinung müssen sie nach den *Volcanalia* (23. 8.)
und die Frührüben mit der Kolbenhirse gesät werden, die
Wicke aber, die Schwertbohne und das Futterkorn nach dem
Untergang der Leier (8. 8.). Man schreibt vor, daß die Aussaat
bei Neumond erfolgen soll. Dies ist auch die Zeit, das Laub-
sammeln vorzubereiten. Ein Laubsammler muß in der Regel
an einem Tag vier Laubkörbe füllen. Wenn (das Laub) bei
abnehmendem Mond geerntet wird, fault es nicht. Dürres
⟨Laub⟩ darf man nicht sammeln.

Die Alten glaubten niemals, daß der Wein vor der Herbst-
Tagundnachtgleiche zur Lese reif sei; jetzt sehe ich, daß man
es allenthalben damit eilig hat. Deshalb sei auch hierfür die
günstige Zeit durch Merkmale und Gründe erläutert. Die
Vorschriften lauten folgendermaßen: Man lese die Traube
nicht, wenn sie warm ist, d. h. wenn allzu große Trockenheit
herrscht, sondern erst, wenn sich ein Regen eingestellt hat.
Man lese sie auch nicht, wenn sie betaut ist, d.h. wenn nächtli-
cher Tau aufgetreten ist, und nicht, ehe dieser von der Sonne
weggetrocknet wurde. Beginne mit der Weinlese, wenn das
Weinlaub angefangen hat, sich gegen den Rebstock zu neigen
oder wenn der Zwischenraum, der nach Wegnahme einer
Beere aus einer dichten Traube entsteht, sich offensichtlich
nicht wieder ausfüllt und die Beeren nicht mehr wachsen. Am
meisten Nutzen bringt es, wenn man bei zunehmendem
Mond lesen kann.

Eine Pressung muß 20 *cullei* füllen; das ist das richtige Maß.
Für so viele *cullei* und Kufen genügt bei 20 Morgen eine Kelter. Manche pressen mit einzelnen Keltern, besser ist es aber
mit zwei, mag jede davon auch noch so groß sein. Es kommt
hierbei auf die Länge, nicht auf die Dicke ⟨des Preßbalkens⟩
an. Die großen pressen besser. Die Alten zogen sie mit Strik-
ken, Riemen und Hebebäumen nieder. Vor etwa hundert Jah-

hebant et vectibus. intra C annos inventa Graeca-
nica, mali rugis per cocleam ambulantibus, ab aliis
adfixa arbori stela, ab aliis arca lapidum adtollente
se cum arbore, quod maxime probatur. intra XXII
hos annos inventum parvis prelis et minore torcula-
rio aedificio, breviore malo in media derecto, tym-
pana inposita vinaceis superne toto pondere
urguere et super prela construere congeriem.

Hoc et poma colligendi tempus, observato cum   318
aliquod maturitate, non tempestate, deciderit; hoc
et faeces exprimendi, hoc et defrutum coquendi
silente luna noctu aut, si interdiu, plena, ceteris diebus aut ante exortum lunae aut post occasum, nec
de novella vite aut palustri, nec nisi e matura uva. si
ligno contingatur vas, adustum et fumosum fieri
putant. iustum vindemiae tempus ab aequinoctio   319
ad Vergiliarum occasum dies XLIIII. ab eo die oraculum occurrit frigidum picari pro nihilo ducen-
tium. sed iam et kal. Ian. defectu vasorum vindemi-
antes vidi piscinisque musta condi aut vina effundi
priora, ut dubia reciperentur. hoc non tam saepe   320
proventu nimio evenit quam segnitia aut avaritia
insidiantium caritati. civilis, aequi patrisfamilias
modus est annona cuiusque anni uti. id peraeque

ren hat man die griechischen Keltern erfunden, bei denen ein Gewinde am Preßbalken durch eine Schraubenmutter geht; bei der einen befindet sich eine Säule am Preßbaum befestigt, bei der andern ein Steinkasten, der sich mit dem Preßbaum emporhebt, eine Einrichtung, die man für sehr nützlich erachtet. Vor 22 Jahren hat man die Erfindung gemacht, mit kleinen Pressen, einer weniger großen Kelter und einem in der Mitte errichteten kürzeren Preßbaum ⟨zu arbeiten⟩, wobei über die Trester gelegte runde Scheiben mit ihrem ganzen Gewicht drücken und man über der Presse noch schwere Gewichte anbringt.

Jetzt ist auch die Zeit, das Obst einzusammeln, wenn man beobachtet, daß einiges infolge der Reife, nicht infolge eines Sturmes abgefallen ist; auch muß man jetzt die Hefe auspressen, den Mostsaft einkochen, und zwar in der Nacht bei Neumond oder, wenn am Tag, dann bei Vollmond, an den übrigen Tagen aber entweder vor dem Aufgang oder nach dem Untergang des Mondes; man nehme dazu keine jungen oder im sumpfigen Gebiet gewachsenen Rebstöcke und nur reife Trauben. Er darf nur mit Blättern abgeschäumt werden, denn wenn das Gefäß mit Holz in Berührung kommt, wird ⟨der Mostsaft⟩, wie man meint, brandig und rauchig. Die rechte Zeit für die Weinlese sind die 44 Tage von der Herbst-Tagundnachtgleiche (24. 9.) bis zum Untergang der Plejaden (11. 11.). Von diesem Tag an gilt der Spruch: Was kalt verpicht wird, taugt zu nichts. Ich habe aber gesehen, daß man aus Mangel an Gefäßen sogar noch an den Kalenden des Januar (1. 1.) Weinlese hielt und die Weine in Wasserbehältern aufbewahrte oder vorjährige Weine ausgoß, um dafür solche von noch zweifelhafter Qualität einzufüllen. Dies geschieht nicht so oft infolge allzu großer Ergiebigkeit als vielmehr aus Gleichgültigkeit oder Habsucht von Leuten, die auf eine Teuerung lauern. Ein rechtschaffener Hausvater und guter Bürger befolgt die Regel, von den Preisen des jeweiligen Jahres auszugehen.

etiam lucrosissimum. reliqua de vinis adfatim dicta
sunt, item vindemia facta olivam esse rapiendam et
quae ad oleum pertinent quaeque a Vergiliarum
occasu agi debent.

His quae sunt necessaria adicientur de luna ven-   LXXV
tisque et praesagiis, ut sit tota sideralis ratio per-   321
fecta. namque Vergilius etiam in numeros lunae
digerenda quaedam putavit Democriti secutus
ostentationem; nos legum utilitas, quae in toto
opere, in hac quoque movet parte.

Omnia, quae caeduntur, carpuntur, tondentur,   322
innocentius decrescente luna quam crescente fiunt.
stercus nisi decrescente luna ne tangito, maxime
autem intermenstrua dimidiaque stercorato. verres,
iuvencos, arietes, haedos decrescente luna castrato.
ova luna nova supponito. scrobes luna plena noctu
facito. arborum radices luna plena operito. umidis
locis interlunio serito et circa interlunium quadriduo. ventilari quoque frumenta ac legumina et
condi circa extremam lunam iubent, seminaria,
cum luna supra terram sit, fieri, calcari musta, cum
luna sub terra, item materias caedi quaeque alia suis
locis diximus.

Neque est facilior observatio ac iam dicta nobis   323
secundo volumine, sed quod intellegere vel rustici
possint: quotiens ab occidente sole cernetur prioribusque horis noctis lucebit, crescens erit et oculis

Dies bringt im Schnitt auch den meisten Gewinn. Was sonst noch alles über den Wein zu sagen wäre, haben wir bereits hinlänglich mitgeteilt [14,59; 15,5], ebenso, daß man nach der Weinlese die Oliven rasch ernten muß, was zum Öl gehört, und was nach dem Untergang der Plejaden zu tun ist.

Nun wollen wir noch das Nötige über den Mond, die Winde und die Wetterzeichen hinzufügen, um damit die Lehre von den Gestirnen zu vervollständigen. Denn auch Vergil glaubte, manches nach den Stellungen des Mondes einteilen zu müssen, wobei er freilich der Prahlerei des Demokrit aufsaß; wir lassen uns, wie im gesamten Werk, so auch in diesem Abschnitt vom Nutzen der Vorschriften leiten.

Alles, was gefällt wird, gepflückt und abgeschnitten wird, geschieht sicherer bei abnehmendem als bei zunehmendem Mond. Den Mist rühre nur bei abnehmendem Mond an, am besten dünge aber bei Neu- oder Halbmond. Eber, junge Stiere, Widder und Böcke kastriere bei abnehmendem Mond. Eier lege ⟨den Hühnern⟩ nur bei Neumond unter. Gruben lege in einer Vollmondnacht an. Baumwurzeln häufle bei Vollmond an. An feuchten Stellen säe bei Neumond und in den vier Tagen um Neumond. Man empfiehlt auch, Getreide und Hülsenfrüchte gegen Ende des letzten Mondviertels zu schwingen und einzulagern, Pflanzschulen anzulegen, wenn der Mond oberhalb der Erde steht, Most zu treten, wenn der Mond unter ihr steht, auch Holz zu fällen und sonstige Arbeiten ⟨zu verrichten⟩, die wir an den gehörigen Stellen schon besprochen haben.

Die Beobachtung ⟨des Mondes⟩ kann nicht leichter erläutert werden, als wir es schon im 2. Buch [2,41] getan haben, hier aber ⟨geschehe es⟩ so, daß es auch für den Bauern verständlich ist: Sooft sich der Mond nach Sonnenuntergang sehen läßt und in den ersten Stunden der Nacht leuchtet, ist er im Zunehmen begriffen und erscheint dem Auge nur zur Hälfte; geht er aber beim Untergang der Sonne an der entgegengesetzten Seite auf,

dimidiata iudicabitur; cum vero occidente sole
orietur ex adverso, ita ut pariter aspiciantur, tum
erit plenilunium. quotiens ab ortu solis orietur
prioribusque noctis horis detrahet lumen et in diur-
nas extendet, decrescens erit iterumque dimidia; in
coitu vero, quod interlunium vocant, cum apparere
desierit. supra terras autem erit, quamdiu et sol,   324
interlunio et prima toto die, secunda horae noctis
unius dextante sicilico, ac deinde tertia et usque XV
multiplicatis horarum isdem portionibus. XV tota
supra terras noctu erit eademque sub terris toto die.
XVI ad primae horae nocturnae dextantem sicili-   325
cum sub terra aget easdemque portiones horarum
per singulos dies adiciet usque ad interlunium, et
quantum primis partibus noctis detraxerit, quod
sub terris agat, tantundem novissimis ex die adiciet
supra terram. alternis autem mensibus XXX imple-
bit numeros, alternis vero detrahet singulos. haec
erit ratio lunaris; ventorum paulo scrupulosior.

Observato solis ortu quocumque die libeat stan-   LXXVI
tibus hora diei sexta sic, ut ortum eum a sinistro   326
umero habeant, contra mediam faciem meridies et a
vertice septentrio erit. qui ita limes per agrum cur-
rit, cardo appellabitur. circumagi deinde melius est,
ut umbram suam quisque cernat; alioquin post
hominem erit. ergo permutatis lateribus, ut ortus   327
illius diei ab dextro umero fiat, occasus a sinistro,
tunc erit hora sexta, cum minima umbra contra
medium fiet hominem. per huius mediam longitu-

so daß beide Gestirne gleichzeitig zu sehen sind, dann ist
Vollmond. Sooft er bei Sonnenaufgang aufgeht und in den
ersten Stunden der Nacht sein Licht entzieht und ⟨stattdes-
sen⟩ bis in den Tag hinein scheint, ist er im Abnehmen begriffen und wiederum nur halb sichtbar; bei der Konjunktion
aber, die man Neumond nennt, sieht man ihn überhaupt nicht
mehr. Oberhalb der Erde aber steht der Mond, so lange wie
auch die Sonne, dann, wenn er neu ist, am ganzen 1. Tag, am
2. Tag aber $^{10}/_{12}$ + $^1/_{48}$ (= $4^1/_{48}$ = $51^1/_4$ Min.) von einer Nachtstunde länger und dann vom 3. bis zum 15. Tag jeweils um den-
selben Teil von einer Stunde länger. Am 15. Tag wird er die
ganze Nacht oberhalb der Erde und den ganzen Tag unterhalb
der Erde sein. Am 16. Tag ist er $^{10}/_{12}$ + $^1/_{48}$ (= $51^1/_4$ Min.) von
der ersten Nachtstunde an unterhalb der Erde, und dann fügt
er an jedem Tag dieselben Anteile ⟨in Stunden⟩ bis zum Neumond hinzu; je mehr er der Nacht in den ersten Stunden entzo-
gen hat, um unterhalb der Erde zu bleiben, desto länger ist er in
den letzten Stunden der Nacht oberhalb der Erde sichtbar. Er
wird aber abwechselnd den einen Monat 30 Tage, den andern
einen Tag weniger brauchen, Dies wäre die Lehre vom Mond;
die von den Winden ist etwas schwieriger.

Man beobachte an einem beliebigen Tag den Sonnenaufgang und stelle sich in der 6. Tagesstunde (d. h. mittags) so,
daß man diesen Aufgangspunkt an der linken Schulter hat,
dann wird die Mitte des Gesichts gegen Süden schauen, der
Rücken aber gegen den Norden. Die Linie, die in dieser Richtung über das Feld läuft, wird *cardo* genannt. Daraufhin dreht
man sich besser um, damit man seinen eigenen Schatten sieht;
sonst wird er hinter dem Beobachter liegen. Hat man also die
Seiten gewechselt, so daß der Sonnenaufgang am bestimmten
Tag in der Richtung der rechten Schulter liegt, der Untergang
zur Linken, dann wird es die 6. Stunde sein, wenn sich mitten
vor dem Beobachter der kürzeste Schatten zeigt. Mitten
durch diesen Schatten ziehe man der Länge nach mit der

dinem duci sarculo sulcum vel cinere liniam verbi
gratia pedum XX conveniat mediamque mensuram, hoc est in decimo pede, circumscribi circulo
parvo, qui vocetur umbilicus. quae pars fuerit a vertice umbrae, haec erit venti septentrionis. illo tibi,
putator, arborum plagae ne spectent, neve arbusta
vineaeve nisi in Africa, Cyrenis, Aegypto. illinc
flante ne arato, quaeque alia praecipiemus. quae
pars liniae fuerit a pedibus umbrae meridiem spec-
tans, haec ventum austrum dabit, quem a Graecis
notum diximus vocari. illinc flatu veniente mate-
riam vinumque, argicola, ne tractes. umidus aut
aestuosus Italiae est, Africae quidem incendia cum
serenitate adfert. in hunc Italiae palmites spectent,
sed non plagae arborum vitiumve. hic oleae timea-
tur Vergiliarum quadriduo, hunc caveat insitor
calamis gemmisque inoculator. de ipsa regionis eius
hora praemonuisse conveniat. frondem medio die,
arborator, ne caedito. cum meridiem adesse senties,
pastor, aestate contrahente se umbra, pecudes a sole
in opaca cogito. cum aestate pasces, in occidentem
spectent ante meridiem, post meridiem in orien-
tem; aliter noxium, sicut hieme et vere in rorulen-
tum educere. nec contra septentrionem paveris
supra dictum: cluduntur ita lippiuntque ab adflatu
et alvo cita pereunt. qui feminas concipi voles, in
hunc ventum spectantes iniri cogito.

328
329
330

Hacke eine Furche oder mit dem Messer eine Linie, z. B. in
einer Länge von 20 Fuß, und beschreibe in der Mitte dieser
Strecke, d. h. am 10. Fuß, einen kleinen Kreis, der *umbilicus*
(Nabel) heißen soll. Von der Seite, wo der Scheitel des Schattens liegt, kommt der Nordwind. Dorthin, Beschneider des
Baumes, dürfen die Schnittwunden der Bäume nicht schauen,
ebensowenig die Baumpflanzungen und die Weingärten,
außer in Afrika, Kyrene und Ägypten. Wenn der Wind von
dort weht, sollst du nicht pflügen; achte vielmehr auf das weitere, was wir noch angeben werden [§ 334]. Der Teil der
Linie, der an den Füßen des Schattens nach Süden schaut,
kennzeichnet den Südwind, der, wie schon gesagt [2, 119],
von den Griechen *nótos* genannt wird. Weht dieser Wind,
dann, Bauer, bearbeite weder Holz noch Weingarten! In Italien ist er feucht oder schwül, in Afrika aber bringt er mit heiterem Wetter sengende Hitze. In Italien dürfen die Reb-
schößlinge gegen ihn hin schauen, aber nicht die Schnittwunden der Bäume und der Weinstöcke. Ihn fürchte ⟨der Gärt-
ner⟩ des Ölbaums während der vier Tage der Plejaden, vor
ihm fürchte sich der Pfropfer der Reiser und der Okulierer!
Auch vor der Stunde, in der die Sonne in dieser Richtung
steht, möchte ich gewarnt haben. Baumgärtner, schneide zur
Mittagszeit kein Laub ab! Wenn du, Hirte, merkst, daß der
Mittag da ist und der Schatten sich verkürzt, dann treibe die
Schafe aus der Sonne in den Schatten! Wenn du im Sommer
weiden läßt, so laß ⟨die Tiere⟩ vormittags gegen Sonnenuntergang, nachmittags gegen Sonnenaufgang schauen, sonst wirst
du Schaden erleiden, wie auch im Winter und im Frühling,
wenn du sie auf betautes Land treibst! ⟨Treibe⟩ sie auch nicht
gegen den oben genannten Nordwind, sonst schließen sich
ihre Augen und sie werden durch den Luftzug triefend und
sie gehen an Durchfall ein! Wenn du weibliche Tiere haben
möchtest, zwinge ⟨die Muttertiere⟩, sich gegen diesen Wind
stehend bespringen zu lassen!

Diximus ut in media linia designaretur umbili- LXXVII
cus. per hunc medium transversa currat alia. haec 331
erit ab exortu aequinoctiali ad occasum aequinoctialem, et limes, qui ita secabit agrum, decumanus
vocabitur. ducantur deinde aliae duae liniae in
decussis obliquae, ita ut ab septentrionis dextra
laevaque ad austri dextram ac laevam descendant.
omnes per eundem currant umbilicum, omnes inter 332
se pares sint, omnium intervalla paria. quae ratio
semel in quoque agro ineunda erit vel, si saepius
libeat uti, e ligno facienda, regulis paribus in tym-
panum exiguum, sed circinatum adactis. ratione, 333
qua doceo occurrendum ingeniis quoque inperito-
rum est. meridiem excuti placet, quoniam semper
idem est, sol autem cotidie ex alio caeli momento
quam pridie oritur, ne quis forte ad exortum
capiendam putet liniam.

Ita caeli exacta parte quod fuerit liniae caput sep-
tentrioni proximum a parte exortiva, solstitialem
habebit exortum, hoc est longissimi diei, ventumque aquilonem, borean Graecis dictum. in hunc
ponito arbores vitesque. sed hoc flante ne arato, 334
frugem ne serito, semen ni iacito. praestringit enim
atque praegelat hic radices arborum, quas positurus
adferes. praedoctus esto: alia robustis prosunt, alia
infantibus. – Nec sum oblitus in hac parte ventum 335
Graecis poni, quem caecian vocant. sed idem Aris-

Wir haben gesagt [§ 327], in der Mitte der Linie solle ein *umbilicus* gezeichnet werden. Quer durch seine Mitte laufe eine andere Linie. Diese wird vom Sonnenaufgang bei der Frühjahrs-Tagundnachtgleiche bis zum Sonnenuntergang bei der Herbst-Tagundnachtgleiche laufen; die Linie, die so das Feld durchschneidet, wird man *decumanus* (Ost-West-Linie) nennen. Dann ziehe man noch zwei weitere, schräge Linien kreuzweise, so daß sie von der rechten und linken Seite des Nordens zur linken und rechten des Südens herabgehen. Alle müssen durch denselben *umbilicus* laufen, alle einander gleich sein und gleiche Zwischenräume haben. Diese Anordnung wird auf jedem Feld einmal auszuführen sein; wenn man sie öfter verwenden will, fertige man sie aus Holz, mit gleichlangen Stäben auf einer kleinen, runden Scheibe (nach Art einer Windrose). Durch das von mir angegebene Verfahren soll auch dem Fassungsvermögen eines Laien eine Hilfe geboten werden. Ich halte es für gut, den Südpunkt aufzusuchen, weil dieser immer derselbe bleibt, während die Sonne täglich an einem anderen Punkte aufgeht als tags zuvor; niemand sollte daher auf den Gedanken verfallen, die Linie nach dem Sonnenaufgang auszurichten.

Sind nun die Himmelsgegenden auf diese Weise festgelegt, so wird das auf der östlichen Seite, dem Norden am nächsten liegende Ende der Linie den Sonnenaufgang bei der Sommersonnenwende, d. h. am längsten Tag, anzeigen und den Nordostwind, der bei den Griechen *boréas* heißt. Gegen diesen ⟨Wind⟩ setze die Bäume und Weinstöcke! Doch pflüge nicht, wenn er weht, pflanze keine Frucht und wirf keinen Samen aus! Denn er zieht den Lebensgeist zusammen und läßt die Wurzeln der Bäume erkalten, wenn du sie zum Setzen herbeibringst. Du sollst jedoch vorher wissen: Das eine ist starken, das andere jungen Bäumen von Nutzen. – Ich habe nicht vergessen, daß die Griechen in diese Richtung einen Wind ansetzen, den sie *kaikías* (Ostnordostwind) nennen. Aber gerade

toteles, vir inmensae subtilitatis, qui id ipsum fecit,
rationem convexitatis mundi reddit, qua contrarius
aquilo Africo flat. – Nec tamen eum toto anno in
praedictis timeto agricola. mollitur sidere aestate
media mutatque nomen – etesias vocatur –; ergo
cum frigidum senties, caveto, at quaecumque aqui-
lo praedicitur, tanto perniciosior septentrio est. in   336
hunc Asiae, Graeciae, Hispaniae, maritimae Italiae,
Campaniae, Apuliae arbusta vineaeque spectent.
qui mares concipi voles, in hunc pascito, ut sic
ineuntem ineat. ex adverso aquilonis ab occasu brumali Africus flabit, quem Graeci liba vocant. in
hunc ad coitum cum se pecus circumegerit, feminas
conceptas esse scito.

Tertia a septentrione linia, quam per latitudinem   337
umbrae duximus et decumanam vocavimus, exor-
tum habebit aequinoctialem ventumque subsola-
num, Graecis aphelioten dictum. in hunc salubri-
bus locis villae vineaeque spectent. ipse leniter plu-
vius tamen est, siccior favonius, ex adverso eius ab
aequinoctiali occasu, zephyrus Graecis nominatus.
in hunc spectare oliveta Cato iussit. hic ver inchoat
aperitque terras tenui frigore saluber, hic vites
putandi frugesque curandi, arbores serendi, poma
inserendi, oleas tractandi ius dabit adflatuque nu-
tricium exercebit.

der so überaus scharfsinnige Aristoteles, der dies getan hat, gibt eine Beschreibung des Himmelsgewölbes, nach welcher der *aquilo* (Nordostwind) dem *Africus* (Südwestwind) entgegenweht. – Der Bauer braucht ihn jedoch nicht das ganze Jahr hindurch bei den vorher erwähnten Arbeiten zu fürchten; er wird im Mittsommer durch die Sonne gemildert, ändert seinen Namen und wird dann *etesiás* genannt. Merkst du, daß er kalt wird, so nimm dich in acht; was aber auch immer vom *aquilo* gesagt wird, gilt in noch gefährlicherem Maße vom Nordwind. Gegen den *aquilo* sollen in Asien, Griechenland, Spanien, im Küstenland Italiens, in Kampanien und Apulien die Baumgärten und Weinberge gerichtet sein. Wer männliche Tiere haben will, weide das Vieh diesem Wind entgegen, damit es ihn so bei der Begattung einatme! Auf der dem Nordostwind entgegengesetzten Seite bläst dort, wo die Sonne am kürzesten Tag untergeht, der *Africus* (Südwestwind), den die Griechen *lips* nennen. Wenn sich das Kleinvieh bei der Begattung gegen ihn wendet, kannst du sicher sein, daß Weibchen empfangen werden.

Die dritte Linie vom Nordpunkt aus, die wir durch die Breite des Schattens gezogen und *decumanus* genannt haben, bezeichnet den Sonnenaufgang bei der Tagundnachtgleiche und deutet den *subsolanus* (Ostwind) an, der von den Griechen *aphēliótēs* genannt wird. Gegen diesen sollen an gesunden Orten die Landhäuser und Weinberge blicken. Er bringt milden Regen; der *favonius* (Westwind), der ihm vom Punkt des Sonnenuntergangs zur Zeit der Tagundnachtgleiche entgegenweht, von den Griechen *zéphyros* genannt, ist trockener. Nach Catos Vorschrift sollen gegen diesen die Ölpflanzungen gerichtet sein. Er leitet den Frühling ein, öffnet die Erde und ist bei milder Kälte gesund; er wird es gestatten, die Reben zu beschneiden, die Feldfrüchte zu besorgen, Bäume zu setzen, Obst zu pfropfen und Ölbäume zu behandeln, und wird durch seinen Anhauch einen nährenden Einfluß ausüben.

Quarta a septentrione linia, eadem austro ab   338
exortiva parte proxima, brumalem habebit exortum
ventumque volturnum, eurum Graecis dictum, sic-
ciorem et ipsum tepidioremque. in hunc apiaria et
vineae Italiae Galliarumque spectare debent. ex
adverso volturni flabit corus, ab occasu solstitiali et
occasuro latere septentrionis, Graecis dictus arges-
tes, ex frigidissimis et ipse, sicut omnes qui a septentrionis parte spirant. hic et grandines infert,   339
cavendus et ipse non secus ac septentrio. volturnus
si a serena caeli parte coeperit flare, non durabit in
noctem, at subsolanus in maiorem partem noctis
extenditur. quisquis erit ventus, si fervidus sentie-
tur, pluribus diebus permanebit. aquilonem prae-
nuntiat terra siccescens repente, austrum umescens
rore occulto.

Etenim praedicta ventorum ratione, ne saepius   LXXVIII
eadem dicantur, transire convenit ad reliqua tem-   340
pestatum praesagia, quoniam et hoc placuisse Vergilio magno opere video, siquidem in ipsa messe
saepe concurrere proelia ventorum damnosa impe-
ritis refert.

Tradunt eundem Democritum metente fratre   341
eius Damaso ardentissimo aestu orasse, ut reliquae
segeti parceret raperetque desecta sub tectum, paucis mox horis saevo imbre vaticinatione adprobata.
quin immo et harundinem non nisi inpendente pluvia seri iubent et fruges insecuturo imbre. quam-

Die vierte Linie vom Nordpunkt aus, die zugleich an der
östlichen Seite dem Südpunkt am nächsten liegt, wird den
Punkt des Sonnenaufgangs am kürzesten Tag bezeichnen und
den *Volturnus* (Südostwind), von den Griechen *eûros*
genannt, andeuten; er ist ebenfalls trockener und wärmer.
Gegen ihn müssen in Italien und Gallien die Bienenstöcke
und die Weingärten gerichtet sein. Dem *Volturnus* entgegen-
gesetzt weht vom Punkt des Sonnenuntergangs bei der Sonnenwende und der westlichen Seite vom Nordpunkt her der
corus (Nordwestwind), von den Griechen *argestẽs* genannt;
er gehört zu den kältesten Winden, wie alle, die von Norden
her blasen. Er bringt auch Hagel, und man muß sich vor ihm
nicht weniger in acht nehmen als vor dem Nordwind. Wenn
der *Volturnus* aus einer heiteren Himmelsgegend zu wehen
beginnt, wird er nicht bis in die Nacht anhalten; der Ostwind
hingegen wird den größeren Teil der Nacht andauern. Jeder
Wind, welcher es auch sein mag, wird, wenn man ihn als heiß
empfindet, mehrere Tage anhalten. Den *aquilo* kündigt ein
plötzliches Austrocknen des Bodens an, den *auster* (Südwind) ein Feuchtwerden als Folge eines unmerklichen Taus.
  Nachdem wir nun im Vorhergehenden die Beschaffenheit
der Winde behandelt haben, wollen wir, um nicht zu oft dasselbe zu sagen, zu den übrigen Wetterzeichen übergehen, da
auch Vergil, wie ich sehe, sehr viel Mühe auf sie verwendet
hat; er berichtet wenigstens, daß selbst bei der Ernte miteinander kämpfende Winde den Unkundigen oftmals Schaden
bringen.
  Man erzählt, daß der bereits erwähnte Demokrit seinen
Bruder Damasos, der gerade erntete, bei glühendster Hitze
bat, die übrige Saat stehen zu lassen und das bereits Abge-
schnittene schnell unter Dach und Fach zu bringen; und nur
wenige Stunden später habe ein heftiger Regen seine Vorher-
sage als richtig erwiesen. Man soll sogar auch das Schilfrohr
nur dann pflanzen, wenn Regenwolken am Himmel hängen,

obrem et haec breviter attingimus, scrutati maxime
pertinentia, primumque a sole capiemus praesagia.

Purus oriens atque non fervens serenum diem   342
nuntiat, at hibernam pallidus grandinem. si et occidit pridie serenus et oritur, tanto certior fides sere-
nitatis. concavus oriens pluvias praedicit; idem
ventos, cum ante exorientem eum nubes rubescunt;
quod si et nigrae rubentibus intervenerint, et pluvias; cum occidentis aut orientis radii videntur
coire, pluvias. si circa occidentem rubescunt nubes,   343
serenitatem et futuri diei spondent. si in exortu
spargentur partim ad austrum, partim ad aquilonem, pura circa eum serenitas sit licet, pluviam
tamen ventosque significabunt; si in ortu aut in
occasu contracti cernentur radii, imbrem. si in
occasu eius pluet aut radii nubem in se trahent,
asperam in proximum diem tempestatem significabunt. cum oriente radii non inlustres eminebunt,   344
quamvis circumdatae nubes non sint, pluviam portendent. si ante exortum nubes globabuntur, hiemem asperam denuntiabunt; si ab ortu repellentur
et ad occasum abibunt, serenitatem. si nubes solem
circumcludent, quanto minus luminis relinquent,
tanto turbidior tempestas erit; si vero etiam duplex
orbis fuerit, eo atrocior. quod si in exortu aut in   345
occasu fiet, ita ut rubescant nubes, maxima osten-
detur tempestas. si non ambibunt, sed incumbent, a
quocumque vento fuerint, eum portendent; si a

und auch die Feldfrüchte nur bei bevorstehendem Regenguß. Wir wollen deshalb diese Sache kurz berühren, indem wir vor allem das Hierhergehörige untersuchen, und werden bei den Wetterzeichen mit der Sonne beginnen.

Geht sie klar und nicht heiß auf, so kündigt sie einen heiteren Tag an, geht sie bleich auf, dann Sturm und Hagel. Wenn sie tags zuvor heiter unterging und ⟨ebenso wieder aufgeht⟩, kann man um so sicherer mit heiterem Wetter rechnen. Geht sie ⟨von Wolken⟩ verhüllt auf, so kündigt sie Regen an; ebenso Winde, wenn sich vor ihrem Aufgang die Wolken röten; ferner Regen, wenn zwischen roten Wolken auch dunkle erscheinen; wenn ihre Strahlen beim Auf- und Untergang zusammenzulaufen scheinen, so zeigt das Regen an. Wenn sich die Wolken beim Sonnenuntergang röten, versprechen sie auch für den folgenden Tag schönes Wetter. Wenn sie beim Sonnenaufgang teils nach Süden, teils nach Nordosten verstreut sind, deuten sie, mag es auch noch so klar sein, dennoch Regen und Wind an; wenn beim Sonnenauf- oder -untergang die Strahlen verkürzt erscheinen, bedeutet dies Regen. Wenn es bei Sonnenuntergang regnet oder die Sonnenstrahlen eine Wolke an sich ziehen, kündigt dies für den folgenden Tag rauhes Wetter an. Wenn beim Aufgang der Sonne die Strahlen nicht leuchtend hervorbrechen, bedeuten sie Regen, auch wenn sie von keiner Wolke umgeben sind. Wenn sich vor dem Aufgang der Sonne die Wolken zusammenballen, verkünden sie rauhes, stürmisches Wetter; wenn sie aber von Osten nach Westen getrieben werden, heiteres Wetter. Wenn die Wolken die Sonne umringen, wird um so stürmischeres Wetter sein, je weniger Licht sie durchlassen; ist der sie umgebende Kreis gar doppelt, ein um so abscheulicheres. Wenn dies beim Auf- oder Untergang der Sonne der Fall ist, so daß sich die Wolken röten, zeigt dies das schlimmste Wetter an. Wenn die Wolken ⟨die Sonne⟩ nicht umringen, aber sich an sie drängen, kündigen sie Wind aus der Richtung

meridie, et imbrem. si oriens cingetur orbe, ex qua
parte is se ruperit, expectetur ventus. si totus deflu-
xerit aequaliter, serenitatem dabit. si in exortu   346
longe radios per nubes porriget et medius erit in-
anis, pluviam significabit; si ante ortum radii se os-
tendent, aquam et ventum; si circa occidentem candidus circulus erit, noctis lenem tempestatem; si
nebula, vehementiorem; si candente sole, ventum;
si ater circulus fuerit, ex qua regione is ruperit se,
ventum magnum.

Proxima sint iure lunae praesagia. quartam eam   LXXIX
maxime observat Aegyptus. si splendens exorta   347
puro nitore fulsit, serenitatem; si rubicunda, ventos; si nigra, pluvias portendere creditur in XV.
cornua eius obtusa pluviam, erecta et infesta ventos
semper significant, quarta tamen maxime. cornu
superius acuminatum septentrionalem atque rigi-
dum illum praesagit ventum, inferius austrum,
utraque recta noctem ventosam. si quartam orbis
rutilus cinget, et ventos et imbres praemonebit.
apud Varronem ita est: ,Si quarto die luna erit   348
directa, magnam tempestatem in mari praesagiet,
nisi si coronam circa se habebit et eam sinceram,
quoniam illo modo non ante plenam lunam hiema-
turum ostendit. si plenilunio per dimidium pura
erit, dies serenos significabit; si rutila, ventos; ni-
grescens imbres. si caligo orbisve nubium incluse-   349
rit, ventos, quae se ruperit; si gemini orbes cinxe-

an, wo dies stattfindet; wenn dies von Süden geschieht, dann auch Regen. Wenn ⟨die Sonne⟩ bei ihrem Aufgang von einem Kreis umgeben ist, kann man von der Seite, wo dieser aufbricht, Wind erwarten. Wenn er aber ganz gleichmäßig zerfließt, wird es heiteres Wetter geben. Wenn die Sonne bei ihrem Aufgang ihre Strahlen weithin durch die Wolken wirft, in der Mitte aber davon frei ist, zeigt dies Regen an; wenn sich vor dem Sonnenaufgang Strahlen zeigen, ⟨so deutet dies⟩ auf Nässe und Wind; wenn sich um die untergehende Sonne ein weißer Kreis bildet, kommt in der Nacht ein leichtes Unwetter auf; wenn dazu Nebel herrscht, wird es heftiger; wenn die Sonne durchscheint, gibt es Wind; wenn der Kreis dunkel ist, kommt von dorther, wo er aufreißt, ein starker Wind.

Als nächste Wetterzeichen seien mit Recht die des Mondes genannt. Den vierten Tag ⟨nach Neumond⟩ berücksichtigt hauptsächlich Ägypten. Wenn ⟨der Mond⟩ hell strahlend mit reinem Glanz aufgeht, kündigt er heiteres Wetter an; wenn rötlich, Wind; wenn dunkel, für 15 Tage Regen. Sind seine Hörner abgestumpft, so bedeutet dies Regen; aufgerichtet und spitz sind sie stets ein Vorzeichen für Winde, besonders aber am vierten Tage. Ist sein oberes Horn zugespitzt, so kündigt sich steifer Nordwind an, ist es das untere, dann Südwind, stehen sie beide aufrecht, so ⟨folgt⟩ eine windige Nacht. Wenn ihn am vierten Tag ein rötlicher Kreis umgibt, zeigt dies Winde und Regengüsse an. Bei Varro heißt es folgendermaßen: „Wenn der Mond am vierten Tag gerade Hörner hat, kündigt dies einen starken Sturm auf dem Meere an, außer wenn ihn ein vollständiger Kranz, und zwar ein reiner, umgibt, weil er dadurch anzeigt, daß es vor dem Vollmond kein stürmisches Wetter geben wird. Wenn der Vollmond zur Hälfte klar ist, bedeutet dies heitere Tage; ist er rötlich, dann Winde; ist er dunkel, Regenfälle. Wenn ihn Dunst oder ein Kreis von Wolken umschließt, gibt es von der Seite, wo dieser aufreißt, Winde; wenn ihn zwei Kreise umgeben, gibt es stär-

rint, maiorem tempestatem, et magis, si tres erunt
aut nigri, interrupti atque distracti. nascens luna si
cornu superiore obatrato surget, pluvias decrescens
dabit; si inferiore, ante plenilunium; si in media
nigritia illa fuerit, imbrem in plenilunio. si plena
circa se habebit orbem, ex qua parte is maxime
splendebit, ex ea ventum ostendet; si in ortu cornua
crassiora fuerint, horridam tempestatem. si ante
quartam non apparuerit vento favonio flante, hie-
malis toto mense erit. si XVI vehementius flammea
apparuerit, asperas tempestates praesagiet.' sunt et   350
ipsius lunae VIII articuli, quotiens in angulos solis
incidat, plerisque inter eos tantum observantibus
praesagia eius, hoc est III, VII, XI, XV, XVIIII,
XXIII, XXVII et interlunium.

  Tertio loco stellarum observationem esse opor-   LXXX
tet. discurrere hae videntur interdum, ventique   351
protinus sequuntur, in quorum parte ita praesa-
giere. caelum cum aequaliter totum erit splendidum
articulis temporum, quos proposuimus, autumnum serenum praestabit et frigidum. si ver et aestas
non sine refrigerio aliquo transierint, autumnum
serenum ac densum minusque ventosum facient.
autumni serenitas ventosam hiemem facit. cum   352
repente stellarum fulgor obscuratur et id neque
nubilo nec caligine, pluvia aut graves denuntiantur
tempestates. si volitare plures stellae videbuntur,
quo ferentur albescentes, ventos ex is partibus nun-
tiabunt aut si coruscabunt, certos, si id in pluribus
partibus fiet, inconstantes ventos et undique. si

keren Sturm, und noch mehr, wenn es drei Kreise sind oder
diese schwarz, unterbrochen und auseinandergezogen
erscheinen. Wenn das obere Horn beim Aufgang des zuneh-
menden Mondes etwas dunkler ist, wird es bei abnehmendem
Mond Regen geben; ist es das untere ⟨Horn⟩, dann noch vor
dem Vollmond; wenn sich das Schwarze in der Mitte befindet, fällt bei Vollmond Regen. Wenn der Vollmond einen
Kreis um sich hat, verkündet dieser Wind von der Seite, wo er
am meisten leuchtet; sind die Hörner beim Aufgang dicker,
so deutet dies auf einen schrecklichen Sturm hin. Wenn der
Mond vor dem vierten Tag nicht erscheint, wird es, auch
wenn Westwind weht, den ganzen Monat hindurch stürmisch
sein. Wenn er am 16. Tage auffallend feurig erscheint, kündigt
er rauhes Sturmwetter an." Auch der Mond hat je nach dem
Winkel, den er mit der Sonne bildet, acht Stellungen; die meisten beobachteten seine Wetterzeichen nur innerhalb dieser
Punkte, nämlich am 3., 7., 11., 15., 19., 23., 27. Tag und bei
Neumond.

An dritter Stelle muß die Beobachtung der Sterne stehen.
Diese scheinen sich zuweilen hin und her zu bewegen, und
bald darauf folgen Winde aus der Richtung, in der sie diese
andeuteten. Ist der Himmel in den von uns bereits genannten
Zeitabschnitten [§ 222] gleichmäßig glänzend, so kündigt dies
einen heiteren und kalten Herbst an. Wenn der Frühling und
der Sommer nicht ohne einige Abkühlung vorübergegangen
sind, bringen sie einen heiteren, anhaltenden und weniger
windigen Herbst. Ein heiterer Herbst zieht einen stürmischen Winter nach sich. Wenn sich der Glanz der Sterne
plötzlich verdunkelt und dies weder durch Wolken noch
durch Nebel ⟨verursacht wird⟩, kündigen sich Regengüsse
oder schwere Gewitter an. Wenn mehrere Sterne umherzu-
fliegen scheinen, kündigen sie Winde aus den Richtungen an,
in die sie hellschimmernd eilen. Wenn sie ⟨an Ort und Stelle⟩
hin und her schwanken, bringen sie bestimmte Winde; wenn

stellarum errantium aliquam orbis incluserit, imbrem. sunt in signo Cancri duae stellae parvae Aselli appellatae, exiguum inter illas spatium obtinente nubecula, quam praesepia appellant. haec cum caelo sereno apparere desiit, atrox hiems sequitur. sin alteram earum, aquiloniam, caligo abstulit, auster saevit; si austrinam, aquilo. arcus cum sunt duplices, pluvias nuntiant, a pluviis serenitatem non perinde certam; circulus nubis circa sidera aliqua pluviam.

Cum aestate vehementius tonuit quam fulsit, ventos ex ea parte denuntiat, contra si minus tonuit, imbrem. cum sereno caelo fulgetrae erunt et tonitrua, hiemabit, atrocissime autem, cum ex omnibus quattuor partibus caeli fulgurabit; cum ab aquilone tantum, in posterum diem aquam portendet; cum a septentrione, ventum eum. cum ab austro vel coro aut favonio nocte serena fulgurabit, ventum et imbrem ex isdem regionibus demonstrabit. tonitrua matutina ventum significant, imbrem meridiana.

Nubes cum sereno in caelum ferentur, ex quacumque parte id fiet, venti expectentur. si eodem loco globabuntur adpropinquanteque sole discutientur et hoc ab aquilone fiet, ventos; si ab austro, imbres portendent. sole occidente si ex utraque parte eius caelum petent, tempestatem significabunt. vehementius atrae ab oriente in noctem aquam minantur, ab occidente in posterum diem. si nubes ut vellera lanae spargentur multae ab oriente,

nach mehreren Richtungen hin, dann unbeständige Winde von allen Seiten; wenn ein Kreis einen Planeten einschließt, bedeutet dies Regen. Im Zeichen des Krebses befinden sich zwei kleine Sterne, *aselli* (Eselchen) genannt, zwischen denen ein dunkler Fleck, *praesepia* (Krippe) genannt, einen geringen Raum einnimmt. Hört dieser bei heiterem Himmel auf, sichtbar zu sein, so folgt ein Unwetter. Wenn aber den nördlichen der beiden Sterne Dunkelheit verhüllt, tobt Südwind; verdunkelt sie den südlichen, dann Nordostwind. Doppelte Regenbögen deuten auf Regen, nach dem Regen auf heiteres, jedoch unzuverlässiges Wetter; ein Wolkenring um einige Sterne zeigt ebenfalls Regen an.

Wenn es im Sommer heftiger donnert als blitzt, kündigt dies Winde aus derselben Richtung an; wenn es dagegen weniger gedonnert hat, Regen. Kommen Blitze und Donner aus heiterem Himmel, so folgt stürmisches Wetter, am schlimmsten aber, wenn es aus allen vier Himmelsrichtungen blitzt; geschieht es nur aus Nordost, so bedeutet dies für den folgenden Tag Nässe; wenn aus dem Norden, bedeutet dies Wind aus dieser Richtung. Blitzt es in heiterer Nacht aus Süden, Nordwesten oder Westen, so zeigt dies Wind und Regen aus denselben Richtungen an. Donner am Morgen bedeutet Wind, Donner am Mittag Regen.

Ziehen Wolken am heiteren Himmel dahin, so ist, aus welcher Richtung auch immer dies geschieht, Wind zu erwarten. Wenn sie sich an dieser Stelle zusammenballen, von der herannahenden Sonne zerstreut werden und dies von Norden her geschieht, bedeutet es Winde, wenn von Süden, kündigen sich Regen an. Wenn sie bei Sonnenuntergang von beiden Seiten des Himmels emporsteigen, zeigt dies schlechtes Wetter an. Ziehen schwarze Wolken heftiger von Osten her, so drohen sie für die Nacht Regen an, wenn von Westen, dann erst für den folgenden Tag. Wenn sich die Wolken wie Schafwollflocken zahlreich von Osten her zerstreuen, kündigen sie

aquam in triduum praesagient. cum in cacuminibus
montium nubes consident, hiemabit. si cacumina
pura fient, disserenabit. nube gravida candicante,
quod vocant tempestatem albam, grando immine-
bit. caelo quamvis sereno nubecula quamvis parva
flatum procellosum dabit.

Nebulae montibus descendentes aut caelo caden- LXXXIII
tes vel in vallibus sidentes serenitatem promittent. 357

Ab his terreni ignes proxime significant. pallidi LXXXIV
namque murmurantesque tempestatum nuntii sen-
tiuntur, pluviae etiam in lucernis fungi. si flexuose
volitet flamma, ventum; et lumina, cum ex sese 358
flammas elidunt aut vix accenduntur; item cum in
aëno pendente scintillae coacervantur, vel cum tol-
lentibus ollas carbo adhaerescit, aut cum contectus
ignis e se favillam discutit scintillamve emittit, vel
cum cinis in foco concrescit et cum carbo vehemen-
ter perlucet.

Est et aquarum significatio: mare si tranquillum LXXXV
in portu cursitabit murmurabitve intra se, ventum 359
praedicet; si id hieme, et imbrem; litora ripaeque si
resonabunt tranquillo, asperam tempestatem, item
maris ipsius tranquillo sonitus spumaeve dispersae
aut aquae bullantes. pulmones marini in pelago plu-
rium dierum hiemem portendunt. saepe et silentio
intumescit inflatumque altius solito iam intra se
esse ventos fatetur.

Et quidam et montium sonitus nemorumque LXXXVI
mugitus praedicunt et sine aura, quae sentiatur, 360
folia ludentia, lanugo populi aut spinae volitans

Nässe für drei Tage an. Wenn sich die Wolken auf die Berggipfel senken, wird es stürmisches Wetter geben. Werden die Gipfel frei, so wird sich das Wetter aufheitern. Ist eine Wolke schwer und hellschimmernd, was man ‚weißes Gewitter‘ nennt, so droht Hagelschlag. Ein noch so kleines Wölkchen am heiteren Himmel wird stürmischen Wind bringen.

Nebel, die von den Bergen herabziehen, vom Himmel fallen oder sich in die Täler senken, versprechen heiteres Wetter.

Nächst diesen geben besonders die Feuer auf der Erde Vorhersagen. Brennen sie nämlich blaß und knisternd, so betrachtet man dies als Vorboten für schlechtes Wetter, auch für Regen, wenn Lichtschnuppen in den Lampen sind und die Flamme hin und her flackert. Auf Wind deuten die Lampen auch, wenn sie ihre Flammen von selbst ausstoßen und sich kaum anzünden lassen; ebenso wenn sich am hängenden Bronzekessel Funken anhäufen oder wenn an Töpfen, die man vom Feuer nimmt, Kohle haften bleibt; oder wenn ein zugedecktes Feuer von selbst Asche ausstreut oder Funken sprüht, oder wenn die Asche auf dem Herd zusammenbäckt und die Kohle kräftig hindurchleuchtet.

Es gibt auch ein Wetterzeichen der Gewässer: Wenn das ruhige Meer im Hafen hin- und herzulaufen oder in sich zu murmeln beginnt, kündigt es Wind an; geschieht dies im Winter, dann auch Regen; wenn Küsten und Ufer bei ruhigem Wetter rauschen, gibt es heftigen Sturm, ebenso wenn bei ruhigem Wetter das Meer selbst rauscht, Schaumkronen bildet oder Blasen aufsteigen läßt. Quallen auf dem Meer bedeuten stürmisches Wetter für mehrere Tage. Oft schwillt das Meer auch bei stillem Wetter an und zeigt durch ungewöhnlich hohen Wellengang, daß in ihm bereits Winde wirksam sind.

Ja, auch ein bestimmtes Tosen in den Bergen und das Rauschen in den Wäldern geben Anzeichen, ebenso Blätter, wenn sie ohne fühlbaren Luftzug spielen, auch die umherfliegende

aquisque plumae innatantes, atque etiam in campa-
nis venturam tempestatem praecedens suus fragor.
caeli quidem murmur non dubiam significationem
habet.

Praesagiunt et animalia: delphini tranquillo mari LXXXVII
lascivientes flatum, ex qua venient parte, item spar-   361
gentes aquam, iidem turbato tranquillitatem. Lol-
ligo volitans, conchae adhaerescentes, echini adfi-
gentes sese aut harena saburrantes tempestatis signa
sunt. ranae quoque ultra solitum vocales et fulicae
matutino clangore, item mergi anatesque pinnas   362
rostro purgantes ventum, ceteraeque aquaticae aves
concursantes, grues in mediterranea festinantes,
mergi, gaviae maria aut stagna fugientes. grues
silentio per sublime volantes serenitatem, sicut
noctua in imbre garrula — at sereno tempestatem —,
corvique singultu quodam latrantes seque concu-
tientes, si continuabunt; si vero carptim vocem
resorbebunt, ventosum imbrem. graculi sero a   363
pabulo recedentes hiemem, et albae aves cum con-
gregabuntur et cum terrestres volucres contra
aquam clangores dabunt perfundentque sese, sed
maxime cornix, hirundo tam iuxta aquam volitans,
ut pinna saepe percutiat, quaeque in arboribus
habitant, fugitantes in nidos suos, et anseres continuo clangore intempestivi, ardea in mediis harenis
tristis.

Wolle der Pappel oder des Dornstrauchs und auf dem Wasser
schwimmende Federn, sogar auf den Feldern ein eigentümli-
ches Krachen, das einem herannahenden Gewitter vorausge-
geht. Auch ein dumpfes Summen in der Luft ist von unzwei-
felhafter Vorbedeutung.

Auch die Tiere sind wetterfühlig: Wenn die Delphine auf
dem ruhigen Meer spielen, deuten sie Wind von der Richtung
an, aus der sie kommen, ebenso wenn sie Wasser umherspritz-
zen; wenn dies bei aufgewühltem Meer geschieht, ⟨deutet es
auf⟩ ruhiges Wetter. Wenn der Kalmar fliegt, die Muscheln
sich anhängen, die Seeigel sich ansaugen oder mit Sand bedek-
ken, sind dies Anzeichen für einen Sturm. Auch die Frösche,
wenn sie lauter quaken als sonst, und die Bläßhühner, wenn
sie des Morgens schreien, ebenso bedeutet es Wind, wenn die
Tauchvögel und die Enten ihre Federn mit dem Schnabel put-
zen, auch wenn die übrigen Wasservögel hin und her laufen,
die Kraniche landeinwärts eilen, und die Taucher und Möven
das Meer oder die Seen fliehen. Wenn die Kraniche ruhig
emporfliegen, künden sie heiteres Wetter an, ebenso der
Steinkauz, wenn er bei Regen geschwätzig ist – bei heiterem
Himmel aber schlechtes Wetter –; wenn die Raben andauernd
mit einem eigenartigen Schluchzen krächzen und sich schüt-
teln, deuten sie auf einen heiteren Tag; wenn sie aber die Töne
teilweise verschlucken, gibt es windreiches Regenwetter.
Wenn sich die Dohlen erst spät vom Futterplatz zurückzie-
hen, gibt es stürmisches Wetter, ebenso wenn sich weiße
Vögel versammeln und wenn Landvögel gegen das Wasser
gerichtet Schreie ausstoßen und sich besprutzen, vor allem
aber die Krähe; ebenso wenn die Schwalbe so dicht über das
Wasser hin fliegt, daß sie es oft mit den Flügeln streift, wenn
die auf Bäumen lebenden Vögel sich in ihre Nester flüchten,
die Gänse durch beständiges Geschrei lästig werden und der
Reiher traurig mitten im Sande steht.

Nec mirum aquaticas aut in totum volucres prae-LXXXVIII
sagia aëris sentire: pecora exultantia et indecora las-   364
civia ludentia easdem significationes habent, et
boves caelum olfactantes seque lambentes contra
pilum, turpesque porci alienos sibi manipulos faeni
lacerantes, segniterque contra industriam suam
apes absconditae, vel formicae concursantes aut ova
progerentes, item vermes terreni erumpentes.

Trifolium quoque inhorrescere et folia contra LXXXIX
tempestatem subrigere certum est.   365
Nec non et in cibis mensisque nostris vasa, qui-   XC
bus esculentum additur, sudorem repositoriis
relinquentia diras tempestates praenuntiant.

Es ist kein Wunder, daß die Wasservögel oder die Vögel überhaupt die Anzeichen in der Luft spüren. Auch das Kleinvieh gibt, indem es umherspringt und mit ungestümer Lustigkeit spielt, dieselben Vorzeichen, ebenso die Ochsen, wenn sie gegen den Himmel schnauben und sich gegen den Haarstrich ablecken, die häßlichen Schweine, wenn sie Heubündel, für die sie sich sonst nicht interessieren, auseinanderreißen, die ⟨Bienen⟩, wenn sie nur träge arbeiten und sich entgegen ihrem ⟨sonstigen⟩ Fleiß verbergen, oder die Ameisen, wenn sie zusammenlaufen oder ihre Eier forttragen, ebenso die Regenwürmer, indem sie hervorkommen.

Es ist auch gewiß, daß der Klee sich sträubt und seine Blätter dem Unwetter entgegen aufrichtet.

Bei unseren Mahlzeiten und auf unseren Eßtischen zeigen die Gefäße, mit denen die Speisen aufgetragen werden, heftiges Sturmwetter an, wenn auf den Tafelaufsätzen Schwitzwasser zurückbleibt.

ERLÄUTERUNGEN

1 *„Mutter aller Dinge...“:* vgl. Plinius, n. h. 2, 154 ff.; ferner R. Lenoble, Les obstacles épistémologiques (= Sallmann 25).

2 *Elefant:* s. Plinius, n. h. 8, 1 ff. – *Auerochse:* s. ibid. 8, 38; H. Leitner, S. 56: Bos primigenius, Bojan; s. auch Caesar, bell. Gall. 6, 28 – *Rhinozeros:* Plinius, n. h. 8, 71; 6, 185; H. Leitner, S. 212. – *Eber:* Wildschwein, sus scrofa; s. Plinius, n. h. 8, 210.

3 *...bestreichen auch Pfeile:* Über Giftpfeile der Gallier vgl. Plinius, n. h. 27, 101, ebenso der Skythen, ibid. 11, 279. – *machen das Eisen... noch schädlicher:* vgl. Plinius, n. h. 34, 138. – *wir vergiften die Flüsse...:* nach A. Mazzarino, Helicon 9/10, 1969/70, 643-645 (= Sallmann 469) könnte man Plinius für einen Vorläufer modernen Umweltschutzes halten, was aber nicht zutrifft (s. die Bem. bei Sallmann. loc. cit., wonach es Plinius „allein um die Disqualifizierung der pervertierten Menschheit geht“). – *wir haben bereits erwähnt:* vgl. Plinius, n. h. 8, 88 (Kampf der Ichneumone mit den Schlangen); 8, 47 f. (Heilmittel einiger Tiere gegen Schlangenbiß).

4 *die schwarze Zunge... der Schlangen:* vgl. Plinius, n. h. 11, 171. – Über *abscheuliche Vögel* berichtet Plinius n. h. 8, 34 f.

5 *dem Leben zu nützen:* vgl. Vorwort zu n. h. 1, 16, wo ähnliche Gedanken ausgesprochen sind. Plinius wendet sich nun dem eigentlichen Thema des Buches: „dem Lande und den ländlichen Arbeiten“ zu.

6 *Romulus:* der sagenhafte Gründer der Stadt Rom. – *Flur-*

priester oder ‚Arvalbrüder' *(fratres Arvales):* angeblich zwölf Brüder, die Romulus' *Amme Acca Larentia* geboren hatte. Als ein Bruder gestorben war, nahm Romulus dessen Stelle ein und nannte sich *zwölfter Bruder* ; vgl. Masurius Sabinus bei Gellius, noct. Att. VII 7, 8; ferner F. Münzer, S. 349. Die Bruderschaft, in republikanischer Zeit wenig bekannt, wurde von Augustus erneuert. Das alljährlich stattfindende Fest der Flurpriester, bei dem der Kult der Göttin *Dea Dia* gefeiert wurde, sollte die Fruchtbarkeit der Felder erhöhen; s. auch E. Norden, Aus altrömischen Priesterbüchern 1934, 107 ff. Das Priesteramt der Flurpriester war lebenslänglich. – Der *Kranz* als Zeichen der Weihe, als Ehrung und Schmuck: s. R. Ganszyniec in RE XI Sp. 1588 ff.

7 *Zwei Morgen* = etwa 5000 m²; s. auch Varro, res rust. I 10, 2. (1 Morgen war das von einem ‚Joch' Ochsen in einem Tag umpflügbare Land, s. § 9). – *Kaiser Nero* (54–68). – Über *Fischteiche* s. Plinius, n. h. 9, 171 f. – *Numa* Pompilius, der sagenhafte zweite König von Rom. – *gesalzenes Schrotmehl (moles salsa):* grobes, mit Salz vermischtes Mehl, mit dem man Opfertiere bestreute; vgl. Plinius, n. h. 12, 83; 31, 89. – *Hemina:* s. Verz. der Quellenschriftsteller – *geröstetes Getreide:* s. § 61. – Zum Ganzen: F. Münzer, S. 186. 251. 259.

8 *Fest der Opfergöttin (Fornacalia):* altes römisches Opferfest, angeblich von Numa eingesetzt, gefeiert im Februar. Ursprünglich wurde das Getreide nicht gemahlen, sondern zerstampft, nachdem es vorher im Ofen gedörrt bzw. geröstet worden war. *Fornax* galt als Göttin, die dafür Sorge trug, daß das Getreide dabei nicht verbrannte. Vgl. Ovid, Fast. II 525 ff.; Festus, de verb. sign.(Lindsay) 82. – *Fest für die Grenzmarken (Terminalia):* zu Ehren des Grenzgottes *Terminus*, gefeiert am 23. Februar. Dabei wurden Blumenkränze auf die Grenzsteine der Felder gelegt; vgl. Ovid, fast. II 639 ff. – *Diese Götter:* gemeint sind *Fornax* (die Ofengöttin) und *Terminus* (der Grenzgott) – *Seia* und *Segesta*

(eigtl. *Segetia*): nach dem Säen bzw. nach den Saaten benannte Gottheiten, deren Bilder im Circus Maximus (im 11. Stadtteil zu Rom) aufgestellt waren; s. Augustinus, civ. dei IV 8; H. Le Bonniec, L'apport personnel de Pline ... (= Sallmann. 468). – *die dritte... ist Sünde*: Gemeint ist *Tutilina*, die Schutzgöttin des Getreides; s. Macrobius, Sat. I 16, 8; Varro, ling. Lat. V 163; Augustinus, l. c.; s. auch F. Münzer, S. 186. 188. Man glaubte, daß durch das Anrufen dieser Göttin die Ernte gefährdet würde. – *die Erstlinge geopfert*: vgl. Festus, de verb. sign. (Lindsay) 423 s. v. *lacrima*; über erstes Obst vgl. Plinius, n. h. 28, 23.

9 *Ein Joch*: s. § 7. Über die Maßbezeichnungen vgl. Varro, res rust. I 10, 1; Columella, de re rust. V 1, 5 f. Es ergeben sich folgende Werte: 1 Joch (*iugerum*) = 2 *actus quadrati* = 2523, 34 m²; 1 *actus quadratus* = 120 Fuß² (1 Fuß = 0,296 m) = 1261, 67 m². – Über das *Geschenk für Feldherren*: vgl. z. B. Ovid, Met. XV 616 ff. – 1 *quartarius* = 0,1364 l; 1 *hemina* = 0,2729 l (= 2 *quartarii*). Nach F. Münzer, S. 252, steht dieser Hinweis auf Geschenke in Verbindung mit Horatius Cocles und Manlius Capitolinus, die sich beide durch Tapferkeit bei der Verteidigung Roms auszeichneten.

10 *Pilumnus* (von *pilum*: Mörserkeule): ursprünglich Name einer Gottheit, die mit dem Zerstampfen des Korns im Mörser in Verbindung stand. – *Piso*: von *piso* (Mörser). – *Fabius*: von *faba* (Bohne). – *Lentulus*: von *lens* (Linse). – *Cicero*: von *cicer* (Kichererbse). – *Bubulcus*: Ochsentreiber, Gemeint ist C. Iunius *Bubulcus* Brutus, der in den Jahren 317–302 v. Chr. dreimal Konsul, Zensor und Diktator war und sich vor allem auch im Kampf gegen die Samniten auszeichnete; s. RE X Sp. 1027–1030 s. v. Iunius Nr. 62. – *confarreatio*: die feierliche Form der römischen Eheschließung, bei der die beiden obersten Priester (Pontifex Maximus und Flamen Dialis) mit zehn Zeugen anwesend waren. Dabei wurde ein Kuchen aus Spelt *(panis farreus)*, vorangetragen (s. Gaius,

Inst. 1, 112). – Zum Ganzen s. F. Münzer, S. 265. 268. 349.
11 *Tadel vom Zensor:* vgl. Gellius, noctes Att. IV 12, 1,
wonach der Mann, der seinen Acker schlecht bestellte, zur
untersten Klasse der Bürger (*aerarii*) degradiert wurde. –
Cato: vgl. de agricultura, praef. 2f., sagt wörtlich: *bonum
agricolam bonumque colonum* (einen guten Bauern und guten
Landwirt); s. auch F. Münzer, S. 60. – Das Wort *Geld (pecunia)* kommt vom Wort für *Vieh (pecus)*, da der Reichtum der
Alten im Besitz von Vieh bestand; s. Cicero, de re publ. II 9,
16; Gellius, noct. Att. X 5, 2, sagt, daß ein Mann als reich
(locuples) bezeichnet wurde, wenn er mehrere Felder *(plera-
que loca)* besaß; ferner Varro, ling. Lat. 5, 95 und id., res rust.
II 1, 9 und 12; Columella, de re rust. VI praef. 4; ferner F.
Münzer, S. 252. – *Schafe und Ochsen:* vgl. Varro, res rust. II 1,
9; ebenso Cicero, de re publ. II 9, 16. – *Schaf:* vgl. Plinius, n.
h. 33, 7; s. auch Festus, de verb. sign. (Lindsay) 129, s. v.
maximam multam; 220: s. v. *ovibus duabus;* 268f.: s. v. *pecu-
lulus.*
12 *wegen der Ochsenspiele:* (*ludi bubetii*), nur von Plinius
erwähnte, offenbar sehr alte Spiele. Augustinus, civ. dei IV
24, 34, erwähnt eine *Bubona*, Beschützerin der Rinderzucht.
– *König Servius:* der sagenhafte sechste römische König, vgl.
Plinius, n. h. 33,43; Varro, res rust. II 1,9. – *Zwölftafelge-
setze:* Wahrscheinlich stand das von Plinius erwähnte Gesetz
auf der 7. Tafel, welche „die Regelung der Agrarverhältnisse
im altrömischen Agrarstand" (R. Düll) enthielt. – *Ceres:* die
Göttin des Ackerbaus.
13 Das größere Ansehen der ländlichen *tribus* (Abteilun-
gen römischer Bürger) erwähnt auch Varro, res rust. II praef.
1; s. ferner Columella, de re rust. I 17. – Die Reihenfolge der
vier *tribus* lautet bei Festus, de verb. sign. 506 (Lindsay): *Suburana, Palatina, Aesquilina, Collina;* bei Varro, ling. Lat. V
45, steht hingegen: *Suburana, Esquilina, Collina, Palatina;* s.
aber auch ibid. V 56, wo die Reihenfolge lautet: *Suburana,*

Palatina, Esquilina, Collina. – *Alle neun Tage* war Markttag, an dem keine Volksversammlungen stattfinden durften, damit das Landvolk seinen Geschäften nachgehen konnte; s. auch Festus l. c. 177; F. Münzer, S. 255.

14 *Schlaf auf Stroh:* vgl. Plinius, n. h. 8,193; Ovid, Fasti I 205; III 185. – *Dinkel…* Getreide: *adorea* oder *aduria* ist ein Ehrengeschenk, das mit dem Spelt – wahrscheinlich Triticum dioecum Schrank (Gramineae-Poeaceae) – in Verbindung gebracht wurde; s. auch Festus, l. c. 3; ferner § 81. Der eigentliche Spelt (Dinkel) ist sonst Triticum spelta L. – Über Ehrengeschenke s. §§ 9. 83; ferner Horaz, Od. IV 4,41. – *Priesterordnungen:* die sog. Pontifikalbücher, in denen die Bestimmungen für den Götterdienst festgelegt waren. – *Hundeopfer* waren in der Antike nicht häufig; sie dienten offenbar einem Reinigungsritus; vgl. Plinius, n. h. 29, 58. Man wollte offenbar durch ein Hundeopfer den bösen Einfluß des Hundssterns *(canicula)* abwenden. – Zum Text s. auch J. Bayet, Les ‚Feriae sementivae‘… (= Sallmann. Nr. 482); F. Münzer, S. 299f.

15 *Zufuhr:* vgl. aber Columella, de re rust. I praef. 19f.; Varro, res rust. II praef. 3. – *Volksädil Manius Marcius:* nur von Plinius erwähnt, wahrscheinlich um 440 v. Chr.; s. RE XIV Sp. 1544f., s. v. Marcius Nr. 17; F. Münzer S. 270. – 1 *modius* = 8, 732 l; 1 *as* = ca. 5 Goldpfennige. – *L. Minucius Augurinus:* Konsul suff. 458 v. Chr., später Volkstribun (s. RE XV Sp. 1150ff. Nr. 40), kämpfte erfolglos gegen die Aequer. – *Spurius Maelius* (s. F. Münzer in RE XIV Sp. 239ff.) sollte 439 v. Chr. verhaftet werden, wurde aber dabei getötet; s. auch Livius IV 16; ferner F. Münzer, S. 233f. – *Porta Trigemina:* an der aus dem 4. Jh. v. Chr. stammenden Servianischen Mauer zwischen dem Tiber und dem Westabhang des Aventin. – *Bildsäule:* nach Plinius, n. h. 34, 21 (s. die Erl.!) scheint es sich aber nicht um eine Statue, sondern nur um eine Säule gehandelt zu haben. – Zum Ganzen s. auch A.

Mazzarino, Un testo antico... (= Sallmann. 469); H. Lyngby, Porta Minucia (= Sallmann. 470).

16 *M. Seius:* kurulischer Aedil im Jahre 74 v. Chr.; er verkaufte Getreide und Öl trotz großer Teuerung zu Spottpreisen; s. Cicero, de off. II 58; Plinius, n. h. 15, 2; RE II Sp. 1121 Nr. 3; F. Münzer, S. 269 f. – *Kapitol (Capitolium):* in Rom der zwischen Velabrum und Campus Martius gelegene Hügel mit Tempelbauten. – *Palatin (Palatium):* in Rom der mittelste der sieben Hügel, auf dem sich später die Kaiserpaläste befanden. – *Göttermutter (Cybele):* ursprünglich eine phrygische Gottheit, wurde im Jahr 204 v. Chr. in Rom feierlich eingeführt. Sie galt als Herrin der Natur und Spenderin der Fruchtbarkeit.

17 *M. Varro:* s. Verz. der Quellenschriftsteller. – *L.* Caecilius *Metellus* besiegte 250 v. Chr. den karthagischen Feldherrn Hasdrubal in Sizilien und erbeutete sehr viele *Elefanten;* s. Plinius, n. h. 7, 139 ff.; 8, 16. – 1 *modius* = 8,732 l. – 1 *congius* = 3,275 l. – *30 Pfund* = 9,8 kg; *10 Pfund* = 3,3 kg; *12 Pfund* = 3,9 kg. – *Stolo Licinius:* Volkstribun 376–367 v. Chr.; er begrenzte im Jahre 367 durch ein Gesetz den Besitz an Ackerland auf 500 Joche (= ca. 125 ha); s. Varro, res rust. I 2, 9; Livius VI 35. – *nach seinem eigenen Gesetz bestraft:* vgl. Livius, VII 16, 9; Val. Max. VIII 16, 3; Columella, de re rust. I 3, 11; F. Münzer, S. 269.

18 *Manius Curius Dentatus:* Konsul 290 v. Chr., Sieger über die Samniten und Sabiner, ferner über Pyrrhos. Gerühmt wurde, u. a. von Cato, seine selbstgewählte Armut und Tüchtigkeit; s. Cicero, Cato maior 55; Val. Max. IV 3, 5; Columella, de re rust. I 3, 10; Plinius n. h. 7, 68; 16, 185; 14, 87. – *sieben Morgen* = 1,75 ha. Über die zum Teil abweichenden Angaben über die Landzuteilung s. Val. Max., l. c.; Columella, l. c., und de re rust. I praef. 14; Varro, res rust. I 2, 9.

19 *...mit eigenen Händen bestellt:* s. auch § 21 und Columella, de re rust. I praef. 3; Seneca, epist. 86, 5.

20 Atilius *Serranus:* Vergil, Aen. VI 844, erwähnt den „schlichten Sämann Serranus". Er soll Konsul im Jahres 257 v. Chr. gewesen sein; s. RE II Sp. 2094ff. Nr. 57ff. Der Beiname soll aber nicht von *serere* (säen) kommen, sondern von *serra* (Säge), worunter man eine säge- oder schlangenförmige Schlachtordnung verstand; s. Gellius, noct. Att. X 9; Festus, de verb. sign. 466 (Lindsay) s. v. *serra*; F. Münzer, S. 267. – L. Quinctius *Cincinnatus:* der berühmte Diktator des Jahres 458 v. Chr., der vom Pflug weg berufen wurde, um den Krieg gegen die Aequer zu leiten; s. Livius, III 26; Columella, de re rust. I praef. 13. – *4 Joche:* ca. 1 ha. – *vatikanischer Hügel:* das Gebiet vom westl. Tiberufer bis zum Ianiculum, wenig fruchtbar. – *quintinische Wiesen:* nach Quinctius benannt; s. Livius III 13; Val. Max. IV 4, 7. – *nackt:* vgl. Vergil, Georg. I 299: *nudus ara, sere nudus:* „pflüge und säe in leichtem Gewand" (nach J. Götte).

21 *Staatsboten (viatores:* eigtl. Wanderer): vgl. Cicero, Cato maior 56; Columella, de re rust. I praef. 18. – *gefesselte Füße...:* Plinius erwähnt Sträflinge und Sklaven, die die Feldarbeit verrichten müssen. – Über die Tätigkeit der Sklaven im Feldbau schreibt auch Columella, de re rust. I praef. 2f.: „...daß wir die Bodenbewirtschaftung, deren sich bei unseren Vorfahren die besten Männer mit größter Kunst... angenommen haben, den miserabelsten Sklaven wie Henkern zur Mißhandlung des Bodens übergeben haben" (W. Richter).

22/23 *Könige:* Hiero von Syrakus (ca. 270–216 v. Chr.), in diesem Zusammenhang auch von Varro, res rust. I 1, 8, und Columella, de re rust. I 1, 8, erwähnt. – *Attalos III. Philometor* von Pergamon (138–133 v. Chr.) befaßte sich vor allem mit botanischen Studien über Giftpflanzen; ebenfalls von Varro, l. c., und Columella, l. c., erwähnt. – Zum Textproblem „Philometor, Attalos" (zwei Namen?) vgl. F. Münzer, S. 377 Anm. – *Archelaos*, König von Kappadokien (36 v.–17 n. Chr.), s. Varro, ibid. II 3, 5; III 11, 4. – *Xenophon* von

Athen (ca. 430–ca. 355 v. Chr.) schrieb u. a. über Haus- und Gutswirtschaft (Oikonomikos); s. auch Columella, l. c. – *der Karthager Mago* (2. Jh. v. Chr.) schrieb u. a. ein Werk in 28 Büchern über die Landwirtschaft. – *M.* (Porcius) *Cato* (234–149 v. Chr.), der bekannte römische Politiker und Schriftsteller; von Plinius häufig zitiert. – *D.* Iunius *Silanus* erhielt nach der Zerstörung Karthagos (146 v. Chr.) den Auftrag, das Werk des Mago ins Lateinische zu übersetzen. Näheres ist über ihn nicht bekannt (s. RE X Sp. 1088 f. s. v. Iunius Nr. 160). – *M.* (Terentius) *Varro:* s. Verz. der Quellenschriftsteller; res rust. I 1, 1; F. Münzer, S. 139. – Zum Ganzen: H. Le Bonniec, L'apport personnel de Pline… (Sallmann 468).

24 *Weinbau:* vgl. V. Hehn, Kulturpflanzen und Haustiere, S. 65 ff. Die Kultivierung der wilden Rebe zur eigentlichen Weinrebe, Vitis vinifera L. (Vitaceae) scheint schon im dritten Jahrtausend v. Chr. in Kleinasien gelungen zu sein. Von dort kam sie zu den Griechen, von denen sie dann die Römer übernahmen. – *Gestirne:* s. § 201 ff.

25 *Orakelsprüche:* vgl. § 39 f. 298. Plinius bezieht sich im folgenden vor allem auf Cato (s. Verz. der Quellenschriftsteller); s. auch Plinius, n. h. 14, 44 f.

26 *Cato,* agric. praef. 4: „…aus den Bauern gehen die tapfersten Männer hervor" (O. Schönberger); ibid. 1, 1: „…daß du nicht gierig kaufst…"; s. auch Columella, de re rust. I 4, 1. – *Wasser … Weg:* Cato, agric. I 1, 3; Columella, l. c. I 3, 3. – Zum Ganzen: F. Münzer, S. 56.

27 *„In einer guten Gegend…":* s. Cato, agric. I 2. – *M. Atilius Regulus* war zweimal Konsul, 267 und 256 v. Chr., außerdem Feldherr im 2. Punischen Krieg. Über seine Äußerung vgl. Columella, de re rust. I 4, 2: „Man kaufe auch den fruchtbarsten Acker nicht, wenn er ungesund ist…" (W. Richter); s. auch Varro, res rust. I 9, 5. – *Die gesunde Lage:* vgl. Columella, l. c. I 4, 9. – *Schlecht ist der Acker:* s.

Columella, l. c. I 3, 9. – Zum Ganzen: F. Münzer, S. 56.

28 *seiner Beschaffenheit nach wertvoll:* s. Cato, agric. I 2: „... soll dieser gute Boden durch eigene Bonität wertvoll sein" (O. Schönberger). Ähnlich bei Varro, res rust. I 7, 1; Columella, l. c. I 2, 3; Palladius, agric. I 5, 5. – *von einem guten Herrn zu kaufen* ...: s. Cato, agr. I 4 und I 6. – F. Münzer, S. 65. 76.

29 ...*den Weinstock:* s. Cato, agr. I 7: „...Rebland in das erste, besonders wenn es viel Wein trägt" (O. Schönberger); s. auch Varro, res rust. I 7, 9. – *fertige Felder (prata parata):* vgl. Columella, de re rust. II 16, 1 f. Über die Etymologie vgl. Varro, ling. Lat. V 40: *prata edicta ab eo, quod sine opere parata.* – Die Antworten des Cato finden sich nicht in den von ihm überlieferten Worten; s. auch Columella, l. c. VI praef. 4 f.

30 *mit möglichst geringem Aufwand:* vgl. Plutarch, M. Cato (d. Ältere) 4, 6 passim. – Zum Ganzen s. auch F. Münzer, S. 57 f. 63. 389.

31 ...*gerne verkaufen:* s. Cato, l. c. 2, 7: „Ein Hausvater muß verkaufslustig, nicht kauflustig sein" (O. Schönberger). – ...*als junger Mann:* ibid. 3, 1. – *nicht zur Last wird:* s. Varro, res rust. I 11, 1; ebenso Columella, l. c. I 4, 7. – Anwesenheit des Besitzers: s. Columella, l. c. I 1, 18; IV 18, 1. – Zum Ganzen: F. Münzer, S. 58 f.

32 *Das richtige Verhältnis:* vgl. Cato, agric. 3, 1: „Baue so, daß es dem Hof nicht am Grundstück fehlt" (O. Schönberger); ferner Columella, de re rust. I 4, 8; Varro, res rust. I 11, 1. – *L.* Licinius *Lucullus* (117–56): bekannt durch seine Kämpfe gegen Mithridates. Er war einer der reichsten Römer und besaß prachtvolle Villen, Bibliotheken etc. Varro, res rust. I 13, 7; Plinius, n. h. 9, 170; Tacitus, Ann. VI 56; Sueton, Tib. 73. – Q. Mucius *Scaevola* (170–87 v. Chr.): berühmter Rechtsgelehrter. – Zum Ganzen: s. Columella, l. c. I 4, 6; s. auch F. Münzer, S. 58 f. – *weniger zu pflügen:* vgl. H. Drerup,

Zum Ausstattungsluxus… (= Sallmann 546), wonach in der
republikanischen Zeit staatlicher Luxus geduldet war; ferner
Gellius, noct. Att. IV 12, 1. – Zum Text: *Novissimus…: s.* F.
Münzer, S. 60, Anm. 1; vgl. M. Fiévez, Novissimus villam…
Latomus 9, 1950, 381-384 (= Sallmann 473), der die verdor-
bene Textstelle zu deuten versucht; s. die ausführliche Stellungnahme bei H. Le Bonniec, Pline L'Ancien, Livre XVIII
Comm. S. 196 f. – *C. Marius:* aus römischem Ritterstand, war
in den Jahren 107 bis 86 v. Chr. siebenmal Konsul. Er errichtete u. a. Luxusbauten in Rom und Baiae. – *Misenum:* Stadt
und Vorgebirge in Kampanien; s. Plinius, n. h. 3, 61. – *Sulla
Felix* (138 – 78 v. Chr.): Nebenbuhler des C. Marius; er hat
sich selbst den Beinamen „der Glückliche" *(Felix)* zugelegt,
da er u. a. nie eine Schlacht verloren hatte; s. Plinius, n. h. 7,
137 f.

33 …*in der Nähe von Sümpfen:* genauere Angaben s. bei
Varro, res rust. I 12, 1 – 2; Columella, de re rust. l 5, 4 – 6. –
Homer: vgl. Od. V 469, wonach am Morgen vom Fluß ein
eisiger Lufthauch weht. – Über die Lage des Hauses sagt
jedoch Varro, res rust. I 12,1 daß die Richtung nach Osten am
besten sei; ebenso Columella, de re rust. I 5, 5: „am besten ist
es aber, wenn ein Haus … an gesunden Plätzen nach Osten
oder Süden, an weniger gesunden nach Norden liegt" (W.
Richter).

34 *mit den Worten Catos:* in den erhaltenen Werken nicht
vorhanden. Ähnliche Angaben jedoch bei Columella, de re
rust. ll 2, 90 u. 112, 14. – *Attich (ebulum):* auch Zwergholun-
der genannt: Sambucus ebulus L. (Caprifoliaceae). – *Schlehdorn (prunus silvestris):* Prunus spinosa L. (Rosaceae). –
Brombeere (rubus): vielleicht Rubus fruticosus L. – *die kleine
Zwiebel:* nicht mit Sicherheit bestimmbar, vgl. Plinius, n. h.
19. 93 ff. – *Klee:* Über die verschiedenen Kleearten s. Plinius,
n. h. 21, 54. – *Wiesengras:* Hier ist allgemein nur ‚Gras'
gemeint (Gramineae), vielleicht die Wiesenrispengras, Poa

pratensis L. (?). – *Eiche:* vielleicht die Stieleiche. Quercus robur L. (Fagaceae). – *der wilde Birnbaum und der wilde Apfelbaum* aus der Gattung Pirus L. (Rosaceae). Apfel und Birne gehören zur gleichen Gattung. Apfel: Pirus Malus L.; Birne: Pirus communis L.- *schwarze und aschgraue Erde:* vgl. Columella, l. c. 112, 14. – Zur Quellenfrage s. auch F. Münzer. S. 15 f. 60.

35 *ein mäßig großes Feld:* vgl. Columella, de re rust. I 3, 8, der ein Wort der Sieben Weisen zitiert: „Maß und Ziel in allen Dingen!" und auf Vergil, Georg. II 412, hinweist: „Preise ein großes Besitztum, doch selbst bebaue ein kleines!" (W. Richter); s. F. Münzer, S. 60 f. 83. – *Die großen Güter (latifundia) …zugrunde gerichtet:* auch Columella, l. c. 13, 12, und andere antike Autoren wie Seneca, de benef. VII 10, 5, und Tacitus, Ann. 3, 53, führen darüber Klage (s. auch Plinius, n. h. 2, 175). Zum Problem des Niedergangs der römischen Landwirtschaft hat sich in neuerer Zeit M. E. Sergeenko (= Sallmann 471) „nicht ideologiefrei" (= Sallmann 471) geäußert. Eine sachliche Untersuchung liefern R. Martin, „Recherches… (Fober. III 216) und K. D. White, Latifundia… (Fober. III 217 = Sallmann 474). Plinius meint offenbar, daß allzu große Güter nicht mehr vollständig bewirtschaftet werden konnten, was dann zur Entvölkerung weiter Gebiete führe. – *die Hälfte Afrikas:* d. h. der römischen Provinz Africa. – *Kaiser Nero:* 54 – 68. – *Cn. Pompeius* Magnus: (106 – 48 v. Chr.); römischer Feldherr und Staatsmann; s. Plinius, n. h. 7, 93 f. – *Mago:* s. § 22 f., ferner Columella, de re rust. I 1, 18 f., der die Anwesenheit des Besitzers besonders herausstellt und dabei Mago wörtlich zitiert: „Wer ein Gut erworben hat, soll sein Haus in der Stadt verkaufen, damit er nicht dem städtischen *Lar* lieber opfert als dem ländlichen…" (W. Richter).

36 *Erfahrung der Gutsverwalter…:* Cato, agric. V, 2 f. berichtet ausführlich über „die Pflichten des Verwalters" und sagt u. a.: „Er soll sich nicht einbilden, klüger zu sein als sein Herr. Er soll dem Herrn häufig Rechenschaft ablegen" (O. Schönberger). Ähnlich spricht auch Columella, de re rust. I 8, 10 und 13; XI 1, 27. – Über den Einsatz von *Sträflingen* ibid. XI 1, 21 f. Auch Plinius iun., epist. III 19, 6, sagt, daß er nirgends Zwangsarbeiter beschäftigt. – *„...allzu gut zu bebauen"*: s. § 38. – Zum Ganzen F. Münzer, S. 61, ferner M. E. Sergeenko, s. § 35.

37 *L. Tarius Rufus:* Konsul 16 v. Chr., von niederer Herkunft, aber von Augustus wegen seiner hohen militärischen Tüchtigkeit sehr gefördert; s. E. Groag in RE IV A 2, Sp. 2320 – 2323. – *100 Millionen Sesterzen=* ca. 20 Millionen Goldmark. – *Picenum:* Gebiet im östlichen Italien; s. Plinius, n. h. 3, 110. – *Erbe:* L. Tarius Rufus hatte einen mißratenen Sohn, der auf ihn einen – allerdings mißglückten – Mordanschlag verübte und daraufhin verbannt wurde. Wer der Erbe des riesigen Vermögens war, ist nicht bekannt. Ph. Külb, XIII 1483, sagt, der Erbe habe die Nachfolge verweigert, „weil die Schulden das Vermögen überstiegen". – *Maßhalten:* vgl. § 35. – Zum Ganzen: F. Münzer, S. 62.

38 *Den Acker gut zu bestellen:* Ähnliche Anweisungen finden sich bei Columella, de re rust. I 7, 3, wo es nach einem Ausspruch des Großgrundbesitzers P. Volusius heißt: „...der glücklichste Besitzer sei derjenige, der eingesessene Pächter habe..." (W. Richter), ferner bei Varro, res rust. I 17, 2. – *Ölbaum:* Plinius meint damit, daß der Ölbaum wenig Pflege braucht und gewisse Erdarten ohne besondere Pflege reichlichen Ertrag geben. – *in Sizilien:* vgl. Theophrast, h. pl. VIII 6, 3: „In anderen Gegenden ist die vielfältige Bearbeitung nachteilig, wie in Sizilien, wo viele Fremde diesen Fehler begehen" (K. Sprengel). Über ähnliche Fehler berichtet Plinius auch n. h. 17, 30.

39 *10 Pfund Silber* (= 3, 27 kg). Gellius, noct. Att. IV 8, 7, berichtet von einem gewissen Rufinus, der zweimal (zuletzt

`_

—

277 v. Chr.) Konsul war, und 285 v. Chr. aus dem Senat gestoßen wurde; s. auch Plinius, n. h. 33, 142. 153. – …*während der Senat ihre Güter verwaltete:* Plinius deutet hier auf Atilius Regulus (s. § 27), der im Punischen Krieg anfänglich erfolgreich war; s. Val. Max. IV 4, 6; s. auch F. Münzer, S. 62. 325, Anm. 1.

40 *Leitsätze:* vgl. die Vorschriften bei Cato, agr. II 3 f. , 7. – *an Feiertagen:* s. Columella, de re rust. II 21, 1, der sich auf Vergil, Georg. I 268 ff. bezieht: „Selbst an Feiertagen zu schaffen hindert dich weder Götter- noch Menschengesetz – abzuleiten den Bach, die Saat zu umhegen…, Vogelfallen zu stellen usw." (J. u. M. Götte). – Zur Quellenfrage s. F. Münzer, S. 62 f.

41 *C. Furius C (h) resimus:* Dieser Freigelassene und fleißige Landmann ist nicht weiter bekannt; s. RE VII Sp. 351 Nr. 52. – *Zauberkünste:* vgl. Plinius, n. h. 28, 17 f. , wo der Autor auf die Worte in den Zwölftafelgesetzen: „Wer Früchte (von einem fremden Feld) wegzaubert" hinweist; s. auch Seneca, nat. quaest. IV 7, 2; auch F. Münzer, S. 63. 194, Anm. 1. 224.

42 *Spurius* Postumius *Albinus:* Dieser kurulische Aedil war 189 v. Chr. Prätor und 186 v. Chr. Konsul; s. RE XXII Sp. 921– 923 Nr. 44; s. auch Plinius, n. h. 33, 138. – M. Calpurnius *Piso Frugi:* von Plinius mehrfach erwähnt (z. B. 2, 140; 8, 17; 13, 87). Er war 133 v. Chr. Konsul, 120 v. Chr. Zensor und hat Annalen verfaßt; s. RE III Sp. 1392 – 1395 Nr. 96.

43 *das Auge des Herrn:* s. Columella, de re rust. III 21, 4: „Wo Anwesenheit und Aufsicht des Besitzers häufig stattfindet, da gedeiht die Frucht in reicherer Fülle" (W. Richter); ferner Palladius, agric. 16, 1: *praesentia domini provectus est agri* (Anwesenheit des Herrn ist für den Acker von Vorteil); s. auch G. Büchmann, Geflügelte Worte.

44 *Vorschriften* (von Cato): agric. 4: „Zu den Nachbarn mußt du freundlich sein". – *Gesinde:* ibid. 5, 2: „Dem

Gesinde soll es nicht schlecht gehen". – *Ackerbau:* ibid. 5, 7:
„Mache, daß du alle Arbeiten rechtzeitig erledigst". – *fauligen
Boden:* ibid. 5, 6: „Feuchtes Land hüte dich unter den Pflug
zu nehmen". s. a. Plinius, n. h. 17, 34 f. s. Columella, de re
rust. 18, 14; XI 1, 28. 30; s. auch F. Münzer, S. 63. 76. – *Was
durch einen Esel...:* dieser Satz steht nicht in den überlieferten Werken Catos. Über die Verwendung eines Esels in der
Landwirtschaft: s. Plinius, n. h. 8, 167; 17, 41; Columella, l. c.
VII 1, 2; Varro, res rust. 120, 4; 116, 5.

45 *Farnkraut:* wahrscheinlich der Adlerfarn, Pteridium
aquilinum Kuhn (Polypodiaceae). In Italien gibt es auch noch
den Saumfarn, Pteris cretica L. (Pteridaceae). Über die Entfernung von Farnkraut berichtet auch noch Columella, de re
rust. XI 2, 13 und XI 2, 62 Das Rohr anpflanzen: vgl. Plinius,
n. h. 24, 85; ferner ibid. 20, 1, wo Plinius über die Sympathie
und Antipathie näheres ausführt, was auch hier gemeint ist; s.
ferner ibid. 24, 1 ff.; s. auch Dioskurides, m. m. IV 183 (186)
und I 84 (187); s. auch F. Münzer, S. 64 (auch für die folgenden §§).

46 *Binsen:* Juncus L. (Juncaceae) vgl. Columella, de re
rust. II 2, 13; Palladius, agric. VI 3, 3; Columella, l. c. II 2, 11;
Palladius, l. c. I 6, 13.

47 Über die Behandlung von *feuchteren Feldern:* vgl.
Cato, agric. 34, 155; Palladius, agric. VI, 3, 1 f. Genauere
Angaben bei Columella, de re rust. II 2,9 ff. – *Demokrit* s.
Verz. der Quellenschriftsteller. – *Lupine:* Lupinus albus L.
(Leguminosae) s. § 133. – *Schierling:* Conium maculatum L.
(Umbelliferae – Apiaceae) s. Plinius, n. h. 25,1 51 ff. Der
Schierling enthält das äußerst giftige Alkaloid Coniin,
$C_8H_{17}N$ (= 2-Propylpiperidin). Ob er allerdings zusammen
mit der Lupine die angegebene Wirkung tut, „einen Wald
auszurotten", muß bezweifelt werden.

48 *Feldfrüchte:* vgl. Columella, de re rust. II 6,1, der als
„wertvollste Saatart... den Weizen (Triticum) und den

Emmer (Triticum dicoccum)" (W. Richter) bezeichnet. Die
weitere Aufzählung von Feldfrüchten hat Plinius im wesentlichen aus Theophrast, h. pl. VIII 1, 1, übernommen, der
jedoch etwas ausführlicher ist.

49 *Untergang der Plejaden* (des Siebengestirns): vgl. §§
202, 222, 248, 280. Für das folgende s. wiederum Theophrast,
h. pl. VIII 1, 2-4. – *Weizen:* Triticum L., auch als Tr. hyber-
num, Tr. vulgare und Tr. cereale bezeichnet (Gramineae),
wird heute nach der Chromosomenzahl in die drei Gruppen
diploid, tetraploid und hexaploid unterteilt (s. W. Franke,
Nutzpflanzenkunde, S. 82, Tab. 6); s. ferner Kl. Pauly V Sp.
1361 f. s. v. Weizen. – *Gerste:* Hordeum vulgare L. (Gramineae Poaceae). Man unterscheidet hauptsächlich zwei Arten,
die zweizeilige und die vierzeilige Gerste. Die Gerste gehört
zu den wichtigsten Getreidearten (s. W. Franke, l. c. S. 87ff.;
Kl. Pauly II 774ff. s. v. Gerste). – *Hirse:* Panicum miliaceum
L. (Gramineae – Poaceae), auch Rispenkeime, echte, leichte
Hirse genannt; s. W. Franke, l. c., S. 98ff.; Kl. Pauly II 1182 f.
– *Kolbenhirse* (Panicum): Setaria italica (L.) P. Beauv. (Gra-
mineae – Poaceae); s. W. Franke, l. c., S.102. – *Sesam:* Sesa-
mum indicum L. (Pedaliaceae); s. W. Franke, l. c., S.158ff. –
Drachenmaul (horminum): Horminum pyrenaicum L.
(Labiatae – Lamiaceae). – *irio:* wohl eine Art der Rauke:
Sisymbrium officinale (L.) Scop. (oder S. polyceratinum?)
(Cruciferae – Brassicaceae).

50 *Linse:* Lens esculenta Moench. (Leguminosae); s. W.
Franke, l. c., S. 137. – *Kichererbse:* Cicer arietinum L. (Leguminosae). – *Speltgraupen (alica):* aus dem Emmer, Triticum
dicoccum Schrank (Gramineae – Poaceae), bereitet. – *Bohne:*
Vicia faba L. (= Faba vulgaris/Leguminosae); s. W. Franke, l.
c. S. 141 ff. – *weiße Rübe:* Brassica campestris v. rapa L. (Cruciferae – Brassicaceae); W. Franke, l. c., S. 14ff., 195). – Vergil, Georg. I 215 ff., empfiehlt u. a. die Bohne und Hirse, die
im Frühling gepflanzt werden sollen. Plinius folgt im wesent-

lichen Theophrast, h. pl. VI 111, 3. – *Saatfrüchte (sementiva)* sind solche, die früh gesät werden müssen. – *Mischfutter (farrago):* ein Gemisch aus verschiedenen Getreidearten (Gerste, Wicke und andere Leguminosen); s. § 142 und Festus, de verb. sign. (Lindsay) 81; Varro, res rust. I 31, 4; Columella, de re rust. II 10, 24; II 2, 99. – *Wicke:* Vicia sativa L. (Leguminosae); s. § 137ff. – *Lupine:* s. § 133ff. Lupinus albus L. (Leguminosae).

51 *Hülsenfrüchte… Getreide… Wurzeln:* Plinius folgt hier wiederum weitgehend Theophrast, h. pl. VIII 2, 3. – *die Bohne ausgenommen:* Diese Behauptung bei Theophrast und Plinius ist nicht zutreffend… – *Die Gerste bricht…:* auch hier wiederum weitgehende Übereinstimmung mit Theophrast, l. c. VII 11, 5 und 6; s. auch Varro, res rust. I 45, 1, der ähnliche Zeitangaben macht. Die Beschaffenheit des Bodens und die Witterung beeinflussen natürlich das Aufgehen des Samens. – *Bei der Gerste:* vgl. Theophrast, l. c., VIII 2, 1. – *…Stengel, der auch früher zur Blüte gelangt:* bei Theophrast, VIII 2, 2, heißt es aber: „Bei allen aber erscheint die Wurzel etwas früher als das Stämmchen" (K. Sprengel). Das Wort „Blüte" wird von Theophrast in diesem Zusammenhang nicht erwähnt, da er nur das Keimen bespricht.

52 *Getreide… im Winter…:* s. Theophrast, h. pl. VIII 2, 4. – *knotigen… Stengel:* id. VIII 3, 2: „Der Stamm ist bei den Getreidearten knotig und wird Halm genannt" (K. Sprengel).

53 *Die Frucht aller Saaten…:* s. Theophrast, l. c. VIII 3, 4. – *Sesam und Mohn:* id. I 11, 2: „In Behältnissen trägt der Mohn seine Samen… der Sesam aber auf eigentümliche Art." (K. Sprengel). – *Die Kolbenhirse:* Setaria italica (L.) P. Beauv. (Gramineae – Poaceae), eine uralte indogermanische Kulturpflanze. Zu ihrer Beschreibung s. W. Franke, S. 102f. Ihre medizinische Verwendung beschreibt Plinius, n. h. 22, 131. – *panicum:* Hirse; *panicula:* der Büschel der Hirse.

54 Über die *verschiedenen Arten* der Hirse: vgl. W.

Franke, S. 98 ff. Vor allem ist noch zu erwähnen die Rispenhirse, Panicum miliaceum L. (Gramineae – Poaceae), auch
kahle Hirse genannt. Über die Mohrenhirse s. § 55. – *bereitet
man... Brot:* vgl. Columella, de re rust. II 9, 19. Die Hirse,
besonders die Kolbenhirse, wurde vor allem in Form von
Brei, als Grütze oder als Fladen gebacken, verwendet. – 1
modius = 8,732 l; 60 *Pfund* = ca. 20 kg; drei *sextarii* = ca.
1,6 l. – Über den Hirsebrei s. auch § 100; über das Brot s. auch
Celsus, Med. II 18, 4 und II 25, 1.

55 *Hirse von schwarzer Farbe:* Gemeint ist die sogenannte
Mohrenhirse, Sorghum bicolor (L.) Moench (Gramineae –
Poaceae), auch Andropogon sorghum oder Sorghum vulgare
Pers. genannt. Ihr Halm kann bis zu 5 m (Plinius: sieben Fuß
= ca. 2 m) hoch werden, ist rohrartig und mit Mark gefüllt.
Sie ist auch heute noch eine der wichtigsten Hirsearten. – *drei
sextarii* = ca. 1,6 l. – Man vermutet, daß die Mohrenhirse
nicht nur aus Italien, sondern auch aus Afrika stammt.

56 Über die Bildung von *Knoten* und das *Blühen* der
Getreidearten: vgl. Theophrast, h. pl. VIII 2, 4 f., dem Plinius
wieder weitgehend folgt; s. auch Columella, de re rust. II 11,
18: „Jedes Getreide... treibt die Ähre zwischen der Bildung
des dritten und vierten Knotens aus und blüht... in acht
Tagen ab" (W. Richter). – *Varro:* s. Verz. der Quellenschriftsteller. In den erhaltenen Werken des Varro findet sich diese
Notiz nicht. Die Angaben in res rust. I 32, 1 weichen von den
Angaben des Plinius stark ab; s. dazu auch F. Münzer, S. 91.

57 *Bohnen:* s. § 117. – *Kichererbse:* s. § 50. – *Erve:* s. § 139.
– *Linse:* s. § 50 u. I 23. – *Lupine:* s. § 50 u. 133 ff. – Zum Ganzen: s. Theophrast, h. pl. VIII 2, 3 und 3, 2.

58 *Getreide:* hier der Weizen. – *Beide Arten Gerste:*
Gemeint ist die zweizeilige *(distichum)* und sechszeilige
(hexastichum) Gerste, die beide auch von Columella, de re
rust. II 9, 14. 16, erwähnt werden. Betrachtet man die Ähre
von oben, so sind deutlich zwei bzw. sechs Zeilen von Kör-

nern zu sehen (es gibt auch eine vierzeilige Gerste). Einzelheiten s. W. Franke, S. 87 f.; s. auch § 78. – *viele Blätter hingegen:* s. Theophrast, h. pl. VIII 2,1.3. – *ervilia:* s. § 143; Plinius, n. h. 21,70. – *Schwertbohne:* s. id., n. h. 12,26. – *irio:* s. § 49. Quellenschriftsteller ist wiederum Theophrast, h. pl. VIII 3,1.

59 vgl. Theophrast, h. pl. VII 2, 5.

60 Wiederum weitgehend übereinstimmend mit Theophrast, h. pl. VIII 2, 6 f., der jedoch die *Peloponnes* nicht erwähnt, sondern nur von den „meisten Gegenden in Griechenland" spricht. – Das Getreide ist *widerstandsfähiger:* vgl. Theophrast, l. c. VIII 3, 5: „Ausdauernder im Winter und überhaupt bei Luftveränderungen sind die Getreidearten; die Hülsenpflanzen geben kräftigere Nahrung" (K. Sprengel).

61 *...mehrere Hüllen:* s. Theophrast, h. pl. VIII 4, 1. – *Emmer:* Triticum dicoccum Schrank (Gramineae – Poaceae); s. § 92. – *Hafer:* Avena sativa L. (Gramineae – Poaceae). – Halm höher: s. Theophrast, l. c. – Über das *Dörren* (Rösten) von Getreide s. § 7 f. u. J. André, L'alimentation, S. 57.

62 *15 Pfund* = 4,9 kg/*modius* (= 8, 732 l); (1 kg = 1,782 l). *22 Pfund* = 7,2 kg/*modius*; (1 kg = 1,212 l)

olyra ist der Emmer, s. § 61; *braces... scandala:* ebenfalls der Emmer oder Dinkel = Spelt, Triticum spelta L. (Gramineae – Poaceae). – *vier Pfund* = 1,49 kg. – *Verrius:* s. Verz. der Quellenschriftsteller.

63 Das in diesem § Gesagte geht abermals auf Theophrast, h. pl. VIII 4, 5 und 3, 4 zurück; z. B. Athleten...: „daß die Kämpfer in Böotien (s. Plinius, n. h. 4, 25) kaum drei Pfund verzehren, wenn sie aber nach Athen kommen, so brauchen sie fast fünf Pfund" (K. Sprengel).

64 *Unter allen Kornarten...:* vgl. Theophrast, c. pl. III 21, 2 und h. pl. 4, 3. Die von Plinius genannten Weizenarten lassen sich nicht genau bestimmen: *drakontías:* Nach K. Sprengel (Erl. S. 305) soll der Name von der bunten Beschaffenheit der Ähren und Körner herrühren, während Ph. Külb, S. 1994, mit „Schlangenweizen" übersetzt, „wahrscheinlich von seiner länglichen Gestalt". Es könnte sich vielleicht um den ‚Rauhweizen‘, auch Welscher oder englischer Weizen genannt, Triticum turgidum L. (Gramineae-Poaceae) handeln. – *strangías:* von Ph. Külb, ibid., mit ‚Tropfenweizen‘ übersetzt, vielleicht weil er rund ist und wie ein Tropfen aussieht. – *den selinusischen:* nach K. Sprengel (u. Ph. Külb) wahrscheinlich nach griech. *selene* (Mond) benannte, mondähnliche Kuchenart, die in Griechenland sehr beliebt war. – *speudias:* von Theophrast nicht erwähnt.

65 *Regierung Alexanders des Großen:* 336 – 323 v. Chr. – Plinius datiert das nicht mehr erhaltene Schauspiel *Triptolemos* des Sophokles auf 145 Jahre vor dem Tod Alexanders, d. h. auf 468 v. Chr. Es ist dasselbe Jahr, in dem Sophokles (ca. 497/6 – 405 v. Chr.) seinen ersten Sieg errungen hat. – *Triptolemos* war eine Gestalt des eleusinischen Kultes; er brachte die Gaben der *Demeter*, der „Mutter der Erde und des Getreides", in alle Welt.

66 *Chersonnes* (h. Halbinsel Gallipoli): s. Plinius, n. h. 4, 43. – *20 Pfund* = 6,549 kg (1 kg = 1,333 l); *25 Pfund* = 8,18 kg; *26 Pfund* = 8,51 kg. – *Clusium* (h. Chiusi): s. Plinius, n. h. 3, 52.

67 Kommißbrot: Über die verschiedenen Brotsorten s. H. Blümner, Technologie... I 74ff. – 1 *congius* = 3,275 l. – *35 Pfund* = 11,46 kg.

68 *Thebaïs* in Ägypten: vgl. Plinius, n. h. 5, 48f. – Es ist verständlich, daß die Verwendung von *Seewasser* bei der Brotherstellung für die Gesundheit nachteilig ist. – *die genannten Getreidearten:* s. § 62. – *Getränk:* Gemeint ist das Bier, das im Altertum nicht nur als Genuß–, sondern auch als Heilmittel verwendet wurde.

69 *Hüllen:* vgl. Theophrast, h. pl. VIII 4, 3: „Einige haben wenige Hüllen, andere viele, wie der *thrakische*" (K. Sprengel). – *Dreimonatsweizen:* s. id., VIII 1, 4: „...eine Art Wei-

zen und Gerste, welche man dreimonatlich nennt, weil sie in
solcher Zeit vollendet werden" (K. Sprengel). Unter Dreimonatsweizen ist wahrscheinlich der im Frühjahr gesäte hexa-
ploide Weizen zu verstehen.

70 *Zweimonatsweizen:* s. Theophrast, h. pl. VIII 4, 4, dem
Plinius auch hier wieder weitgehend folgt. – *Ainos:* freie Stadt
in Thrakien, s. Plinius, n. h. 4, 43. – *Karystos:* Stadt *auf
Euboia;* id. 4, 51. 64. – *Columella:* s. Verz. der Quellenschriftsteller, hier de re rust. II 9, 8, der folgendes sagt: „Es ist
auch nicht so, wie viele gemeint haben, daß ein bestimmtes
Getreide von Natur aus Dreimonatssaat sei; denn auch dieses
gedeiht noch besser, wenn man es im Herbst aussät" (W.
Richter). – *setanion:* der im selben Jahr, d. h. im Frühling,
gesäte Weizen, wahrscheinlich der Sommerweizen. – *In Baktrien* (h. Afghanistan, s. Plinius, n. h. 6, 48): Theophrast, h. pl.
VIII 4, 5: aber von dieser Weizenart, „die so stark sei, daß sie
die Größe eines Olivenkerns erreiche" (K. Sprengel). – Über
den Weizen s. auch Dioskurides, m. m. II 107, der vor allem
die Verwendung in der Heilkunde erwähnt.

71 Angaben über die Saatzeit: s. § 20f. – *Die Inder
haben...:* vgl. Theophrast, h. pl. IV 4, 4. – *Reis (óryza):*
Oryza sativa L. (Gramineae – Poaceae). Griechen und Römer
kannten den Reis, der aus Indien kam, wußten aber über die
Pflanze nicht Bescheid, wie aus der zum Teil unrichtigen
Beschreibung bei Plinius *(fleischige Blätter, purpurfarbene
Blüte)* hervorgeht. Über die Pflanze s. W. Franke, S. 90ff.; s.
auch Theophrast, h. pl. IV 4, 10; Dioskurides, m. m. II 108.

72 Schilderung der athenischen Sitten bei *Menander:* In
den überlieferten Werken des athenischen Komödiendichters
findet sich diese Stelle nicht. – Die spöttische Bezeichnung
„*Gerstenbrotesser*" (*hordearii*) beruht darauf, daß man den
Gladiatoren nach dem Kampf Gerste reichte. – *Graupe aus
Gerste:* Gemeint ist die sog. Polenta, von den Römern als *puls*
bezeichnet.

73 Zur Herstellung der Polenta vgl. auch Palladius, agric. VII 12. – *drei Pfund* (= ca. 983 g). – *Leinsamen* (von Linum usitatissimum L., Linaceae) haben der Polenta sicherlich einen unangenehmen Geschmack verliehen, weshalb man *¹/₂ Pfund* (= ca. 164 g) *Koriander* (von Coriandrum sativum L., Umbelliferae – Apiaceae, s. Plinius, n. h. 12, 109) und *1 acetabulum* (ca. 68 cm³) Salz hinzufügte.

74 Die Gerste gehört seit den ältesten Zeiten zu den wichtigsten Getreidearten. Das *Gerstenbrot* wurde dann aber allmählich zugunsten des Weizenbrots verdrängt. Der Gerstentrank (*tisana*, auch *ptisam*) war hingegen sehr geschätzt; s. auch Plinius, n. h. 22, 136; Dioskurides, m. m. II 108.

75 *Hippokrates:* s. Verz. der Quellenschriftsteller; s. ferner Plinius, n. h. 22, 136 (Incl. Erl.). – *Utica:* Stadt in der Africa proconsularis; s. Plinius, n. h. 5, 76. – *zweizeilige Gerste:* Hordeum distichum L. (Gramineae – Poaceae); s. auch § 78. – *Turranius:* s. Verz. der Quellenschriftsteller; ferner F. Münzer, S. 388 f. – *die glatte:* vielleicht deshalb so genannt, weil die Ährchen bei dieser Art nur gering abstehen. – *ólyra:* s. § 62. – *Reis:* s. § 71. – *Herstellung des Gerstentrankes:* s. Geopon. II 34; III 9.

76/77 *Weizengrütze (trágos):* zur Herstellung vgl. Geopon. III 8. – *Stärkemehl (ámylon: ‚nicht gemahlenes'):* Die Stärke entsteht in den Pflanzen aus Kohlenstoffdioxid und Wasser unter Einwirkung von Licht in den Chlorophyllkörnern und bildet den wichtigsten Kohlenhydratvorratsstoff. Über ihre Gewinnung in der Antike s. Cato, agric. 87, und Dioskurides, m. m. II 123; s. auch F. Münzer, S. 75. Plinius und Dioskurides stimmen weitgehend überein; zum Trocknen wurden nur heiße Steine (ohne Sauerteig) verwendet. Einfacher ist das von Cato angegebene Verfahren, wonach die Weizenkörner nur zweimal (Plinius und Dioskurides: fünfmal) mit frischem Wasser begossen und am 10. Tag durch Ausdrücken entwässert wurden; s. auch H. Blümner, I

95 f. – *Chios:* große Insel an der Westküste Kleinasiens; s. Plinius, n. h. 5, 136.

78 *Gerstenmehl als Heilmittel:* s. Dioskurides, m. m. II 108. – *zwei Reihen…:* s. Theophrast, h. pl. VIII 4, 2, der ebenfalls die mehrzeilige Gerste erwähnt. Heute unterscheidet man nur die zweizeilige mit größeren Körnern (Hordeum distichum L.), die vierzeilige (Hordeum vulgare L.) und die sechszeilige (Hordeum distichum var. hexastichum L.) (Gramineae – Poaceae), welche kleinere Körner aufweist; s. auch W. Franke, S. 87.

79 *lockeren… Boden:* analog bei Columella, de re rust. II 9, 3 f., 14. – *Spreu gehört zum Besten:* Hingegen heißt es bei Theophrast, h. pl. VIII 4, 1: „Die Weizenspreu ist ebenfalls angenehmer als die Gerstenspreu; denn sie ist saftiger und zarter" (K. Sprengel). – Über das *Stroh* sagt Columella, de re rust. VI 3, 3: „…wird am meisten das Stroh der Hirse geschätzt, dann dasjenige der Gerste, dann auch das vom Weizen" (W. Richter).

80 *(Neu)Karthago in Spanien:* s. Plinius, n. h. 3, 25. – *Keltiberien:* id. 3, 1 9. – *wird… geerntet:* s. Theophrast, h. pl. VII 1 11, 3: „Den Weizen aber und eine Art Gerste erntet man gerne nicht ganz trocken, weil sie dann besser zu Graupen sind." (K. Sprengel); id., caus. pl. IV 13, 3; Palladios, agric. VII 12.

81 *Getreidearten… nicht den gleichen Namen:* Ähnliches schreibt auch Palladius, agric. I 6. – *Emmer (far):* Triticum dicoccum Schrank (Gramineae – Poaceae); s. auch § 93. – *adoreum:* s. § 14; ferner Festus, de verb. sign. (Lindsay), 3; Varro, res rust. I 9, 4; F. Münzer, S. 299. – *Winterweizen (siligo):* auch Saatweizen, Triticum aestivum L. = Triticum vulgare Vill. genannt; s. § 85 ff. Auch *der Sommerweizen (triticum)* gehört zu dieser Gruppe der hexaploiden Weizenarten. Es handelt sich um eine Kulturform des unbespelzten, zähspindeligen Weizens. Eine genaue Bestimmung der von

Plinius genannten Weizenarten bereitet Schwierigkeiten, s.
auch Erl. zu § 63 ff. Unter „Weizen" kann auch für Italien der
sog. Welsche Weizen od. Rauchweizen, Triticum turgidum
L. verstanden werden, während der sog. Hart- od. Geowei-
zen, Triticum durum Desf. vor allem für Griechenland und
Nordafrika in Betracht kommt. Das sog. Einkorn, Triticum
monococcum L. und der Emmer (s. oben) sind heute ohne
Bedeutung, auch der Dinkel oder Spelt, Triticum spelta L.,
wird nicht mehr viel angebaut. – *arinca:* eine Form des
Emmers (s. oben), ferner §§ 61, 92. – Nach J. André, Lexique,
dürfte es sich bei den weiterhin genannten Getreidearten um
folgende handeln: *zeia:* der Emmer, Triticum dicoccum
Schrank, mit langen Basthaaren; *olyra:* ebenso, jedoch mit
kurzen Basthaaren; *tiphe:* das Einkorn, Triticum monococcum L. – Zum Ganzen: s. W. Franke, S. 80 ff.

82 *das feinste* (Weizen)*mehl (similago):* s. Cato, agric. 75;
ferner Columella, de re rust. II 6, 1, der *triticum* (Weizen) und
semen adoreum (Emmer) als wichtigste Saatarten bezeichnet.
– *Homer:* Ilias, II 548, wo das Wort *zeídōros* („fruchtspen-
dend") vorkommt, das von Plinius mit *zeia* in Verbindung
gebracht wird und nicht mit *záō* = ich lebe. Homer erwähnt
zeié und *ólyra* des öftern als Pferdefutter: Ilias 5, 196; 8, 564;
Odyssee 4, 41; s. auch F. Münzer S. 153. – *...bald zeigen werden* s. § 112. – *Stärkemehl:* s. § 76; Dioskurides, m. m. II 123.

83 *Emmer... widerstandsfähig...:* vgl. Columella, de re
rust. II 8, 5: „... weil das Häutchen, von dem das Emmerkorn
umschlossen wird, sehr kräftig und selbst gegen länger anhal-
tende Feuchtigkeitseinwirkung widerstandsfähig ist" (W.
Richter). – *wie wir gesagt haben:* s. § 14. – *Brei (puls):* ein dik-
ker Brei Mehl, weshalb die alten Römer auch ‚Breiesser'
genannt wurden. Dann soll auch der Name für die Zukost
(pulmentarium) davon abgeleitet sein. Varro, ling. Lat. V 108,
sagt, daß *pulmentum* das sei, was mit dem Brei *(puls)* gegessen
wurde und dann als *pulmentarium* bezeichnet wurde. *Pul-*

mentum ist eine Art Fleischspeise (von lat. *pulpa*), so daß die Etymologie des Plinius nicht ganz zutreffend ist.

84 *Ennius:* s. Verz. der Quellenschriftsteller; F. Münzer, S. 226. 230. – Über die Bedeutung des Mehlbreis *(puls)* als Opfergabe s. Val. Max. II 5, 5. Festus, de verb. sign. (Lindsay) 285 sagt, daß dieser Brei den Weissagehühnern gegeben wurde. Es galt als günstiges Vorzeichen *(tripudium)*, wenn die Hühner das Futter so fraßen, dass etwas davon aus den Schnäbeln auf den Boden fiel. – *Opferbrei (fitilla):* ein den Göttern bei den Opfern dargebrachtes Geschenk. – *Graupen (polenta):* s. § 72. 80.

85 *...oder seines Gewichtes:* Columella, de re rust. II 6, 2, nennt den sog. Rotweizen *(robus)*, der „seinem Gewicht und seinem Aussehen nach den ersten Rang einnimmt" (W. Richter). zum Text s. L. A. Moritz, Pliny 18, 85... (= Sallmann 477); der Vorschlag Mayhoffs ist wahrscheinlich richtig: *etsi vivitur parcere vult sive virtute sive* (s. auch Columella, l. c., II 9, 13, der den Winterweizen als eine Entartungsform des Weizens bezeichnet). – *Gallia Comata:* s. Plinius, n. h. 4, 105. – *Allobroger:* ein keltischer Volksstamm in Gallia Transalpina, id. 3, 34. – *Remer:* belgische Völkerschaft in Gallien, id. 4, 106. – *verwandelt sich:* s. auch § 93. Columella, de re rust. II 9, 13, sagt jedoch: „...jeder Weizen verwandelt sich auf neuem Boden nach der dritten Aussaat in Winterweizen" (W. Richter). – *...die schwersten Körner:* Columella, l. c. II 9, 11, sagt ebenfalls, daß man die besten Ähren auswählen soll.

86 *als wäre er mit Kreide gestreckt:* Bezieht sich wohl auf die Weiße des Mehls. In § 113 teilt aber Plinius mit, daß auch Kreide den Graupen beigemischt sind. Columella, l. c. II 6, 2, empfiehlt zuerst den sog. Rotweizen *(robus,* eine Varietät des *triticum)* und dann den Winterweizen *(siligo). – ein modius =* 8,732 l; *vier sextarii =* 2,18 l; *fünf sextarii =* 2,73 l (1 *sextarius* = 0,546 l). – Zum Ganzen: s. a. J. Stannard, Pliny... (= Sallmann 114).

87 *Feinmehl:* vgl. Iuvenal, Sat. V 70; VI 472. – *Speisemehl… zweite Sorte:* ein etwas gröberes Mehl. – *Clusium* (h. Chiusi) und *Arretium* (h. Arezzo): s. Plinius, n. h. 3, 52. – *Staubmehl (pollen):* das feinste Mehl. – *16 Pfund* = 5,23 kg; *3 Pfund* = 0,98 kg.

88 *20 Pfund* = 6,55 kg (1 Pfund = 327, 45 g). – *in einer Form gebacken: panis artopticius; Ofenbrot: panis furnaceus.* Über das antike Brot vgl. H. Blümner, Technol. I 74 ff.

89 *5,5 Sextarii* = 3 l. – *die Erz- und die Papierwerkstätten:* Das Staubmehl wurde, wohl mit Ton vermischt, zu Gießformen verwendet. In den Papierwerkstätten verwendete man es als Kleister; s. Plinius, n. h.13, 82. Der Weizen enthält ca. 70% Stärke und etwa 10 – 14% Eiweiß (Gliadin und Glutenin).

90 *40 asses:* 2 Goldmark; *8 asses:* 0,4 Goldmark.

92 *arinca:* s. § 81. – *16 Pfund* = 5,2 kg. Die Zahl ist fragwürdig, worauf vor allem J. André, L'alimentation, p. 73, n. 243 aufmerksam gemacht hat (s. auch H. Le Bonniec, Livre XVIII, S. 218, § 92, 2). – *Homer:* Ilias V 195, wonach das Doppelgespann der Rosse Korn und *ólyra* frißt. Die von Plinius gemachte Gleichsetzung von *arinca* und *ólyra* ist nicht ganz zutreffend. – *In Ägypten:* vgl. Herodot, II 36: „…gilt es als Schande, von Weizen und Gerste zu leben. Man bäckt Brot aus *ólyra*, die andere *zeia* nennen" (J. Feix). Zu *ólyra* s. auch Dioskurides, m. m. II 113: „wird auch zur Brotbereitung verwandt" (J. Berendes).

93 *der sog. lakonische:* unbekannte Weizenart. – *brómos* („Donnerkraut"): der Hafer, Avena sativa L. (Gramineae – Poaceae); vgl. Plinius, n. h. 22, 161. wo die Pflanze, vor allem auch ihre Wirkung als Heilmittel, Erwähnung findet. – *trágos:* nicht bestimmbar. Dioskurides, m. m. II 115, erwähnt den *trágos*, bei dem es sich – nach J. Berendes – wahrscheinlich um eine Art Graupen handelt. – *Reis:* s. § 71. – *das Einkorn (típhē);* s. § 81. – *zeiá:* Der Emmer, s. ibid. – *wieder zu* *gutem Getreide werden:* Diese Bemerkung stammt aus Theophrast, h. pl. II, 1: ‚Wie sich Einkorn und Spelz in Weizen verwandeln, wenn sie, nach abgestoßener Schale, gesät werden. Indes geschieht dies nicht sogleich, sondern im dritten Jahr" (K. Sprengel).

94 *Byzacium:* ein Gebiet in Afrika zwischen Neapolis (Nabeul) und Hadrumetum (Sousse). Die außerordentliche Fruchtbarkeit erwähnt Plinius, n. h. 5, 24; 17, 41 (100- bzw. 150prozentiger Ertrag); s. auch Varro, res rust. I 44, 2. – *150 modii* = ca. 1310 l. Die Zahl dürfte übertrieben sein. Varro, l. c., nennt für Etrurien eine 10 bis 15fache Ausbeute; s. auch F. Münzer, S. 378. 388.

95 *die leontinischen Felder* (h. Lentini): ein außerordentlich fruchtbares Tal südlich der großen Symaithosebene, südl. des Ätna auf Sizilien; s. Plinius, n. h. 3, 89. – *Baetica:* s. Plinius, n. h. 3, 7 ff. – Über die Fruchtbarkeit *Ägyptens* s. § 167 ff. – *der vielästige* (Weizen): eine nicht weiter bestimmbare Varietät des normalen Weizens *(triticum).* – *der sog. hundertkörnige Weizen:* eine Art Wunderweizen, von Jordé, Les céréales (s. H. Le Bonniec, Comm. S. 220, § 95, 4) als „monstruosité botanique" bezeichnet.

96 *als Sommergetreide haben... wir bezeichnet:* s. § 49. – *Sesam... Öl:* s. Plinius, n. h. 15,28. Von einem weißen Sesam spricht auch Theophrast, h. pl. VIII 5,1; vgl. auch Dioskurides, m. m. II 121, der die Heilwirkung des Sesams beschreibt. Das Sesamöl ist ein hellgelbes (Plinius: weißes), fast geruchloses Öl und besteht vorwiegend aus Glyzeriden verschiedener Fettsäuren. – *erýsimon:* vgl. Theophrast, h. pl. VIII 7,3: „Das Erysimon ist dem Sesam ähnlich" (K. Sprengel); s. auch Theophrast, c. pl. VI 12,12. Die Pflanze wird von Plinius, n. h. 22,158, genau beschrieben (s. die Erl.!). – *irio:* s. § 49. – *hórminon:* Theophrast, l. c., sagt, daß das Horminon „kümmelartig und schwarz" sei; „man sät es zugleich mit dem Sesam" (K. Sprengel); s. Plinius, n. h. 22,159 (s. Erl.!). – *frißt kein Tier:* ebenso bei Theophrast, l. c.

97/98 *gerösteter Emmer:* s. § 61. – Über das *Zerstampfen* im Mörser: s. H. Blümner, Technol. I 13 ff. (mit Abb.); ferner über das *Mahlen:* L. A. Moritz, Grain mills… (= Sallmann 76); Thompson D'Arcy (= Sallmann 478), der sich vor allem mit dem Text befaßt. – *Mago:* s. Verz. der Quellenschriftsteller – *20 sextarii* = 10,92 l. – *ervilia:* s. § 58.

99 *dient zum Gebrauch der Goldschmiede:* s. Plinius, n. h. 33,60, wonach Gold durch Spreufeuer sehr rasch zum Glühen gebracht wird (s. auch die Erl.!). – *adpluda* (auch *apluda*): Spreu, Abfall; s. auch Festus, de verb. sign, (Lindsay) 10.

100 *Hirse… Brei:* s. § 54. – *Sarmaten:* ein iranisches Nomaden- und Reitervolk in Südrußland; s. Plinius, n. h. 4,80; 8,162. – *Pferdemilch:* vgl. Vergil, Georg. III 461 ff., der die Bisalten (ein Volk Thrakiens) und die Gelonen (ein Volk in der heutigen Ukraine) erwähnt, die bei ihren Streifzügen „geronnene Milch mit Roßblut zum Tranke" mischen (J. u. M. Götte). – *Äthiopier:* s. Plinius, n. h. 5,48.

101 *Aquitanien:* in Gallien, das Land zwischen der Garonne und den Pyrenäen; s. Plinius, n. h. 4,108. – *ohne die:* verdorbener Text. – *vertragen das Wasser gar nicht:* ähnlich bei Theophrast, h. pl. VIII 7,3.

102 *Sauerteig (fermentum):* über seine Herstellung vgl. Didymos in Geopon. II 33,3; Palladius, agric. XI 21; zur Übersetzung *„mit Most kneten"* s. M. Währen, Römisches Brot… (= Sallmann 470). Zur Getreideverarbeitung s. auch R. J. Forbes, Studies in Ancient Technology III (= Sallmann 438); zur Brotherstellung s. H. Blümner, Technol. I 1 ff., ferner die einschlägigen Artikel im „Lexikon der Alten Welt" (1965) s. v. „Brot" Sp. 505 f. und im Kl. Pauly I 802 f. s. v. „Bäckerei". – *8 Unzen* = 218,3 g; s. auch H. Blümner, l. c., I 58 ff.

103 *Erve:* s. § 139. – *Platterbse:* s. § 124.

104 *Körper, die sich…:* Der Text ist wahrscheinlich verdorben; s. dazu C. Deroux, Un passage obscur… 18,104, in

Latomus 36, 1977, 505 – 511 (= Fober. III Nr. 220). – Das
ungesäuerte Brot galt in der Antike als nahrhafter, weshalb
der Autor folgende Textkorrektur vorschlägt: ‹non›fermentato pane. Schon Mayhoff hat im Apparat vorgeschlagen, das
sinnwidrige *evalidiora* vielleicht durch *invalidiora* zu erset-
zen. Unsere Ausgabe läßt den Text unverändert.

105 *die verschiedenen Brotarten:* über die Brotbäckerei s.
H. Blümner, l. c., I 74 – 89, über die Kuchenbäckerei ibid., 93
– 95. – *Austernbrot (panis ostrearius):* der Name kommt
offenbar daher, daß es zu Austern gegessen wurde. – *Kuchen-
brot (panis artolaganus):* Dieses Brot wurde hergestellt aus
Mehl, Wein, Öl, Milch, Gewürzen; s. Athenaios, Deipn. III
29 (oder 113 d?). – *Schnellbrot (panis speusticus* oder *strepti-
cus?):* schnell zubereitetes Brot, wahrscheinlich ohne Sauerteig. – *Ofenbrot (panis furnaceus):* s. § 88. – *Pfannenbrot
(panis artopticius):* ibid. und § 107. – *in tönernen Formen…
(panis clibanicius):* s. Isidorus, Orig. XX 2,15; Columella, de
re rust. V 10,4; s. auch Festus, de verb. sign. (Lindsay) 126 s. v.
mamphula. – *Wasserbrot oder Partherbrot (panis aquaticus*
oder *panis Parthicus):* Isidorus, l. c. XX 2,16, nennt es
schwammig *(spongeus).* – *mit Butter:* vgl. Plinius, n. h.
28,133: „die feinste Nahrung der barbarischen Völker"; die
Butter scheint aber als Nahrungsmittel in der Antike keine
allzu große Rolle gespielt zu haben; s. auch Plinius, l. c.,
11,239.

106 *Picenum:* im östlichen Mittelitalien gelegenes Gebiet;
s. Plinius, n. h. 2,226. – Zum Picener Brot vgl. Martial, epigr.
XIII 47:

*Picenina Ceres niveo sic nectare crescit,
ut levis accepta spongea turget aqua.*

Das Picener Korn geht auf von schneeigem Nektar, grad
wie ein leichter Schwamm schwillt, wenn das Wasser ihn
tränkt.   (R. Helm).

– *zu länglichen Broten…:* eine Art Fladen, s. auch Cato, agric. 76.

107 *580 Jahre:* bis 174 v. Chr. – *Krieg mit Perseus*, dem letzten König von Makedonien (179 – 168 v. Chr.). – Berufsmäßige Bäcker soll es in Griechenland bereits im 5. Jh. v. Chr. gegeben haben. In Rom wurde offenbar bis zu dem von Plinius angegebenen Zeitpunkt nur zu Hause das Brot gebacken. – *Plautus:* s. Verz. der Quellenschriftsteller; hier *Aulularia* (Topfkomödie), v. 400f. – *Backform (artopta):* Gemeint ist eine Form, in der man das feinste Brot gebacken und noch warm aufgetragen hat.

108 *Ateius Capito:* römischer Jurist aus der Zeit des Augustus (Konsul 5 n. Chr., gest. 22 n. Chr.). Seine Schriften sind nicht mehr erhalten. – *Köche… Bäcker:* vgl. Festus, de verb. sign. (Lindsay) 51: *Cocum et pistorem apud antiquos eundem fuisse accepimus* (Wir haben vernommen, daß Koch und Bäcker bei den Alten ein und derselbe war).

109 *Speltgraupen (alicae,* griech. *chondros):* s. § 112 und H. Blümner, Techn. I 50ff.; RE III A Sp. 1608, 48ff. Über die medizinische Verwendung s. Plinius, n. h. 22,124. – *40 Meilen* = 59,2 km. – Im folgenden lobt Plinius das fruchtbare Kampanien.

110 vgl. Vergil, Georgica II 217 – 225.

111 *Kolbenhirse:* s. § 53. – Über die Fruchtbarkeit der Gegend s. auch Strabo, Geogr. V 3, p. 242 usw. – *Rose:* über die berühmten Rosenarten Kampaniens s. Plinius, n. h. 21,16f., 13,26. – *die leborischen, phlegräischen Felder:* der fruchtbarste Teil Kampaniens, s. Plinius, n. h. 3,60; 17,28. – Konsularstraßen: von Konsuln angelegte Straßen.

112/113 *Graupen:* s. Plinius, n. h. 22,128 (s. Erl.!), wo bereits darauf hingewiesen wird, daß die Graupen schon vor der Zeit des Pompeius Magnus bekannt waren. – *aphaírēma:* die größte Sorte der Graupen, die wahrscheinlich noch Kleie und Teile des Korns enthielt.

114 *leukogaïsche Hügel:* westlich von Neapel, h. die Hügel von Astroni und der Solfatara, die von schwefelhaltigen Quellen durchzogen wird; s. Plinius, n. h. 35,174. – *200000 sestertii:* ca. 40000 Goldmark. Die Neapolitaner waren die Eigentümer dieser Hügel. – *Araxusquellen:* nicht bestimmbar; wahrscheinlich die schwefelhaltigen Heilquellen der leukogaïschen Hügel. – Zum Ganzen: s. H. Blümner, l. c., I 56f.

115 *zeia:* s. § 81 – Über die Herstellung der unechten *Graupen* vgl. Geopon. III 7; über *Graupen* s. auch Dioskurides, m. m. II 118; über *Gips*, $CaSO_4 \cdot 2H_2O$, s. Plinius, n. h. 14,120; 36,182. Ob aber vielleicht nicht Kalk, $CaCO_3$, oder ein weißer Ton gemeint ist (H. Rochhaus übersetzt *gypsum* mit ‚white lime‘ (weißer Kalk); H. Le Bonniec jedoch mit ‚platre‘ (Gips)?

116 *eine andere Art…:* Cato, agric. 86, gibt eine analoge Vorschrift zur Herstellung von Weizenbrei *(granea)*; s. auch Geopon. III 8.

117 *Bohne:* Gemeint ist wohl die Puff- oder Saubohne, Vicia faba L. (= Faba vulgaris Moench/Leguminosae), über deren medizinische Anwendung Plinius, n. h. 22,140f., berichtet. – *lomentum* heißt auch eine aus Bohnenmehl mit Reis geknetete Masse, die als Waschmittel und Kosmetikum verwendet wurde. – *vielfache Verwendung:* Die Bohne war, wie auch die anderen Hülsenfrüchte (Erbsen, Linsen usw.), in der Antike ein wichtiges Nahrungsmittel. Sie vermehrt das Gewicht des Brotes, wie Plinius sagt, *wenn man sie unter das Getreide mischt.*

118 *von religiöser Bedeutung:* Cato, agric. 134, 1 f., berichtet, daß man vor der Ernte des Weizens, der Bohne usw. der *Ceres* ein Schweineopfer zu bringen hat. Er erwähnt auch Opferkuchen und Wein als Darbietung für den Vater *Janus.* – *nach pythagoreischer Lehre:* s. Cicero, de div. I 62, der sagt, daß es den Pythagoreern verboten sei, Bohnen zu essen, weil

diese Speise zu Blähungen führt, die der Ruhe des Geistes ent-
gegengesetzt sind; s. auch Didymos in Geopon. II 35,3f.,
nach dem die Bohne als Nahrungsmittel den Magen schwä-
chen soll. Nach Dioskurides, m. m. II 127, verursacht die
Bohne Blähungen und Winde und macht „böse Träume" (J.
Berendes). Auch Gellius, noct. Att. IV 11, teilt mit, daß Py-
thagoras vom Genuß der Bohne abrät; s. dazu F. Münzer,
S. 301f., der die Quellenfrage ausführlich behandelt; s. auch
die folgenden §§. Über die abergläubische Verwendung von
Bohnen, um Totenseelen zu vertreiben, s. Ovid, Fasti V
435ff. – Zum Ganzen s. auch RE III Sp. 609 – 627 s. v.
„Bohne", ferner J. Schumacher, Antike Medizin... (= Sall-
mann 511).

119 *Varro:* s. Verz. der Quellenschriftsteller; dieser Satz
findet sich nicht in den erhaltenen Schriften Varros. Eine analoge Aussage findet sich bei Festus, de verb. sign. (Lindsay) 77
s. v. *fabam nec turgere...;* s. auch Fabius Pictor bei Gellius,
noct. Att. X 15,12 und Didymos, Geopon. II 35,6. – *...die
zurückgetragene (referiva):* Die von Plinius genannte Sitte,
eine Bohne zum Zweck der Wahrsagung nach Hause zu tragen, wird auch noch erwähnt von Festus, de verb. sign. (Lindsay) 344f. Man erhoffte sich, bei einem Opfer durch sie eine
Aussage über die Ernte zu erhalten. Ebenso sollte sie bei Versteigerungen zu einem guten Ergebnis führen. – *...sich...
wieder auffüllt:* vgl. Didymos, Geopon. II 35,7. Eine nicht
zutreffende Behauptung. – *Seewasser:* s. ibid.

120 *Untergang der Plejaden:* von Plinius mehrfach
erwähnt, vgl. §§ 201ff.; 213; 222f.; 225; 280; 313; 319. – *Vergil:* s. Georg. I 215: „Bohnen werden im Frühling gelegt" (J.
und M. Götte); s. R. Bruère, Pliny... (= Sallmann 200); s.
auch Didymos, Geopon. II 35,1; Palladius, agric. XII 1f.
Hingegen sagt Columella, de re rust. II 10,9: „Nun den Win-
tersamen auch zu säen ist nicht gut, am schlechtesten ist es
aber im Frühling. Es gibt allerdings auch eine ‚Dreimonats-

bohne', die im Februar ausgesät wird…" (W. Richter); s. auch
F. Münzer, S. 85. – …*Wasser verlangt:* vgl. Theophrast, h. pl.
VIII 6,5; c. pl. III 24,3: „Die Bohne aber liebt den Regen in
der Blüte" (K. Sprengel). – *macht… fruchtbar…:* s. Theophrast, l. c., VIII 9,1: „Die Bohne… scheint das Land zu
befruchten… Daher wenden die *Makedonier* (s. Plinius, n. h.
4,33) *und Thessalier* (s. Plinius, l. c. 4,28 f.), wenn die Bohnen
blühen, den Acker um" (K. Sprengel); s. auch Cato, agr. 37,2;
Columella, de re rust. II 10,7; s. auch F. Münzer, S. 84 (vgl.
Plinius, n. h. 17,56).

   121 *Bohneninseln:* s. Plinius, n. h. 4,97. – *Mauretanien:* s.
Plinius, n. h. 5,2. – *Wildform:* Plinius meint vielleicht die in
Algerien und Marokko vorkommende wilde Ackerbohne,
Vicia plinnara (Trabut; Leguminosae). – Ägypten: s. § 122. –
eine Bohne in Ägypten: Die Beschreibung stimmt weitgehend
mit Theophrast, h. pl. IV 8,7 f., überein, der allerdings etwas
ausführlicher ist. Gemeint ist wahrscheinlich die Indische
Lotosblume, Nelumbo nucifera Gaertn. = Nelumbium spe-
ciosum Willd. (Nymphaeaceae), die aber heute nicht mehr in
Ägypten vorkommt. Nicht zu verwechseln mit der Ägyptischen Lotosblume, Nymphaea lotus L. (Nymphaeaceae). Die
zuerst genannte Pflanze hat aufrecht im Wasser stehende
Stiele mit kurzen Stacheln (Plinius: mit dornigem Stengel).
Die bohnengroßen Samen sind eßbar.

   122 *Syrien… Kilikien:* s. Plinius, n. h. 5,91. – *See von
Torone* auf der Chalkidike: Torone war die bedeutendste
Stadt auf der Westküste der Sithonia, der mittleren der drei
Halbinseln der Chalkidike; vgl. auch E. Oberhummer in RE
VI A Sp. 1798 s. v. Torone, der bezüglich der ‚Bohne am See'
ein Mißverständnis im Text des Theophrast, l. c., vermutet, da
bei Torone nur ein kleiner Sumpf, aber kein See vorhanden
ist.

   123 *Von den Hülsenfrüchten…:* vgl. Theophrast, h. pl.
VIII 1, 4, der sagt, daß die Linse (Lens esculenta Moench) und

die Erbse (Pisum sativum L., Leguminosae) spät gesät werden; s. auch Vergil, Georg. I 227, der die Linse im Herbst
gesät haben will. Columella, de re rust. II 10,15 gibt zwei
Saattermine an, „einen frühen in der Mitte der Saatzeit und
einen späteren im Februar" (W. Richter). – *Die Linse liebt...:*
s. Columella, l. c.: „soll man ... auf dünnem lockerem oder
fettem, aber ganz trockenem Boden säen" (W. Richter). – *In
Ägypten... zwei Arten:* vgl. Martial, epigr. XIII 9, der als
Gastgeschenke (Xenia) nennt: „Nimm die Linsen vom Nil,
aus Pelusium kommt diese Gabe..." (R. Helm). – *Sommersprossen (lenticulae):* von der Linse *(lens)* abgeleitet. – *seelische Ausgeglichenheit:* s. Florentinus, Geopon. II 37,2,
wonach die ägyptische Linse *euthymía* (Gelassenheit, Seelen-
frieden) verschaffen soll. – Vom *Säen* der *Erbsen* sagt Columella, de re rust. II 10,4: „...doch fordert sie ein leichtes und
lockeres Erdreich und einen feuchten Standort sowie ein
Klima mit häufigen Niederschlägen" (W. Richter). Im
Gegensatz zu Plinius sagt er aber, daß man sie am Anfang der
Saatzeit, „anschließend an das Herbstaequinoctium" säen
soll.

124 *Kichererbse:* Cicer arietinum L. (Leguminosae); s.
§ 50. – *salzhaltig...:* die Pflanze ist mit klebrigen Drüsenhaa-
ren versehen, die ein Sekret aus Apfelsäure, $CH_2CHON-
(COOH)_2$, und Oxalsäure, $(COOH)_2$, ausscheiden. Nach
Theophrast, h. pl. VIII 6,5, schadet reichlich Regen den
Kichererbsen, „die, wenn das (eigentümliche) salzige Wasser
abgewaschen, vom Brand ergriffen, absterben und von Raupen verzehrt werden" (K. Sprengel). – *davor eingeweicht:*
analog bei Columella, de re rust. II 10,20; s. auch Geopon. II
36,1. – *mehrere Arten:* s. Theophrast, h. pl. VIII 5,1: „...sind
an Größe, Geschmack, Farbe und Gestalt verschieden, wie
die *dem Widderkopf ähnliche,* die ervenartige und eine dritte
mittlere Art" (K. Sprengel). – *Tauben-/Venus-Kichererbse:*
nicht näher bestimmbare Art der Kichererbse. – *religiöse*

Nachtfeiern (pervigilia): Es handelt sich um nächtliche Kult-
feiern, vor allem zu Ehren weiblicher Gottheiten *(Venus),*
wobei offenbar Kichererbsen als Opfer dargebracht wurden;
s. auch RE XIX Sp. 1061 f. s. v. Pervigilium. – *Platterbse*
(cicercula): Lathyrus sativus L. (Leguminosae). Die Pflanze
hat kleine viereckige Samen. – *Erve:* s. § 139. – Zur *Platterbse*
s. auch Columella, l. c. II 10,19; Theophrast, l. c. Die medizinische Wirkung behandelt Dioskurides, m. m. II 126.

125–126 Über die *Schoten* der Hülsenfrüchte: s. Theophrast, h. pl. VIII 5,2 f. – *Schwertbohne:* wahrscheinlich
Vigna sinensis (L.) = Vigna unguiculula (L.) Walp. oder die
Helmbohne, Dolichos lablab L. (Leguminosae); s. auch
Dioskurides, m. m. II 175, bei dem aber eine Phaseolusart
gemeint ist. – Über die Saatzeit s. Columella, de re rust. XI
2,72; Palladius, agric. XI 1,3. – *Lupine:* s. § 133 ff. – (weiße)
Rübe: Brassica rapa L. amerd. Metzger (Cruciferae – Brassicaceae). Analoge Ausführungen bei Columella, de re rust. II
10,22; s. auch F. Orth in RE I A Sp. 1180 – 1182 s. v. Rübe.

127 Der Sproß *(cyma)* des *Kohls:* über verschiedene Kohl-
arten vgl. Plinius, n. h. 19,137 ff.; 20,90 ff. – *halten sich …:* vgl.
Theophrast, h. pl. VII 2,5; Plinius, n. h. 19,122.

128 *Selbst bei… Kälte…:* vgl. Theophrast, h. pl. VII 4,3:
„Kaltes Wetter liebt die Kohlrübe sowohl als der Rettich" (K.
Sprengel); vgl. auch Martial, epigr. XIII 16,1:
Haec tibi brumali gaudentia frigore rapa…
   Rüben geben wir dir, die gern den Winterfrost haben…
                                          (R. Helm).
ferner Cato, agric. 6,1: „Ist der… Acker dem Nebel ausge-
setzt, müssen am besten Rüben… angebaut werden" (O.
Schönberger). – *40 Pfund* = ca. 13 kg – *Nahrungsmittel:* Api-
cius, de re coqu. III 13, 1 f., gibt Rezepte für die Zubereitung.
Derselbe Autor, I 24, gibt Ratschläge über die Aufbewahrung
eingemachter Rüben. – *In scharfem Senf…:* s. Varro, res rust.
I 59,3. Über das Einmachen weißer Rüben gibt auch Colu-

mella, de re rust. XII 56,1 – 3, nähere Anweisungen, ebenso
Palladius, agric. XIII 5. – Plinius gibt leider nicht an, mit welchen Farben – außer *Purpur* – man die Rüben zu behandeln
pflegte.

129 *zwei Arten…:* auch Theophrast, h. pl. VII 4,3, spricht
analog von männlichen und weiblichen Pflanzen und sagt,
daß männliche Pflanzen entstehen, wenn der Same dichter
und in einen schweren Boden gegeben wird. Plinius, n. h.
19,75, bespricht verschiedene Rübenarten, sagt allerdings
hier, daß sie öfters in männliche Pflanzen übergehen.

130 *drei Arten:* Theophrast, h. pl. VII 6,3, spricht von der
„Kohlrübe", die „eine lange und rettichartige Wurzel und
einen kurzen Stamm" hat (K. Sprengel); dann aber geht er
zum wilden Lattich über, der einen scharfen Milchsaft
besitzt, der mit Frauenmilch „Flecken aus den Augen ver-
tilgt". Plinius hat diese Notiz auf die Rüben bezogen. – Über
die Verwendung der Rüben in der Heilkunde s. Plinius, n. h.
20,18 – 20. – …*bei Kälte… süßer werden:* s. Theophrast, h.
pl. VII 4,3. – *Nursia:* Stadt im Norden des Sabinerlandes; s.
Plinius, n. h. 3,107; über die Rüben aus Nursia s. auch Columella, de re rust. X 420ff. – *2 sestertii* = 40 Goldpfennige (pro
Pfund = 327,45 g). – *Algidus (mons):* ein Teil des Albanerge-
birges in Latium, alter Sitz des Dianadienstes.

131 *Die Steckrübe:* Brassica napus rapifera (Cruciferae –
Brassicaceae). – *Amiternum:* alte Stadt im Gebiet der Sabiner;
s. Plinius, n. h. 3,107; s. auch Columella, de re rust. X 422; vgl.
Martial, epigr. XIII 20,1 (Steckrübe):

Hos Amiternus ager felicibus educat hortis: …
In Amiternums Gebiet gedeihen sie in üppigen Gärten.
                                        (R. Helm).
Plinius, n. h. 19,77, erwähnt die Steckrüben von *Amiternum*
nochmals, die in Rom den ersten Rang einnehmen sollen. –
Man sät…: vgl. Columella, l. c. XI 3, 16, der als Saatzeit den
Februar nennt; id., II 10,24, nennt er *vier sextarii* + ein Vier-

tel für 1 *iugerum* Land; id. XI 3,59: *vier sextarii* = ca. 2, 2 l); s.
auch Palladius, agric. VIII 2,1. – *mit Spreu aussäe:* Columella,
l. c., XI 3,62, sagt, daß dieser Vorschlag von Hyginus stammt,
sich aber bei eigenen Versuchen nicht bewährt habe (s. a. F.
Münzer, S. 35). – *man säe für sich und...:* s. ibid.: „die Rüben
möchten für sie selbst und für ihre Nachbarn wachsen" (W.
Richter). – *nackt: nudus* bedeutet „leicht gekleidet"; s. auch
§ 20.

132 Columella, l. c., XI 3,18, erwähnt die Zeit des Vulca-
nusfestes als besonders günstig für die dritte Aussaat der
Steckrübe und anderer Pflanzen; s. auch id., XI 3, 59; II 10,
23; ferner Palladius, agric. IX 5, 1 und VIII 2, 1.

133 *die Lupine:* Lupinus albus L. (Leguminosae). Auch
Columella, l. c. II 10,1, schreibt, daß die Lupine als Nahrungsmittel für das Vieh, aber auch für den Menschen Verwendung findet. Die eiweißreiche Pflanze hat allerdings einen
durch Alkaloide bedingten bitteren Geschmack, den man in
der Antike durch langes Waschen und Kochen zu vermindern
suchte. Erst in unserem Jahrhundert ist es gelungen, bitter-
stofffreie Sorten zu züchten (s. § 135). Die Lupine ist wichtig
zur Bodenverbesserung durch Gründüngung (s. § 134). –
nach einem Regenfall ernten: vgl. Theophrast, h. pl. VIII
11,4, der dasselbe sagt. – *dreht sich nach der Sonne:* vgl. Api-
cius bei Geopon. II 39,3. – *blüht... dreimal:* s. Geopon. II
39,6. – auf ungepflügten Boden: ebenso bei Theophrast, h. pl.
VIII 11, 8.

134 *sandigen... Boden...:* vgl. Cato, agr. 34,2: „...stei-
nige, sandige ⟨Erde⟩, ebenso welche nicht feucht ist, da werden Lupinen gut gedeihen" (O. Schönberger). – *verlangt keinerlei Wartung:* s. Theophrast, h. pl. I 3,6; III 2,1; Columella.
de re rust. II 11,5, sagt, daß die Lupine sogar das Unkraut vernichtet. – *mit ihrer Wurzel zur Erde findet:* vgl. Theophrast,
h. pl. I 7,3; VIII 11,8. – *fruchtbar werden:* Verwendung der
Lupine zur Gründüngung. – *wir haben bereits gesagt:* Pli-

nius, n. h. 17,54; ferner findet sich eine analoge Mitteilung bei
Cato, agric. 37,2: „Welche Feldfrüchte das Saatfeld düngen:
Lupine, Bohnen, Wicken" (O. Schönberger); Varro, res rust.
I 23,3; Columella, de re rust. II 10,1; II 14,5; II 15,5 f.; XI
2,44; Palladius, agric. IX 2; Geopon. II 39,5.

135 *Man sät sie sofort:* vgl. Theophrast, VIII 1,3; VIII 11,8;
Columella, de re rust. II 10,2; XI 2,72. – *...die Kälte schadet:*
s. Columella, l. c. II 10,2: „schaden ihr die Fröste" (W. Richter). – *durch ihre Bitterkeit geschützt:* s. § 133; ferner Theophrast, h. pl. VIII 7,3; Geopon. II 39,2. – *unterpflügen:* Etwas
genauere Angaben finden sich bei Columella, l. c. II 15,6. –
...kreidigen... Boden: s. Columella, l. c. II 10,3 f.

136 *In warmem Wasser weichgemacht:* s. § 133; ferner Plinius, n. h. 22,154 (s. auch Erl.!). – Plinius, l. c. 35,102, berichtet von dem Maler Protogenes, der sich bei seiner Arbeit am
Bild des Ialysos von eingeweichten Lupinen ernährte, weil er
dadurch Hunger und Durst stillte und seine Sinne nicht durch
einen Gaumenkitzel abstumpfte. – *einen Ochsen:* s. Cato, agr.
54,3; Columella, l. c. II 10,1; Geopon. II 39,4. – *Heilmittel:*
vgl. Plinius, n. h. 22,155 f. – *...unfruchtbar machen:* s. Columella, l. c. III 10,3.

137 *Wicke:* Vicia sativa L. (Leguminosae), s. § 50, eine
geschätzte Futterpflanze; s. Cato, agric. 27; Varro, res rust. I
23,1; Columella, de re rust. II 7,1; XI 2,75. Für die Gründüngung wird die Wicke auch von Columella, l. c. II 13,1, empfohlen. – *...sät man sie...:* Columella, l. c. II 10,29, nennt
zwei Saatzeiten: „Die erste für den Anbau als Grünfutter liegt
um das Herbstaequinoctium; ...die zweite... liegt im
Januar" (W. Richter). – *Untergang des Arcturus:* s. § 313.

138 *...liebt die Trockenheit...:* vgl. Columella, l. c. II
10,29; Palladius, agric. II 6, spricht sich ähnlich aus.

139 Die *Erve,* auch Linsenreiche Linsenwicke genannt:
Vicia ervilia (L.) Willd. = Ervum ervilia L. (Leguminosae); s.
§ 57 passim. Über ihre *Heilkraft:* s. Plinius, n. h. 22,151 ff., s.

auch F. Münzer S. 389, wonach Turanius als Quellenschriftsteller für die Bemerkung über *Augustus* in Betracht kommen
könnte. – *fünf modii* (8,732 × 5) = 43,66 l. – Über die Aussaat
der *Erve* macht Columella, l. c. II 10,34, etwas genauere
Angaben; s. auch Palladius, agric. III 7. Nach Theophrast, h.
pl. II 4,2, soll die im Frühjahr gesäte *Erve* leichter verdaulich
sein als im Herbst gesäte.

140 *das Bockshorn,* auch Bockshornklee genannt, heißt
auch ‚Griechisches Heu' *(silicia – faenum Graecum):* Trigo-
nella foenum graecum L. (Leguminosae). Der Same der
Pflanze enthält u. a. ca. 0,38% Trigonellin = Nikotinsäure-
methylbetain, $C_7H_7NO_2$ (= W. Karrer Nr. 2437), ferner
einen Bitterstoff sowie 20 – 30% Schleimstoffe. Der Same hat
einen eigenartigen Bocksgeruch, der aber beim Erhitzen
angenehm riechend wird. Verwendung als Gewürz und als
Futterpflanze. Columella, de re rust. II 10,33, macht über den
Anbau etwas genauere Angaben; s. auch Palladius, agric. II 7.
– *Roggen (secale):* s. § 141. Hier meint aber Plinius nur eine
besondere Art des Bockshornklees. – *Futterkorn (farrago):* s.
§ 142.

141 *Roggen:* Secale cereale L. (Gramineae – Poaceae). In
der Antike scheint der Roggen im Mittelmeerraum erst seit
der röm. Kaiserzeit eine gewisse Rolle gespielt zu haben; s.
RE Suppl. VIII Sp. 648 – 654. – *Tauriner:* Volk am Fuß der
Cottischen Alpen (h. Piemont); s. Plinius, n. h. 3,123. – *asia:*
nur von Plinius genanntes Wort unbekannter Herkunft.

142 *Futterkorn (farrago):* s. § 50. Über dieses Gemisch aus
verschiedenen Getreidekörnern vgl. Varro, res rust. I 31,5,
der eine Erklärung des Namens (entweder zu *ferrum,* da es
mit dem Eisen geschnitten wird, oder von *far,* da es in einem
Feld von Emmer ⟨*far*⟩ ausgesät wird) versucht; s. ferner
Columella, de re rust. II 10,31; II 7,2. – *Vogelwicke:* Vicia
cracca L. (Leguminosae).

143 *Cato:* s. Verz. der Quellenschriftsteller. – *ocinum:*

nicht genau bestimmbar, vielleicht eine Kleeart bzw. ein Futtermittelgemisch. Cato erwähnt das *ocinum* mehrmals: agric. 27; 33,3; 53; 54,3 f. Auch Plinius, n.h. 17, 196 – 198, hat die Pflanze bereits erwähnt. Varro, res rust. I 31,4, bringt das Wort *ocinum* mit griech. *okýs* (schnell) in Verbindung (Schnellkraut, weil es rasch abführend beim Vieh wirken soll). Diese Bemerkung bei Varro steht aber im Gegensatz zu Plinius: „...beim Vieh den Durchfall behandeln". – *Sura Mamilius:* s. Verz. der Quellenschriftsteller – *zehn modii* = 87,32 l; *zwei modii* = 17,464 l; *ein Morgen* = 2523,34 m². – *Ervilien:* s. § 58. – *griechischer* Hafer: wahrscheinlich Saathafer, Avena sativa L. oder der Flughafer, Avena fatua L. (Gramineae – Poaceae).

144 *Luzerne:* Medicago sativa L. (Leguminosae). Von Isidoros, Orig. XVII 4,8, als *Medica* bezeichnet. – *Perserkriege ...Dareios:* 492 v. Chr. – Die *Luzerne* liefert ein eiweiß- und mineralstoffreiches Futter und besitzt tatsächlich einen *großen Wert*. Da man sie öfters schneiden kann, wurde sie auch „Ewiger Klee" genannt. – *30 Jahre:* nicht zutreffend. Columella, II 10, 25. 28, der der Luzerne ebenfalls hohes Lob spendet, spricht nur von 10 Jahren, was der Wirklichkeit näher kommt; s. auch Palladius, agric. V 1,1. – *...der Stengel wächst:* Die Sproßachsen können bis 80 cm hoch werden. – *desto schmaler die Blätter:* s. Dioskurides, m. m. II 174, der dasselbe sagt. – *Amphilochos:* s. Verz. der Quellenschriftsteller und Plinius, l. c. – *Schneckenklee (kýtisos):* Medicago arborea L. (Leguminosae); s. Plinius, n. h. 13, 130 – 134.

145 *...gesät werden:* vgl. Columella, de re rust. II 10,26 f., der etwas ausführlicher ist als Plinius, im wesentlichen aber mit ihm übereinstimmt (z. B. Plinius: „sät man im Mai", während Columella auch April angibt); s. auch Palladius, agric. III 6.

146 *...mit Erde bedecken:* vgl. Columella, l. c. II 10,27, ferner Varro, res rust. I 42. – *drei modii* = 26,196 l. – *Dies geschieht sechsmal...:* vgl. Columella, l. c. II 2,25.

147 ...*bis zum Boden abgelaubt:* vgl. Columella, l. c. II 10,27.

148 ...*nicht bis zur Sättigung geben:* ebenso bei Columella, l. c. II 10,28; s. ferner Quintilian, inst. or. II 10,6. – *Schneckenklee:* s. oben § 144.

149/150 *Ausartung:* Diese nur von Plinius gemachte Behauptung ist natürlich nicht zutreffend. Hier ist der sogenannte Saathafer, Avena sativa L. gemeint, der sich von den Wildarten, dem Flughafer, Avena fatua L. oder auch von Avena sterilis L. (Gramineae – Poaceae) ableitet. Die Wildsorten werden erwähnt von Cato, agric. 37,5 und Vergil, Buc. V 37, und Georg. I 1 54, während Columella, l. c. II 10,24 und II 10,32, den kultivierten Hafer als wertvolles Futtermittel rühmt. Die Verwendung des Hafers als Nahrungsmittel für die Völker Germaniens rührt vielleicht daher, daß der Hafer in kälteren Gegenden besser gedeiht als andere, anspruchsvollere Getreidearten.

151 *Die Winde... schaden:* inhaltlich identisch mit Theophrast, h. pl. VIII 10,3 f.

152 vgl. Theophrast, l. c., ferner c. pl. III 22,4; IV 14,4. – *der kleine Käfer kantharis:* s. Theophrast, l. c. VIII 10,1; nicht genau bestimmbar; vielleicht der Kornkäfer, Sitophilus granarius L. = Calandra granaria L. aus der Familie der Rüsselkäfer (Curculionidae), ein übler Vorratsschädling; s. H. Leitner, S. 69 f. s. v. Cantharides. – ...*zu Ende geht:* s. Theophrast, l. c. VIII 10,4 und VIII 6,5. – *Öl ... schaden...:* vgl. id., h. pl. IV 16,5; c. pl. V 15,6. – *Kichererbse:* vgl. § 124. – *Reifendes Getreide:* s. id., h. pl. VIII 6,6. – *Regen:* s. id., h. pl. VIII 6,5.

153 ...*für das Kleinvieh todbringend:* Diese Pflanze ist nicht bestimmbar, vielleicht eine giftige Ranunculus-Art (Hahnenfußgewächs). – *Lolch:* Lolium temulentum L. ; s. § 155. – *tribulus:* Tribulus terrestris L.; s. Plinius, n. h. 21,91.98. – *Distel:* Wahrscheinlich sind mehrere Distelarten

gemeint, z. B. Cynara cardunculus L., s. Plinius, n. h. 20,292;
21,21.94. – *Klette:* id., 21,104, vielleicht Galium aparine L.
(Rubiaceae). – *Brombeere:* eine Gattung von Rubus, vielleicht Rubus fruticosus L. (Rosaceae), id. 16,179. –...*Krankheiten der Feldfrüchte:* vgl. Vergil, Georg. I 150 – 154.
154 ...*der Rost:* vgl. Theophrast, h. pl. VIII 10,1 f. Plinius
kommt in den §§ 275 ff. nochmals ausführlich darauf zu sprechen; s. auch Theophrast, c. pl. III 22,1. – *Raupen, die sogar
die Kichererbse befallen:* nach H. Leitner, S. 245, der Senf-
weißling, Leptidia sinapis, ein Falter, dessen Raupe offenbar
auf der *Kichererbse* lebt. – Zum Salzgehalt s. § 124.
155 *Seide (orobánchē):* wahrscheinlich Cuscuta europaea
L. (Convolvulaceae), eine typische Schmarotzerpflanze
(Hopfenseide), ohne Wurzel und Stiel, die andere Pflanzen
mit ihren Fäden umschlingt und zum Absterben bringt
(„Erventöterin"); s. ro ro ro Pflanzenlexikon IV 957 f. Es gibt
aber auch eine andere Schmarotzerpflanze, Sommerwurz
genannt (Orobanche ramosa L., Orobanchaceae), die ebenfalls den Kulturpflanzen großen Schaden zufügt; s. ro ro ro
Pflanzenlexikon, l. c. 1011 f.; s. auch Theophrast, h. pl. VIII
8,4. Auch Dioskurides, m. m. II 171, nennt eine Orobanche,
bei der es sich, nach J. Berendes, um Orobanche grandiflora
Borg (Orobanchaceae) handeln soll; s. ferner Geopon. II 43. –
aîra: s. § 156. – *aigílops* („Ziegenauge"): eine Weizenart, Triticum vagans Jord. et Fourr. Greuter = Aegilops orata L. (Gramineae – Poaceae); s. Plinius, n. h. 21,103; Theophrast, h. pl.
VIII 8,3; c. pl. IV 15,5; Geopon. II 43. – *Beilkraut (pelekînon):* die Schwertförmige Kronwicke, Coronilla securidaca
L. (Leguminosae); s. Plinius, n. h. 27,121; Theophrast, h. pl.
VIII 8,3; Geopon. II 43. – *töten durch Umschlingung:* Dies
trifft eigentlich nur für die zuerst genannte *Seide* (Orobanche)
zu. – *Philippoi:* Stadt im östlichen Makedonien; s. Plinius, n.
h. 4,42. – *aterámōn...terámōn:* Hier liegt ein Mißverständnis
des Plinius vor. Theophrast, c. pl. IV 14 (s. auch id., h. pl. VIII

8,6f. und c. pl. IV 12,8) sagt, daß bei Philippoi ein kalter Wind
die Bohne hart und ‚schwer kochbar‘ *(aterámōn)* macht; hingegen heißt *terámon* soviel wie ‚kochbar‘. Es handelt sich also
nicht um *ein* Kraut bei diesen beiden Bezeichnungen.

156 *aîra:* der Taumellolch, Lolium temulentum L. (Gramineae – Poaceae). Die Pflanze enthält giftige Pyrrolizidin-
Alkaloide, wie das Lolin, die, wie Plinius richtig bemerkt,
wenn ihre Samen mit dem Getreide ins Mehl kommen, beim
Brot Schwindel hervorrufen; s. S. Habermehl, Mitteleuropäi-
sche Giftpflanzen (1985), S. 13. – Die Bemerkung über *die
Bademeister* ist fragwürdig. – *In der Erve entsteht ... phalángion:* s. Theophrast, h. pl. VIII 10,1. Plinius hält diesen Schäd-
ling für eine *Spinne* (s. Plinius, n. h. 11,79). Es handelt sich
aber wahrscheinlich um einen Käfer, vielleicht eine Telepho-
rus- oder Malachiusart: s. H. Leitner, S. 197. – *Wegschnek-
ken:* wahrscheinlich die Ackerschnecke, Agricolimax agrestis
L., die an Getreide und Gemüse großen Schaden anrichtet; s.
H. Leitner, S. 155 s. v. Limax; s. auch Columella, de re rust. X
324.

157 Anwendung von *Asche:* vgl. Plinius, n. h. 17,49; ferner
Vergil, Georg. I 80: „und auf erschöpfte Äcker die schmut-
zige Asche zu streuen" (J. u. M. Götte). Columella, de re rust.
II 15,2, empfiehlt, „pulverisierten Mist über die Asche zu ver-
streuen" (W. Richter). – *mit Wein befeuchtet:* s. Apuleius,
Geopon. II 18,6; ferner Theophrast, c. pl. III 24,4. – *Vergil
schreibt vor:* Georg. I 193 – 195 (Salpeter und Ölschaum); s.
auch Columella, l. c. II 10,11, und Geopon. II 18,12. Theo-
phrast, h. pl. II 9,2, läßt die Hülsenfrüchte eine Nacht in
Lauge einweichen und am folgenden Tag getrocknet säen. –
Ölschaum: der beim Pressen der Oliven gewonnene wäßrige
Teil; s. Plinius, n. h. 15,9; Varro, res rust. I 57,2, empfiehlt den
Ölschaum zur Behandlung der Getreidekörner; s. auch F.
Münzer S. 86.

158 *dreimal ausjäte...:* vgl. Columella, de re rust. II 11,7, der sinngemäß dasselbe sagt; s. auch Geopon. II 18,16. – *Zypressensamen:* vgl. Columella, l. c. II 9,9, der allerdings Zypressenlaub streuen und unterpflanzen läßt; s. auch Geopon. II 18,4. – *...Bei Neumond säe:* bei Geopon. II 18,13 steht allerdings „bei Vollmond". – *Kröte:* vgl. Plinius, n. h. 8,110 und 32,94 ff., wo verschiedene Heilmittel, die aus der Kröte gewonnen werden, aufgezählt sind. – *werde die Frucht bitter:* Plinius, n. h. 11,280, berichtet, daß man umkommt, wenn man Wasser trinkt, aus dem eine Kröte getrunken hat oder in dem sie umgekommen ist; s. auch Geopon. II 18,14. – *Maulwurf:* s. Plinius, n. h. 8,104; 11,134.

159 *Demokrit:* s. Verz. der Quellenschriftsteller – *aeízōon ... aesum. ... sedum ... digitillum:* Es kommen folgende Pflanzen in Betracht: entweder Sempervivum arboreum L. Aeonium arboreum (L. Nebb. et Berth.), genannt Hauswurz, oder auch die Fetthenne, Sedum album L. (beide: Crassulaceae). Vgl. Columella, de re rust. XI 3,61.64, der ebenfalls *Demokrit* und den Saft des *sedum*, mit dem man die Samen behandeln soll, erwähnt; ebenso ibid. II 9,10 und X 355 („Sedumsaft"); s. auch F. Münzer, S. 86. Weitere Mittel zum Schutz der Saat empfiehlt Palladius, agric. I 35,3; s. ferner Geop. XII 7,3. – Auch Theophrast, h. pl. VIII 15,2, erwähnt das *aízoon*, das „immer feucht und grün bleibt... wächst auf Pfaden, an Mauern, auch auf Ziegeln..." (K. Sprengel). – *Ölschaum... ohne Salz:* wird auch von Columella, l. c. X 351 ff., zum Schutz der Pflänzchen genannt.

160 *ein Kraut, dessen Name mir unbekannt ist:* nicht bestimmbar. Plinius, n. h. 25,16, erwähnt es nochmals. – *mit Ochsengalle zu befeuchten:* vgl. Geopon. XIII 5,1; ferner Palladius, agric. I 35,9 und Geopon. X 90,4.

161 *Lorbeerzweige:* analog bei Apuleius in Geopon. V 33,4. – *...nicht aufgeht:* Diese Bemerkung des Plinius stimmt sinngemäß überein mit Theophrast, h. pl. VIII 7,4. Auch Vergil, Georg. I 111 ff., sagt, daß das Abweiden wuchernder Saaten vorteilhaft sei. – *Babylon:* s. Plinius, n. h. 6,121. *schneidet man … zweimal:* s. Theophrast, l. c.

162 *Euphrat und Tigris:* Diese beiden Ströme werden ebenso wie der Nil von Theophrast, l. c., nicht erwähnt.

163 *Cato:* s. Verz. der Quellenschriftsteller – *Auf dichten… Acker:* s. Cato, agric. 6,1: „wo der Boden fett, fruchtbar … ist, dieser Boden muß ein Getreideacker sein. Ist der gleiche Acker dem Nebel ausgesetzt, müssen am besten Rüben, Rettiche, Hirse und Kolbenhirse angebaut werden". – *Auf kalten und feuchten Boden…:* ibid. 34,1: „Wo jeweils der Boden sehr kalt und sehr feucht ist, dort mußt du zuerst säen. In sehr warmem Gelände muß die Aussaat zuletzt geschehen". – *auf roten… ⟨Boden⟩:* s. ibid. 34,2: „Rötlicher Ackerboden und schwarze Erde… da werden Lupinen gut gedeihen … auf rötlichem Boden… Dinkelsamen. Felder, die trokken… sind, da säe Weizen" (O. Schönberger). – Zur Quellenfrage s. F. Münzer S. 27.76.78. – *Bohne … Wicke:* Auch über das in diesem § Gesagte besteht sinngemäß Übereinstimmung mit Cato, agric. 35,1.2.

165 *…in eher magere Erde:* Hier dient für Plinius als Quelle Varro, res rust. I 23,2; s. auch Geopon. II 12,1. – *… die mehr Nahrung nötig haben:* vgl. Theophrast, h. pl. VIII 9,1: „Ausgezehrt wird der Boden am meisten vom Weizen, dann auch von der Gerste… die Gerste aber kann auch in trokkenem Boden tragen" (K. Sprengel); s. auch Theophrast, c. pl. III 21,2; Geopon. II 13,1; Varro, res rust. I 9,4. – Zur Quelle s. auch F. Münzer, S. 28.

166 *In einen feuchteren Boden…:* s. Varro, res rust. I 9,4. Für das folgende kommt wiederum Columella, de re rust. II 9,3, in Betracht, der allerdings etwas ausführlicher ist; s. auch F. Münzer S. 91. – *…ein Wunder:* Diese seltsame Erscheinung soll aber nicht im Konsulatsjahr 201 v. Chr., sondern 210 v. Chr. aufgetreten sein. Der im 4. Jh. n. Chr. lebende römische Historiker Iulius Obsequens hat eine Wunder-

sammlung (Liber prodigiorum) geschrieben, in der er – wie
Titus Livius – ähnliche Erscheinungen von Getreide, das auf
Bäumen wuchs, für die Jahre 135 bzw. 125 v. Chr. angab; s. F.
Münzer, S. 241. – Zu den beiden Konsuln des Jahres 201 v.
Chr.: *P. Aelius:* s. RE I Sp. 526 Nr. 101; *Cn. Cornelius* Lentu-
lus: s. RE IV Sp. 1358 Nr. 176f.

167 *Der Nil ... wie wir bereits gesagt haben:* s. Plinius, n.
h. 5,57. Plinius, ibid. 2,123, sagt, daß in der heißesten Zeit des
Jahres, wenn die Sonne in den Löwen tritt, der Sirius (Hundsstern) aufgeht; s. auch § 269. Die Angaben des Plinius über
das An- und Abschwellen des Nils sind korrekt. – Zur Einteilung der Arbeit in eine Landarbeitsphase (an *Ceres* orientiert)
und eine Vegetationsarbeitsphase *(Tellus)* s. J. Bayet, Les
‚Feriae sementivae‘ (= Sallmann 482).

168 *12 Ellen* = 5,32 m; *16 Ellen* = 7,1 m. – Über den Was-
serstand des Nils berichtet Plinius, n. h. 5,58, ausführlicher,
aber im selben Sinn. – *Allgemein glaubte man...:* vgl. Herodot, hist. II 14: „Der Strom kommt von selbst, bewässert die
Äcker und fließt dann wieder ab. Dann besät jeder seinen
Acker und treibt Schweine darauf...“ (J. Feix).

169 Über das Anschwellen des Nils und seine Bedeutung
für die Ägypter vgl. auch Seneca, nat. quaest. IV a 2,9f. –
botanismós: ausjäten des Unkrauts; s. auch Geopon. II 24
(Theophrast c. pl. III 20,9?). – *Kalenden des April* = 1. 4. –
1 Elle = 0,444 m.

170 *Thebaïs:* Oberägypten (der nördliche Teil Ägyptens)
mit der Hauptstadt Thebai; s. Plinius, n. h. 5,48f. – *im babylonischen Seleukeia:* in der Nähe des Euphrat und Tigris, s. id.
6,122. – *mit der Hand regulieren:* Gemeint sind Kanäle und
Dämme. – *in Syrien...:* vgl. Theophrast, h. pl. VIII 6,3: „In
manchen Gegenden ist es nicht gut, tief zu pflügen, wie in
Syrien, wo man sich deswegen auch kleiner Pflüge bedient“
(K. Sprengel); s. auch id., c. pl. III 20,5. – *acht Ochsen...:* Die
Zahl dürfte übertrieben sein. – *der bekannte Grundsatz...:*

vgl. Vergil Georg. I 53: „...und sehn, was der Boden uns bringt, was verweigert" (J. u. M. Götte); Columella, de re rust. I praef. 22: wer in diesem Fach vollkommen sein will, „muß ein äußerst kundiger Naturwissenschafter sein" (W. Richter); s. auch F. Münzer, S. 58.

171 Plinius berichtet in diesem und den folgenden §§ über die *Pflugscharen*; s. dazu den ausführlichen Artikel von A. G. Drachmann in RE XIX Sp. 1461–1472, s. v. Pflug. Zum Pflügen s. auch Columella, de re rust. II 4,6, und Varro, res rust. I 24,2.

172 *im rätischen Gallien:* s. Plinius, n. h. 3,133 f. – Die Deutung des Wortes *plaumoratum* für Räderpflug hat die Forscher immer wieder beschäftigt. L. Deroy, La racine Étrusque... (= Sallmann 481) sieht in der Erfindung des Räderpfluges eine Revolution des Ackerbaus. Von Rätien kam das Gerät schon im 1. Jh. v. Chr. in die Transpadana und nach Germanien; in Frankreich und Italien kam es erst im 5. – 8. Jh. vor. Die Ableitung des Wortes *plaumoratum* von germ. *ploz* (Pflug) lehnt der Autor aus sprachlichen Gründen ab und denkt an eine rätisch-etruskische Wurzel. Die Frage muß offenbleiben. s. auch H. Le Bonniec (= Sallmann 468).

173 *Egge:* s. § 180. – *40 Morgen* = 100920 m²; *30 Morgen* = 75690 m².

174 *Catos Ausspruch:* agric. 61,1: von Plinius („was heißt ...düngen") wörtlich zitiert. Dann folgt bei Cato ein Hinweis auf die Pflege von Ölgärten und hierauf erst: „pflüge keine unterschiedlich nassen Furchen" (O. Schönberger). s. auch Theophrast, c. pl. III 20,2; Palladius, agric. II 3,1; s. ferner F. Münzer, S. 62.66.79.

175 *...mitten in der heißen Zeit:* vgl. Columella, de re rust. II 4,1: „Fette Böden, die das Wasser ziemlich lange halten, sind in einer bereits wärmeren Jahreszeit aufzupflügen, wenn alles Unkraut bereits aufgegangen, aber sein Same noch nicht reif geworden ist" (W. Richter).

176 *...Rühre keinen verschlammten Boden an:* vgl. analog bei Columella, de re rust. II 4,5; Theophrast, c. pl. III 20,2; Palladius, agric. II 3; F. Münzer S. 66. – *Pflüge mit aller Kraft:* vgl. Varro, res rust. I 29,2. – *das erst im Frühling einmal gepflügt worden ist (vervactum):* s. auch Columella, l. c., XI 2,8. – *Brachfeld (novale):* vgl. Varro, res rust. I 29,1; id. ling. Lat. V 39.

177 *Die zum Pflügen verwendeten Ochsen...:* vgl. Columella, de re rust. II 2,22: „Die Rinder halte man bei der Ackerarbeit eng angeschirrt..." (W. Richter). – *Maulkorb:* s. Cato, agric. 54,5. – *ein kleines Beil:* s. Columella, l. c. II 2,28: „Der Pflüger soll außer dem Pflug auch die Axt gebrauchen und ... Wurzeln ... ganz freilegen und aushauen". – *...die Furche zu Ende führen:* ibid. II 2,27: „Man soll ihn auch nicht mitten in der Zeile anhalten lassen..." (W. Richter).

178 *neun Zoll* = ca. 17 cm; *$^1/_2$ Morgen* = 3784 m². – *...Längs-... Querfurchen:* vgl. Vergil, Georg. I 97f.: „Gut auch ist's, wenn der Bauer zu wogendem Rücken die Schollen aufwirft, dann der Furchen Gewog querüber durchschneidet..." (J. u. M. Götte); s. auch Columella, l. c. II 2,25f. – Über die Arbeit des Pflügens schreibt Columella, l. c. II 4,10, etwas ausführlicher als Plinius.

179 *...nicht gekrümmt geht:* vgl. Vergil, Buc. III 42, der ebenfalls den gekrümmten Pflüger *(curvus arator)* erwähnt. – *kein unberührter Rain (scamna):* vgl. Columella, de re rust. II 2,26: „...daß nirgends ungeackerte... Erde stehen bleibt, was die Bauern eine Bank *(scamnum)* nennen" (W. Richter). s. auch ibid., II 4,3. – *noch eggen muß:* ibid., II 4,2: „Die alten Römer sagten nämlich, ein Acker sei schlecht gepflügt, wenn man nach Einsaat das Feld überhaupt noch eggen muß" (W. Richter). s. auch Varro, res rust. I 29,2. – *wenn man nicht erkennt:* ibid., II 4,1. – *Wasserrinnen:* vgl. Columella, l. c. II 8,3.

180 *Pflügen in die Quere:* vgl. Cato 33,2: „beginne zu

pflügen; ziehe hin und her durchgehende Furchen" (O.
Schönberger). Auch Columella, de re rust. II 13,4, spricht von
Längs- und Querfurchen. Herausgehen aus der Furche (*deliratio:* Wahnwitz, von *delirare:* von der geraden Linie abweichen); s. Varro, res rust. I 29,2; Palladius, agric. VI 4,1.

181 *Vergil,* Georg. I 47f. (s. auch F. Münzer, S. 85): „Jene
Saat erst genügt auch dem Wunsche des nimmer zufriedenen
Bauern, die zweimal Sonne und zweimal Kälte gespürt hat"
(J. u. M. Götte). Nach Varro, res rust. I 29,2, genügt dreimali-
ges Pflügen; auch Columella, l. c. II 4, und Palladius, agric. II
3 passim, schreiben ähnlich. – neunfaches Pflügen bei den
Etruskern (s. Plinius, n. h. 3,50) ist erstaunlich viel. Plinius d.
Jüngere, epist. V 6,10, schreibt aber auch hier vom „Boden…
daß er erst beim *neunten* Durchpflügen gebändigt wird" (H.
Kasten). – Über das *Säen* der *Bohne:* s. Columella, l. c. II 10,5,
und der *Wicke:* ibid. II 10,29: zwei Saatzeiten auf ungepflüg-
tem Boden.

182 *Salasser:* Volk im nordwestlichen Italien im oberen
Tal des Duria maior; s. Plinius, n. h. 3,134. Nach einem Auf-
stand im Jahre 35 v. Chr. wurden sie von Augustus 25 v. Chr.
besiegt. – *wieder umpflügen (artrare – aratrare):* nur von Plinius erwähnte Wörter, die vielleicht nur von den dortigen
Bauern gebraucht wurden.

183 …*vor drei Jahren:* nicht bestimmbar, da nicht
bekannt ist, wann Plinius das Buch 18 verfaßt hat. Das Vorwort mit Widmung wurde um 77/78 n. Chr. geschrieben; es
könnte also hier das Jahr 74 gemeint sein. – *Land der Treverer:* h. Trier; vgl. Plinius, n. h. 4,106; s. auch H. Le Bonniec
(= Sallmann 468).

184 *an den Tagen, die ich noch benennen werde:* s. § 239 ff.
– …*eine Arbeitskraft:* vgl Columella, de re rust. XI 2,82:
„…obwohl die alten Landleute je einem Mann ein *iugerum*
(einen Morgen) zum Jäten und Eggen zuweisen" (W. Richter). – *Wer behacken will…:* vgl. Columella, l. c. II 11,8, der

ebenfalls darauf hinweist, „daß die Wurzeln der Saat nicht beschädigt werden" (W. Richter); s. auch ibid. II 11,1, ferner Palladius, agric. II 9,1 f. – *zweimal behacken:* vgl. Cato, agric. 37,5: „Das Getreide hacke und jäte je zweimal…" (O. Schönberger). – Für die *Bohnen* empfiehlt Columella, l. c. II 11,7, sogar dreimaliges Behacken.

185 *Das Ausjäten schafft…:* vgl. Columella, l. c. II 11,9: „Auf das Hacken muß dann das Jäten folgen…" (W. Richter). – *Die Bohne braucht man nicht zu jäten:* ibid. II 11,6. Der Autor lehnt diese Meinung des C. Celsus ab, der erwähnt, daß man nach der Bohnenernte auf demselben Acker dann auch noch Heu ernten könne. – *…die Lupine…:* vgl. ibid., II 11,4 f.: „da die Lupine … nicht nur von keinem Unkraut behelligt wird, sondern ihrerseits das Unkraut vernichtet" (W. Richter); ebenso Palladius, agric. II 9,2.

186 *Egge (crates):* eigentlich ein Geflecht aus Zweigen, das zum Einebnen des Ackers verwendet wird; vgl. Columella, l. c. II 17,4 (W. Richter übersetzt *crates* mit ‚Schleifegge'); s. auch Vergil, Georg. I 94 f. – *Baktrien:* etwa dem heutigen Afghanistan entsprechend; s. Plinius, n. h. 6,98. – *Kyrene:* in Nordafrika, s. id., 5,31. – *sich vom … Tau … ernähren :* vgl. Theophrast, h. pl. VIII 6,6: „In Ägypten aber, Babylon und Baktrien, wo das Land … selten Regen erhält, dient der Tau allein zur Nahrung; dasselbe ist der Fall… von Kyrene…" (K. Sprengel); vgl. auch Columella, l. c. II 11,3: „…Ägypten und Nordafrika, wo, der Bauer das Feld von der Aussaat bis zur Ernte nicht berührt…" (W. Richter).

187 *Vergil:* s. Verz. der Quellenschriftsteller, hier Georg. I 71 ff.: „Alle zwei Jahre auch laß nach der Ernte ruhen das Brachfeld…" (J. u. M. Götte). Vergil empfiehlt im folgenden auch den Fruchtwechsel (Plinius: *„wo Lupinen … standen … Emmer säen"*). – *im vorhergehenden Buch:* vgl. n. h. 17,56; Plinius bezieht sich auf Cato, agric. 37,1 f.: „was auf dem Saatfeld schädlich ist und welche Feldfrüchte das Saatfeld dün-

gen" (O. Schönberger); s. ferner Vergil, Georg. I 77ff.; s.
auch F. Münzer, S. 85.

188 *Tacape:* Stadt in Südtunesien, h. Gabès; Plinius, l. c.
5,25; RE IV A, Sp. 2052 – 56. – *Syrten … Leptis Magna:* vgl.
Plinius, n. h. 5,27. – *3000 Schritt* = 4, 4 km. Eine Notiz bei Plinius, n. h. 16,115, kann sich auch auf dieses Gebiet beziehen,
das durch besondere Fruchtbarkeit ausgezeichnet ist; s. auch
P. Fournier, Notulae Plinianae I – IV … (= Sallmann 454).

189 *16 Quadratellen:* ca. 3,2 m². – *vier Denare* = ca. 3,20
Goldmark.

190 *die Quelle Orgae* in der narbonensischen Provinz (in
Südfrankreich, s. Plinius, n. h. 3,31; 4,105) ist nicht bestimmbar.

191 *… die ‚zarte‘ genannt haben:* vgl. Plinius, n. h. 17,36f.
Plinius kommt im folgenden mehrmals auf den Fruchtwechsel zu sprechen, s. § 187.

192 *die Art und Weise des Düngens…:* vgl. Plinius, n. h.
17,50ff.; s. auch Cato, agric. 61 (s. § 174). Über zeitgerechte
und angemessene Düngung spricht auch Columella, l. c. II
1,7. – *Auf nicht gedüngtem Boden…:* s. Theophrast, h. pl.
VIII 6,4; c. pl. III 21,4; ferner Columella, l. c. II 9,15. – *Bohnen säen:* vgl. Theophrast, h. pl. VIII 7,2: „Am besten wird
der Boden durch Bohnen vorbereitet…" (K. Sprengel). Nach
Columella, l. c. II 10,5 und XI 2,85, brauchen die Bauern
einen sehr fetten oder gut gedüngten Boden.

193 *Wer im Herbst…:* Über die verschiedenen Zeitpunkte
des Düngens berichtet ausführlich Columella, l. c. II 15,1ff.;
s. auch Varro, res rust. 38,1. – *18 Fuhren:* vgl. Columella, l. c.
XI 2,86: „genügt es, auf jedes *iugerum* Land *18 Fuhren* Dung
zu schaffen"; vgl. auch ibid. II 5,1f. und Palladius, agric. X
1,2f. – *Mist aus den Geflügelhäusern:* Etwas ausführlicher,
aber sinngemäß gleich, berichtet Columella, l. c. II 15,2.

194 *schlecht eingestreut:* analog bei Columella, l. c. II 14,8.
– *wenn man zu stark düngt, wird er zu heiß:* vgl. ibid. II 15,2:

„daß ein Acker auch überhitzt wird, wenn er zu stark gedüngt wird" (W. Richter); s. auch Palladius, agric. X 1,3.

195 *Einjähriger Samen:* s. Theophrast, h. pl. VIII 11,5: „Zum Keimen und zur Aussaat hält man den jährigen Samen am besten, weniger den zwei- und dreijährigen... Denn jeder Samen hat seine bestimmte Zeit der Keimfähigkeit" (K. Sprengel); s. auch Palladius, agric. 6,12; Geopon. II 16,4. ... *trennen:* Ähnliches sagt Columella, de re rust. II 9,11.–...*das Korn, das rötlich aussieht:* ebenso ibid. II 9,13.

196 *...er habe Hunger:* ähnlich bei Theophrast, l. c. VIII 6,2, der aber weiterhin sagt: „Aber das scheint eine törichte Sage zu sein" (K. Sprengel). – *...an feuchten Stellen früher auszusäen:* vgl. Columella, l. c. II 8,3: „...daß man auf sumpfigem... Boden und vor dem 1. Oktober säen soll... denn die Wurzeln des Getreides sollen noch kräftig werden, ehe Winterregen oder Frost und Reif ihm zusetzen..." (W. Richter). – *an trockenen aber später:* ebenso bei Columella, l. c. XI 2,80.

197 *...aus falscher Genauigkeit:* Diese Bemerkung bezieht sich offenbar auf Theophrast, c. pl. III 24,1 f., bzw. auf Didymos in Geopon. II 17, wonach man Samen aus bergigen Gegenden in der Ebene verwenden soll und umgekehrt.

198 *ein Morgen* = 2523 m²; *fünf modii* = 43,66 l. – Columella, l. c. XI 2,75, macht folgende Angaben für *1 Morgen:* 4 – 5 *modii* Weizen, 9 – 10 *modii* Emmer, 5 – 6 *modii* Gerste, 4 – 5 *sextarii* (1 *sextarius* = 0,546 l) Kolbenhirse, 8 – 10 *modii* Lupinen, 4 *modii* Schwertbohnen, 3 – 4 *modii* Erbsen, 6 *modii* Bohnen, 8 – 10 *modii* Leinsamen, je 3 – 4 *modii* von zwei Arten der Kichererbse; 4 – 5 *sextarii* Sesam, 7 – 8 *modii* Futterwicken, 5 – 6 *modii* Saatwicken, 4 – 5 *modii* Erven, 7 – 8 *modii* Futtergerste. Auch bei Varro, res rust. I 44,1, finden sich einige Angaben; ebenfalls für *1 Morgen:* 4 *modii* Bohnen, 5 *modii* Weizen, 6 *modii* Gerste, 10 *modii* Emmer, auf fruchtbarem Boden kann etwas mehr, auf magerem etwas weniger gesät werden. – Weiterhin sagt Columella, l. c. II 9,1: „Fettes

Land erfordert zusätzlich je *iugerum* 4 *modii* Weizen, mittel-
mäßiges 5 *modii*, an Emmer 9 *modii* bei fettem Boden, 10 bei
mittelmäßigem; ibid. II 9,15 f.: 6 *modii* zweizeilige Gerste
(distichum), hingegen 5 *modii* sechszeilige Gerste *(hexastichum)*; ibid. II 10,8: 4 bzw. 6 *modii* Bohnensamen „falls der
Boden fett ist" (W. Richter); ibid. II 10,29: zwei Saatzeiten
für die Wicke: 7 *modii* beim Herbstaequinoctium, 6 *modii* im
Januar oder später; ibid. II 10,19 f.: 3 *modii* für die Kichererbse; ibid. II 10,3: 10 *modii* für die Lupine; ibid. II 10,16:
1 *modius* für die Linse; ibid. II 10,39: 5 *modii* für die Erve;
ibid. II 10,33: Für den Bockskornklee gibt es zwei Saatzeiten
im September und Ende Januar/ Anfang Februar. für die letztere 6 *modii*, für die erstere 7 *modii*"; ibid. II 9,18: für die Kol-
ben- und Rispenhirse 4 *sextarii*.

199 ...*andere Einteilung:* Die Angaben (auch die im 1.
Satz von § 200) stimmen weitgehend mit Columella, l. c. II
9,5, überein.

200 *Laß die Saat...:* Dieser Satz geht zurück auf Cato, agr.
5,4: *Segetem ne defraudet; nam id infelix est:* „Er veruntreue
kein Saatgut, denn das bringt Unglück" (O. Schönberger); s.
F. Münzer, S. 62. 74. 102. – *Attius* (auch *Accius*): s. Verz. der
Quellenschriftsteller. Das nicht erhaltene Werk Praxidica war
der Astrologie gewidmet; s. F. Münzer, S. 74 f., ferner W.
Kroll (= Sallmann 483). Der Lauf und die Stellung des Mondes spielten für das tägliche Leben und vor allem für die
Arbeiten auf dem Feld eine große Rolle (s. RE XVI Sp. 103 ff.
s. v. Mond). Plinius nennt verschiedene Zeichen des Tierkreises (Zodiakos), die durch ihre gegenseitige Stellung für die
Astrologie bedeutsam sind. Es handelt sich um die sog. Tri-
gonalaspekte (Dreiecksstellung): Widder–Löwe–Schütze
(letzterer allerdings von Plinius nicht genannt), ferner Zwil-
linge-Waage-Wassermann. – *Zoroaster:* s. Verz. der Quellenschriftsteller; s. J. Bidez und F. Cumont, S. 226 (= Sallmann
363). – Die Sonne tritt in das Zeichen des Skorpions am 19.

Oktober, so daß es sich nach dem Durchgang des *12. Grades* um die Zeit Anfang November handelt. Befindet sich der (Voll)Mond *im Stier* und die *Sonne* im *Skorpion*, so stehen die beiden Gestirne zueinander in Opposition (s. den umfangreichen Artikel von H. Gundel in RE X A 462 ff. s. v. Zodiakos, bes. Sp. 572 ff., auch Sp. 555 ff.).

201 *Stand der Gestirne (ratio siderum):* Die Astrologie (s. § 213) ist die Lehre vom Einfluß der Gestirne auf das irdische Geschehen; s. auch Columella, de re rust. XI 1,31; Quintilian, inst. or. I 4,4. – *Hesiod:* s. Verz. der Quellenschriftsteller; hier erga 384. – *wie bereits gesagt:* s. § 49.

202 *...die Erde ... gewisse Triebe zur Empfängnis:* vgl. Columella, l. c. 196 ff.: „Jetzt ist die Zeugungszeit der Welt, jetzt drängt der Geschlechtsrausch nach Begattung..." (W. Richter); s. auch Demokritos ap. Geopon. II 14,4. – *Vergil:* s. Verz. der Quellenschriftsteller: hier: Georg. I 219 – 221: „laß zuvor das Siebengestirn vom Himmel versinken" (J. u. M. Götte); ferner ibid. I 208 – 210; 227 – 229. – *Untergang der Plejaden:* vgl. §§ 222.225.313; s. die Tabelle in RE XXI Sp. 2511 ff. s. v. Pleiaden, wonach der Morgenuntergang des Siebengestirns nach Plinius am 11. November stattfindet; Columella, l. c. XI 2,84, nennt den 8. November; s. auch ibid. II 8,1. – *Boōtēs* (Ochsentreiber/Pflüger): ein Sternbild auf der nördlichen Halbkugel, in dem sich als hellster Stern der Arcturus befindet; s. auch § 313. Der Untergang des *Boōtēs* findet zwischen dem 31. Oktober und 2. November statt. – *müssen ... bestimmt werden:* vgl. § 223 ff.; s. auch F. Münzer, S. 87.

203 *wenigstens in trockenem Boden:* vgl. Columella, l. c. II 8,4: „Aber wenn die Regenfälle... erst spät einsetzen, dann ist es besser, den Samen dem Erdreich anzuvertrauen, auch wenn es noch so trocken ist..." (W. Richter); s. auch Theophrast, c. pl. III 23,1. Zur richtigen Saatzeit erwähnt allerdings Columella, l. c. II 7,2, eine uralte Regel, wonach man die Saat „auf kalten Böden zuletzt, auf lauwarmen früher, auf warmen zuerst auswerfen soll" (W. Richter).

204 ...*nicht säen solle:* s. Varro, res rust. I 34,1; 35,2 gibt denselben Rat; vgl. auch Columella, de re rust. II 8,2 und Theophrast, c. pl. III 23,2. – *Es gibt Leute...:* s. Columella, l. c. XI 2,80: „Es gibt ein altes Sprichwort bei den Bauern: Zu frühzeitige Aussaat kann oft einmal eine Enttäuschung bringen, zu späte niemals – sie ist immer schlecht" (W. Richter). – *Beginn des Westwindes:* am 8. Februar; s. Plinius, n. h. 2,122.

205 *Lein:* über die Aussaat des Leinsamens s. Columella, l. c. II 10,17, *der Bohne:* ibid. II 10,9. – *Fünftagefest* der Minerva vom 19. – 23. März: *quinquatrus,* weil es fünf Tage nach den Iden gefeiert wurde, nicht weil es 5 Tage dauerte, wie Ovid, Fasti III 810, meint.

206 *Vergil* gibt mehrfach Vorschriften im Hinblick darauf, daß das meiste vom Himmel abhängt: s. Georg. I 50ff.: „Bevor wir ein Feld... durchpflügen, müssen zuerst wir um Wetter und Wind uns sorgsam bekümmern"; ibid. I 204ff., I 257: „Nicht umsonst erspähen wir der Sternbilder Abstieg und Anfang", ibid. I 335: „beachte des Himmels Monde und Sterne" (J. u. M. Götte); vgl. auch Columella, de re rust. I praef. 22: „...muß die Besonderheiten des gegenwärtigen Klimas und laufenden Jahres überschauen" (W. Richter); s. auch F. Münzer, S. 85.87. – *der himmlisch-göttlichen Weisheit:* vgl. Cicero, nat. deor. II 153; id., Tusc. V 70f. Plinius verkennt aber doch nicht die mit den Gestirnen verbundenen Schwierigkeiten: s. § 207.231.

207 *zu den 365 Tagen:* Plinius denkt hier offenbar an den Julianischen Kalender, der 46 v. Chr. von Caesar eingeführt wurde, wonach die Länge des Jahres 365 Tage und 6 Stunden betrug. Jedes 4. Jahr wurde ein Schalttag dazugenommen. Das Julianische Jahr war jedoch um rd. 11 Minuten zu lang. Zur Korrektur wurde im Jahr 1582 der Gregorianische Kalender eingeführt, dem eine Jahreslänge von 365 Tagen + 5 Stunden + 49 Minuten + 12 Sekunden zugrunde liegt. Das 4. Jahr als Schaltjahr wurde beibehalten, nur mit der Modifikation, daß in jedem vollen Jahrhundert, das nicht ohne Rest durch 400 teilbar ist (z. B. 1900), der Schalttag entfällt; s. RE IX Sp. 604 – 612 s. v. Jahr. – *procheimasis* bedeutet soviel wie die Witterung, die den Gestirnen einige Tage vorauseilt (lat. *praesiderare*), s. Festus 249,22 (Lindsay); *epicheimasis*: bedeutet die später eintretende Witterung; vgl. R. Böker in RE Suppl. IX 1609 ff. s. v. Wetterzeichen. – *Einfluß der Gestirne*: Die Tatsache, daß mit dem Auf- und Untergang gewisser Sterne der Sternbilder bestimmte Erscheinungen der Witterung verbunden waren, führte in der Antike zu dem Glauben, daß diese Gestirne Verursacher dieser Wetteränderungen sind. Plinius hat über die Ursachen der Witterung bereits mehrfach berichtet; s. n. h. 2,105 ff.

208 *Alle Angaben*: s. Plinius, l. c., ferner Cicero, de div. II 89; Seneca, nat. quaest. VII 4,2; Vegetius, ep. rei mil. IV 40. – *angeheftete Sterne*: die Fixsterne, aber auch die Planeten werden in Betracht gezogen. – *wie wir gezeigt haben*: vgl. § 152 und n. h. 17,10 ff.

209 *Vergil ... Lauf der Planeten*: vgl. Georg. I 335 f.: „...beachte des Himmels Monde und Sterne, merke, wohin das Gestirn sich des kalten Saturnus zurückzieht..." (J. u. M. Götte); s. auch F. Münzer, S. 87. – *Schmetterlinge...*: s. H. Le Bonniec (= Sallmann 468). – *in diesem Jahr*: wahrscheinlich 77 n. Chr. – *die Zugvögel*: Hier sind wohl die Schwalben gemeint, s. § 237. – *am 6. Tag vor den Kalenden des Februar* = 27. 1.

210 *...die Wölbung der Welt*: vgl. Plinius, n. h. 2,5. – *zu anderer Zeit*: Cicero, de div. II 93, erwähnt dasselbe Problem. – *drei Astronomenschulen*: Die Chaldäer waren ursprünglich ein persischer Volksstamm im südlichen Euphratgebiet. Später verstand man unter Chaldäern eine babylonische Priesterkaste, der man besondere magische und astrologische Kenntnisse zuschrieb. Die *chaldäische* Schule bezieht sich offenbar nach B. L. van der Waerden (= Sallmann 484) auf ein um

330/170 v. Chr. entstandenes Sammelwerk, nicht auf die chaldäischen Astrologen. Sie gehört aber zweifellos der hellenistischen Zeit an; s. auch Columella, de re rust. XI 1,31, und den ausführlichen Artikel von A. Rehm in RE XVIII Sp. 1295 ff. Parapegma (= griech. Kalender mit Angaben über Sternphasen und Episemasien = Wettervermerken); ferner id. in RE Suppl. VII Sp. 175 ff. s. v. Episemasiai. Die *ägyptische* Schule steht wahrscheinlich mit einem Werk, einem Lehrbuch über Astrologie aus dem 2. Jh. v. Chr., das von einem sagenhaften ägyptischen König und einem Priester verfaßt sein soll, in Verbindung. Die chaldäische und ägyptische Schule zeigen manchmal gute Übereinstimmung, weichen aber in Fragen der Planetenlehre voneinander ab. Von der *griechischen* Schule sei als bedeutendster Vertreter Hipparchos von Nikaia genannt (ca. 160 – 125 v. Chr.), dessen Werke leider verloren gegangen sind. Der berühmte Astronom und Naturwissenschaftler Claudius Ptolemaeus (ca. 100 – 170 n. Chr.) hat wesentliche Einzelheiten aus den Werken des Hipparchos übermittelt.

211 *Der Diktator Caesar fügte... eine vierte hinzu:* vgl. §
207; ferner Plinius, n. h. 2,35; Sueton, Divus Iulius 40; Censorinus, de die natali 20,8 f.; Solinus, Coll. 1,45; Macrobius, Sat. I 14,14 (oder 3?). – *Sosigenes:* der Mitarbeiter Caesars bei der Kalenderreform; vgl. RE III A Sp. 1153 – 1157 Nr. 6; ferner Plinius, n. h. 2,39. Die Kalenderreform Caesars mußte u. a. einen Fehlbetrag von 90 Tagen ausgleichen. Durch Nachlässigkeit war die Jahresrechnung indessen bald wieder in Unordnung geraten, so das Kaiser Augustus die Ordnung wieder herstellen mußte; vgl. Sueton, Aug. 31,2.

212 *drei Abhandlungen:* sehr wahrscheinlich sind drei jeweils verbesserte Ausgaben des Parapegma (s. § 210) darunter zu verstehen.

213 Die Auf- und Untergänge der Plejaden hat man in der antiken Landwirtschaft mit den entsprechenden Witterungs-

anzeichen genau beobachtet; s. den ausführlichen Artikel mit
Tabellen von H. Gundel in RE XXI, Sp. 2486 – 2523; ebenso
F. Boll ibid. VI Sp. 2407 – 2431 s. v. Fixsterne. – *Hesiod*, erga
383, sagt, daß die Ernte beginnen soll, wenn das Gestirn der
Plejaden emporsteigt; wenn sie untergehen, soll man pflügen.
Die Schrift über die Sternkunst ist nicht erhalten; s. RE VIII
Sp. 1223, s. v. Hesiodos; s. Verz. der Quellenschriftsteller,
ebenso *Thales, Anaximander, Euktemon* und *Eudoxos*. Über
den *Frühuntergang der Plejaden* s. vor allem die Tabelle bei
H. Gundel, l. c., Sp. 2511 – 2514.

214/216 *Italien:* für Italien kommt als Verfasser für das
Parapegma (s. § 210) der bereits genannte Sosigenes in
Betracht. Für die anderen von Plinius genannten Länder gibt
A. Rehm in RE Suppl. VII Sp. 191 f. verschiedene Autoren an:
für *Attika und die Kykladen* Meton, Euktemon; für *Makedo-
nien, Magnesia und Thrakien* Meton, Euktemon, Demokrit;
für *Ägypten, Phönikien, Zypern und Kilikien* Ptolemaios; für
Boiotien, Lokris, Phokis und die Umgebung Philippos; für
Hellespont, Chersones bis zum Athos Kallippos; für *Ionien
Kleinasien und die Inseln* Eudoxos; für *Peloponnes mit
Achaia und den griech. Westen* Philippos; für *Assyrien und
Babylonien* die Chaldäer. Plinius hält sich allerdings nicht
genau an diese Aufstellung, was wohl mit der Verschiedenar-
tigkeit seiner Quellen im Zusammenhang steht. – *Einteilung
in Kreise im 6. Buch:* vgl. n. h. 6,212 ff., wo Plinius eine Einteilung der Erde nach Parallelkreisen und gleichen Schattenlän-
gen gibt.

217 *...Kreise sich gleich bleiben:* Plinius meint wahrscheinlich, daß der sog. Sterntag oder das Sternjahr für alle
Orte gleicher Breite gleich sind. – *...alle vier Jahre:* der Vierjahreszyklus (Tetraeteris, vgl. W. Sontheimer in RE V A Sp.
1072–1075) geht vielleicht auf Eudoxos von Knidos, einen
bedeutenden Astronomen des 4. Jh.s v. Chr., zurück; s. auch
Censorinus, de mens. 18,2. Nach Eudoxos besteht das Jahr

aus 365¼ Tagen, wonach alle 4 Jahre Tages- und Jahres-
wende zusammenkommen (s. auch W. Sontheimer in RE IX
A Sp. 2465 f.). Plinius, n. h. 2,130, hat bereits gesagt, daß nach
Meinung des Eudoxos alle Winde und sonstigen Witterungs-
verhältnisse alle vier Jahre wiederkehren, was für die Landwirtschaft natürlich bedeutsam war; s. auch Columella, de re
rust. IIII 6,4, der ebenfalls von einem Vierjahreszyklus
spricht; s. auch Censorinus, de die natali 18,3. – *alle acht
Jahre:* bezieht sich offenbar auf den ältesten griechischen
Schaltzyklus von acht Jahren (Oktaeteris, vgl. M. P. Nilsson
in RE XVII 2387 – 2392), der im Zusammenhang mit dem
100. Mondwechsel steht; s. auch Plinius, n. h. 2,215, über die
Gezeiten: „Nach jedesmal acht Jahren, im 100. Mondumlauf,
kehrt die Flut zur alten Ordnung ihrer Bewegung und zum
gleichen Anstieg wieder zurück". – Zum Ganzen: s. A. Grilli,
Miscellanea Latina Nr. 9 ... (= Sallmann 160).

218/219 *Auf- und Untergang ... in zweierlei Weise:* Plinius verwendet je zwei Bezeichnungen für den Auf- und
Untergang eines Gestirnes: *exortus* und *emersus* für den Aufzug und das Sichtbarwerden, *occasus* und *occultatio* für den
Untergang und die Verdunkelung (Verdeckung) der Sterne.
Diese Bezeichnungen stehen im Zusammenhang mit den sog.
wahren und sichtbaren (auch scheinbaren) Auf- und Untergängen. Durch den Glanz der Sonne werden die Vorgänge
beeinflußt; Einzelheiten s. F. Boll in RE VI Sp. 2423 ff. s. v.
Fixsterne; s. auch Theophrast, de signis 1,2. – *Die Beobachtungszeit von einer Dreiviertelstunde:* entspricht ungefähr
12° der unter den Horizont gesunkenen Sonne; Einzelheiten:
F. K. Ginzel in RE III 607 f. s. v. Jahr. – *zweimal auf und
unter:* s. F. Boll, l. c., Sp. 2424 f., wo die acht Möglichkeiten
der in der Ekliptik stehenden Gestirne diskutiert werden:
sichtbarer und wahrer Spätuntergang, wahrer und sichtbarer
Frühaufzug, sichtbarer und wahrer Spätaufzug, wahrer und
sichtbarer Frühuntergang. – *am Himmel feststehen:* Gemeint

sind die Fixsterne, vgl. Plinius, n. h. 2,6ff.; 10,28; ferner F. Boll, l. c. Sp. 2407ff.; s. auch Cicero, de nat. deor. II 54, der die harmonische, sich gleichbleibende Umdrehung der Fixsterne erwähnt.

220 *Zu- und Abnahme des Tageslichtes:* Plinius, n. h. 2,81, hat bereits die vier Veränderungen (Frühlings- und Herbst-Tagundnachtgleiche, Winter- und Sommersonnenwende) erwähnt. In n. h. 2,52 sagt Plinius, daß sich die Sonne im Wechsel der Jahreszeiten im Winter von der Erde entfernt. Heute wissen wir, daß die Erdbahn um die Sonne elliptisch ist und die genannten Erscheinungen von daher kommen. Varro, res rust. I 28,1, gibt als Dauer für die Jahreszeiten an: Frühling 91, Sommer 94, Herbst 91 und Winter 89 Tage (zusammen 365 Tage). Nach ihm beginnt der Frühling am 7. 2., der Sommer am 9. 5., der Herbst am 11. 8. und der Winter am 10. 11. In der Textlücke bei Plinius muß „92 Tage 12 Stunden" ergänzt werden.

221 Die *Äquinoktialstunden* entsprechen unseren Stunden. 1 Äquinoktialstunde ist $1/12$ der Tagesdauer bei der Tagundnachtgleiche; s. auch Plinius, n. h. 2,213. Bei den Römern wurde der Tag in 12 Stunden eingeteilt. Je nach Jahreszeit (und geographischer Breite) war dadurch die Dauer einer Stunde verschieden; s. auch Plinius, n. h. 21,88; 7,212 (s. die Erl.!). – *In den 8. Grad:* Plinius wiederholt hier das bereits n. h. 2,81 Gesagte. Der Tierkreis (Zodiakos) spielte in der Antike für die Zeitrechnung und den Kalender eine bedeutsame Rolle. Der 8. Grad geht wahrscheinlich auf Auton (5. Jh. v. Chr.) bzw. Eudoxos zurück und gilt auch für diese Zeit; s. auch Varro, res rust. I 28,2; Vitruv, arch. IX 3,1: „Wenn nämlich die Sonne in das Sternbild des Widders eintritt und den 8. Grad durchzieht, ruft sie die Frühlings-Tagundnachtgleiche hervor" (C. Fensterbusch); Ovid, Fasti III 877; VI 790; Columella, de re rust. IX 14,1.5.10.12. – *Bedeutung für die Wetterentwicklung:* vgl. Plinius, n. h. 2,108.

222 Die Dauer der Jahreszeiten (etwas abweichend von
Varro, s. § 220) lautet: 90, 95, 92, 88 Tage. Teilt man sie in der
Mitte, so erhält man 45, 47 1/2, 46, 44 Tage (die letzte Zahl
findet sich nicht hier, aber in n. h. 2,125). Für die Römer lagen
Tagundnachtgleiche und Sonnenwende in der Mitte der Jahreszeiten, nicht an deren Ende. So ergibt sich folgendes:
Frühlingsanfang: nach Plinius, n. h. 2,122, am 8. 2.; nach
Columella, de re rust. XI 2,15, am 7. 2.; nach Ovid, Fasti II
148, am 9. 2. – Sommerbeginn: 9. 5. am 48. Tag nach der
Frühlings-Tagundnachtgleiche (25. 3.) mit dem Morgenaufgang der Plejaden. – Herbstbeginn: 12. 8. am 46. Tag nach
dem Untergang der Leier (Sonnenwende 26. 6.). – Winterbeginn am 11. 11. mit dem Morgenuntergang der Plejaden
(Herbst-Tagundnachtgleiche: 24. 9.).

223 *Frühuntergang der Plejaden:* vgl. § 202. – *das gewaltige Sternbild des Orion:* Orion war ein mächtiger Jäger aus
Boiotien, Sohn des Poseidon und der Euryale. Als Geliebter
der Eos wird er von einem Skorpion getötet: Sein Sternbild
geht unter, wenn der Skorpion aufgeht. Die Bezeichnung
„das heftige Gestirn" rührt daher, daß sein Morgenaufgang
zu Beginn des Winters mit heftigen Stürmen verbunden war.
Vgl. F. Wehrli in RE XVIII 1065 – 1082. Horaz, epod. X 10,
nennt den Orion „traurig" *(tristis);* ibid., 15,7, „den Seeleuten
gefährlich" *(nautis infestus);* Vergil, Aeneis I 535, „stürmisch" *(nimbosus),* ibid. VII 719 „grimmig" *(saevus).* Plinius
erwähnt im folgenden (§§ 246, 255 ff. , 313) den Orion noch
mehrmals. Über die Konstellation des Orion vgl. auch F. Boll
in RE VI Sp. 2929 f.

224 *am 11. Tag nach der Herbst-Tagundnachtgleiche* = 5.
Oktober. Auch Columella, de re rust. XI 2,73, gibt als Beginn
des Aufzugs der *Krone* dieses Datum an und fügt hinzu: *significat tempestatem:* gibt Sturmzeichen (W. Richter). Vergil,
Georg. I 222, rät, mit der Saat zu warten, bis das Siebengestirn
versunken ist und „Ariadnes Gestirn mit flammender Krone"

(J. u. M. Götte) verschwunden ist. Hier ist aber der Abenduntergang, ca. 25. 11., gemeint; s. Geopon. II 14,4. Nach Varro,
res rust. I 34,1, soll die Saat nach der Herbst-Tagundnachtgleiche beginnen und bis zum 91. Tag dauern. – *Xenophon:* s.
Verz. der Quellenschriftsteller, hier Oeconom. XVII 2:
„Wenn der Herbst kommt, halten alle Ausschau zum Himmel, ob der Gott Regen schickt und sie säen läßt" (E. Bux
nach der Kröner-Ausgabe, S. 288). – *Cicero:* Diese Deutung
findet sich nicht in den vorhandenen Werken des Cicero. Wie
schon F. Münzer, S. 39, festgestellt hat, handelt es sich um
eine Übersetzung aus Xenophon. – *ehe das Fallen des Laubs
einsetzt:* ein sehr ungenauer Termin, da das Abfallen der Blätter von der jeweiligen Witterung abhängt.

225/226 *wie wir schon gesagt haben:* Plinius, n. h. 2,125,
sagt, daß ungefähr 44 Tage nach der Herbst-Tagundnachtgleiche der Untergang der Plejaden den Winter einleitet, was
gewöhnlich auf den *3. Tag vor den Iden des November* (11.
11.) fällt. Über das Siebengestirn (die Plejaden) vgl. H. Gundel in RE XXI Sp. 2498 ff. s. v. Pleiaden. – *Kleiderverkäufer:*
Diese etwas ironische Bemerkung geht wohl auf eigene
Erfahrung des Plinius zurück. – *die richtige Zeit:* d. h. zur
Aussaat.

227 *der Polei:* Mentha pulegium L. (Labiatae – Lamiaceae), auch Poleiminze genannt, wurde in den Fleischkammern aufgehängt; s. Plinius, n. h. 2,108; 19,160; Columella,
de re rust. XII 7,1. Nach Cicero, de div. II 33, soll der Polei
am kürzesten Tag blühen. Nach Aristoteles, probl. XXI, jedoch nicht am kürzesten Tag, sondern um die Zeit der Sonnenwende. Die Blätter der Poleiminze enthalten u. a. Menthol,
$C_{10}H_{18}O$ (W. Karrer Nr. 545), ein angenehm riechendes Öl.

228 *Varro:* s. res rust. I 34,2. – *Nach anderen...:* vgl. Colu-
mella, de re rust. XI 2,85, der ähnliche Vorschriften für die
Bohne und, ibid. II 10,30, für die Wicke gibt. – *Cicero*, de div.
I 9,15:

iam vero semper viridis semperque gravata
lentiscus triplici solita grandescere fetu
ter fruges fundens tria tempora monstrat arandi.

Mastix: Pistacia lentiscus L. (Anacardiaceae); s. Plinius, n. h.
XII 71; s. ferner Geopon. XI 12,2; Theophrast, de signis 4,6;
ferner F. Münzer, S. 94: die angeführten drei Verse hat Cicero
aus den Phainomena des Arat (1051 ff.) übersetzt.

229 *Cato* , agric. 38,4; s. auch F. Münzer, S. 78. Über das
Verbrennen von Reisig sagt Plinius, n. h. 17,55 ähnliches; s.
auch Cato, l. c. 37,3. – *Mohn* (s. auch Plinius 19,168f.,
20,198f.): Es gibt mehrere Arten, von denen vor allem der
Schlafmohn, Papaver somniferum L. (Papaveraceae) in
Betracht kommt. Aus dem eingetrockneten Milchsaft der
Kapseln wird das als Betäubungs- und Genußmittel verwen-
dete Opium gewonnen, in dem ca. 40 Alkaloide nachgewie-
sen wurden, darunter vor allem Morphin, $C_{17}H_{19}NO_3$. Die
Anwendung gegen *Halskrankheiten* gilt heute als obsolet.

230 *Kurzübersicht über alle Feldarbeit:* vgl. Varro, res
rust. I 35,2.36; ferner Columella, de re rust. XI 2,79: „Es ist
die Zeit ... zum Beschneiden der Rebstöcke...“; ibid. 82:
„...Gräben und Wasserläufe zu reinigen...“; ibid. 71: „...er
muß ...die Keltern und Wannen gründlich gereinigt ...
haben“ (W. Richter).

231 *Eier... unterlegen:* Nach Columella, de re rust. VIII
5,1, fangen die Hühner um den 1. Januar an, Eier zu legen; s.
vor allem auch Plinius, n. h. 10,150f. Über die Zahl der unter-
zulegenden Eier macht Columella, l. c. VIII 5,8, ebenfalls
Angaben, die aber unsicher überliefert sind und von Plinius
abweichen. – *Demokrit :* s. Verz. der Quellenschriftsteller.
Was Plinius hier dem Demokrit zuschreibt, geht wahrscheinlich auf den Fälscher seiner Schriften Bolos von Mendes
zurück; s. E. Wellmann, RE V Sp. 138; W. Kroll, RE XXI
335; A. Rehm, RE Suppl. VII 191.–*...wenn die Eisvögel brü-*
ten: vgl. Plinius, n. h. 2,125; 10,89-91 (Erl.!).

232 *lasse man den Weinstock ruhen:* ebenso bei Columella, de arb. V 3, der noch hinzufügt: „…außer wenn man die Wurzeln, die beim Ringsumgraben zutage treten, beseitigen will" (W. Richter). – *Hyginus:* s. Verz. der Quellenschriftsteller. – *von der Hefe zu befreien:* s. Columella, l. c. XII 28,3. – *Kirschbäume pflanze man…:* von Plinius, n. h. 17,135, bereits erwähnt; s. ferner Columella, l. c. XI 2,96; Varro, res rust. I 39,2. – *Den Ochsen … Eicheln vorschütten:* vgl. Cato, agr. 54,1; *1 modius* = 8,732 l; s. ferner Columella, l. c. XI 2,83, der – nach Hyginus – ebenfalls von der Gefahr der *Räude* spricht; s. auch ibid. VI 3,5. – *Fällen des Holzes:* s. Plinius, n. h. 16,188; Theophrast, h. pl. V 1,1 f.

233 *Arbeiten:* vgl. Cato, agric. 37,3; Columella, de re rust. XI 2,90 und XI 2,12; ferner ibid. II 21,3; Palladius, agric. XIII 2. Auch Vergil, Georg. I 291 f. sagt „Mancher durchwacht am flackernden Herd die Nächte im Winter, Kienfackeln spitzend mit scharfem Stahl" (J. u. M. Götte).

234 *Sirius (Hundsstern):* Sirius, der hellste Stern am Fixsternhimmel im Sternbild des Großen Hundes *(canis maior).* – *geht… unter:* nicht zutreffend, da der Stern zu der angegebenen Zeit am Abend aufgeht (noch Dezember). Auch Columella, de re rust. XI 2,89, sagt fälschlicherweise: „25. November: Untergang des Hundssterns mit Sonnenaufgang" (W. Richter). – Zum Ganzen vgl. den ausführlichen Artikel von H. Gundel in RE III A Sp. 314–351 s. v. Sirius (vor allem Sp. 341). – *Adler:* Sternbild der Äquatorzone mit dem hellsten Stern Ataïr, sichtbar vor allem im Sommer am Abendhimmel. Columella, l. c. XI 2,94, sagt: „29. Dezember: Untergang des Adlers am Abend. – Winterliches Wetter" (W. Richter). Von Plinius in diesem Buch noch mehrmals erwähntes Sternbild (§§ 255.270.281 … passim). – *Delphin:* ebenfalls ein Sternbild der Äquatorzone, das im Sommer am Abendhimmel sichtbar ist. Die Angaben (4. 1.) bei Plinius stimmen ziemlich genau überein mit Ovid, Fasti I 457 f. (5. – 9. 1.) und Colu-

mella, l. c. XI 2,94.97 (27. 12. – 5. 1.). – *Leier:* ein Sternbild des
nördlichen Himmels mit dem hellsten Stern Wega, im Sommer am Abendhimmel sichtbar. Die Angaben bei Plinius
stimmen ziemlich genau überein mit Columella, l. c. XI 2,97:
„5. Januar: Aufgang der Leier am Morgen" (W. Richter) und
Ovid, Fasti I 315 f.: 4. 1. Die Angaben stammen wahrscheinlich aus der Kalenderreform des Caesar-Sosigenes. In Wirklichkeit liegt der Aufgang der Leier Anfang November. Seltsamerweise gibt aber auch Columella, l. c. XI 2,84.88, den 3.
6. und 16. 11. an. Offenbar liegt hier ein Irrtum vor. H. Le
Bonniec, Livre XVIII, Comm. S. 271 f. versucht den Irrtum
aufzuklären, indem er darauf hinweist, daß noch ein weiteres
Sternbild in der Sphaera Barbarica (s. RE III A Sp. 2425) existiert, das im Schrifttum hin und wieder auch als Lyra
bezeichnet wird und Ursache dieser Unstimmigkeit ist. –
Pfeil (sagitta): ein Sternbild der Äquatorzone, nicht zu verwechseln mit dem Schützen, *sagittarius* , einem zum Tierkreis
gehörenden Sternbild des südlichen Himmels, bei uns im
Sommer am Abend sichtbar. Columella, l. c. XI 2,20, gibt als
Spätuntergang des Schützen den 13. Februar an.

235 Für den *Delphin* (s. § 234) geben Columella, l. c. XI
2,5, den 30. 1. als den Beginn seines Untergangs an, und Ovid,
Fast. I 79, den 3. 2. – *Wassermann (Aquarius):* Sternbild der
Äquatorzone, im Herbst am Abend sichtbar. Die Sonne geht
auf ihrer scheinbaren Bahn durch dieses Sternbild Ende
Februar – Anfang März. Columella, l. c. XI 2,4, sagt jedoch:
„16. Januar: Übergang der Sonne in den Wassermann" (W.
Richter), und Ovid, Fast. I 651, nennt den 17. 1. – *Tubero:* s.
Verz. der Quellenschriftsteller; s. dazu auch F. Münzer, S. 99.
– *der königlich genannte Stern (Regulus):* der hellste Stern im
Sternbild des *Löwen (Leo).* Der Stern wird erwähnt von
Ovid, Fast. I 655 f., und von Columella, l. c. XI 2,5: „27.
Januar: der helle Stern auf der Brust des Löwen geht unter"
(W. Richter) und ibid. 53: „29. Juli: Aufgang des hellen Sterns

auf der Brust des Löwen" (W. Richter); s. H. Gundel in RE XII Sp. 1973 – 1992 s. v. Leo. – *Leier* (s. § 234): vgl. Columella, l. c. XI 2,14: „1. Februar: Beginn des Untergangs der Leier" (W. Richter); Ovid, Fast. II 76: 2. 2.

236 Über die auszuführenden Arbeiten s. auch Columella, l. c. XI 2,16. – *Gräben reinigen…:* s. Cato, agric. II 4; Vergil, Georg. I 269f.; Varro, res rust. I 35,2. – *Stiele zurechtmachen:* Columella, l. c. XI 2,92. – *lecke Fässer ausbessern:* s. Cato, agric. 39,2, der eine genaue Vorschrift angibt. – *Schafställe… Wolle:* vgl. Plinius, n. h. 8,190; ferner Varro, agric. II 2,18; Columella, l. c. II 21,4.

237 *veränderliches Wetter:* vgl. Columella, de re rust. XI 2,21: „17. und 18. Februar: West- oder Südwind mit Hagel und Regenwolken" (W. Richter): Beispiel für eine Episemasie (s. § 210). – *Die Schwalben sich sehen lassen:* Columella, l. c. XI 2,21 sagt zum 20. 2.: „In dieser Zeit kommt auch die Schwalbe" und ibid.: „23. 2.: Stürmisches Wetter. Die Schwalbe läßt sich sehen" (W. Richter); s. auch Ovid, Fasti II 853, der den 24. 2. angibt; s. auch Plinius, n. h. 2,122. – *… der Arcturus aufgeht:* über den Arcturus s. § 255. Columella, l. c. XI 2,21, sagt: „21. Februar: der Arcturus geht zum erstenmal spät auf. – Kalter Tag durch Nord- und Nordwestwind; zuweilen Regen" (W. Richter). – *beim Aufgang des Krebses:* nicht zutreffend. Der Krebs, ein Tierkreissternbild zwischen dem Löwen und den Zwillingen, hat einen Frühaufgang Ende Juni/Anfang Juli; s. auch § 264 und n. h. 2,81. – *Auftauchen des Winzers (Vindemitor):* auch Protrygeter genannter Stern (Epsilon Virginis nach heutiger Bezeichnung). Der Frühaufzug des Sternes im September galt als Zeichen für den Beginn der Weinlese – daher der Name; s. Vitruv. arch. IX 4,1; Ovid, Fasti III 407; Columella, l. c. XI 2,24: „2. März: Der Winzer erscheint" (W. Richter); s. ferner H. Gundel in RE IX A Sp. 24 s. v. Vindemitor und id. RE XXIII Sp. 988 – 994 s. v. Protrygeter. – *der nördliche Fisch:* ebenfalls ein Sternbild des

Tierkreises zwischen dem Wassermann und dem Widder. Man unterscheidet einen nördlichen und einen südlichen, der östlich davon liegt; s. H. Gundel in RE XX Sp. 1775 – 1783 s. v. Pisces. Bei Columella, l. c. XI 2,24, heißt es: „13. März: Ende des Aufzugs des Nördlichen Fisches. – Nördliche Winde" (W. Richter). Über die Fehlerhaftigkeit der Angaben vgl. H. Rehm in RE XVIII Sp. 1358 s. v. Parapegma. – *Orion:* die hier gemachten Angaben sind nicht richtig, vgl. § 223. – *Skorpion:* Caesar wurde an den Iden des März 44 v. Chr. ermordet. Der Skorpion ist ebenfalls ein Sternbild des Tierkreises, das von den antiken Autoren oft als unheilvoll bezeichnet wurde; s. § 223 unter „Orion"; s. RE III A Sp. 588 – 609 s. v. Skorpios; vgl. in Übereinstimmung mit Plinius: Columella, l. c. XI 2,30: „15. März: Beginn des Untergangs des Skorpions. – Sturmanzeichen" (W. Richter). Ovid, Fast. III 711 f., nennt fälschlich für den Aufzug den 16. März. – *Weih (milvus):* Plinius gibt das Erscheinen für den 9. März an; Ovid, Fasti 794, nennt den 17. März, hält aber diesen Vogel fälschlicherweise für ein Sternbild. – *daß das Pferd am Morgen untergehe:* analog bei Columella, l. c. XI 2,31: Es handelt sich jedoch um den Frühaufgang; s. A. Rehm in RE VI Sp. 324 – 326 s. v. Equus, ferner W. Rathmann in RE XIX Sp. 62 – 64 s. v. Pegasos Nr. 3.

239 *ausführlicher darlegen:* s. § 337. Columella, l. c. XI 2, 15 sagt: „7. Februar: … Westwinde beginnen zu blasen" (W. Richter). – *Westwind (Favonius):* vgl. Plinius, n. h. 2,122.

240 *die Weinstöcke … beschneiden:* vgl. Plinius, n. h. 17,176. – *die Ölbäume … besorgen:* vgl. Cato, agric. VI 2; Plinius, n. h. 17,130; Columella, l. c. V 9,13. – *Baumschulen …:* Genauere Angaben finden sich ibid. XI 2,18 – 20. – *Pappeln:* vgl. Plinius, n. h. 17,78.

241 Columella, l. c. XI 2,9 f., gibt ähnliche Angaben für die Arbeiten im Januar. – *Die Gerste … bei trockenem Wetter:* id., II 11,6

242 *Pflege der Gärten:* s. Plinius, n. h. 19,49ff. _ *der Rosenpflanzungen:* ibid. 21,14ff. – *Vergil*, Georg. I 63 – 66; s. dazu auch F. Münzer, S.85; R. Bruère (= Sallmann 200) und H. Le Bonniec (= Sallmann 468).

243 *Cato:* Plinius zitiert nicht ganz korrekt: s. agric. 40,1: „Gräben und Pflanzschulen müssen zurecht werden, für Oliven- und Rebenschulen der Boden umgegraben... mit den Ulmen, Feigen, Obst- und Ölbaum gepflanzt werden" und ibid. 50: „Die Wicken dünge zu Beginn des Frühlings bei Neumond; die nicht bewässert werden, sobald der Westwind zu wehen beginnt... alles Unkraut mit der Wurzel ausgraben ... die Feigenbäume lichte maßvoll..." und ibid. 131: „Wenn der Birnbaum blüht, halte das Opfermahl für die Rinder... du mußt die Böden zuerst pflügen, die steinig und sandig sind; hernach, je schwerer und nasser die Böden sind, desto später nimm sie unter den Pflug" (O. Schönberger).

244 *Mastixbaum:* s. § 228; s. auch Theophrast, de sign. 55 (oder 4,6?) – *Meerzwiebel:* Urginea maritima (L.) Bak. (Liliaceae); s. Plinius n. h. 20,97ff. und Theophrast, h. pl. VII 13,6: „Die Meerzwiebel ...drei Blühzeiten, von denen die erste auch die Saatzeit zu bezeichnen scheint ...auf gleiche Weise trägt es sich mit der Narzisse zu" (K. Sprengel). – Über die *Narzisse* vgl. Dioskurides, m. m. IV 158 (161), und Plinius, n. h. 21,25 (Erl.!).

245 *Bohne:* s. § 117 und n. h. 22,140. – *Efeu:* vgl. Plinius, n. h. 16,144ff. – *Feigenbaum:* id., n. h. 12,22f.

246 Für die *Frühlings-Tagundnachtgleiche* gibt Plinius den 25. 3. an; Columella, de re rust. XI 2,31, nennt den 24. u. 25. März, Ovid, Fasti III 877f., den 26. 3. – *nach Caesar ... von Wichtigkeit:* wieder ein Beispiel von Episemasie. Columella, l. c. XI 2,34 sagt zum 5. April: „West- und Südwind mit Hagel; manchmal auch dasselbe am Tag zuvor" (W. Richter). – *Attika:* Die Angaben beziehen sich auf den Kalender des Euktemon (s. § 214), *Boiotien* auf den von Philippos (s.

ebda.). Ovid, Fast. IV 165 – 169, nennt für den Untergang der
Plejaden den 2. April, Columella, l. c. XI 2,34, den 6. April. –
Orion und sein Schwert…: Ovid, Fasti IV 387f., erwähnt den
Abenduntergang des „schwerttragenden Orion" *(ensifer
Orion)* und nennt den 9. April. Das Sternbild des Orion (in
der Äquatorzone) enthält u. a. drei Gürtelsterne („Jakobs-
stab") und darunter das Schwert mit dem großen Orionsäbel.
Weiterhin ausgezeichnete Sterne im Orion sind Bellatrix
(Schulterstern Gamma) Beteigeuze (Schulterstern Alpha) und
Rigel (Fußstern Beta).

247 *Untergang der Waage…:* Columella, l. c. XI 2,34:
„10. April: Beginn des Frühuntergangs der Waage. – Zuweilen Sturmanzeichen" (W. Richter). Auch Ovid, Fasti IV 386,
erwähnt den Regen. – *Hyaden* (lat. *Suculae,* „Schweinchen"):
eine im antiken Schrifttum aus fünf bis sieben Sternen beste-
hende Gruppe in der Nähe des Orion und der Plejaden, zum
Tierkreisbild des Stiers gehörig (s. H. Gundel in RE V A Sp.
54ff.; ferner RE VIII Sp. 2615 – 2624). Columella, l. c. XI
2,36, sagt ebenfalls: „18. April: Spätuntergang der Hyaden. –
Regenanzeichen" (W. Richter); Ovid, Fasti IV 678, nennt den
17. April. – *ein heftiges Gestirn:* vgl. Vergil, Aeneis I 744; III
516 *(pluviae Hyades:* Regengestirn); Horaz, carm. I 3,14
(tristis Hyadas); s. auch Vergil, Georg. I 138; Ovid, Fasti V
166; id., Met. III 595; XIII 293. – *Parilicium* (auch ,Palilien'):
ein Hirtenfest, benannt nach Pales, der Göttin der Weide,
identisch mit den Hyaden; vgl. Ovid, Fasti IV 721ff. Es
wurde am 21. April gefeiert, dem Geburtstag der Stadt Rom.
– *suculae* s. oben; ferner Plinius, n. h. 2,106; F. Münzer, S. 99.
Das Wort Hyaden kommt angeblich von griech. *hýein* (reg-
nen), nicht von *hys* (Schwein), wie Plinius behauptet. Die
Bezeichnung ,Schweinchen' ist aber durchaus denkbar, wenn
man die vielen kleinen Sterne betrachtet, die sich wie kleine
Schweinchen um das Mutterschwein sammeln.

248 *Von Caesar…:* bei Columella, l. c. XI 2,36, heißt es:

„22. April: Frühaufgang der Plejaden. – West- und Südwind, Niederschläge" (W. Richter). Plinius meint, daß hier eine Wetteränderung eintritt. – *Böckchen (Haedi):* vgl. Plinius, n. h. 2,106: zwei Sterne im Sternbild des Fuhrmanns, am nördlichen Sternenhimmel zwischen dem Stier und den Zwillingen. – *Sirius... unsichtbar:* Columella, l. c. XI 2,37: „30. April: Spätuntergang des Hundes. – Sturmanzeichen" (W. Richter); Ovid, Fasti IV 904, nennt den 25. 4. irrtümlich für den Aufgang. – *am Morgen... die Leier:* Es muß richtig heißen ,am Abend': vgl. Columella, l. c. XI 2,36: 23. April: „Spätaufgang der Leier. – Sturmanzeichen" (W. Richter). – *am Morgen die Hyaden:* analog bei Columella, l. c. XI 2,39. – *regenbringende Ziege (Capella):* der hellste Stern im Sternbild des Fuhrmanns *(auriga).* Columella, l. c. XI 2,37, sagt: „29. April: Frühaufgang der Ziege. – Südwindtag, zuweilen Regenfälle" (W. Richter); Ovid, Fasti V 113, nennt den 1. Mai. Über die Möglichkeit einer fehlerhaften Angabe bei Plinius s. H. Le Bonniec in Livre XVIII Comm. S. 280. – *die Plejaden aufgehen:* vgl. Columella, l. c. XI 2,40: „10. Mai: völliger Aufgang der Plejaden. – West- oder Nordwestwinde, zuweilen auch Regenfälle" (W. Richter); Ovid, Fasti V 599, nennt jedoch den 13. Mai. Plinius hat für den 9. 5. (§ 222) den Sommerbeginn angegeben.

249 *...nicht zu Rande kam:* vgl. Columella, l. c. XI 2,32. – *Kuckuck:* Cuculus canorus L.; s. Plinius, n. h. 10, 25 – 27 (dort coccyx genannt); H. Leitner, S. 93. Das Wort *cuculus* galt als Schimpfwort.

250 *Kolbenhirse ... und Hirse:* vgl. Columella, l. c. XI 2,33: „Auch für Rispenhirse und Kolbenhirse ist dies die Zeit der ersten Aussaat; sie muß um den 13. April erfolgen. Von beiden Saatarten werden fünf *sextarii* auf ein *iugerum* Land benötigt" (W. Richter). – *Glühwürmchen (cicindelae* bzw. *lampyrides):* Gemeint ist der Leuchtkäfer, Lampyris noctiluca L. = Lampyris splendidula; s. Plinius, n. h. 11,98; H. Leitner, S. 150f. s. v. Lampyris.

251/252 *...besondere Sterne:* Plinius meint hier die soeben erwähnten Leuchtkäfer. – *Pflanzen als Stundenzeiger:* Sonnenwende, wahrscheinlich Heliotropium europaeum L. (Borraginaceae); vgl. Plinius n. h. 21,46; 22,57: „die sich immer nach der Sonne wendet, sogar an einem nebligen Tag". – *Lupine:* s. § 133.

253 *Biene ... Bohne* blüht: vgl. Plinius, n. h. 11,13 f., wo die Bienen ausführlich behandelt werden; s. H. Leitner, S. 27 s. v. Apis. – *Schwarzer Maulbeerbaum:* Morus nigra L. (Moraceae): vgl. Plinius 15,97; 16,102, wo der Maulbeerbaum als der klügste Baum bezeichnet wird, weil er zu *knospen* beginnt, wenn die Kälte vorüber ist.

254 *Ölbäume:* vgl. Plinius, n. h. 15,4; 17,130, wo das Ausputzen des Ölbaums näher erläutert wird; ferner Columella, l. c. XI 2,37: „In diesen Tagen (d. h. 2. Aprilhälfte) ...können ... die Ölbäume ... veredelt werden" (W. Richter); s. auch ibid. 41 f. – *laubt ... ab:* ibid. XI 2,32; id., de arb. V 1: „... erst wenn die Laubtriebe etwa fünf *digiti* erreichen, soll man die Triebe auslichten" (W. Richter); s. auch Varro, res rust. I 30 f. – *Waschen der Schafe:* vgl. Columella, de re rust. XI 2,35: „Tarentinerschafe muß man mit Wollwurz waschen, um sie zur Schur vorzubereiten" (W. Richter).

255 *Arcturus:* der hellste Stern im Sternbild des Bootes (Ochsentreiber); s. Plinius, n. h. 2,106; 8,187, wo ebenfalls der 13. 5. angegeben ist. – *Aufgang der Leier:* s. Columella, l. c. XI 2,40: „13. Mai: Frühaufgang der Leier" (W. Richter). Der Aufgang findet aber am Abend statt, wie auch Ovid, Fasti V 415, für den 5. Mai angibt. – Das Datum (21. 5.) für die *am Abend untergehende Capella* scheint etwas zu spät angegeben zu sein. Der Frühaufgang der Capella findet für Rom am 17. 5. statt (s. G. Hofmann in RE VI Sp. 2429 f.). – *Sirius:* vgl. § 248. – *Schwert des Orion:* s. § 256. s. auch § 246. – *Adler:* vgl. Columella, l. c. XI 2,45: „1. und 2. Juni: Aufgang des Adlers. – Stürmisches Wetter, zuweilen auch Regen" (W. Richter);

Ovid, Fasti VI 196 nennt den 1. Juni. – *Morgenuntergang des Arcturus:* s. Columella, l. c. XI 2,45: „7. Juni: Untergang des Arcturus. – West- oder Nordwestwind"; Ovid, Fasti VI 235, gibt dasselbe Datum an. – *Abendaufzug des Delphin:* s. Columella, l. c.: „10. Juni: Spätaufgang des Delphins. – Westwind, manchmal Tau" (W. Richter). Dasselbe Datum bei Ovid, Fasti VI 471.

256 *Schwert des Orion:* s. § 246. Es handelt sich hier aber nicht um das Schwert des Orion, sondern um seine Schultersterne Beteigeuze (Alpha) und Bellatrix (Gamma). Ovid, Fasti III 719, nennt den 16. Juni für den Untergang am Abend der Schultersterne fälschlich statt am Morgen. – *der längste Tag... des Jahres:* vgl. Columella, de re rust. XI 2,49: „24., 25. und 26. Juni: Sonnenwende. – Westwind und Hitze" (W. Richter). Ovid, Fasti VI 790, nennt den 26. Juni. – Über die Bedeutung der Sonnenwende vgl. § 264.

257 Die Angaben in diesem § finden sich auch sinngemäß bei Columella, l. c. XI 2,44 f.; 50.

258 *Die Wiesen mäht man:* s. Columella, l. c. XI 2,40: ist „die Heuernte einzuleiten". – *am wenigsten Kosten...:* id., II 16,1 f.: „ist... die Pflege der Wiesen notwendig, denen die alten Römer den ersten Platz in der Landwirtschaft einräumten und auch den Namen *(pratum)* deshalb gaben, weil sie unmittelbar bereit stünden..." (W. Richter). Über „die Pflege der angelegten Wiesen" berichtet Columella, l. c. II 17 ausführlich.

259 *...im dritten Jahr...:* s. Columella, l. c. II 17,4. – *...mit der Sichel nachmähen:* s. Varro, res rust. I 49,2. – *Klee:* wahrscheinlich der Wiesenklee, Trifolium pratense L., oder der Erdbeerklee, Trifolium fragiferum L. (Leguminosae). – *Gras:* vielleicht das Hundszahngras, Cynodon dactylon (L.) Pers. (Gramineae – Poaceae), aber auch andere Gräser kommen in Betracht. – *nummulus:* Pfennigkraut (?), nicht genau bestimmbar, vielleicht Lysimachia nummularia L. (Primula-

ceae), ein auf feuchten Wiesen in Europa weit verbreitetes
Kraut; nach neueren Untersuchungen handelt es sich um den
Klappertopf, Alectorolophus Haller (s. P. Fournier = Sall-
mann Nr. 436). – *Schachtelhalm:* vgl. Plinius, n. h. 26,132
(Erl.!).

260 *Zeit zu mähen…:* s. Columella, l. c. II 18,1: „Das Gras
für Heu mäht man am besten, ehe es anfängt dürr zu werden" (W. Richter). – Cato, agric. 53; s. auch F. Münzer, S. 75.
– *in taureichen Nächten:* vgl. Vergil, Georg. I 289f.: „bei
Nacht steht straffer der Halm, vom Tau befeuchtet" (J. u. M.
Götte).

261 Plinius, n. h. 34,145, sagt, daß die *Schneide* der Sense
durch *Öl* feiner wird. Über die *Wetzsteine* spricht Plinius, n.
h. 36,164f., ausführlicher: Er erwähnt die kretischen *Wetzsteine* und dann die lakonischen vom Berg Taÿgetus, die mit
Öl behandelt werden; s. H. Stern, Le cycle… (= Sallmann
Nr. 485 = Fober. III Nr. 224). – Landgüter *(latifundia):* vgl.
K. D. White, Latifundia (= Sallmann Nr. 474).

262 *muß ein Arbeiter … mähen:* nahezu wörtlich bei
Columella, l. c. XI 2,40. – *in Flammen aufgehen:* analog ibid.
II 18,1. Es kann aber auch ohne Sonne eine Selbstentzündung
erfolgen.

263 *…wieder bewässern:* vgl. Columella, l. c. II 17,5. –
Grummet (cordum): s. auch Cato, agric. 5,8; ebenso erwähnt
von Columella, l. c. VII 3,21. – *Interamna* in Umbrien (h.
Terni): s. Plinius, n. h. 3,113. – *Weide… Nutzen:* s. § 258 und
Columella, l. c. II 16,2.

264 *Sommersonnenwende:* s. § 221. – Über den Lauf der
Sonne vgl. Plinius, n. h. 2,81.

265/266 *ließ … die Blätter sich wenden:* vgl. Theophrast,
h. pl. I 10,1; Varro, res rust. I 46; s. ferner Plinius 2,108; 16,87;
s. auch Gellius, noct. Att. IX 7,1 f. Die Behauptung ist jedoch
nicht zutreffend.

267 *Ringeltauben:* vgl. Plinius, n. h. 10,106: „Sie hecken

aber nach der Sonnenwende." s. auch Varro, res rust. III 9,9,
der die Zeit von der Frühlings- bis zur Herbst-Tagundnachtgleiche erwähnt.

268 Über den *Gürtel des Orion* vgl. Ovid, Fasti VI 787f.,
der den 26. Juni nennt, an dem er unsichtbar ist. – *Prokyon*,
auch ‚Kleiner' Hund *(canicula)* oder ‚Vorhund' genannter
Stern bzw. Sternbild am Äquator, südlich der Zwillinge und
des Krebses; vgl. R. Böker in RE XXIII Sp. 613 – 630. Die
Bezeichnung *canicula* wird von Plinius, n. h. 2,107.123.130
für den *Sirius* verwendet; hier ist jedoch eindeutig der Prokyon gemeint. Columella, l. c. XI 2,51, sagt: „15. Juli: Frühaufgang des Vorhundes. – Sturmanzeichen" (W. Richter).
Auch Horaz, Carm. III 29,18, erwähnt den tobenden Prokyon. – ...*abgebildet wird:* Hinweis auf den Himmelsglobus,
der schon in der Antike Verwendung fand; s. Kl. Pauly II Sp.
814f. s. v. Globus.

269/270 *geht... die Krone... unter:* s. Columella, l. c. XI
2,51: „4. Juli: Frühuntergang der Krone." Gemeint ist natürlich der hellste Stern (Gemma) dieses Sternbildes; vgl. Columella, l. c. XI 2,73; Vergil, Georg. I 222. – ...*geht der Sirius
auf:* s. § 234 u. Plinius, n. h. 2,123. Der Hundsstern *(Sirius)*
ging im 5. Jh. in Griechenland am 28. 7., im 1. Jh. v. Chr. in
Italien am 3. August auf (vgl. RE VI Sp. 2427f.). Plinius sagt
am 23. Tag nach der Sonnenwende und meint damit den 17. 7.
(s. auch § 288). – *Meere... wilde Tiere:* vgl. Plinius, n. h.
2,107; 8,152; 9,58. Die unheilbringende Wirkung des Sirius
wird oft im antiken Schrifttum erwähnt, z. B. Homer, Ilias
XXII 30f. ; Cicero, de div. I 130; Vergil, Aen. X 274f.; s. auch
RE III A Sp. 314–351 s. v. Sirius. – *mit Götternamen bezeich-
nete Sterne:* Im alten Rom hat man beim Aufgang des Sirius
Hundeopfer gebracht; vgl. Ovid, Fasti III 904ff., wonach das
Opfer mit dem Fest der *Robigalia* in Verbindung stand, bei
dem der Göttin Robigo „eine Hündin und ein Schaf geopfert
wurden, um den Getreiderost abzuwehren" (s. H. Gundel in

RE III A Sp. 337). – *bringt die Sonne zum Glühen:* s. Plinius, n. h. 2,107 u. 124, wo auch die *Etesien* erwähnt werden, die die Sonnenglut, welche der Sirius mit sich bringt, mildern. Über die verschiedenen Angaben der Dauer der Etesien vgl. A. Rehm in RE VI Sp. 714 s. v. Etesiai.

271 *Der Adler geht... unter:* s. Plinius, n. h. 8,187. – *der königliche Stern (Regulus) auf der Brust* des Löwen: s. § 235 u. Columella, l. c. XI 2,53: „29. Juli: Aufgang des hellen Sterns auf der Brust des Löwen. – Zuweilen Sturmanzeichen" (W. Richter). – *der kalte Arcturus:* Das Datum (6. 8.) kann nicht stimmen; Columella, l. c. XI 2,57, sagt zum 7. 8.: „Untergang der Mitte des Wassermanns. – Dunstige Hitze" (W. Richter). Offenbar kommt der Wassermann hier in Betracht. – *Untergang der Leier* (11. 8.): s. auch Varro, res rust. I 28,1; Columella, l. c. XI 2,57, gibt für den Beginn des Herbstes den 12. 8. an; s. auch ibid. 58, wo der 20. und 23. 8. für den Untergang der Leier angegeben werden. In Rom hingegen war der Frühuntergang der Leier am 28. August; s. RE VI Sp. 2429f.; s. dazu auch § 219.

272 *canicula:* Hier ist nicht der Sirius, sondern der in § 268 bereits erwähnte Prokyon gemeint.

273 *Demokrit:* s. Verz. der Quellenschriftsteller Die Anekdote vom Ölkauf berichten auch Cicero, de div. I 111, und Aristoteles, Politik I 11, wobei aber der Philosoph Thales von Milet (ca. 600 v. Chr.) erwähnt wird, der eine reiche Ölernte voraussah und deshalb die Ölbäume zusammenkaufte.

274 *Sextius:* römischer Philosoph aus augusteischer Zeit, Begründer einer Philosophenschule, die aber bald ihr Ende fand; s. Seneca, nat. quaest. VII 32,2; v. Arnim in RE II A 2 Sp. 2040f. Nr. 10.

275/276 *Ursache des Rostes:* s. § 154. Der Rost am Getreide wird nicht, wie Plinius schreibt, durch Kälte hervorgerufen, sondern durch sogenannte Rostpilze (Uredinales),

von denen vor allem Puccinia graminis, der Erreger des
Schwarzrostes am Getreide, genannt werden soll (Einzelhei-
ten s. A. Wartenberg, Systematik der niederen Pflanzen, dtv,
S. 297ff.). Der Brand an gewissen Feldfrüchten wird auf
Brandpilze (Ustilaginales) hervorgerufen (ibid. S. 303ff.).
Der Einfluß des Mondes, von dem auch Theophrast, h. pl.
VIII 10,2; c. pl. III 22,2; IV 14,3, schreibt, war ein in der
Antike weit verbreiteter Glaube, ist aber ohne Bedeutung;
vgl. Plinius, n. h. 2,41ff. – Papirius *Fabianus:* ein römischer
Redner und Philosoph, der auch über naturwissenschaftliche
Dinge schrieb, aber, nach F. Münzer, S. 391,1, kein wichtiger
Gewährsmann des Plinius war; vgl. W. Kroll in RE XVIII 3
Sp. 1056 – 1059 s. v. Papirius Nr. 54; s. auch id., Exkurse zu
Plinius, Philol. 93 N. F. 47, 1938, S. 184ff. Im Index zum vor-
liegenden Buch steht Sabinus Fabianus; laut RE I A 42 Sp.
1601 s. v. Sabinus Nr. 31, ist aber wahrscheinlich Sabinus von
(Papirius) Fabianus zu trennen, der zweifellos hier von Pli-
nius gemeint ist.

277 Die Ausführungen von Plinius, u. a., daß sich die
Sonne im Winter entfernt, sind nicht zutreffend (s. auch n. h.
2,52, wo dasselbe gesagt wird). Das Perihel (Punkt der klein-
sten Entfernung der Erde von der Sonne) wird Anfang Januar
erreicht. Über den Mond s. auch Plinius, n. h. 2,45.223; Vergil, Georg. III 337: „Der tauige Monat die Wälder erquickt"
(J. u. M. Götte); s. auch Cicero, nat. deor. II 50,119.

278/279 *Vom Himmel herrührende Übel…:* vgl. § 223 u.
Plinius, n. h. 2,106. „Höhere Gewalt des Klimas" erwähnt
auch Columella, de re rust. I 7,1. – *Rost… Brand:* s. auch
§ 275f.

280 *Plejaden:* Ihr Morgenaufgang kündigt den Sommer
an; s. § 222.248; der Morgenuntergang leitet den Winter ein;
s. § 202.222. Dieser halbjährige Zeitraum ist für die Landwirtschaft von besonderer Bedeutung; s. z. B. Vergil, Georg. I
219ff. Einzelheiten s. H. Gundel in RE XXI Sp. 2486ff. (bes.

Sp. 2505 f.) s. v. Pleiaden. – Über die *Milchstraße* vgl. Plinius, n. h. 2,7.91. Einzelheiten s. W. Gundel in RE VII 560 – 571 s. v. Galaktias.

281 *…ihren milchigen Saft:* Der Sage nach soll die Milchstraße durch verschüttete Milch der Hera entstanden sein, als sie den Herakles säugte; s. Pausanias, Griechenl. IX 25,2. Einzelheiten s. W. Gundel, l. c. – *man erkennt sie…:* vgl. Ovid, Met. I 168 ff.:

> „Milchstraße heißt eine Bahn, in der Höhe des heiteren
> Himmels deutlich zu sehn und schon im Sommer leicht zu
> erkennen."   (E. Rösch).

Adler: s. § 234. – *canicula:* Hier ist wiederum der Kleine Hund (s. § 268.272) gemeint. – *[im Mittelpunkt] der Sonnenbahn:* Die hier gemachten Ausführungen beruhen auf dem geozentrischen Weltbild der Antike; s. auch Plinius, n. h. 2,63 ff. mit Erl.

282 *Mittelpunkt der Sonne…:* vgl. Plinius, n. h. 2,81, wo Plinius vier Veränderungen der Sonne nennt, und zwar zweimal in der Tagundnachtgleiche (im Frühling und Herbst), wenn sie über dem Mittelpunkt der Erde steht.

283 *Wir haben gesagt:* Diese Angabe fehlt in der naturalis historia. In n. h. 16,99 und 103 spricht Plinius lediglich vom Aufgang des *Adlers* im Winter (20. 12.). Für Rom findet der Frühaufgang des Adlers am 18. 12. statt; s. RE VI 2429 s. v. Fixsterne.

284 Die folgenden Ausführungen (§ 284 – 287) gehen im wesentlichen auf Varro, res rust. I 6, zurück. – *Robigalia:* Fest zu Ehren des Gottes *Robigus* am 25. 4.; s. § 285. – *Floralia:* Fest der Flora am 28. 4. – *Vinalia:* Weinfest am 23. 4. und 19. 8.; s. auch F. Münzer, S. 188.

285 *Numa* Pompilius: der sagenhafte zweite König von Rom. – *im 11. Jahr* = 703 v. Chr. – *Robigalia:* s. auch § 275 f. Am 25. 4. opferte der Flamen Quirinalis dem Gott *Robigus* ein Schaf und einen Hund am 5. Meilenstein der Via Claudia, um den Rost vom Getreide fernzuhalten. Varro: s. § 284. id., ling. Lat. VI 16. – *Prokyon (der kleine Hund):* s. § 268.

286 *Floralia:* das „Blütenfest", nach Plinius im Jahr 297 v. Chr., nach Ovid, Fasti V 324, im Jahr 173 v. Chr. eingesetzt. Verbunden damit waren später die *ludi Florales*, die durch Trinkgelage und Tänze gefeiert wurden; s. auch Ovid, l. c. V 183 ff.

287 *Vinalia:* das „Weinfest". Am 23. 4. wurde zu Ehren Jupiters der Wein der letzten Ernte versucht und zum allgemeinen Gebrauch freigegeben. Das eigentliche (2.) Weinfest, *Vinalia rustica*, wurde aber am 19. 8. begangen; s. auch Varro, ling. Lat. VI 16. Dieses eigentliche Weinfest darf nicht verwechselt werden mit einem beweglichen Fest, das die Weinlese eröffnete und an dem ein weibliches Lamm vom Flamen Dialis dem Jupiter geopfert wurde. – *Wie wir ausgeführt haben:* vgl. § 248; n. h. 16,104; 17,11. – *Arcturus:* vgl. § 310.

288 ...*geht der Adler wiederum am Abend auf:* vgl. Columella, de re rust. XI 2,45: „1. u. 2. Juni: Aufgang des Adlers. – Stürmisches Wetter, zuweilen auch Regen" (W. Richter). – Aufgang des *Sirius:* s. § 269. – *die Beeren vorzeitig hart werden:* d. h. durch zu große Hitze, bevor sie ausgereift sind; s. Plinius, n. h. 17,226. – ...*in Ägypten der Prokyon aufgeht...:* Hier besteht offenbar eine Unstimmigkeit, auf die bereits H. Le Bonniec, Comm. S. 296, aufmerksam gemacht hat: der ‚Kleine Hund' soll in Ägypten am 4. 7. aufgehen, was sich auf den Prokyon (s. § 268) bezieht. Das weiter angegebene Datum 17. 7. bezieht sich aber auf den Aufgang des *Sirius*. Sinngemäß müßte dann Italien durch Assyrien ersetzt werden (s. § 270). – ...*wenn der Adler untergeht:* vgl. § 270; s. auch n. h. 8,187.

289 *das zweite Weinfest:* s. die Erl. zu § 287. – *Varro:* vgl. ling. Lat. VI 16. – *die Leier beginnt unterzugehen:* s. § 271. s. auch F. Münzer, S. 189.

291 *Gesetzmäßigkeit:* vgl. § 276 f.

292 *daß die Ameise (formica,* s. H. Leitner, S. 122). – *bei Neumond ruht :* vgl. Plinius, n. h. 2,109; 11,109. – *der Vogel parra:* wahrscheinlich identisch mit dem von Plinius, n. h. 10,87, genannten Vogel *oinanthe,* der sich aber nicht genau bestimmen läßt, vielleicht eine Kiebitzart (?); s. H. Leitner, S. 181. – *Goldamsel (chlorion):* der Pirol, Oriolus oriolus L. ; s. Plinius, n. h. 10,73. 87. H. Leitner, S. 85. – *Tau:* vgl. Plinius, n. h. 17,222.

293 *...zünde... Haufen von Spreu an:* Dasselbe sagt Columella, arbor. 13; s. ferner Palladius, agric. I 35,1; Geopon. V 31,1.

294 *Wels (silurus):* vgl. Plinius, n. h. 9,44 f. Hier ist wahrscheinlich der Europäische Flußwels, Silurus glanis L. gemeint; s. H. Leitner, S. 222; s. ferner Geopon. V 33, wo noch andere Hilfsmittel erwähnt werden. – *Varro:* s. Verz. der Quellenschriftsteller. – Über den *Untergang der Leier:* vgl. § 271. 289. Im erhaltenen Werk des Varro ist diese Notiz über eine gemalte Traube nicht vorhanden. – *Archibios:* s. Verz. der Quellenschriftsteller. – *König Antiochos von Syrien:* nicht genau bestimmbar, da es mehrere Könige dieses Namens gibt, vielleicht Antiochos III. der Große (243 – 187 v. Chr.) (?). – *Kröte (rubeta rana):* nicht genau bestimmbar (Gattung Bufo); s. H. Leitner, S. 210.

295 *nach der Meinung Catos mit Ölschaum:* vgl. agric. 91.129, wo ebenfalls Ölschaum als Schutzmittel gegen Ameisen empfohlen wird; s. auch F. Münzer, S. 80.84. – Über allgemeine Arbeiten s. auch Columella, de re rust. XI 2,54f. – Über *Ölschaum* s. auch Plinius, 15,9.33. Vergil, Georg. I 179, empfiehlt die Verwendung von Kreide bzw. Ton *(creta);* s. ferner Columella, l. c. II 19; Varro, res rust. I 51; Palladius, agric. VII 1.

296 *...mit Zähnen bewehrte... Mähmaschinen:* Dieses Gerät wird von Palladius, agric. VII 2, 2 – 4, etwas genauer beschrieben. Das verkehrt angespannte Zugtier schob danach

mit seinem Kopf die Wanne vor sich her, wobei das Getreide
mehr abgerupft als geschnitten wurde, was natürlich zu Ver-
lusten führte; dieses Verfahren war nur auf den großen Landgütern Galliens möglich; K. D. White, The Gallo-Roman ...
(= Fober. III Nr. 226 = Sallmann 487); K. D. White, Latifundia (= Sallmann 474); G. Löwe, Zur gallischen Mähmaschine
(= Fober. III Nr. 227 = Sallmann 486). Der Autor hat eine
solche Maschine nachgebaut, wobei u. a. ein 1958 bei Bugenol
(Belgien) gefundenes Relief als Vorbild diente. – *Anderswo...:* vgl. Varro, res rust. I 50,2, wo ein ähnliches Verfahren
beschrieben wird; ferner Columella, l. c. II 20,3, der „mehrere
Arten des Aberntens" erwähnt, mit „Stielsensen" und „Mähgabeln" usw. (W. Richter). – Der Text bei Plinius ist unklar:
mergites heißt ‚Garben‘, während unter *mergae* ‚Gabeln‘ verstanden wurden. Columella, l. c., erwähnt nur *mergae*; s.
auch die Anmerkungen 25 und 86 der Ausgabe von W. Richter zu II 20,3 auf S. 653.

297 *Handkamm (pecten manuale):* Columella, l. c. II 20,3,
schreibt über die verschiedenen Arten des Erntens: „viele
lesen nur die Ähren mit Mähgabeln, andere mit Kämmen, und
das geht sehr leicht bei dünnem Halmstand, aber äußerst
schwer bei dichtem" (W. Richter). – Zur Verfütterung von
Stroh vgl. H. O. Lenz, „Botanik der alten Griechen und
Römer", S. 62.

298 *Dreschwagen (tribulum):* Dieses Gefährt mit niedri-
gen Rädern, die mit sägeartigen Zacken versehen waren,
beschreibt auch Varro, res rust. I 52,1. Vergil, Georg. I 164,
beschreibt auch das Ackergerät des Bauern:
  tribulaque traheaeque et iniquo pondere rastri
  Dreschgeräte, Schleifharken und Hacken von drückender
  Schwere ... –   (J. u. M. Götte):
Das Dreschgerät *(tribulum)* – meist eine mit Stiften versehene
Bohle – wurde über die Ähren gezogen, um sie auszudreschen; s. auch Columella, l. c. I 6,23; II 20,4, wo auch über das

Austreten der Körner durch darüber gehende Rinder gesprochen wird (s. auch Varro, l. c. I 52,2). Die Verwendung von
Dreschflegeln erwähnt auch Columella, l. c. II 20,4. – *Je später
der Weizen…*: was aber nachteilig ist, da meist viele Körner
verloren werden. – *Das Korn … Farbe bekommen hat*: vgl.
Columella, l. c. II 20,2: Man „soll ⟨die Ernte⟩ durchführen,
sobald die Kornfelder einheitlich gelb sind und solange die
Körner noch nicht völlig hart sind, sondern nur eine rötliche
Färbung angenommen haben" (W. Richter); s. dazu auch Palladius, agric. VII 2; Vergil, Georg. I 297: „Aber das goldene
Korn wird mitten im Sommer geschnitten" (J. u. M. Götte); s.
auch Geopon. II 25; ferner F. Münzer, S. 67.

299 …*anstelle von Heu*: s. Cato, agric. 54,2: „Wenn kein
Heu da ist, gib Laub von Eichen und Efeu. Spreu von Weizen
und Gerste…" (O. Schönberger); ferner Columella, l. c. VI
3,3: „Weniger gut verpflegt man Zugrinder mit Stroh …
dabei wird am meisten das Stroh der *Hirse* geschätzt, dann
dasjenige der *Gerste*, dann auch das vom Weizen…" (W.
Richter).

300 *mit Salzwasser besprüht*: vgl. Cato, agric. 54,2: „Wenn
du Stroh aufhebst, bringe welches, das sehr viel Gras enthält,
unter Dach und bestreue es mit Salz; dann gib es statt Heu"
(O. Schönberger). – Varro, res rust. I 50,3, erklärt das Wort
Stroh (stramentum) aus *stratus* , weil es dem Vieh unterge-
streut wird *(substernitur)*. – *von Vergil sehr gelobt*: s. Georg.,
I 84ff. Der Dichter lobt vor allem das *Verbrennen* der Stop-
peln, um den Boden ertragreicher zu machen und den
Unkrautsamen zu verbrennen; s. auch F. Münzer, S. 85.

301 *Einlagerung des Getreides*: vgl. Varro, res rust. I 57,1
u. Columella, l. c. I 6,10: „Die Kornböden sollen … über Stie-
gen erreichbar sein und durch mäßig große Fensteröffnungen
von nördlichen Winden bestrichen werden; denn diese Him-
melsrichtung ist am kühlsten und am wenigsten feucht…"
(W. Richter); ferner Vitruv, arch. VI 6,4; Palladius, agric. I

19,1. – *ohne Kalkstein:* vgl. Theophrast, h. pl. VIII 11,1; c. pl. IV 16,1. – *Ölschaum:* s. Plinius, n. h. 15,33; ferner Varro, res rust. I 57,2; Columella, l. c. I 6,12 f.

302 ... *läßt die Luft ... eintreten:* analog bei Varro, res rust. I 57,3; s. auch F. Münzer, S. 90. – *Kornwurm (curculio):* Es kommen zwei Insektenarten in Betracht: die Larve des Kornkäfers („Schwarzer Kornwurm"), Calandra granaria L., und die Larve der Kornmotte („Weißer Kornwurm"), Tinea granella L.; s. H. Leitner, S. 106 f.; s. auch Plinius, n. h. 29,20. – Das von Plinius über die Aufbewahrung von Getreide Gesagte steht im Einklang mit Columella, l. c. I 6,16 f. und Palladius, agric. I 19,3.

303 *Columella,* l. c. II 20,5: „Zu diesem Zweck (d. h. um die Körner vom Stroh zu trennen) gilt der Westwind als besonders gut, der in den Sommermonaten leicht und gleichmäßig weht" (W. Richter). – *Kröte:* s. § 294. s. auch Geopon. II 27,1; ferner F. Münzer, S. 36.

304 ... *mehrere Ursachen:* vgl. Theophrast, c. pl. IV 15,3. – *Hülle vielfach:* für die Hirse nicht zutreffend. – *Fettgehalt:* Das Fett kann bei längerem Liegen ranzig werden und das Korn ungenießbar machen. – *Platterbse:* vgl. § 124.

305 *Ölschaum:* s. § 295. – *1000 modii* = 8732 l; *1 quadrantal* = 26,196 l. – *chalkidische Kreide:* von Chalkis auf Euboia; s. Plinius, n. h. 4,64. – *karische Kreide:* aus Karien; id., 5,103. – *Wermut :* s. id., 12,31. – *Olynthos:* id., 4,42. – *Kerinthos:* id., 4,64. – Zum Ganzen: vgl. Varro, res rust. I 57,1 f. (s. F. Münzer, S. 90), mit dem Plinius weitgehend übereinstimmt; s. ferner Theophrast, h. pl. VIII 11,7: „Auch scheint manche Erdart, zwischen den Weizen gestreut, diesen zu erhalten, wie die olynthische und die von Kerinthos in Euböa" (K. Sprengel).

306 *Gruben ... (seiroí):* unterirdische, luftdichte Getreidekammern (Silos). – *Kappadokien:* s. Plinius, n. h. 5,146. – *Thrakien:* id., 4,40 ff. Der Text des Plinius stimmt weitgehend

mit Varro, res rust. I 57,2, überein; s. auch Columella, l. c. I
6,15, der die Erde in Form von Brunnenschächten, ebenfalls
Silos genannt, ausheben läßt.

307 *Varro versichert:* res rust. I 57,2; der Autor sagt sogar
von der Hirse, daß sie sich „mehr" als 100 Jahre halte. – *Er
berichtet auch...:* Der Bezugstext ist nicht erhalten. – *Ambrakien:* s. Plinius, n. h. 4,4. – *König Pyrrhos* von Epirus kam 273
v. Chr. ums Leben. Der *Seeräuberkrieg* des Pompeius Magnus fand 67 v. Chr. statt. Die Zeitangabe *(ungefähr 220
Jahre)* ist also zutreffend; s. auch F. Münzer, S. 152.276.

308 *Hülsenfrüchte:* auch Columella, l. c. II 10,16, erwähnt
Salzfischtonnen, die dann *mit Gips* verschlossen werden. –
Lasersaft: vgl. Cato, agric. 116: „Löse Laserpicium in Essig
auf, vermische die Linsen mit dem Laserpicium und stelle sie
an die Sonne; hernach fette die Linsen mit Öl ein..." (O.
Schönberger). Das von Plinius mehrmals erwähnte Laserpicium ist nicht genau bestimmbar; s. n. h. 19,38 und 22,100
(mit Erl.!). – *Bei zunehmendem Mond...:* ein Beispiel antiken
Aberglaubens.

309 *Untergang der Leier:* vgl. § 271.289.294. – *das aufgehende Pferd :* nach Euktemon am 7. 8. – *der untergehende
Delphin:* vgl. Columella, l. c. XI 2,57: 13. 8.: „Untergang des
Delphins. – Sturmanzeichen. 14. 8.: Frühuntergang desselben
Sternbildes zeigt Sturm an" (W. Richter). – *Winzer (vindemitor):* s. § 237. Für den Frühaufgang nennt Columella, l. c.
XI 2,58, den 26. August: „Frühaufgang des Winzers; Beginn
des Untergangs des Arcturus. – Manchmal Regen" (W. Richter). – *geht der Pfeil unter...:* s. § 310. – *Etesien hören auf:* vgl.
§ 270 u. Plinius, n. h. 2,124.127. Bei Columella, l. c., heißt es:
„30. August ... Ende der Passatwinde (Etesien); manchmal
kaltes Wetter" (W. Richter); vgl. auch § 311.

310 *Winzer ... Arcturus:* s. § 309. – *...geht der Pfeil am
Morgen unter:* am 5. 9. , was zutrifft. – *Arcturus zur Hälfte:*
bezieht sich auf das Sternbild; s. auch Varro, res rust. III

16,34; Columella, l. c. XI 2,63: „5. 9.: Aufzug des Arcturus. – West- oder Nordwestwind" (W. Richter). Plinius, n. h. 2,124, gibt für den Aufgang des Arcturus 11 Tage vor der Herbst-Tagundnachtgleiche an (14. 9.). Columella, l. c. XI 2,65, nennt den 17. 9. – *von schlimmer Bedeutung:* vgl. Plinius, n. h. 2,106: „...erscheint der Arcturus fast nie ohne Hagelsturm".

311 *Schwalben ... gehen zugrunde:* durch die eintretende Kälte. – *Ähre (Spica):* der hellste Stern im Sternbild der *Jungfrau (Virgo)*. Columella, l. c. XI 2,65, sagt zum „18. 9.: Aufgang der Ähre der Jungfrau. – West- oder Nordwestwind; zuweilen Südostwind, den manche auch Vulturnus nennen" (W. Richter). – *Etesien:* s. § 309. – *das untergehende Band der Fische:* Columella, l. c. XI 2,66, sagt zum „21. 9.: Frühuntergang der Fische. Beginn des Untergangs des Widders. – West- oder Nordwestwind; zuweilen Südwind mit Regen" (W. Richter). Die Fische sind ein Sternbild des Tierkreises. Das Band bezieht sich auf den hellsten Stern dieses Sternbildes. – Die Herbst-Tagundnachtgleiche findet nach Columella, l. c. XI 2,66, am 24., 25. und 26. 9. statt und ist meist mit Unwettern verbunden.

312 Plinius nennt – etwas ironisch – einige Astronomen mit *übereinstimmender* Meinung: *Philippos:* Astronom und Philosoph, Schüler Platons; s. RE XIX Sp. 2351 ff. Nr. 42. – *Kallippos:* Astronom aus Kyzikos, geb. um 370 v. Chr.; s. RE Suppl. IV Sp. 1431 ff. – *Dositheos:* aus Pelusion, Schüler des Astronomen Konon, s. RE V Sp. 1607 f. Nr. 9. – *Parmeniskos:* Grammatiker der alexandrinischen Schule, ca. 2./1. Jh. v. Chr., verfaßte auch astronomische Schriften; s. RE XVIII 4 Sp. 1570 – 72 Nr. 3. – *Konon:* Astronom und Mathematiker aus Samos, Zeitgenosse des Archimedes; s. RE XI Sp. 1338 – 40 Nr. 11. – *Kriton:* Astronom aus Naxos; s. RE XI Sp. 1935 Nr. 6. – *Demokritos* aus Abdera, ca. 460 – 370 v. Chr, von Plinius oft zitiert; s. RE V Sp. 135 – 140 Nr. 6. – *Eudoxos:* aus

Knidos, ca. 400 – 347 v. Chr., Schüler Platons; s. RE VI Sp.
930 – 950 Nr. 8. – *Krone:* s. § 224. – Der Frühuntergang des
Fuhrmanns (Auriga) findet im Dezember statt. Columella, l.
c. XI 2,94, nennt den 23. 12., was jedoch nicht stimmen kann;
er gibt ibid. 73 für den Frühuntergang den 4. 10. an. – *Krone:*
nach Columella, ibid., beginnt der Aufgang der Krone am 5.
10. – *am folgenden Tag ... die Haedi:* nach Columella, ibid.,
findet jedoch der Spätaufzug dieses Sternbildes am 6. 10. statt.

313 *der leuchtende Stern (Gemma) in der Krone... Pleja-*
den ... die Krone zur Gänze: Auch Columella, l. c. XI 2,73,
gibt den 8. 10. für den Aufzug des hellen Sterns in der Krone
an, ebenso für den 10. 10. den Spätaufzug des Siebengestirns.
Den Frühaufgang für die ganze Krone gibt Columella, ibid.
74, für den 13. und 14. 10. an. – Die Angaben über den Frühaufgang der *Hyaden* (15 Tage nach dem Abendaufgang!) sind
falsch. Es handelt sich offenbar um den von Columella, l. c.
XI 2,84, für den 1. und 2. 11. angegebenen Untergang des
Stierkopfes. – Auch die zweimalige Angabe über den Untergang des *Arcturus* (31. 10. und 2. 11.) ist nicht korrekt. Nach
Columella, l. c. XI 2,78, findet er statt am: „29. Oktober:
Abendlicher Untergang des Arcturus. – Windiger Tag" (W.
Richter). – *Schwert des Orion:* vgl. § 246. 255 f.

314 *an den bereits angegebenen Tagen:* s. § 131. – *Rübe:*
Brassica rapa L. emend. Metzger; *Steckrübe:* Brassica napus
(Cruciferae – Brassicaceae). – *Storch:* s. Plinius, n. h. 10,61. –
müssen ... gesät werden: ähnlich bei Columella, l. c. XI 2,71
f., der diese Angaben für die zweite Septemberhälfte macht. –
Volcanalia: Fest des Gottes *Vulcanus;* s. Plinius, n. h. 17,260.

315 *vor der Herbst-Tagundnachtgleiche...:* s. Columella,
l. c. XI 2,67 – 70, wo auch ähnliche Angaben für die rechte
Zeit zur Weinlese (2. Septemberhälfte) gemacht werden; vgl.
auch Cato, agric. 112,2, der empfiehlt: „Die Trauben, woraus
du koïschen Wein machen willst, laß im Weingarten hängen; laß sie gut durchreifen. Und wenn es geregnet hat und

wieder trocken ist, dann lies sie ab…" (O. Schönberger).

316 *Beginn mit der Weinlese…:* Diese Vorschrift findet sich nicht bei Columella, l. c. XI 2,67 – 70. Palladius, agric. X 11,1 nennt als Anzeichen der Reife die Farbe der Traubenkerne.

317 *20 cullei:* (524 x 20 =) 10480 l. – *20 Morgen:* (2523,34 x 20 =) 50466,80 m². – Leider sind die Angaben bei Plinius sehr allgemein gehalten, worauf schon H. Blümner, Technol. I, 348 Anm. 1, hingewiesen hat. – Über den Bau eines Kelterraumes unterrichten Cato, agric. 38, und Vitruv, arch. VI 6,3. Die Trauben wurden ursprünglich ausgetreten, später in Pressen vorgepreßt. Letztere waren mit Stricken etc. versehen. Die eigentliche Presse hieß *torculum* bzw. *torcularium*; s. den ausführlichen Artikel von J. Hörle in RE VI A2, Sp. 1727 – 1748 s. v. Torcular. Der eigentliche Preßbaum hieß *prelum*, s. Cato, agr. 31,2. *coclea* war der Name für die *Schraubenspindel*. Abbildungen finden sich bei H. Blümner, Techn. I 344 ff.; s. ferner A. G. Drachmann, Ancient Oil Mills and Presses, 1932 50 ff. 145 ff. und R. Forbes, Studies in Ancient Technology III, 1955, 131 ff. (= Sallmann 438). Zur Traubenkelter s. vor allem Abb. 127, S. 347 bei H. Blümner, l. c. – *Vor etwa 100 Jahren:* d. h. ca. 25 v. Chr.; s. H. Blümner, l. c. S. 348 Anm. 1, der vor allem auch die unklare Textfrage behandelt. – *Vor 22 Jahren:* ca. 55 n. Chr. Zu dieser Erfindung, die von Plinius leider abermals nicht klar dargelegt wird, s. die Stellungnahme von H. Blümner, l. c. S. 348 f. Anm. 2. – Abbildung eines *torculum* auf einer griech. Vase bei H. Koller, Orbis pictus Latinus Sp. 356 f.

318 *Mostsaft einkochen:* vgl. Columella, l. c. XII 19,3, der etwas genauere Angaben macht und ebenfalls die Verwendung ausgereifter Trauben fordert. – *wenn das Gefäß mit Holz in Berührung kommt:* Columella, l. c. 19,5, spricht von einem Bleigefäß, unter das man Holzscheite so legt, daß sie den Boden nicht berühren und das Gefäß nicht durchstoßen.

Sonst besteht die Gefahr, daß der Most verbrennt (Plinius: *brandig und rauchig*).

319 *Die rechte Zeit:* analog bei Varro, res rust. I 34,2. – *44 Tage:* nach früheren Angaben, s. §§ 225. 313; n. h. 2,125, wären es eigentlich 48 Tage. – *Was kalt verpicht wird …:* es soll in der wärmeren Jahreszeit verpicht werden, damit das Pech gut durchtrocknet und fest wird.

320 *…hinlänglich mitgeteilt:* über den Wein vgl. Plinius, n. h. 14,59 ff., über die Olive und das Öl: ibid. 15,5 ff. – *Was nach dem Untergang der Plejaden zu tun ist:* s. § 49.

321 *Vergil*, Georg. I 276 ff.: „Glücks- und Unglückstage schuf in wechselnder Folge selber der Mond…" (J. u. M. Götte). Vergil nennt verschiedene solche Tage; s. auch F. Cumont, Les présages lunaires de Virgile et les Selenodromiai, in: L'antiquité classique II, 1933, 254 ff. – Zu der abfälligen Bemerkung über *Demokrit* vgl. W. Kroll, Exkurse zu Plinius, Philol. 93, 1938, 195. – *Nutzen der Vorschriften (legum):* zu einer Textkorrektur (*legentium* statt *legum*) s. D. R. Shackleton Bailey, Seven emendations, in: Class. Rev. 9, 1959, 201 (= Sallmann Nr. 151). – *geschieht sicherer…:* vgl. Theophrast, h. pl. V 1,3; Cato, agric. 31,2; 37,4; Varro, res rust. I 37,1; Columella, l. c. XI 2,11; Gellius, noct. Att. XX 8,3 ff.; Cicero, de div. II 33; Plinius, n. h. 15,59; 16,193 ff.; 17,215; 18,28.

322 *Mist:* vgl. Plinius, n. h. 17,57; Geopon. II 21,12. – *kastriere …:* s. Mago bei Columella, l. c. VI,2. – *Eier lege … unter:* ibid. VIII 5,9. – Zu den übrigen Arbeiten: s. Plinius, n. h. 16,190 ff.; 221; 17,215.

323 *im 2. Buch:* s. n. h. 2,41 ff.

324/325 Plinius erwähnt die periodischen Umlaufzeiten des Mondes. Zunächst ist zu nennen die siderische oder wahre Umlaufzeit, vom selben Fixstern aus berechnet und zu $27^{1}/_{2}$ Tagen (genau: 27 Tage, 7 Stunden, 43 Minuten, 11,5 Sekunden) angegeben (s. Plinius, n. h. 2,44). Davon ist zu unterscheiden die synodische Umlaufzeit (Lunation), wo der

Mond dieselbe Stellung zu Erde und Sonne einnimmt, d. h.
von Neumond zu Neumond oder Vollmond zu Vollmond.
Diese Zeitspanne beträgt ca. 29 1/2 Tage (genau: 29 Tage, 12
Stunden, 44 Minuten, 2,9 Sekunden). Plinius, n. h. 2,58, (s.
Erl.!) gibt für die tägliche Zunahme 37 1/2 Minuten an, die
sich offenbar auf den siderischen Umlauf beziehen; s. auch
W. Gundel in RE XVI Sp. 100 f. s. v. Mond.

326/327 *Winde:* Plinius, n. h. 2,119 – 121, hat über die
Winde bereits verschiedenes mitgeteilt. Er nennt insgesamt 12
Winde (s. die Abb. Windrose, n. h. 2 S. 372), die vor allem für
die Seefahrer von Bedeutung sind. Im vorliegenden Fall nennt
er aber nur drei Winde, die für den Landraum von besonderer
Wichtigkeit sind. Die Scheidelinie *(cardo)* geht also von Norden nach Süden; s. Plinius, n. h. 17,169.

328 *Baumpflanzungen ... Weingärten:* über die richtige
Hanglage berichtet Columella, l. c. III 12,5 f.; er gibt die Meinung verschiedener Autoren an, sagt aber, daß nach seiner
Ansicht die Weinhänge in kühlen Gegenden nach Süden, in
milden nach Osten geneigt sein sollen; s. auch Plinius, n. h.
17,20. – *Südwind (nótos):* s. Plinius, n. h. 2,119.

329 *...bearbeite weder Holz...:* vgl. Cato, agric. 31,2:
„Bei Südwind hüte dich, Bauholz oder Wein anzurühren,
außer im Notfall" (O. Schönberger). – s. ferner Plinius, n. h.
2,120f.; 16,193; 17,11.18 112. – *Plejaden:* vgl. § 287.

330 *...schneide kein Laub... ab:* vgl. Columella, l. c. XI
2,55. – *treibe die Schafe:* vgl. id. VII 3,24; Plinius, n. h. 8,199;
Varro, res rust. II 2,11 f.; Palladius, agric. XII 13,5. – *weibliche Tiere:* s. Columella, l. c. VII 3,12 f.; Plinius, n. h.
8,166.189; Palladius, agric. VIII 4,4; ferner Geopon. XVII
6,3, wo allerdings eine von Plinius abweichende Meinung ver-
treten wird (s. Erläuterungen zu n. h. 8,189, S. 241!).

331/332 vgl. auch Plinius, n. h. 17,169.

333 *...die Linie ... auszurichten:* vgl. Seneca, nat. quaest.
V 16,3. – *Nordostwind (boréas):* s. Plinius, n. h. 2,119.

334 ...*setze die Bäume:* ähnliche Vorschriften hat Plinius
bereits n. h. 17,10. 23.85, gegeben.

335 *Ostnordostwind (kaikías):* s. Plinius, n. h. 2,120;
Seneca, nat. quaest. V 16,4. – *Aristoteles:* meteor. II 6. – *etē-
siás:* s. § 270.

336 *Gegen den aquilo* (Nordwind): s. Plinius, n. h. 17,23. –
Vieh ... Begattung: s. id. 8,189; Columella, l. c. VII 3,12; Aristoteles, gen. anim. IV 2, 767 a 12; id., hist. anim. VI 19.

337 *Ostwind ... aphēliōtēs.* – *Westwind ... zéphyros:* s.
§ 33. Plinius, n. h. 2,119 f. – *Nach Catos Vorschrift...:* s. agric.
6,2. – *leitet den Frühling ein:* s. § 222; ferner Plinius, n. h.
15,12.21; 16,93; 17,57.191; s. auch F. Münzer, S. 76.

338/339 *Bienenstöcke:* vgl. Columella, l. c. IX 5,1: „mit
Blickrichtung zur winterlichen Mittagssonne" (W. Richter);
s. auch Plinius, n. h. 21,80. – *Volturnus:* s. Plinius, n. h. 2,119.
– *corus ... argestēs:* ibid. 2,119.126.

340 *Vergil*, Georg. I 318 ff., gibt eine dichterisch ausge-
malte Schilderung der verschiedenen Wettererscheinungen,
die vor allem den Landraum betreffen; s. F. Münzer, S. 87.

341–344 *Demokrit:* s. Verz. der Quellenschriftsteller –
Bruder Damasos: nicht näher bekannt; s. auch Diog. Laert.
IX 7,7. – *Wetterzeichen der ... Sonne:* s. Aratos, Phainomena,
Sternbilder und Wetterzeichen, hrsg. von M. Erren 1971. s.
auch Vergil, Georg. I 438 – 460; Theophrast, de sign. 1,10 f.;
13; 2,1 f.; 6; 3,1; 4,1 f.

345/346 *...von einem Kreis umgeben:* Gemeint sind der
sog. Halos (griech. *hálos*, fem., eigtl. ,Tenne'), die Plinius
bereits n. h. 2,98 f. erwähnt hat; s. auch Aristoteles, Meteor.
III 2 371 b 23 f. ; Seneca, nat. quaest. I 2,10; Aratos, Ph. 811 ff.;
877 ff.; s. a. R. Böker in RE Suppl. IX Sp. 1654 ff. s. v. Wetterzeichen. Halos sind weiße oder farbige Lichterscheinungen,
vor allem um Sonne oder Mond, die durch Lichtbrechung an
Eiskristallen entstehen („Hof"). Sie kündigen meist schlechtes Wetter an.

347 *Wetterzeichen* durch den *Mond:* vgl. Vergil, Georg. I 427–437; Theophrast, de sign. 1,8; 2,2.6; 4,2; Aratos, Ph. 778 –818. – *Den vierten Tag … Ägypten:* vgl. Plinius, n. h. 2,128. Gemeint ist der 4. Tag nach dem Neumond. – *ein rötlicher Kreis:* Gemeint ist wiederum ein Halo, der, wie bei der Sonne, schlechtes Wetter ankündigt.

348/349 Das Zitat von *Varro* ist in den noch vorhandenen Schriften nicht erhalten. Vielleicht stand es im astronomischen Teil seiner Disciplinae.

350 *acht Stellungen:* Bezieht sich im 1. Abschnit auf eine Entfernung des Mondes von 45 Grad von der Sonne, im 2. Abschnitt von 90 Grad usw. Die durch die jeweilige Stellung des Mondes angegebenen Wetterzeichen sind fragwürdig. Plinius, n. h. 7,161, nennt den 7. und 15. Mondtag als besonders gefährlich.

351 *…sich zuweilen hin und her zu bewegen:* vgl. Plinius, n. h. 2,100; Aratos, Ph. 926ff.; Theophrast, de sign. 1,13; 2,12; 3,7.10; Vergil, Georg. I 365 ff. – *in den von uns bereits genannten Zeitabschnitten:* vgl. § 222.

352 *Regengüsse oder schwere Gewitter:* s. Theophrast, de sign. 2,12; Aratos, Ph. 1013 ff. – *bedeutet dies Regen:* vgl. § 345.

353 *Eselchen (aselli):* Es handelt sich um die Sterne Gamma und Delta Cancri im Tierkreissternbild des Krebses (*Cancer*). Bei der Krippe (*Praesepe*, auch arab. „Meleph" genannt) handelt es sich um einen sog. offenen Sternhaufen, der aus ca. 500 Sternen verschiedener Größe besteht. Zu den meteorologischen Gegebenheiten s. Aratos, Ph. 892ff.; Theophrast, de sign. 1,23; 3,6; ferner A. Haebler in RE III Sp. 1459f. s. v. cancer; R. Böker in RE Suppl. IX Sp. 1630 s. v. Wetterzeichen. – *Regenbögen (arcus):* Über ihre Entstehung s. Plinius, 2,150f., ferner Aristoteles, Meteor. III 2 37 b 32ff.; Aratos, Ph. 940f.; Theophrast, de sign. I 21; Vergil, Georg. I 380f. Der Regenbogen beruht auf Brechung, Beugung und

Reflexion des Sonnenlichts an Regentropfen und kann nur mit dem Rücken zur Sonne stehend betrachtet werden. Seine Farben sind die des Spektrums. Ein *doppelter Regenbogen* kann mit umgekehrter Reihenfolge der Farben oft beobachtet werden. Das Phänomen ist noch nicht restlos geklärt (s. dtv Lexikon der Physik, Bd. 7, S. 282 f.).

354 *...aus allen vier Himmelsrichtungen:* vgl. Aratos, Ph. 933; Theophrast, de sign. I 21; 2,7 u. 21; Vergil, Georg. I 370 ff.

355 Über die *Winde* hat Plinius bereits n. h. 2,129 ff. berichtet. – *...kündigen sie Regen an:* vgl. Aratos, Ph. 1018 ff.; Theophrast, de sign. III 8.

356 *Wolken, wie Schafwollflocken:* die sog. Schäfchenwolken künden tatsächlich meist schlechtes Wetter an; vgl. Aratos, Ph. 939; Theophrast, de sign. 1,13; 3,6 u. 8; 4,2; Vergil, Georg. I 397.

357 *Nebel...:* vgl. Vergil, Georg. I 401: „Aber der Nebel sinkt tiefer und lagert sich auf den Gefilden" (J. u. M. Götte). s. ferner Aratos, Ph. 988 ff.; Theophrast, de sign. 4,2. – *Feuer...:* Aratos, Ph. 976; Theophrast, de sign. 1,14; 9,9; 3,5; Vergil, Georg. I 390 ff.: „...am Docht anwachsende schwelende Schnuppen" (J. u. M. Götte). – *hin und her:* Aratos, Ph. 1035 ff.; Theophrast, de sign. 1,14; 3,5.

358 *Flamme anzünden...:* Aratos, Ph. 983 ff.; Theophrast, de sign. 1,19. – *Wenn die Asche zusammenbäckt...:* Aratos, Ph. 1037 f.; Theophrast, de sign. 3,5.

359 *auch... der Gewässer:* Aratos, Ph. 909 ff.; Theophrast, de sign. 2,4; 3,3; Cicero, de div. I 13 (= Cicero, Progn.); Vergil, Georg. I 356 ff.; ferner R. Böker in RE Suppl. XI Sp. 1645. – *Qualle (pulmo marinus):* wahrscheinlich die Lungenqualle, Rhizostoma pulmo; s. H. Leitner, S. 134 s. v. Halipleumon.

360 *Tosen in den Bergen:* Aratos, Ph. 912; Theophrast, de sign. 2,12; Vergil, Georg. I 358. – *auf dem Wasser schwimmende Federn:* Aratos, Ph. 921 ff.; Theophrast, de sign. 3,7;

Vergil, Georg. I 368f.: „...schwimmender Federn Spiel auf kräuselndem Wasser" (J. u. M. Götte).

361 *Auch die Tiere...:* s. Theophrast, de sign. 1,15 u. 19; 3,3; s. Plinius, n. h. 8,102; 9,100. – *Delphin:* ibid. 4, 20 – 28. – *Kalmar:* ibid. 9,52.84. – *Muschel:* ibid. 9,102. – *Seeigel:* ibid. 9,100. – *Frösche:* s. Cicero, de div. I 15; Theophrast, de sign. 1,15; Aratos, Ph. 947f. – *...des Morgens schreien:* Cicero, de div. I 14; Theophrast, de sign. 3,3; Aratos, Ph. 913ff. – *Bleßhuhn (fulica):* wahrscheinlich Fulicula atra; s. H. Leitner, S. 122 s. v. Fulica.

362 *Tauchvögel (mergi):* Gemeint sind möwenartige Seevögel; s. H. Leitner, S. 165f. – *Enten:* s. Plinius, n. h. 10,112; s. ferner Aratos, Ph. 918; Theophrast, de sign. 3,3. – *Kranich:* s. Plinius, n. h. 10,58 – 60; s. auch Aratos, Ph. 1025; Vergil, Georg. I 361. – *Steinkauz (noctua):* Plinius, n. h. 10,34; Aratos, Ph. 999; Theophrast, l. c. 4,3; Vergil, Georg. I 403. – *Rabe (corvus):* Plinius, n. h. 10,32; Aratos, Ph. 1003ff.; Theophrast, l. c. 4,3; Vergil, Georg. I 410ff.; Cicero, de div. I 14.

363 *Dohle:* s. Plinius, n. h. 10,77; Aratos, Ph. 1027; Vergil, Georg. I 381. – *weiße Vögel:* nicht bestimmbar, vielleicht weiße Sperlinge oder Schwalben; s. auch Aelian, nat. anim. VII 7, wo über Vögel als Wetterpropheten gesprochen wird. – *Krähe (cornix):* s. Plinius, n. h. 10,30. – Aratos, Ph. 999; Theophrast, l. c. 1,16; Vergil, Georg. I 388: „Dann schreit krächzend die Krähe, der Unheilsvogel, nach Regen..." (J. u. M. Götte). s. Lukan, bell. civ. V 556f. – *Schwalbe (hirundo):* s. Plinius, n. h. 10,92ff.; Aratos, Ph. 949ff.; Theophrast, l. c. 1,15; Vergil, Georg. I 378. – *in ihre Nester flüchten:* Aratos, Ph. 1026. – *Gans (anser):* s. Plinius, n. h. 10,51; Aratos, Ph. 1021.

364 *...die Ochsen ... schnauben:* Aratos, Ph. 954f.; 1113ff.; Theophrast, l. c. 1,15; Vergil, Georg. I 375. – *Schweine:* Aratos, Ph. 1123; Vergil, Georg. I 399f. – *Bienen:* s. Plinius, n. h. 11,14.20; Aristoteles, hist. anim. IX 40 627 b

10–13; Aratos, Ph. 1028 ff.; Theophrast, de sign. 4,3; Vergil, Georg. IV 191 ff. – *Ameisen:* Plinius, n. h. 11,109; Aratos, Ph. 956; Theophrast, de sign. 1,22; Vergil, Georg. I 379 f. – *Regenwürmer:* Aratos, Ph. 954; Theophrast, de sign. 3,5.

    365 *Klee:* vgl. Plinius, n. h. 21,54, wo 3 Arten beschrieben werden (s. auch die Erl.!). – *zeigen die Gefäße...:* vgl. Plinius, n. h. 33,140.146, wo die *repositoria* näher beschrieben sind.

VERZEICHNIS DER SACHBEZÜGE

zwischen Theophrast (*Historia plantarum*, 9 Bücher, bes. aus Buch VIII; *Causae plantarum*, 6 Bücher, bes. aus den Büchern III und IV; *De signis*), Arat (*Phainomena*), Cato (*De agricultura*), Varro (*Rerum rusticarum libri III*), Vergil (*Georgica*, 4 Bücher, aus Buch I), Columella (*De re rustica*, 12 Bücher, bes. aus den Büchern I. II. XI; *Liber de arboribus*) und Palladius (*Opus agriculturae*, 14 Bücher)

XVIII §§	Theophrast Hist.pl.	Theophrast Caus.pl.	Cato agr.	Varro r.r.	Vergil Georg.	Columella r.r./arb.	Palladius Opus agr.
7				I 10,2		V 1,5,6	
9				I 10,1		VI praef. 4	
11			praef. 2.3	II 1,9			
13				II praef. 1			I praef. 17.18
14				I 3²			
15				II praef. 3			I praef. 19.20
17				I 2,9			I 3,11
18				I 2,9			I 3,10
19							I praef. 3
20							I praef. 13.19
21							I praef. 3
							I 3,12
							I 1,8
22				I 1,8.10			
23			praef. 1,1	I 1,1			
26			praef. 3; 4				I 3,3
27			1,2				I 3,9
							I 4,2.9
28f.			1,3.4.6.7	I 7,9.10			II 2,6; 16,2
30			2,7				

XVIII §§	Theophrast Hist.pl.	Theophrast Caus.pl.	Cato agr.	Varro r.r.	Vergil Georg.	Columella r.r./arb.	Palladius Opus agr.
31			3,1	I 11,1			I 1,18
32			4	I 11,1			IV 18,1
33			3,1	I 12,1.2			I 4,6.8
34							I 5,4–6
35					II 412		II 2,14.20
36			5				I 1,18; 3,8 I 8,10.13 XI 1,27
38	VIII 6,3						
40							II 21,1
43			4				III 21,4
44			5,2.6.7				I 8,14 XI 1,28.30
45						II 2,13 XI 2,62	
46		III 6,3.4				II 2,11.13	
47	VIII 1,1					II 2,9.10	I 6,13
48	VIII 1,2.4					II 6,1	VI 3,3
49	VIII 1,3						VI 3,1.2
50	VIII 1,5			I 2,1			
51	VIII 2,3			I 45,1	I 215	I 10,31	
52	VIII 2,4 VIII 3,2						
53	I 11,2 VIII 3,4						

XVIII §§	Theophrast Hist.pl.	Theophrast Caus.pl.	Cato agr.	Varro r.r.	Vergil Georg.	Columella r.r./arb.	Palladius Opus agr.
120	VIII 6,5 VIII 9,1	III 24,3			I 215	II 10,7.9	XII 1,2
121	IV 8,8						
122f.	IV 8,7.8 VIII 1,4					II 10,4.15	III 4
124	VIII 5,1 VIII 6,5					II 10,19.20	
125	VIII 5,2-3					XI 2,72	XI 1,3
126						II 10,22	
127	VII 2,5						
128	VII 4,3		35	I 59,4		XII 56,3	XIII 5
129	VII 4,3-5						
130	VII 4,3 VII 6,2					X 421	
131		V 6,9				II 10,24 X 422 XI 3,16.59.62	VIII 2,1
132						II 10,23 XI 3,18	VIII 2,1 IX 5,1
133	VIII 11,3-4	IV 13,3	34,2	I 23,3		II 10,1	IX 2
134	I 3,6 III 2,1 VIII 11,8		37,2			II 11,5 II 14,5 II 15,5 XI 2,44	
135	VIII 1,3 VIII 7,3 VIII 11,8					II 10,2-4 II 15,6 XI 2,72	VII 2,2

XVIII §§	Theophrast Hist.pl.	Theophrast Caus.pl.	Cato agr.	Varro r.r.	Vergil Georg.	Columella r.r./arb.	Palladius Opus agr.
136			54,3			II 10,1-3	VII 2,2
137						II 13,1	
138						II 10,29	II 6
139	II 4,2					II 10,34	III 7
140				I 31,5		II 19,33	II 7
142						II 7,2	X 8,1
143			27 / 33,3 / 53 / 54,3-4	I 31,4		II 11,31	
144	IV 16,5	III 22,4				II 10,25-28	V 1,1
145ff.	VIII 6,5.6	III 24,3				II 10,25-28	III 6
146	VIII 10,1.3-5	IV 14,4				XI 2,7	
151f.		V 15,6			I 150-154		
153	VIII 6,5	III 22,1.3					
154	VIII 10,2	III 24,3 / IV 14,1-3					
155	VIII 8,3.4-7	IV 12,8 / IV 15,3					
156	VII 10,1				I 80	X 324	
157		III 24,4				II 11,7	

XVIII §§	Theophrast Hist.pl.	Theophrast Caus.pl.	Cato agr.	Varro r.r.	Vergil Georg.	Columella r.r./arb.	Palladius Opus agr.
158	VIII 15,2				I 193	II 9,9.10 II 10,11 X 353-356 XI 3,61.64	I 35,3
160							
161f.							I 35,9
163	VIII 7,4		6,1				
164		III 21,2	34,1.2				
165	VIII 9,1		35,1.2				
166		III 20,9		I 9,4		II 9,3	
169		III 20,5		I 23,2			
170		III 20,2	61,2	I 9,4	I 53	I praef. 22	
174						II 4,1	II 3,1
175				I 29,1.2			
176				I 44,2		II 4,5	II 3,2
177						II 2,22.27.28	
178			54,4		I 95	II 2,25	
179				I 29,2		II 4,10	
180						II 2,25	
181				I 29,2	I 47	II 4,2-7 II 8,3	IV 4,1
184						II 11,1.4-7.8	II 9,2

XVIII §§	Theophrast Hist.pl.	Theophrast Caus.pl.	Cato agr.	Varro r.r.	Vergil Georg.	Columella r.r./arb.	Palladius Opus agr.
185						II 11,4–6.9; XI 3,19	
186	VIII 6,6					II 11,3	
187					I 71f.		
191	VIII 6,3					II 9,15	
192	VIII 6,4; VIII 7,2					II 10,5; XI 2,85	
193				I 38,1		II 5,1.2; II 15,1.2; XI 2,86	X 1,2.3
194						II 14,8	X 1,3
195	VIII 11,5	III 24,1.2				II 15,2	I 6,12
196						II 9,11.13; II 8,3; XI 2,80	
197				I 44,1		II 9,1.17.18	
198						II 10,4.8.15.19 20.29.33–35; XI 2,75; II 9,5.6	
199		I 13,4	5,4		I 208.210		
200		III 23,1			I 219	II 8,1	
202					I 227–229	X 196ff.	

XVIII §§	Theophrast Hist.pl.	Theophrast Caus.pl.	Cato agr.	Varro r.r.	Vergil Georg.	Columella r.r./arb.	Palladius Opus agr.
203		III 23,1				II 7,2 II 8,3-4	
204		III 23,2		I 34,1 I 35,2		II 8,2 XI 2,80	
205						II 10,9.17 XI 2,43 I praef. 23	
206					I 51		
209					I 335		
217						III 6,4	
224				I 34,1		XI 2,74	
228				I 34,2		II 10,29.30 XI 2,85	
229			38,4				
230				I 35,2 I 36		XI 2,71.79.82	
231						VIII 5,8 XI 2,21	
232						VI 3,5 XI 2,83 XII 28,3 arb. 5,3	
233						II 21,3 XI 2,12.90	
234f.						XI 2,4.5-94	
236				II 2,18		II 21,4 XI 2,16.19.92	
237						XI 2,21.24	
239				I 28,1		XI 2,15	

XVIII §§	Theophrast Hist.pl.	Theophrast Caus.pl.	Cato agr.	Varro r.r.	Vergil Georg.	Columella r.r./arb.	Palladius Opus agr.
240f.					I 63–66	XI 2,9.10.18–20	
242			40,1				
243			50; 131				
244ff.	VII 13,6					XI 2,31.34–36	
246ff.						XI 2,32.33	
249f.		I 17,2					
253				I 30		XI 2,35.37.38.41.42; arb. 5,1	
254				I 31,1.6.26		XI 2,36.45.49	
255f.						XI 2,44.45.50	
257						II 16,3	
258						II 17,3–6; XI 2,40–48	
259				I 49,2	I 289	II 17,4	
260			53			II 18,1; II 18,1	
262						XI 2,40; II 16,2	
263			5,8			II 17,5; VII 3,21	
265	I 10,1			I 46		XI 2,51–54.57	
268ff.	VIII 10,2						
275		III 22,2; IV 14,3					
278						I 7,1	

XVIII §§	Theophrast Hist.pl.	Theophrast Caus.pl.	Cato agr.	Varro r.r.	Vergil Georg.	Columella r.r./arb.	Palladius Opus agr.
283				I 1,6		XI 2,93	
284							
293						arb. 13	I 35,1
295			91 129	I 51,1	I 179	II 19,1 XI 2,54.55	VII 1
296				I 50,2		II 20,3	VII 2,2–4
298				I 52,1.2		II 20,2.4	
299			54,2			VI 3,3	
300					I 85		
301	VIII 11,1	IV 16,1		I 57,1		I 6,10	I 19,1
302				I 57,3		I 6,17	I 19,3
303						II 20,5	
304		IV 15,3					
305	VIII 11,7	IV 16,2		I 57,1.2		I 6,15	
307				I 58			
308			116			II 10,16	
309ff.							
312						XI 2,65.67	
314						XI 2,65.66.74.84	
315			112,2	I 28,2		XI 2,71.72	
319				I 34,2		XI 2,67	
321	V 1,3			I 37,1.2	I 276ff.	XII 19,2–5	
322						VI 26,2	
328						VIII 5,9	
329			31,2			III 12,5	

XVIII §§	Theophrast Hist.pl.	Theophrast Caus.pl.	Cato agr.	Varro r.r.	Vergil Georg.	Columella r.r./arb.	Palladius Opus agr.
330				II 2,11.12		VII 3,24.25 XI 2,55 VII 3,12	VIII 7 XII 13,5
336			6,2				
337							

XVIII §§	Theophrast de signis	Arat phain.	Cato agr.	Varro r.r.	Vergil Georg.	Columella r.r./arb.	Palladius Opus agr.
338	2,11					IX 5,1	
339	2,5						
340							
342 f.	1,10.11.13 2,1.2 3,1	822 ff.			I 318 I 444-446 ff. I 454-458		
345 f.	4,1 1,10.11 2,6	866					
347 ff.	4,2 1,8 2,2.6 4,2	783 ff.			I 428 I 430 I 432 I 395		
351	1,13 2,12 3,7.10						

XVIII §§	Theophrast de signis	Arat phain.	Cato agr.	Varro r.r.	Vergil Georg.	Columella r.r./arb.	Palladius Opus agr.
352f.	1,22.23 2,12 3,6 4,2	892ff. 926 940			I 365 I 380		
354	1,21 2,7.21	924					
356	1,13 3,6.8 4,2	938			I 397		
357	2,9 3,5 4,2	988 976ff.			I 401 I 392		
358	1,14.19 3,5				I 356		
359	2,4 3,3						
360	2,12	921					
361	1,15.19 1,16	913 963 999			I 357 I 368 I 398 I 361 I 403		
362	3,3						
363	1,15 3,2	944			I 364 I 377		
364	1,15.22 3,5.9	954 956f.			I 375 I 379 I 400		

ZUR TEXTGESTALTUNG

Der vorliegende lateinische Text folgt im wesentlichen der kritischen Ausgabe von *K. Mayhoff*, Leipzig 1898 (Stuttgart 1967), auf deren Apparat verwiesen wird. Die Textausgabe von *D. Detlefsen*, Berlin 1868, und die zweisprachigen Editionen von *H. Rackham*, London – Cambridge, Mass. 1961, und *H. Le Bonniec*, Paris 1972, sowie die italienische Ausgabe mit der kommentierten Übersetzung von *Franca Ela Consolino*, Turin 1984, wurden zum Vergleich herangezogen.

§	Detlefsen (1868)	Mayhoff (1898/1967)	Rackham (1961)	Le Bonniec (1972)	Consolino (1984)	Tusculum (1995)
2	accedit interius tela	accedimus et tela	accedimus et tela	accedit intus tela	accedit intus tela	accedit intus tela
3	unguimus ipsumque quo vivitur	tinguimus ipsumque quo vivitur	unguimus ipsumque quo vivitur	unguimus ipsum quoque quo uiuitur	tinguimus ipsumque quo vivitur	unguimus ipsumque quo vivitur
4	praeparent enim excogitarint hominis quidem vi	praepararent excogitarent homines quidem ut	praeparent enim excogitarint hominis quidem vi	praepararent excogitarent hominis quidem ut	praepararent excogitarent homines quidem ut	praepararent excogitarent homines quidem ut
5	contracta iuvent alantque constet	contacta iuvent alantque constet	contracta iuvent alantque constet	contacta iuuant aluntque stet	contacta iuvant aluntque stet	contacta iuvent alantque constet
7	nisi tostum	nisi tostum	ni tostum	nisi tostum	nisi tostum	nisi tostum
9	Iugerum	Iugum	Iugerum	Iugerum	Iugerum	Iugerum
10	Iuniorem familiam	Iuniorem e familia	Iuniorem e familia	Iuniorem ⟨in⟩ familia	Iuniorem in familia	Iuniorem in familia
11	virum laudantes	virum bonum laudantes	virum laudantes	uirum laudantes	virum laudantes	virum laudantes

§	Detlefsen (1868)	Mayhoff (1898/1967)	Rackham (1961)	Le Bonniec (1972)	Consolino (1984)	Tusculum (1995)
11	appellabatur et	appellabatur. etiam	appellabatur et	appellabatur. Etiam	appellabatur. Etiam	appellabatur. etiam
	nec omittenda	non omittenda	nec omittenda	nec omittenda	nec omittenda	nec omittenda
	ne quis bovem	ne bovem	ne bovem	ne bouem	ne bovem	ne bovem
13	in quibus	in quis	in quibus	in quis	in quis	in quibus
14	constituantur	constituantur	constituatur	constituantur	constituantur	constituantur
	nec antequam	nec antequam	et antequam	et antequam	et antequam	et antequam
16	T. Seius	Seius	T. Seius	Seius	Seius	Seius
	quo verum	quo vero	quo verum	Quo uerum	Quo vero	quo verum
18	nota dictio est	nota contio est:	nota dictio est	nota contio est:	nota contio est:	nota contio est:
	haec autem	haec autem	haec enim	Haec autem	Haec autem	haec autem
20	unde ei et	unde ei et	unde ei et	unde	unde ei et	unde ei et
	cognomen	cognomen	cognomen	cognomen	cognomen	cognomen
	plenusque	plenoque	plenoque	plenoque	plenoque	plenoque
21	ut onere ab his	et ipso honore his	ut ipso opere ab his	ipso honore his	ipso honore his	ipso honore his
	sumpto	absumpto, ut	absumpto	absumpto, ut	absumpto, ut	absumpto, ut
	non invita ea et	non invita ea et	non invita ea et	non inuita ea et	non invita ea et	non invita ea et
	indignante …	indignante …	indignante …	indignata …	indignante …	indignante …
	fieri. sed nos	fieri. et nos	fieri. et nos	fieri. Sed nos	fieri. Sed nos	fieri. sed nos
22	Philometor Attalus	Philometor, Attalus	Philometor Attalus	Philometor, Attalus	Philometor, Attalus	Philometor Attalus
23	sequemur	sequeremur	sequemur	sequemur	sequemur	sequemur
24	serior	serior	serius	serior	serior	serior
25	e parte	ex parte	e parte	ex parte	ex parte	ex parte
	die	deo	die	die	die	die
27	salubre est	salubre	salubre est	salubre	salubre	salubre
29	hortos irriguos	hortos irriguos	hortos irriguos	hortos riguos	hortos irriguos	hortos irriguos
	interrogatus, quis	interrogatus, quis	interrogatus qui	interrogatus quis	interrogatus quis	interrogatus, quis

§	Detlefsen (1868)	Mayhoff (1898/1967)	Rackham (1961)	Le Bonniec (1972)	Consolino (1984)	Tusculum (1995)
30	agricolam Cato	agricolam	agricolam Cato	agricolam	agricolam	agricolam
32	ut fecerunt eadem aetate	ut fecere in eadem aetate	ut fecere in eadem aetate	ut fecerunt eadem aetate	ut fecerunt eadem aetate	ut fecerunt eadem aetate
33	aestuosis	aestuosis	aestuosis	aestuosis	aestivosis	aestivosis
34	malusque frumentarii	malusque frumentarii	malusque frumentarii	malus frumentari	malusque frumentarii	malusque frumentarii
36	cordi esse et quidquid incredibile [M]HS	corde esse ut quidquid incredibile, ni [M]HS	corde esse ut quidquid incredibile ni [M]HS	corde esse et quidquid incredibile, ni M HS	corde esse ut quidquid incredibile, ni [M]HS	corde esse ut quidquid incredibile, ni [M]HS
37	congestum	congestum	congestorum	congestum	congestum	congestum
38	damnosum. praeterquam subole, suo … colente domino.	damnosum, praeterquam subole sua … colente domino.	damnosum, praeterquam subole sua … colente domino	damnosum. Praeterquam subole, suo … colente domino. uilissimos.	damnosum, praeterquam subole, suo … colente domino,	damnosum; praeterquam subole, suo … colente domino, vilissimos,
39	vilissimos, summumque	vilissimos, summumque	vilissimos summumque	Summum	vilissimos, summumque	summumque
41	Cresimus	Cresimus	Chresimus	Cresimus ⟨aedile⟩ curuli	Cresimus	Cresimus
42	curuli aedile familiam suam	curuli aedile familiam suam	curuli aedile familiam suam	familiam	curuli aedile familiam	curuli aedile familiam suam
43	inpensa	non inpensa	inpensa	non inpensa	non inpensa	non inpensa
44	diligant se cessat is constare	diligant cessantis constat	diligant te cessantis constare	diligant te cessat is constat	diligant cessat is constat	diligant te cessat is constat
45	germinantibus	germinantis	germinantibus	germinantis	germinantis	germinantis
46	ante infractus	aut in saxoso	ante infractus	aut in saxoso	aut in saxoso	aut in saxoso

§	Detlefsen (1868)	Mayhoff (1898/1967)	Rackham (1961)	Le Bonniec (1972)	Consolino (1984)	Tusculum (1995)
47	margine proclivi-	vel proclivibus	vel proclivibus	ne procidant	ne procidant	ne procidant,
	bus aut supinis	ac supinis	ac supinis	aut supinis	aut supinis	aut supinis
	... procumbente	... procumbere	... procumbere	... procumbere	... procumbere	... procumbere
	sparsoque	sparsisque	sparsoque	sparsisque	sparsisque	sparsisque
50	ad communem ...	ad communem ...	ad communem ...	at commune ...	at commune ...	ad communem ...
	usum	usum	usum	usui	usui	usum
51	in multa	in multa	in multas	in multa	in multa	in multa
53	sativorum	satorum	sativorum	satuorum	sativorum	sativorum
	indefensa ...	indefensum ...	indefensum ...	Indefensa ...	indefensum ...	indefensa ...
	continentur	continetur	continetur	continentur	continetur	continentur
54	e milio	e milio	a milio	e milio	e milio	e milio
55	iubas vocant	iubas vocant	iubas vocant	phobas uocant	phobas vocant	phobas vocant
56	quattuor aut	IIII aut	quattuor aut	quattuor aut	IIII aut	quattuor aut
	quinque ...	V ...	quinque cum ...	quinque ...	V ...	quinque ...
	diebus	diebus	diebus	diebus	diebus	diebus
	diebus septem	diebus VII	diebus septem	septem	diebus VII	diebus septem
57	caulem ...	caulem ...	caulem ...	caulis ...	caulem ...	caulem ...
	distinctum	distinctum	distinctum	distinctos	distinctum	distinctum
	adminiculum, ut	adminiculum; at	adminiculum, at	adminiculum: ut	adminiculum; ut	adminiculum; at
	pisarum, et	pisa scandunt, si	pisa scandunt, si	pisa scandunt, si	pisa scandunt, si	pisa scandunt, si
		habuere, aut	habuere, aut	habuere, aut	habuere, aut	habuere, aut
	sed	sed ***,	sed ⟨non rectus⟩	sed	sed	sed
	ceteris ramosus	ceteris ramosis	ceteris ramosis	ceteris ramosus	ceteris ramosus	ceteris ramosus
	... fistulosus	... fistulosis	... fistulosis	... fistulosus	... fistulosus	... fistulosus
58	mittunt	emittunt	emittunt	mittunt	mittunt	mittunt
	a cacumine.	a cacumine, ut	a cacumine, ut	a cacumine.	a cacumine.	a cacumine.
	frumentum ...	frumentum ...	frumentum ...	Frumentum ...	Frumentum ...	frumentum ...
	hordeum	hordeum.	hordeum.	hordeum	hordeum	hordeum
	utique	utrumque	utrumque	utrumque	utrumque	utrumque

§	Detlefsen (1868)	Mayhoff (1898/1967)	Rackham (1961)	Le Bonniec (1972)	Consolino (1984)	Tusculum (1995)
	multifolia	multifolia	multifolia	multiplicia	multiplicia	multiplicia
	phasiolis	phasiolis	phasiolis	passiolis	phasiolis	passiolis
62	grani. est et	grani. est et	grani. est et	grani. Et	grani. Est et	grani. est et
	decernitur	decernitur	discernitur	decernitur	decernitur	decernitur
63	athletarum tum	athletarum [cum]	athletarum tum	athletarum tum	athletarum tum	athletarum tum
65	hae	haec	hae	Hae	Haec	hae
66	serere	serere	canere	canere	canere	canere
	ex his	ex his	ex iis	ex his	ex his	ex his
	Romae	Romam	Romam	Romam	Romam	Romam
	Chersonneso	Chersonneso	Chersonneso	Chersonneso	Chersonneso	Chersonneso
	selibram ...	selibram ...	selibram ...	selibras ...	selibram ...	selibram ...
	trientem ...	trientem ...	trientem ...	trientes ...	trientem ...	trientem ...
	dodrantem	dodrantem	dodrantem	dodrantes	dodrantem	dodrantem
67	militari	militari	militari	militari	militari	militari
	p. XXXV redit	p̄. XXXV reddit	p. XXXV redit	p. XXXV reddit	p. XXXV reddit	p̄. XXXV reddit
	non nisi mixtis	binis mixtis	non nisi mixtis	binis mixtis	binis mixtis	binis mixtis
	XX prope	XX prope	XX per se	XX prope	XX prope	XX prope
	libras	libras	libras	libras	libras	libras
69	panis est.	panis. Est	panis est. est	panis est.	panis est.	panis est.
	Differentia est	differentia	differentia	Differentia est	differentia	differentia est
	exquisitum	exquisitum	requisitum	exquisitum	exquisitum	exquisitum
	trimenstria	trimenstre	trimenstre	trimenstre	trimenstre	trimestre
	mense cum et	mense, cum et	mense cum et	mense et	mense, cum et	mense et
70	die quo	die, e quo	die e quo	die, quo	die, quo	die, quo
	trimestri	trimestris	trimestri	trimestri	trimestri	trimestri
71	geminae	gemmeae	gemmeae	geminae	geminae	gemmeae
73	ante omnia	omnia ante	ante omnia	omnia ante	omnia ante	omnia ante
76	inde est	inde. est	inde. est	inde est,	inde est,	inde est,

§	Detlefsen (1868)	Mayhoff (1898/1967)	Rackham (1961)	Le Bonniec (1972)	Consolino (1984)	Tusculum (1995)
78	maiores eis aliquod brevius et nigriusve optimo ad	maiores aliquot brevius ac nigriusve opimo ad	maiores eis aliquot brevius ac nigriusve opimo ad	maiores esse aliquot breuius aut nigriusque uel optimo ad	maiores aliquot brevius aut nigriusve optimo ad	maiores aliquot brevius et nigriusque vel optimo ad
80	fertilissimumque est	fertilissimumque	fertilissimumque est	fertilissimumque	fertilissimumque	fertilissimumque
81	potentissima Aegypto oryza, tiphe	pollentissima Aegypto oryza, tiphe	pollentissima Aegypto ⟨olyra,⟩ oryza ⟨sive⟩ tiphe	potentissima [in] Aegypto olyra, tiphe	potentissima Aegypto olyra, tiphe	potentissima Aegypto olyra, tiphe
83	aestivosos antiquis Latio cibus	aestuosos antiquis Latii cibus	aestuosos antiquo is Latio cibus	aestuosos antiquo is Latio cibus	aestivosos antiquo is Latio cibus	aestivosos antiquo is Latio cibus
85	candore, virtute	candore sive virtute sive	sive candore esse sive virtute sive	candore siue virtute siue	candore sive virtute sive	candore sive virtute sive
86/	sextarios quattuor/ quinque	sextarios IV/ V	sextarios quattuor/ quinque	sextarios IV/ V	sextarios IV/ V	sextarios quattuor/ quinque
87	cibari tres	cibarii III	cibarii III	cibarii tria	cibarii III	cibarii terna
89	laudatissimo ex Africa sextarios quinque/ quattuor	laudatissima ex Africo sextarios V/ IV	laudatissima ex Africa sextarios quinque/ quattuor	laudatissima ex Africo sextarios V/ IV	laudatissima ex Africo sextarios V/ IV	laudatissima ex Africo sextarios quinque/ quattuor
90	semel pollinatam	semel *** pollinatam	semel pollinatam spicis quae	semel pollinatam	semel pollinatam	semel pollinatam
91	iis quae	iis quae		iis quae	iis quae	iis quae
95	aut quod	ac quod	ac quod	aut quod	ac quod	ac quod

§	Detlefsen (1868)	Mayhoff (1898/1967)	Rackham (1961)	Le Bonniec (1972)	Consolino (1984)	Tusculum (1995)
96	sesima/m	sesama/m	sesima/m	sesama/m	sesama/m	sesama/m
96	orminum	horminum	horminum	horminum	horminum	horminum
97	molat	mola	mola	mola	mola	mola
98	siccatum pila duobus sextariis	siccatum in pila II sextariis	siccatum in pila duobus sextariis	siccatum pilo II sextariis	siccatum pilo II sextariis	siccatum pilo duobus sextariis
99	adpludam	adpludam	apludam	adpludam	adpludam	adpludam
101	sine aqua.	sine qua ***	sine aqua.	sine qua ***	sine qua ***	sine qua nihil conficiunt
	quoniam … exeunt emacerari	cum … exeunt emaciari	cum … exeant emaciari	quoniam … exeunt emaciari	quoniam … exeunt emaciari	quoniam … exeunt emaciari
102	maceratis	maceratis	maceratis	maturato	maturato	maturato
103	duae librae in quinque semodios	II librae in V semodios	duas libras in quinos semodios	II librae in V semodios	II librae in V semodios	binae librae in quinos semodios
104	natura est evalidiora	est naturam evalidiora	est naturam invalidiora	est naturam eualidiora	est naturam evalidiora	est naturam evalidiora
105	ut speustici artopticei	ut speustici artopticii	ut speustici artopticii	ut streptici artopticii	ut streptici artopticii	ut streptici artopticii
106	vel mulso	mulso	vel mulso	mulso	mulso	mulso
107	scripsit	inscripsit	inscripsit	inscripsit	inscripsit	inscripsit
108	ex saetis … e lino	saetis … lino	ex saetis … e lino	saetis … lino	saetis … lino	saetis … lino
	… e papyro	… papyro	… e papyro	… papyro	… papyro	… papyro
109	quae palma contigit planitie	quae palma contingit planities	qua palma contigit planitie	quae palma contingit planitie	quae palma contingit planitie	quae palma contingit planitie
	inferior	inferior	inferiore	inferior	inferior	inferior
110	propter felicitatem furni	propter facilitatem suci	propter facilitatem suci	propter felicitatem suci	propter facilitatem suci	propter facilitatem suci

§	Detlefsen (1868)	Mayhoff (1898/1967)	Rackham (1961)	Le Bonniec (1972)	Consolino (1984)	Tusculum (1995)
111	campus Campanus	campus Campanus	campus Campanus	campus	campus	campus
114	Leucogeo	Leucogaeo	Leucogeo	Leucogaeo	Leucogaeo	Leucogaeo
	adserendi	adserendi	adferendi	adferendi	adferendi	adferendi
115	transit...	transit,...	transit... cribro	transit...	transit...	transit...
116	cernitur	cernitur	cernitur	cernitur	cernitur	cernitur
	adulterandi. ex	adulterandi ex	adulterandi: ex	adulterandi: ex	adulterandi: ex	adulterandi: ex
	tritico	tritico:	tritico	tritico	tritico	tritico
	solem admittunt	sole ad dimidium	sole ad dimidium	sole ad initium	sole ad initium	sole ad initium
	adspersa	adspersa	adspersa aqua	adspersa	adspersa	adspersa
	tragum	tragum	tragum	graneum	graneum	graneum
117	maximus	maxime	maximus	maxime	maxime	maxime
	farina eius	farina ex ea	farina ex ea	farina ex ea	farina ea	farina ea
	ad pabulum	pabulo	pabulo	pabulo	pabulo	pabulo
	usus omnium	usus omnium	usus omni	usus omnium	usus omnium	usus omnium
118	solida ac	solida ac	solida aut	solida ac	solida ac	solida ac
	pulsa faba	puls fabata	puls fabata	fabata	fabata	fabata
	cibo et	cibo, set	cibo set	cibo et	cibo, et	cibo et
121	damnata, ut	damnata, ut	damnata, aut ut	damnata, ut	damnata, ut	damnata, ut
	timentis	timentes	timentes	timentes	timentes	timentes
122	digiti, in totum,	digiti.	ut digito;	digiti;	digiti;	digiti;
	supra triginta	supra tricenas	supra tricenas	supra tricenas	supra tricenas	supra tricenas
	omnino decocta	omni modo cocta	omnimodo cocta	omnino decocta	omnino decocta	omni modo cocta
125	Toronae	Toronae	Toronaeo	Toronae	Toronae	Toronae
	ab idibus	ab idibus	ab idibus	ab idibus	ab idibus	ab idibus
	Octobris	Octobr.	Octobribus	Octobr.	Octobr.	Octobribus
126	coeperint	coeperunt	coeperint	coeperunt	coeperunt	coeperunt
	his	ab iis	his	ab his	ab his	ab his
127	non minor est	non minore	non minore	non minore	non minore	non minore

§	Detlefsen (1868)	Mayhoff (1898/1967)	Rackham (1961)	Le Bonniec (1972)	Consolino (1984)	Tusculum (1995)
128	eligitur ad alia	eligit ad alia	eligit acetaria	legit ad alia	legit ad alia	eligit ad alia
129	modum semine.	modo semine:	modum semine docuere,	modo semine:	modo semine:	modo semine:
131	natis. Napi… Amiternini, quorum… natura est seminentur	natis, napis… Amiterni. quorum… natura: semen inaretur	natis, napis… Amiterni. quorum… natura: semen inaretur	natis. Napi… Amiterni, quorum… natura, seminentur	natis, napis… Amiterni, quorum… natura, seminentur	natis. Napi… Amiterni, quorum… natura, seminentur
133	Lupini quae… adsensu	Lupino quae… ad sensum ***	Lupini quaeque… ad sensum siderum	Lupino quae… adsensu ⟨caeli⟩	Lupino quae… adsensu caeli	Lupino quae… adsensu caeli
	terrae quoque ter germinat, atqui terra	terraeque terram amat terraque	terraeque ter germinat; atqui terra	terraeque Terram amat terraque	terraeque Terram amat terraque	terraeque terram amat terraque
134	non arato sabulosa et sicca… harenosa	non arato sabulosa et sicca… harenosa	non arata sabulosam et siccam… harenosam	non arato sabulosa et sicca… harenosa	non arato sabulosa et sicca… harenosa	non arato sabulosa et sicca… harenosa
135	ex arvo cretosa… limosaque	ex area cretosa… limosaque	ex arvo cretosam… limosamque	ex aruo Cretosa… limosaque	ex arvo Cretosa… limosaque	ex arvo cretosa… limosaque
139	quippe quo quini.	quippe cum quini sati.	quippe quo quini.	quippe cum quini sati.	quippe cum quini sati.	quippe cum quini sati.
141	sed tantum	vere satum et tantum	vere satum et tantum	uere persatum sed tantum	vere persatum et tantum	vere tantum et tantum
142	ex recrimentis	ex recrementis	ex recrementis	ex recrementis	ex recrementis	ex recrementis

§	Detlefsen (1868)	Mayhoff (1898/1967)	Rackham (1961)	Le Bonniec (1972)	Consolino (1984)	Tusculum (1995)
143	genicularet viciae duos cadit	generaret viciae II cadit	generaret viciae II cadat	gelaret uiciae II cadit	gelaret viciae II cadit	generaret viciae binos cadit
144	dicenda; tanta dos ei conposuit	dicenda tanta dos est conposuit	dicenda tanta dos est conposuit	dicenda; tanta dos ei condidit	dicenda; tanta dos ei conposuit	dicenda; tanta dos ei condidit
145	creta	crate	creta	crate	crate	crate
146	– et ita praeparato modi bini. cavendum … terram, quae	ita praeparato modi III – et cavendum …. terraque	– et ita praeparato modi III – et cavendum … terraque	Ita praeparato modi III. Cauendum …. terraque	Ita praeparato modi III. Cavendum …. terraque	ita praeparato modi terni. cavendum …; terraque
150	ratio est	ratio	ratio est	ratio	ratio	ratio
152	his	eis	his	his	eis	his
157	quae vero	quae vero	qui vero	Quae uero	Quae vero	quae vero
158	sariatur	sariatur	seratur	sariatur	sariatur	sariatur
159	ab aliis hypogaesum dulcedo	et ab aliis aesum dulcedo	et ab aliis hypogaesum uredo	et ab aliis aesum dulcedo	et ab aliis aesum dulcedo	et ab aliis aesum dulcedo
	si ire	si ire	et si exire	si ire	si ire	si ire
162	verum	vel	vel	uerum	verum	vero
163	raphanos vel aquoso	rapa, raphanos aquoso	rapa, raphanos vel aquoso	raphanos aquoso	raphanos aquoso	rapa, raphanos aquoso
164	in aquoso aperto et edito non possit	aquoso aperto, edito non possis	in aquoso aperto, edito non possis	aquoso aperto, edito non possis	aquoso aperto, edito non possis	aquoso aperto, edito non possis
165	excepto legumina	excepto legumina	excepto e leguminbus	excepto, legumina	excepto, legumina	excepto, legumina

§	Detlefsen (1868)	Mayhoff (1898/1967)	Rackham (1961)	Le Bonniec (1972)	Consolino (1984)	Tusculum (1995)
165	lenior terra	laetior terra	lenior terra	laetior terra	laetior terra	laetior terra
166	umido tum nata	umidiore tum nota	umidiore tum nata	umidiore tum nata	umidiore tum nata	umidiore tum nata
167	solstitio a nova luna, primo lente	a solstitio ac nova luna, primo lente	solstitio a nova luna, primo lente	a solstitio et noua luna, ac primo lente	a solstitio et nova luna, primo lente	a solstitio et nova luna, primo lente
171	inflexus praedensam rostratum uti	inflexus praedensam rostrati	infixus prae dentali rostrati	inflexus praedensam rostrati	inflexus praedensam rostrati	inflexus praedensam rostrati
172	ut duas adderent	duas addere	ut duas adderent	ut duas adderent	ut duas adderent	ut duas adderent
175	aestatis	aestates	aestates	aestates	aestates	aestates
176	et his	et huic	et huic	et huic	et huic	et huic
177	capistrantur tenera	capistrari tenera	capistrari tenerrima	capistrari tenera	capistrari tenera	capistrari tenera
179	intellegitur	intellegetur	intellegetur	intellegetur	intellegetur	intellegetur
180	iteratio	iteratur	iteratur	iteratio	iteratio	iteratio
	operianturque semina, unde	operiente semina; ni operi- antur, quae	operiente semina; ni operi- antur, quae	operiente semina †operi- anturque†	operiente semina. Ni ope- rientur, quae	operiente semina; ni operi- antur, quae
182	cum iam is ad bina	cum iam se ad bina	vel cum iam se ad bina	cum iam is [ad] bina	cum iam se ad bina	cum iam is bina
183	annum	annum	anno	annum	annum	annum
185	in articulo est	in articulum exiit	in articulum exiit	in articulo est	in articulo est	in articulo est
186	fecit nutriente	fecit nutriens	facit nutriente	fecit nutriens	fecit nutriens	fecit nutriente
187	si patiantur faciant	si patiantur faciant	et si patiantur faciunt	si patiantur faciunt	si patiantur faciunt	si patiantur faciant

§	Detlefsen (1868)	Mayhoff (1898/1967)	Rackham (1961)	Le Bonniec (1972)	Consolino (1984)	Tusculum (1995)
188	si … proveniunt, – priore felici sed certis	si … provenere, ut priore felici sed certis	si … provenere, ut priore felix sed certis	si … prouenirent, priore felici sed et certis	si … provenere; priore felici sed et certis	sed … provenire priore felici sed et certis
191	rapa recipiat ita ut potest. ita fit ut	rapae recipiat. potest ita, ut	rapa recipiat; potest, ita ut	rapa recipiat ita ut potest. Ita fit ut	rapae recipiat ut potest, ita ut	rapa recipiat. potest, ita ut
192	enim in confesso est napos serito	nemini incompertum est napus seritor	nemini incompertum est napos serito	enim in confesso est napos serito	enim in confesso est napos serito	enim in confesso est napus serito
193	inaret post imbrem. utique si dispergere autem priusquam ares. at priusquam sariatur ex aviariis seminare paratum ante pulverem.	in agro acervet, post imbrem utique. si dispergere caveto, priusquam ares. at priusquam sarias, ut fimi ex aviariis seminis vice spargas ante pulverem.	in agro acervet, post imbrem utique; sin dispergere caveto priusquam ares. at priusquam sarias, ut fimi ex aviariis seminis vice spargas ante pulverem.	inaret post imbrem. Utique si dispergere autem priusquam ares aut priusquam sarias, auiarii	inaret post imbrem. Utique si dispergere autem priusquam ares aut priusquam sarias, aviarii	inaret post imbrem. utique, si dispergere autem, priusquam ares, aut priusquam sarias, ut ex aviariis pulverem stercoris spargas.
194	iustum est singulis mensibus … definire sub diu fuerit stercoratus	iustum mense … redire sub diu stercoretur	iustum mense … redire sub diu stercoratur	iustum est … redire sub diuo fuerit stercoratus	iustum est … redire sub divo stercoratur	iustum mense … redire sub divo stercoratur

§	Detlefsen (1868)	Mayhoff (1898/1967)	Rackham (1961)	Le Bonniec (1972)	Consolino (1984)	Tusculum (1995)
195	sterile; et intervalla seminum	sterile; etenim intervallata semina	sterile; etenim intervallata semina	sterile; etenim intervallata semina	sterile; etenim intervallata semina	sterile; etenim intervallata semina
196	inde primum ... augurium: cum ... accipiat, ne diu	inde et primum ... augurium, cum ... accipiat: nec diu	inde et primum ... augurium: cum ... accipiat, ne diu	inde primum ... augurium: cum ... accipiat, nec diu	inde primum ... augurium, cum ... accipiat: nec diu	inde primum ... augurium: cum ... accipiat, nec diu
197	pede sit, quorun- dam quoque ... ratione quod fors transferendum esse in contra- rium	pede. fit quoque quorundam ... ratione, quod sors transferendum est in serotina nihil- que in contra- rium, ut	pede. fit quoque quorundam ... ratione quod sors transferendum est in serotina nihil- que in contra- rium ut	pede. Fit quoque quorundam ... ratione, quod sors transferendum est ⟨in serotina⟩ nihil- que in con- trarium, ⟨ut⟩	pede. Fit quoque quorundam ... ratione, quod sors transferendum est in serotina nihil- que in contra- rium, ut	pede. fit quoque quorundam ... ratione, quod sors transferendum est in serotina nihil- que in contra- rium, ut
198	praecepere viciae XII	praecepere viciae VII	praecepere viciae XII	praecepere uiciae XII	praecepere viciae XII	praecepere viciae VII
199	macrum enim solum, nisi ... habeat	macie enim solum, nisi ... habeat	macrum enim solum, nisi ... habeat	Macies enim soli, nisi ... habet	Macies enim soli, nisi ... habet	macies enim soli, nisi ... habet
200	quinto Hoc pertinet magno opere defruges in Praxidico Zoroastris	quinta hoc pertinet magno opere defrudes in Praxidica Zoroastres	quinto huc pertinet magno opere defruges in Praxidica Zoroastres	quinta Hoc pertinet magnopere defrudes in Praxidico Zoroastres	quinta Hoc pertinet magno opere defrudes in Praxidico Zoroastres	quinta hoc pertinet magno opere defrudes in Praxidico Zoroastres
201	ratione	rationi	rationi	rationi	rationi	rationi
203	corrumpente sequi	corrumpente sequi	non corrumpente sequi enim	corrumpente sequi	corrumpente sequi	corrumpente sequi

§	Detlefsen (1868)	Mayhoff (1898/1967)	Rackham (1961)	Le Bonniec (1972)	Consolino (1984)	Tusculum (1995)
205	nunc etiam transpadani	nunc etiam Transpadani	nunc etiam transpadani	nunc Transpadani	nunc Transpadani	nunc Transpadani
206	Novembre mense ardua et inmensa tam grandi	Novembri mense ardua, inmensa iam grandi	Novembre mense ardua et inmensa tam grandi	Nouembri mense ardua, inmensa tam grandi	Novembri mense ardua, inmensa tam grandi	Novembri mense ardua, inmensa tam grandi
207	anni solisque alias prius caelesti vulgo	annis solisque alias celerius caeli vulgo	anni solisque alias celerius caelesti inde vulgo	anni solisque alias citius caeli uolgo	anni solisque alias celerius caeli vulgo	anni solisque alias celerius caeli vulgo
208	motu stellarum grandines, imbres	motus stellarum, grandinum, imbrium	motus stellarum, grandines, imbres	motu stellarum grandines, imbres	motu stellarum grandines, imbres	motu stellarum grandines, imbres
209	papilionis. id conflictatas	papiliones. sed conflictatas	papiliones; sed conflictatam	papiliones. Id conflictatas	papiliones. Sed conflictatas	papiliones. id conflictatas
210	convexitate terrarumque globo differentia	convexitatis terrarumque globi differentia	convexitatis terrarumque globi differentia	conuexitas terrarumque globi differentia	convexitas terrarumque globi differentia	convexitas terrarumque globi differentia
211	coeperat sidera	coeperat ad sidera	coeperat ad sidera	coeperat ⟨ad⟩ sidera	coeperat ad sidera	coeperat ad sidera
212	corrigendo. auctores	corrigendo – et auctores	corrigendo – et alii auctores	corrigendo. Auctores	corrigendo. Auctores	corrigendo. auctores
213	Anaximander XXX	Anaximander XXXI	Anaximander XXX	Anaximander XXIX	Anaximander XXIX	Anaximander XXIX
215	iacentis terras	iacentes terras	adiacentes terras	iacentes terras	iacentes terras	iacentes terras
216	ea observavit ex his qui proderent	observavit in iis, qui proderet	eas observavit ex iis qui proderent	obseruauit. in his, qui proderet	observavit. in iis, qui proderet	observavit in iis, qui proderet
217	idem	iidem	idem	idem	iidem	iidem
218	emersum	ut emersum	(ut emersum	ut emersum	ut emersum	ut emersum

§	Detlefsen (1868)	Mayhoff (1898/1967)	Rackham (1961)	Le Bonniec (1972)	Consolino (1984)	Tusculum (1995)
219	alio modo	alio modo	aut illo modo	Alio modo	Alio modo	alio modo
220	per incrementa lucis aequatur noctibus superat noctem die procedit	per incrementa lucis aequatur noctibus superat noctes diei procedit nox	per incrementa ac decrementa lucis aequatur nocti superat noctem diei procedit nox	per incrementa lucis aequatur noctibus superat noctes die procedit	per incrementa lucis aequatur noctibus superat noctes diei procedit nox	per incrementa lucis aequatur noctibus suoerat noctes diei procedit nox
211	accessione	accessione	accessione ac decessione	accessione	accessione	accessione
222	fere, aequinoctiam at ab aequinoctio eo	fere, aequinoctium ab aequinoctio eo	fere, aequinoctiam ab aequinoctio eo	fere, aequinoctium at ab aequinoctio eo	fere, aequinoctium ab aequinoctio eo	fere, aequinoctium ab aequinoctio eo
223	decidat	decedat	decidat	decidat	decidat	decidat
224	fruges seri iubent, a coronae exortu	fruges serunt, novem a coronae exortu	fruges serunt, novem a coronae exortu	fruges serunt adue- niente Coronae exortu	fruges serunt, adve- niente coronae exortu	fruges serunt adve- niente Coronae exortu
225	negotiatoris. avaritia	negotiatores avari. ita	negotiatores avari: ita	negotiatoris auaritia.	negotiatoris avaritia.	negotiatores avari. ita
226	decidere viderit	viderit decidua	decidere viderit	uiderit decidua	viderit decidua	viderit decidua
229	Ex is	Ex his	Ex his	Ex his	Ex his	Ex his
230	opera si patietur	opera ubi patietur	una opera ubi patietur	opera ubi patietur	opera ubi patietur	una opera ubi patietur
231	septem halcyonum fetura	septeni halcyonum feturae	septeni halcyonum feturae	septeni alcyonum fetura	septeni halcyonum feturae	septeni alcyonum feturae
232	ni colito	ne colito	ne colito	ne colito	ne colito	ne colito
233	cerasa antelucano	cerasa antelucana	cerasa antelucana	cerasia antelucana	cerasa antelucana	cerasa antelucana
235	matutino vespere occidit	matutina vespera	matutino vespere occidit	matutina uespera	matutina vespera	matutina vespera

§	Detlefsen (1868)	Mayhoff (1898/1967)	Rackham (1961)	Le Bonniec (1972)	Consolino (1984)	Tusculum (1995)
236	rosarum	rosaria	rosarum	rosaria	rosaria	rosaria
237	emersu	emersu	immersu	emersu	emersu	emersu
238	deus	dies	dies	deus	deus	deus
239	quando posthiemat, tunc	quando hiemat post diem hunc —,	quando hiemat post diem hunc,	quando posthiemat –	quando posthiemat –,	quando posthiemat –,
240	semina fraxini	seminaria platani	seminaria fraxini	seminaria platani	seminaria platani	seminaria platani
241	faba arbores quindecim	faba arbores XV	in faba arbores XV	faba arbores XV	faba arbores XV	faba arbores XV
242	excoquat occupant … exsic- cant … auferunt	coquat occupent … exsic- cent … auferunt	excoquat occupant … exsic- cant … auferunt	coquat occupent … exsic- cent … auferant	coquat occupent … exsic- cent … auferant	coquat occupent … exsic- cent … auferant
243	seminariis, vitiaria	seminariis ***	seminariis, ⟨vitiaria⟩	seminaria ⟨***⟩	seminaria ***	seminariis, vitiariis locum verti; vites
244	propagari defendi, purgari interpurtari arare incipias has habebit	propagari defendi et purgari interpurtari arare incipito has habebit	propagari defendi, purgari interpurtari arare incipito duas habebit	propagari defendi purgari interpurgari arare incipias has habebit	propagari defendi purgari interpurgari arare incipias has habebit	propagari defendi, purgari interpurtari arare incipito has habebit
245	cavetur terra	cavetur hedera	cavetur hedera	cauetur hedera	cavetur hedera	cavetur hedera
247	quatriduo Graecis eas stellas, quod nomen nostri	quatriduo Graecis [eas stellas] quod nostri	quatriduo Graecis quod nostri	quatriduo Graecis eas stellas, quod nostri	quatriduo Graecis eas stellas, quod nostri	quadriduo Graecis eas stellas, quod nostri
249	dedecus enim	dedecus enim	dedecus enim	Dedecus	Dedecus	dedecus

§	Delefsen (1868)	Mayhoff (1898/1967)	Rackham (1961)	Le Bonniec (1972)	Consolino (1984)	Tusculum (1995)
249	laudantur.	laudantur,	ludantur,	laudantur.	laudantur,	laudantur;
250	maturitatis ... sationis	maturitati ... sationis	maturitatis ... sationis	maturitati ... sationi	maturitati ... sationi	maturitati ... sationi
252	subtegatur ... habeat	obtegatur ... habeat	obtegatur ... habeant	tegatur ... habeat	tegatur ... habeat	tegatur ... habeat
253	In certis	incertis	incertis	Incertis	Incertis	incertis
254	quattuor digitos	IIII digitos	quattuor digitos	quattuor digitos	IIII digitos	quattuor digitos
256	post quatriduum	post quatriduum	post quadriduum	post quatriduum	post quatriduum	post quadriduum
258	serere dilapsum	sarire delapsum	sarire dilapsum	sarire dilapsum	sarire delapsum	sarire delapsum
259	in is in prata	in iis inarata	in iis inarata	in is in prata	in iis in prata	in iis in prata
260	sit secato.	sit.	sit secato.	sit.	sit.	sit, secato.
261	set aquaria *** protinus virent Galliarum latius. unde etiam maioribus	set aquariae protinus virent Galliarum latifundia maioribus ***	set aqua protinus virentes Galliarum latifundiis maiores	sed aquariae protinus uirent Galliarum latifundia maioribus ⟨***⟩	set aquariae protinus virent Galliarum latifundia maioribus ***	sed aquariae protinus virent Galliarum latius. unde et maioris
262	conpendia manipulos MCC	conpendia manipulos MCC	conpendio manipulos CC	conpendia manipulos MCC	conpendia manipulos MCC	conpendii manipulos MCC
263	optimo	opimo	opimo	optimo	optimo	optimo
264	dies, creverunt sata. sex mensi- bus sol ipsa ... emissus	dies [creverunt sex mensibus], sol ipse ... enisus	dies [creverunt]. sex mensibus sol ipse ... enisus	dies [creuerunt sex mensibus], at sol ipse ... enisus	dies, at sol ipse ... enisus	dies, at sol ipse ... enisus
265	ipsa die et quae topiario	ipsa die quaeque topiario	ea ipsa die quaeque topiario	ipsa die et quae topiario	ipsa die quaeque topiario	ipsa die quaeque topiario

§	Detlefsen (1868)	Mayhoff (1898/1967)	Rackham (1961)	Le Bonniec (1972)	Consolino (1984)	Tusculum (1995)
268	intellegi, hoc est minorem canem, [sane ut in astris pingitur]	intellegi, hoc est minorem canem, ut in astris pingitur	intellegi [hoc est minorem canem] [sane ut in astris pingitur]	intellegi, hoc est minorem canem, sane ut in astris pingitur	intellegi, hoc est minorem canem, ut in astris pingitur	intellegi, hoc est minorem canem, ut in astris pingitur
269	dein post triduum sidus ingens	dein post triduum sidus ingens	dein post triduum sidus ingens	dein postridie sidus indicans	dein postridie sidus indicans	dein postridie sidus indicans
270	maria et terrae descriptis	maria et terrae discriptis	maria et terrae discriptis	maria, terrae descriptis	maria et terrae descriptis	maria et terrae descriptis
271	indicat	inchoat	inchoat	inchoat	inchoat	inchoat
273	praevisa ex futuro	praevisa futura ex	praevisa futura ex	prouisa futura ex	praevisa futura ex	provisa futura ex
274	cursus	cursus	concursus	cursus	cursus	cursus
280	ita probavisse semenstri	probavisse semestri	ita probavisse semenstri	ita probauisse semestri	probavisse semestri	ita probavisse semestri
281	conplexae huius defluvio velut ex ubere aliquo sata cuncta lactescunt	conplexae [huius defluvio velut ex ubere aliquo sata cuncta lactescunt]	conplexis [huius defluvio velut ex ubere aliquo sata cuncta lactescunt]	conplexae – huius defluuio uelut ex ubere aliquo sata cuncta lactescunt –	conplexae (huius defluvio velut ex ubere aliquo sata cuncta lactescunt)	conplexae – huius defluvio velut ex ubere aliquo sata cuncta lactescunt –
284	propter quod	propter quod	propter quod	propter quos	propter quos	propter quos
285	undeviginti	undeviginti	undetriginta	undeuiginti	undeviginti	triginta unum
286	idem	iidem	iidem	idem	iidem	iidem
287	ab exortu quatriduum est, quo neque rura rore sordida esse	exortu quadriduum est, quo neque rore sordidas	exortu quatriduum quo neque rura rore sordida esse	exortu quatriduum est, quo neque rore sordere	exortu quadriduum est, quo neque rore sordere	exortu quadriduum est, quod neque rore sordere
288	III	III	IIII	IIII	IIII	IIII

§	Detlefsen (1868)	Mayhoff (1898/1967)	Rackham (1961)	Le Bonniec (1972)	Consolino (1984)	Tusculum (1995)
289	leniendis	leniendis	leniendsis	finiendis	finiendis	leniendis
290	permutare et aestuantium naturas. a nobis plenilunium	permutari et aestuantium natura. set a nobis plenilunium	permutari et aestuantium natura. set a nobis aut plenilunium	permutari ⟨uel⟩ aestuantium natura. Sed a nobis plenilunium	permutari vel aestuantium natura. Set a nobis plenilunium	permutari vel aestuantium natura. sed a nobis plenilunium
291	earum quoque … divisum	earum quoque … divisum:	eorum quoque … provisum;	earum quoque … diuisum:	earum quoque … divisum:	earum quoque … divisum:
292	plenilunio operetur etiam noctibus opere- tur	plenilunio operetur etiam noctibus	plenilunio operetur etiam noctibus	plenilunio etiam noctibus opere- tur	plenilunio operetur etiam noctibus	plenilunio etiam noctibus opere- tur
293	medebitur. hic	medebitur hic;	medebitur his;	medebitur. Hic	medebitur. Hic	medebitur. hic
294	non noceat	ne noceat	non noceat	non noceat	non noceat	ne noceat
295	aream messi praeparare Vergili operosius	aream messi praeparare creta Vergili operosius	aream messi praeparare Vergili operosius creta	aream ⟨in⟩ mes- sem praeparare Vergili operosius	aream messi praeparare Vergili operosius	aream messi praeparare Vergili operosius creta
296	evelluntur	velluntur	evelluntur et haec:	uelluntur	velluntur	velluntur
297	haec: inopia est stramento	haec: inopia, e stramento	inopia est, stramento	haec: inopia, e stramento	haec: inopia, e stramento	haec: inopia, e stramento
298	Messis hoc copiosius lex apertissima	Messis copiosius lex aptissima	Messa spica hoc copiosius lex apertissima	Messis copiosius Lex aptissima	Messis copiosius Lex aptissima	Messis copiosius lex aptissima
299	frangunt. substracta animalibus	frangunt substraturi animalibus	frangunt, substraturi animalibus	frangunt substratu animalium	frangunt substratu animalium	frangunt substratu animalibus

§	Detlefsen (1868)	Mayhoff (1898/1967)	Rackham (1961)	Le Bonniec (1972)	Consolino (1984)	Tusculum (1995)
300	raritas	caritas	raritas	caritas	caritas	caritas
303	operariorum confecto... praedicat	operarum confecto... praedicit	operariorum conlecto... praedicit	operarum confecto... praedicit	operarum confecto... praedicit	operarum confecto... praedicit
304	sufficiat	sufficiat	sufficiat	sufficit	sufficit	sufficit
306	Hispania. Africae ante omnia condentur. ita frumenta	Hispania, Africa, et ante omnia conduntur ita frumenta.	Hispania, Africa; et ante omnia conduntur ita frumenta.	Hispania ⟨***⟩ Africae. Ante omnia conduntur. Ita frumenta	Hispania *** Africae. Ante omnia conduntur. Ita frumenta	Hispania et in parte Africae. ante omnia conduntur. ita frumenta
307	nasci idem refert	nasci idem	innasci idem refert	nasci Idem	nasci Idem	nasci idem
308	et inlitis nasci malificia credentes, alii qui	et inlitis nasci maleficia credentes, alii qui	et pice inlitis innasci maleficia credentes, aut	et inlitis nasci maleficia credentes, alii qui	et inlitis nasci maleficia credentes, alii qui	et pice inlitis nasci malefici credentes, alii qui
309	equos	equus	equus	Equus	equus	Equus
311	significant	significant	significat	significant	significant	significant
315	in nimia siccitate	nimia siccitate	continua siccitate	in nimia siccitate	nimia siccitate	in nimia siccitate
317	per cocleas adfixa arbori stela, ab aliis arca ... secum arbore directo	per cocleam adfixa arboris stella, aliis arca ... secum arbore derecto	per cocleam adfixa arbori stella, aliis arca ... secum arbore derecto	per cocleam adfixa arbori stela, ab aliis arca ... se cum arbore derecto	per cocleam adfixa arbori stela, ab aliis arca ... se cum arbore derecto	per cocleam adfixa arbori stela, ab aliis arca ... se cum arbore derecto
318	observatur nec de novella	observato nec de novella	observato nec de novella	observato nec nouella	observato nec de novella	observato nec de novella
320	caritati civili. aequi	caritati. civilis, aequi	caritati. civilis aequi	caritati. Ciuilis, aequi	caritati. Civilis, aequi	caritati. civilis, aequi
323	vero occidente sole	vero occidente sole	vero ab occidente sole	uero occidente sole	vero occidente sole	vero occidente sole

§	Detlefsen (1868)	Mayhoff (1898/1967)	Rackham (1961)	Le Bonniec (1972)	Consolino (1984)	Tusculum (1995)
324	tota die	toto die	tota die	toto die	toto die	toto die
	noctu	nocte	nocte	noctu	nocte	noctu
325	quod ... agat	quod ... aget	quod ... aget	quod ... agat	quod ... agat	quod ... agat
326	currit	curret	curret	currit	currit	currit
327	vel cinere	vel cultro	vel cinere	uel cinere	vel cinere	vel cinere
	conveniet	conveniat	circumveniet	conueniat	conveniat	conveniat
328	flante vento	flante	flante vento	flante	flante	flante
330	pastor, aestate	pastor, [aestate]	pastor, [aestate]	pastor, aestate	pastor, aestate	pastor, aestate
	nec contra ...	[nec contra ...	[nec contra ...	Nec contra ...	nec contra ...	nec contra ...
	paueris; sit prae-	paueris supra	paueris supra	paueris supra	paueris supra	paueris supra
	dictum.	dictum]	dictum]:	dictum:	dictum:	dictum:
	cruciantur ...	cluduntur ...	clodunt ...	cluduntur ...	cluduntur ...	cluduntur ...
	lippiuntque	lippiuntque	lippiuntque	lippiuntue	lippiuntque	lippiuntque
	in decussis	in decussis	in decussem	in decussis	in decussis	in decussis
331	dextram ac laevam	dextram ac laevam	laevam dextramque	dextram ac laevam	dextram ac laevam	dextram ac laevam
	qua doceo	qua doceo	quam doceo	qua doceo	qua doceo	qua doceo
332	inperitorum est.	inperitorum esse,	inperitorum est:	inperitorum est.	inperitorum est.	inperitorum est.
334	praestringit	praestringit	praestringit	Praestringit	Praestringit	praestringit
	enim ...	animam ...	enim ...	enim ...	enim ...	enim ...
	radices	radicibus	radices	radices	radices	radices
335	praedictum esto	praedoctus esto	praedoctus esto	Praedoctus esto	Praedoctus esto	praedoctus esto
	καικίαν	caecian	καικίαν	caecian	caecian	caecian
	flat	flat	flet	flat	flat	flat
	nomen et etesias	nomen – etesias	nomen – etesias	nomen et etesias	nomen – etesias	nomen – etesias
	atque cum ...	ad quaecumque ...	atque cum ...	at quacumque ...	at quacumque ...	at quacumque ...
	praedicitur ...	praedicetur: ...	praedicetur: ...	praedicitur, ...	praedicitur, ...	praedicitur, ...
	septentrio est.	septentrione est.	septentrione est.	septentrio est.	septentrio est.	septentrio est.
336	a coitu	ad coitum	a coitu	a coitu	ad coitum	ad coitum

§	Detlefsen (1868)	Mayhoff (1898/1967)	Rackham (1961)	Le Bonniec (1972)	Consolino (1984)	Tusculum (1995)
337	apelioten	apelioten	apelioten	apelioten	apelioten	apelioten
	pluvius,	pluvius	pluvius; lenior	pluuius	pluvius	pluvius
	tamen est	tamen est	tamen est	tamen est	tamen est	tamen est
338	occidentali latere	occasu lateris	occasuro latere	occasuro latere	occasu lateris	occasuro latere
341	attingimus	attingemus	attingimus	attingimus	attingimus	attingimus
342	hibernam ...	hibernam ...	hibernum ...	hibernam ...	hibernam ...	hibernam ...
	grandinem	grandinem	grandine	grandinem	grandinem	grandinem
	et oritur	[et oritur]	[et oritur]	et oritur	et oritur	et oritur
343	rubescunt	rubescunt	rubescunt	rubescunt	rubescunt	rubescunt
	futuri diei	et futuri diei	futuri diei	et futuri diei	et futuri diei	et futuri diei
346	levem	lenem	levem	lenem	lenem	lenem
347	candente sole	candente sole	candentem solem	candente sole	candente sole	candente sole
	creditur. in V	creditur in XV.	creditur in XV.	creditur in XV.	creditur in XV.	creditur in XV.
	cornua	cornua	cornua	Cornua	Cornua	cornua
	cornu eius	cornu superius	cornu superius	Cornu eius	Cornu eius	cornu superius
	septentrionale	acuminatum	acuminatum	septentrionale	septentrionale	acuminatum
	acuminatum	septentrionalem	septentrionalem	acuminatum	acuminatum	septentrionalem
	utrumque rectum	utraque erecta	utraque erecta	utraque recta	utraque recta	utraque recta
349	orbis nubem	orbisve nubium	orbisve nubium	orbisue nubium	orbisve nubium	orbisve nubium
351	secuntur	sequuntur	secuntur	sequuntur	sequuntur	sequuntur
	ac tersum	ac densum	ac densum	ac densum	ac densum	ac densum
352	ut id	et id	et id	et id	et id	et id
	caligine fiat,	caligine, pluvia aut	caligine, pluvia aut	caligine, pluuia aut	caligine, pluvia aut	caligine, pluvia aut
	graves	graves	graves	graues	graves	graves
	nuntiabunt, una si	nuntiabunt [aut], si	nuntiabunt, si	nuntiabunt aut si	nuntiabunt aut si	nuntiabunt aut si
	cursitabunt,	coruscabunt,	coruscabunt,	cursitabunt,	coruscabunt,	coruscabunt,
	certos	certos	certos,	certos;	certos,	certos,
353	sin alteram	si vero alteram	si vero alteram	Sin alteram	Sin alteram	sin alteram

§	Detlefsen (1868)	Mayhoff (1898/1967)	Rackham (1961)	Le Bonniec (1972)	Consolino (1984)	Tusculum (1995)
355	feruntur	ferentur	ferentur	ferentur	ferentur	ferentur
356	caelo quamvis sereno	caelo quamvis sereno	caelo sereno	Caelo quamvis sereno	Caelo quamvis sereno	caelo quamvis sereno
357	pluviae iam in lucernis fungi. si ... flamma, ventum. et lumina	pluviae etiam, si in lucernis fungi, si ... flamma. ventum nuntiant lumina	pluviae etiam si in lucernis fungi, si ... flamma. ventum nuntiant lumina	pluuiae iam in lucernis fungi. Si ... flamma, uentum; et lumina	pluviae iam in lucernis fungi. Si ... flamma, ventum; et lumina	pluviae etiam in lucernis fungi. si ... flamma, ventum; et lumina
359	praedicit, si idem hieme flatumque	praedicet; si id hieme inflatumque	praedicit, si idem hieme inflatumque?	praedicet; si id hieme inflatumque	praedicet; si id hieme inflatumque	praedicet; si id hieme inflatumque
361	venient idem	venient iidem	veniant iidem	uenient idem	venient iidem	venient iidem
362	sic et si continuabunt,	sicut si continuabunt, serenum diem;	sic et si continuabunt,	sicut si continuabunt;	sicut si continuabunt;	sicut si continuabunt;
363 364	si vero perfundentesque feni lacerantes, segniterque et contra indus-triam suam apes conditae	si vero perfundentque faeni lacerantes, et apes operantes segniter vel contra indus-triam suam absconditae	si vero perfundentque feni lacerantes, segniterque et contra indus-triam suam apes conditae	si uero perfundentesque feni lacerantes, segniterque et contra indus-triam suam ⟨apes⟩ absconditae	si vero perfundentque faeni lacerantes, segniterque contra indus-triam suam apes absconditae	si vero perfundentque feni lacerantes, segniterque contra indus-triam suam apes absconditae

LITERATURHINWEISE

Forschungsberichte

K. Sallmann, Plinius der Ältere 1938–1970; in: Lustrum 18 (1975) 5–352.

F. Römer, Plinius der Ältere, III. Bericht 1964–1975; in: Anzeiger für die Altertumswissenschaften 31 (1978) 129–206; zit. Fober.

P. Fournier, Notulae Plinianae I–IV; in: Rev. Phil. ser. 3, t. 23 (1949) 53–58. ⟨Sallmann Nr. 454⟩.

W. Kroll, Exkurse zu Plinius; in: Philologus 93, N.F. 47 (1938) 184ff.

H. Le Bonniec, L'apport personnel de Pline dans le livre XVIII de l'Histoire Naturelle; in: Congrès de Grenoble 21.–25.9. 1948, Ass. Budé, Actes du Congrès. Paris 1949, 81–88. ⟨Sallmann Nr. 468⟩.

F. Münzer, Beiträge zur Quellenkritik der Naturgeschichte des Plinius. Berlin 1897.

D. R. Shackleton Bailey, Seven emendations; in: Class. Rev. 73 (1959) 201 ⟨Fober.⟩.

Astronomie

F. Boll, in: RE VI Sp. 2407–2431 s. v. Fixsterne.

F. K. Ginzel, in: RE IX Sp. 607–612 s. v. Jahr.

H. Gundel, in: RE VII Sp. 560–571 s. v. Galaxias.

H. Gundel, in: RE VIII Sp. 2615–2624 s. v. Hyaden.

H. Gundel, in: RE XII Sp. 1973–1992 s. v. Leo.

H. Gundel, in: RE XX Sp. 1775–1783 s. v. Pisces.

H. Gundel, in: RE XXI Sp. 2485–2523 s. v. Pleiaden.

H. Gundel, in: RE XXIII Sp. 988–994 s. v. Protrygeter.

H. Gundel, in: RE III A Sp. 314–351 s. v. Sirius.

H. Gundel, in: RE IX A Sp. 24 s. v. Vindemitor.

H. Gundel, in: RE X A Sp. 462–709 s. v. Zodiakos.

G. *Hofmann*, bei F. Boll, in: RE VI Sp. 2411–2414 (Tabelle).

A. *Rehm*, in: RE Suppl. VII Sp. 175–198 s. v. Episemasiai.

A. *Rehm*, in: RE VI Sp. 324–326 s. v. Equus.

A. *Rehm*, in: RE XVIII Sp. 1295–1366 s. v. Parapegma.

F. *Wehrli*, in: RE XVIII Sp. 1065–1082 s. v. Orion.

J. *Herrmann*, dtv-Atlas zur Astronomie. 4. Auflage München 1977.

K. *Kolde*, Astronomie (Reihe: Studienbücher Physik). Frankfurt/M. 1973.

W. *Widmann* – K. *Schütte*, Welcher Stern ist das? (Reihe: Kosmos Naturführer). Stuttgart 1952.

G. *D. Roth* (Hrsg.), Handbuch für Sternfreunde. Band 1: Technik und Theorie; Band 2: Beobachtung und Praxis. Berlin 1989.

R. *G. Giovanelli*, Geheimnisvolle Sonne. Weinheim 1987.

K. *F. Smith*, Wir und das Weltall (Reihe: ht-Taschenbücher). München 1971.

H. *Verenberg*, Handbuch der Sternbilder. Düsseldorf 1962.

Technologie

H. *Blümner*, Technologie der Gewerbe und Künste bei Griechen und Römern. Leipzig 1875. Neudruck Darmstadt 1969.

A. *G. Drachmann*, Ancient Oil Mills and Presses. Kopenhagen 1932.

R. *J. Forbes*, Studies in Ancient Technology III (Cosmetics, Foods and Beverages, Alcoholics, Crushing, Salts and Preservation, Paints and Pigments). 2. Auflage Leiden 1965. ⟨Sallmann Nr. 438⟩.

G. *Löwe*, Zur gallischen Mähmaschine (Plin. nat. hist. XVIII 296): in: Fremdsprachenunterricht 5 (1968) 29–30. ⟨Fober. III Nr. 227 = Sallmann Nr. 486⟩.

Flora (Bäume, Sträucher, Kräuter) und Forstwirtschaft

J. *André*, Lexique des termes de botanique en Latin. Paris 1956.

W. *Franke*, Nutzpflanzenkunde. Nutzbare Gewächse der gemäßigten Breiten, Subtropen und Tropen. Stuttgart 1976.

G. *Habermehl*, Giftpflanzen und ihre Wirkstoffe. Berlin 1985.

V. *Hehn*, Kulturpflanzen und Haustiere in ihrem Übergang aus Asien nach Griechenland und Italien sowie in das übrige Europa. Historisch-linguistische Studien, hrsg. von O. Schrader. 8. Auflage Neudruck Darmstadt 1963.

H. O. Lenz, Botanik der alten Griechen und Römer. 1859, Neudruck Wiesbaden 1966.

ro ro ro Pflanzenlexikon in fünf Bänden, hrsg. von H. Baumeister und H. Menzel-Tettenborn u. a. Reinbek b. Hamburg 1969.

J. Stannard, Pliny and Roman botany; in: Isis 56 (1965) 420–425. ⟨Sallmann Nr. 114⟩.

A. Wartenberg, Systematik der niederen Pflanzen. dtv (Wissenschaftliche Reihe). 2. Auflage Stuttgart 1979.

Ackerbau und Viehzucht

H. Leitner, Zoologische Terminologie beim Älteren Plinius. Hildesheim 1972.

R. Martin, Recherches sur les agronomes Latins et leurs conceptions économiques et sociales. Paris 1971. ⟨Fober. III Nr. 217 = Sallmann S. 218⟩.

M. E. Sergeenko, Iz istorii selskogo chozjajstva drevnej Italii (Zur Geschichte der Landwirtschaft im alten Italien). Vestnik Drevnej Istorii 45 (1953) 65–76. ⟨Sallmann Nr. 471⟩.

K. D. White, Latifundia. A critical view of the evidence on large estates in Italy and Sicily up to the end of the first century A.D., in: Bull. Inst. of Class. Studies Univ. of London 14 (1967) 62–79. ⟨Fober. III Nr. 217 = Sallmann Nr. 474⟩.

K. D. White, Roman Farming, 1970.

K. D. White, Roman agricultural writers I (bis Varro); in: ANRW I 4 (1974) 439–497.

BASF AG (Hrsg.), Unser Boden. 70 Jahre Agrarforschung der BASF AG. Köln 1985.

BASF AG (Hrsg.), Chemie in der Landwirtschaft. BASF-Symposion vom 12. 9. 1979 in Limburgerhof. Köln 1980.

M. Rohrlich – *G. Brückner*, Das Getreide. Berlin 1956.

Ries – *Klapp* – *Haring*, Pareys Landwirtschaftslexikon. 7. Auflage Berlin – Hamburg 1957.

L. Roth – *M. Daunderer*, Pflanzengifte – Giftpflanzen. Landsberg.

W. Baltes, Lebensmittelchemie. Berlin 1992.

H. Garms, Pflanzen und Tiere Europas. 2. Auflage München 1969.

G. Vogel – *H. Angermann*, dtv-Atlas zur Biologie, Band 1 und 2. München 1969.

Herder Lexikon Biologie, 2. Auflage, Freiburg – Basel – Wien 1972.

I. Krumbiegel, Von Haustieren und ihrer Geschichte. Stuttgart 1972.

W. Zorn, Aufzucht des Rindes, Kälber- und Jungviehmast. Verlag Ulmer 1959.

A. Mehner, Lehrbuch der Geflügelzucht. Berlin – Hamburg 1962.

B. Haneberg, Neuzeitliche Geflügelwirtschaft. München 1965.

J. Franck, Schweinezucht und Schweinehaltung. München 1963.

R. Harrison, Tiermaschinen. München 1968.

Härtling: Lein und Leinsamen, eine uralte Kulturpflanze. DAZ 109, 1969.

Land- und Hauswirtschaftlicher Auswertungs- und Informationsdienst (Hrsg.), Flurgehölze (Nr. 140). Bonn 1960.

–, Wasserläufe (Nr. 77). Bonn 1960.

–, Ödland soll kein Unland bleiben (Nr. 114). Bonn 1960.

–, Der Bauer und die Bienen (Nr. 105). Bonn 1954.

K. von Frisch, Aus dem Leben der Bienen. Berlin 1964.

K. Malberg, Bauernregeln. Aus meteorologischer Sicht. Berlin 1993.

Zu Einzelfragen

R. Lenoble, Les obstacles épistémologiques dans l'histoire naturelle de Pline, Thalès; in: Recueil des travaux de l'Institut des sciences et de techniques 8 (1952) 87–106. ⟨Sallmann Nr. 25⟩ [1]

A. Mazzarino, Un testo antico sull' inquinamento; in: Helicon 9/10 (1969/70) 643–645. ⟨Sallmann Nr. 469⟩ [3]

E. Norden, Aus altrömischen Priesterbüchern. Lund 1939, 107 ff. [6]

J. Bayet, Les ‚Feriae sementivae' et les indigitations dans le culte de Cérès et de Tellus: in: Rev. Hist. Rel. 127 (1950) 172–206. ⟨Sallmann Nr. 482⟩ [14]

H. Lyngby, Porta Minucia; in: Eranos 59 (1961) 136–164. ⟨Sallmann Nr. 470⟩ [15]

H. Drerup, Zum Ausstattungsluxus in der römischen Architektur. Ein formgeschichtlicher Versuch. Münster 1957 (Orbis antiquus 12). ⟨Sallmann Nr. 546⟩ [32]

M. Fiévez, Novissimus villam in Misenensi posuit (Pline, N.H. XVIII 6); in: Latomus 9 (1950) 381–384. ⟨Sallmann Nr. 473⟩ [32]

J. André, L'alimentation et la cuisine à Rome. Paris 1961 (Études et Commentaires 38, p. 73, n. 273). ⟨Sallmann Nr. 480⟩ [92]

Thompsen D'Arcy Wentworth, Pliny, Naturalis Historia XVIII 97; in: AJPh 66 (1954) 414–416. ⟨Sallmann Nr. 478⟩ [97f.]

L. A. Moritz, Grain-mills and flour in classical antiquity. Oxford 1958. ⟨Sallmann Nr. 476⟩ [97]

M. Währen, Römisches Brot; in: Ur-Schweiz 20 (1956) 19–22. ⟨Sallmann Nr. 479⟩ [102]

C. Deroux, Un passage obscur de Pline l'Ancien: Histoire Naturelle 18, 104; in: Latomus 36 (1977) 505–511. ⟨Fober. III Nr. 220⟩ [104]

J. Schumacher, Antike Medizin. Die naturphilosophischen Grundlagen der Medizin in der griechischen Antike. Berlin 1940, 2. Auflage 1963. ⟨Sallmann Nr. 511⟩ [118]

R. Bruère, Pliny the Elder and Virgil; in: Class. Phil. 51 (1956) 228–246. ⟨Sallmann Nr. 200⟩ [120]

J. Bayet, Les Feriae sementivae... ⟨Sallmann Nr. 482⟩ [168]

L. Deroy, La racine Étrusque ‚plau-, plu' et l'origine Rhétique de la charrue à roues; in: Studi Etruschi 31 (1963) 99–100. ⟨Sallmann Nr. 481⟩ [172]

J. Bidez – F. Cumont, Les mages hellénisés – Zoroastre, Ostanès et Hystaspe d'après la tradition grecque. Paris 1938, S. 226. ⟨Sallmann Nr. 363⟩ [200]

B. L. van der Waerden, Die ‚Ägypter' und die ‚Chaldäer'; in: Sitzungsbericht der Akademie Heidelberg MNK (1972) 210–227... ⟨Sallmann Nr. 484⟩ [210]

A. Grilli, Miscellanea Latina Nr. 9: Interpretazione di due passi della ‚Naturalis Historia' di Plinio (2, 99, 215 e 2, 60, 150) con proposte d'emendamento a 2, 60, 150 e a 18, 57, 217; in: Rendic. Cl. di Lett. e Sc. Mor. e Stor. Istituto Lombardo 97 (1963) 161–167. ⟨Sallmann Nr. 160⟩ [217]

R. T. Bruère, Pliny the Elder and Virgil; in: Class. Phil. 51 (1956) 228–246. ⟨Sallmann Nr. 200⟩ [242]

H. Stern, Le cycle des mois de la Porte de Mars à Reims; in: Hommages à Albert Grenier, Bruxelles 1962, 1441–1446 (Coll. Latomus 58). ⟨Sallmann Nr. 485⟩ [261]

K. D. White, Latifundia... s. o. ⟨Fober. III Nr. 217 = Sallmann Nr. 474⟩ [261]

G. Löwe, Zur gallischen Mähmaschine (Plin. nat. hist. XVIII 296); in: Fremdsprachenunterricht 5. Berlin 1968 29–30. ⟨Sallmann Nr. 486⟩ [296]

K. D. White, Latifundia... s. o. ⟨Fober. III Nr. 217 = Sallmann Nr. 487⟩ [296]

K. D. White, The Gallo-Roman harvesting machine; in: Antiquity 40 (1966) 49–50. ⟨Fober. III Nr. 226 = Sallmann Nr. 487⟩ [296]

A. G. Drachmann, Ancient Oil Mills and Presses. Kopenhagen 1932, 50 ff. [317]

H. Koller, Orbis pictus Latinus, Sp. 356 f. (torculum). Zürich 1976. [317]

F. Cumont, Les présages lunaires de Virgile et les Selenodromiai; in: L'antiquité classique II (1933) 254 ff. [321]

D. R. Shackleton Bailey, Seven emendations; in: Class. Rev. 73 (1959) 201. ⟨Fober.⟩ [321]

Textausgaben und Übersetzungen

Arat: Phainomena. Sternbilder und Wetterzeichen. Griechisch-deutsch ed. M. Erren. München 1971 (Tusculum-Bücherei).

Cato: Marcus Porcius Cato. Vom Landbau. Fragmente. Lateinisch-deutsch. Hrsg. von O. Schönberger. München 1980 (Tusculum-Bücherei).

Columella: L. Iunius Moderatus Columella. Zwölf Bücher über die Landwirtschaft. Lateinisch-deutsch. 3 Bde. Hrsg. und übersetzt von W. Richter, Namen- und Wortregister von R. Heine. München 1981 ff. (Tusculum-Bücherei).

Dioskurides: Des Pedianos Dioskurides aus Anazarbos Arzneimittellehre in fünf Büchern, übersetzt und mit Erklärungen versehen von J. Berendes. Stuttgart 1902. Neudruck Wiesbaden 1970.

Festus: De verborum significatu, hrsg. von W. M. Lindsay, Leipzig 1913; Neudruck 1965.

Geoponici: Geoponicorum sive de re rustica libri XX (Graece et Latine) ed. J. N. Niclas. 4 vol. Leipzig 1781. Neuausgabe rec. H. Beckh. Leipzig 1895.

Martial: Martial, Epigramme, eingeleitet und im antiken Versmaß übertragen von R. Helm. Stuttgart – Zürich 1957.

Ovid: Publius Ovidius Naso, Metamorphosen. In deutsche Hexameter übertragen und mit dem Text herausgegeben von E. Rösch. München – Zürich 13. Auflage 1994. (Tusculum-Bücherei).

Palladius: Palladii Rutilii Tauri Aemiliani ... opus agriculturae. Ed. R. H. Rodgers. Leipzig 1875.

Plinius: Cajus Plinius Secundus Naturgeschichte. Übersetzt und erläutert von Ph. H. Külb. 18. Buch Stuttgart 1854.

Plinius: Cajus Plinius Secundus Naturgeschichte, übersetzt von Chr. Fr. L. Strack, überarbeitet und hrsg. von M. E. D. L. Strack, 3 Bde. Bremen 1853–1857, Neudruck Darmstadt 1968.

Plinius: Pline l'Ancien. Histoire naturelle. Livre 18. Texte établi, trad. et comm. par H. Le Bonniec avec la coll. de A. Le Bœuffle. Paris 1972.

Theophrast: Theophrasts Naturgeschichte der Gewächse. Übersetzt und erläutert von K. Sprengel. 2 Bde. Altona 1822. Nachdruck Darmstadt 1971.

Varro: Des Varro Buch von der Landwirtschaft, übersetzt und mit Anmerkungen aus der Naturgeschichte und den Altertümern versehen von G. Grosse. Halle (Gebauer) 1788.

Vergil: Vergil, Landleben, ed. J. und M. Götte und K. Bayer. Lateinisch und deutsch. 5. Auflage München – Zürich 1987. (Tusculum-Bücherei).

Vitruv: Zehn Bücher über Architektur, übersetzt und mit Anmerkungen versehen von C. Fensterbusch. Darmstadt 1964.

Xenophon: Oikonomikos, hrsg. von E. Bux (zusammen mit den übrigen sokratischen Schriften) 1956.

XIItab: Das Zwölftafelgesetz. Texte, Übersetzungen und Erläuterungen von R. Düll. 6. Auflage München – Zürich 1989. (Tusculum-Bücherei).

REGISTER

Die Zahlen beziehen sich auf die betreffenden Paragraphen. Die griechischen Eigennamen sind in der lateinischen Form (wie im Text) aufgeführt.

Namenregister

Geographisches Register

Sachregister

Gips 115. 308
Glanz 252
Gleichgültigkeit 320
Glühwürmchen 250
Goldamsel 292
Götter 7. 8
Götterdienst 7
Gräben 46. 179. 236
Granatapfelbaum 188
Grannen 53. 60. 61. 93. 298
Gras 254. 258. 259. 260. 261. 262. 263
Graupen 71. 72. 78. 80. 84. 112.
  113. 114. 116
–, gesiebte 115
–, unechte 115
Großvieh 263
Gruben 242. 306. 322
Grummet 263
Grünfutter 137
Gurren der Ringeltauben 267
Gürtel des Orion 268
Gut 32. 39
Güte des Bodens 34
Gutsherr 38
Gutsverwalter 36. 39

H
Haarstrich 364
Habsucht 320
Hacke 42. 45. 146. 147. 157. 178.
  185. 236. 241. 295. 327
häckseln 299
Hafen 359
Hafer 61. 143. 149. 150. 205
–, Entartung 149
Haferbrei 149
Hagel 272. 278. 339. 342. 356
Hagelschlag 208
Halbmond 322
Halm 60. 61. 64. 69. 80. 91. 94. 95.
  115. 141. 169. 182. 185. 199. 254.
  296. 298. 299. 300

Halmknoten 56
Halskrankheiten 229
Handkamm 297
Händler 225
Harn 158
häufeln 230
Haus 32. 33
Hausrat 39
Hausvater 320
Hebebäume 317
Hefe 232. 318
Heilkraft 139
Heilmittel 3. 157. 229
– (Gerstenmehl) 78
– für die Hirse 158
– (Lupine) 136
– (Mohn) 229
Heilpflanze 96
Heilung von Wunden 114
Herbst, Beginn 222. 271. 289. 294
–, heiterer 351
–, windiger 351
Herbst-Tagundnachtgleiche 175.
  202. 203. 213. 220. 221. 222. 224.
  309. 315. 319. 331
Heu 258. 263. 297. 299. 300
Heuböden 258
Heubündel 364
Heuernte 258
Heuschober 262
Hilfsmittel 292
Himmel 225. 226. 251. 266. 273.
  275. 278. 279. 280. 290. 351. 353.
  354. 355. 356. 357. 362. 364
Himmelserscheinungen 267
Himmelsgegend 333
Himmelsgewölbe 335
Himmelsrichtungen 354
Hirse 49. 50. 52. 54. 55. 60. 61. 74.
  96. 99. 100. 101. 102. 160. 163.
  182. 185. 191. 192. 198. 250. 259.
  297. 299. 304. 307

VERZEICHNIS
DER QUELLENSCHRIFTSTELLER

Sämtliche Fragen bezüglich der Quellen des 18. Buches behandelt *R. Hanslik*, RE 21, 1951, 332–337; vgl. auch *F. Münzer*, Beiträge zur Quellenkritik der Naturgeschichte des Plinius. Berlin 1897, sowie die Spezialuntersuchung von *W. Schlottmann*, De auctoribus quibusdam in Pl. l. XVIII. Rostock 1893. Die enge inhaltliche Berührung mit agrarischen Fragen erklärt die Nennung einer Reihe von Autoren der landwirtschaftlichen Literatur, von denen bei einigen allerdings kaum mehr als Name und Herkunftsort bekannt ist.

Viele Angaben finden sich, die zweifellos auf Theophrast zurückgehen, der auch für die Männer der Praxis eine Autorität darstellte und dessen Lehre längst von den Landwirten aufgenommen war. Xenophons Schrift über die Haus- und Gutswirtschaft *(Oikonomikós)* wurde durch Ciceros lateinische Übersetzung vermittelt. Die Kerngedanken des astronomisch-astrologischen Abschnitts lagen Plinius in Caesars griechisch geschriebenem Kalender oder bei Sosigenes vor. Als Grundlage für die Schilderung der Wetterzeichen diente eine unter Theophrasts Namen überlieferte Abhandlung *Perì sēmeíōn*, die auch von andern benutzt wurde. Daneben wird vor allem Demokrit häufiger zitiert. Von den römischen Autoren werden von Plinius vornehmlich die Schriftsteller herangezogen, die sich mit der Landwirtschaft beschäftigt haben. Dabei ist die direkte und auch indirekte Benutzung Catos nachweisbar, Varro wird zwölfmal genannt, Vergils *Georgica* ist ein geläufiges und allgemein anerkanntes Fachbuch; in seiner Kritik an Columella folgt Plinius Cornelius Celsus, dem er auch manche Zitate verdankt. Dazu kommt eine Reihe anderer Autoren, z. B. Iulius Graecinus, Hyginus, Papirius Fabianus, Mamilius Sura und Verrius Flaccus, die für einzelne Abschnitte Material und Hinweise geliefert haben, deren Anteil aber schwer abzugrenzen ist. Anspielungen auf Vorfälle der Kaiserzeit und Erwähnungen der jüngsten Vergangenheit beruhen auch auf der eigenen Erinnerung des Plinius.

Die Charakterisierungen der einzelnen Quellenschriftsteller sind teilweise unverändert aus den anderen Büchern der *Naturalis Historia* übernommen.

Q. Aelius Tubero, röm. Politiker und Philosoph des 2. Jh.s v. Chr., Neffe des Pydnasiegers L. Aemilius Paullus, trat als Volkstribun gegen den jungen Scipio und die Gracchen auf und wurde auch als Jurist hoch geschätzt.

Agathokles aus Chios s. u.   Index
Aischrion s. u.   Index
Amphilochos aus Athen s. u.   Index
Anaximandros aus Milet, griech. Philosoph des 6. Jh.s v. Chr., Schüler des Thales. Seine nur in wenigen Bruchstücken erhaltene Schrift *Perì phýseōs* („Über die Natur") versuchte als erstes Werk eine wissenschaftliche Naturerklärung. Von ihm stammen der erste Himmelsglobus und eine Erdkarte.
                                                                         Index. 213
Anaxipolis aus Thasos s. u.   Index
Androtion s. u.   Index
Antigonos aus Kyme in Kleinasien s. u.   Index
Apollodoros aus Lemnos s. u.   Index
Apollonios aus Pergamon s. u.   Index
Aratos aus Soloi in Kilikien, griech. Dichter, Freund des Kallimachos, etwa 310–245 v. Chr. Nach Studien in Athen wurde er durch die Vermittlung des Stoikers Zenon aus Kition an den makedonischen Königshof zu Antigonas Gonatas nach Pella berufen und hielt sich zeitweise auch bei König Antiochos I. von Syrien auf. Von seiner vielfältigen literarischen Tätigkeit zeugen zwar zahlreiche überlieferte Titel, aber nur sein schon im Altertum berühmtes astronomisches Lehrgedicht in 1154 Hexametern, die *Phainómena* („Himmelserscheinungen"), ist erhalten. Dieser Beschreibung des Sternenhimmels liegt keine eigene Forschung zugrunde, sondern der Stoff lehnt sich eng an zwei einschlägige Werke des Astronomen Eudoxos von Knidos an. Aratos belebte die Darstellung mit dichterischem Können durch eingestreute Sternsagen und fügte einen Teil über Wetterzeichen an. Die Nachwirkungen dieses Werkes waren erstaunlich: Übersetzungen ins Lateinische wurden u. a. von Varro Atacinus, Cicero, Germanicus und Avienus verfaßt; ein Verzeichnis enthält die Namen von 27 Kommentatoren, es existieren sogar mehrere Übersetzungen ins Arabische. Vor allem im Mittelalter wurde die Schrift zu Übungszwecken in den Grammatikschulen benutzt.   Index
Archelaos, König von Kappadokien, der im Jahre 17 n. Chr. in Rom starb, verfaßte ein nicht erhaltenes chorographisches Werk.   Index. 22
Archibios, der unter einem nicht näher bestimmbaren Antiochos am syrischen Hof lebte und über wunderbare Mittel gegen Sturm und sonstige Unwetter schrieb, findet sich im Autorenkatalog merkwürdigerweise nach den Astronomen statt in der Reihe der landwirtschaftlichen Schriftsteller.
                                                                         Index. 294
Archytas aus Tarent s. u.   Index
Aristandros aus Athen s. u.   Index
Aristophanes aus Milet s. u.   Index
Aristoteles aus Stageiros, 384–322 v. Chr., Erzieher und Lehrer Alexanders des Großen. Durch zahlreiche erhaltene Schriften für den Schulgebrauch wurde

er zum Begründer und Organisator der wissenschaftlichen Arbeit auf allen Gebieten bis zum Beginn der Neuzeit.   Index. 335

C. Ateius Capito, röm. Jurist der augusteischen Zeit, gest. 22 n. Chr. Neben sakralrechtlichen Schriften verfaßte er *Coniectanea*, in denen er Einzelfragen vermischten Inhalts behandelte. Dieses heute verlorene Werk wurde von den späteren Lexikographen häufig benützt und zitiert.   Index. 108

Attalos III. Philometor, König von Pergamon, der die Römer in seinem Testament als Erben seines Königreiches eingesetzt hatte (133 v. Chr.), betrieb, ohne sich um die Staatsgeschäfte zu kümmern, die verschiedensten naturwissenschaftlichen Studien und schrieb u. a. über Giftpflanzen, Gartenbau und Landwirtschaft.   Index. 22

Attius, sonst unbekannter röm. Autor. Dabei könnte es sich allerdings auch um den als Sohn eines Freigelassenen in Pisaurum (Umbrien) geborenen röm. Tragiker L. Accius (170–ca. 85 v. Chr.) handeln, von dessen meist freien Bearbeitungen griech. Tragödien 45 Titel und etwa 700 Verse bekannt sind. In alexandrinischer Weise verband Accius seine wissenschaftliche Gelehrsamkeit mit der Tätigkeit als Tragiker. In mindestens neun Büchern *Didascalica*, einer Mischung von Versen und Prosa, behandelte er historisch-literarische Stoffe, vor allem aus der Geschichte des griech. und röm. Theaters. Ferner galt sein Interesse orthographischen Problemen. Daher könnte er – ganz nach dem ennianischen Vorbild des *Euhemerus* – ein Werk, das sich auf einen Astrologen *Praxidicus* berief, lateinisch bearbeitet haben. Daneben wird in den Satiren des Persius (I 50) ein Attius (Labeo) als Verfasser einer von den Scholien als albern bezeichneten *Ilias* erwähnt.   Index. 200

Bakchios aus Milet s. u.   Index
Bion aus Soloi s. u.   Index

Calpurnius Bassus, sonst unbekannter röm. Schriftsteller, hat naturwissenschaftliche Themen behandelt. Seine Werke sind verloren.   Index

L. Calpurnius Piso Frugi, röm. Historiker des 2.Jh.s v. Chr., Konsul 133 v. Chr., Zensor 120 v. Chr. In seinem bis auf geringfügige Bruchstücke verlorenen Geschichtswerk *Annales* behandelte er die Zeit von Aeneas bis zum Ende des 3. Punischen Krieges (146 v. Chr.) in sieben Büchern.   Index. 42

Cassius Dionysius übersetzte 88 v. Chr. das landwirtschaftliche Fachwerk des Karthagers Mago in gekürzter Form ins Griechische; s. auch u.   Index

L. Cassius Hemina, röm. Historiker des 2. Jh.s v. Chr., dessen heute verlorenes Geschichtswerk *Annales* in vier Büchern die Zeit von Aeneas bis zum Beginn des 3. Punischen Krieges (149 v. Chr.) schilderte.   Index. 7

Cato s. M. Porcius Cato
Celsus s. A. Cornelius Celsus
Chaireas aus Athen s. u.   Index

Cherestos/Chairestos aus Athen s. u.
Cicero s. M. Tullius Cicero
Columella s. L. Iunius Moderatus Columella
A. Cornelius Celsus, röm. Enzyklopädist des 1.Jh.s n. Chr., Verfasser der *Artes* (Künste), von denen nur der Abschnitt *De medicina* in acht Büchern erhalten ist; darin werden im wesentlichen Fragen der Diätetik, Pharmakologie und Therapie, aber auch der Chirurgie behandelt.

Demokritos aus Abdera, griech. Philosoph des 5./4. Jh.s v. Chr.; er versuchte sich auf fast allen Gebieten der Wissenschaft und übte durch seine Atomlehre einen nachhaltigen Einfluß auf spätere Gelehrte aus. Von seinen zahlreichen Werken sind jedoch nur spärliche Reste erhalten. Unter seinem Namen kursierten eine Menge Schriften späterer Autoren.
Dinon aus Kolophon, griech. Historiker des 4. Jh.s v. Chr., Vater des Kleitarchos, schrieb eine großangelegte Persergeschichte *(Persiká)* in drei Teilen mit jeweils mehreren Büchern, die jedoch bis auf wenige Fragmente verloren sind.
Diodoros aus Priene s. u.
Dionysios s. Cassius Dionysius
Diophanes aus Nikaia in Bithynien, griech. Schriftsteller des 1. Jh.s v. Chr., fertigte von dem landwirtschaftlichen Werk des Cassius Dionysius einen Auszug in sechs Büchern an, der dem König Deiotarus gewidmet war.
Domitius Calvinus, sonst unbekannter röm. Schriftsteller.
Dositheos aus Pelusion in Ägypten, Schüler des Konon aus Samos, war als Astronom gegen Ende des 3. Jh.s v. Chr. in Alexandreia tätig und mit Archimedes befreundet, der ihm mehrere seiner Abhandlungen widmete. Von seinen Forschungen auf dem Gebiet der Astronomie und Meteorologie liegen bei Geminos (1. Jh. v. Chr.) und bei Ptolemaios (2. Jh. n. Chr.) nur verstreute Zitate und Erwähnungen vor. Eine seiner Schriften hat den Titel *Perì tēs Eudóxu oktaetērídos* („Über den Achtjahreszyklus des Eudoxos") getragen.

Q. Ennius aus Rudiae in Kalabrien, 239–169 v. Chr., röm. Dichter der Frühzeit, war einer der bedeutendsten Vermittler griech. Geisteswelt für die röm. Literatur. Er sprach oskisch, griechisch und lateinisch, kam 204 v. Chr. durch Cato nach Rom und wurde von Gönnern und führenden Persönlichkeiten der Nobilität, die ihm auch das Bürgerrecht verschafften, gefördert. Seine literarische Arbeit umspannte die verschiedensten Gebiete: Ennius bearbeitete griech. Tragödien und Komödien, von denen mehr als 400 Verse oder Versteile erhalten und 22 Titel erkennbar sind, für das röm. Publikum, schuf kleinere Gedichte und Epigramme und übersetzte die Schrift des *Euhemerus* in lateinische Prosa. Die vier Bücher *Saturae* bestanden aus Gedichten ver-„mischten" Inhalts in wechselnder metrischer Form, die *Hedyphagetica* („Delikatessen") waren das erste parodistische röm. gastronomische Lehrgedicht. Sein Hauptwerk mit dem Titel *Annales* war bis zu Vergils *Aeneis* das vielgefeierte Nationalepos der Römer. In 18 Büchern, aus denen etwa 600 Verse erhalten sind, stellte Ennius die Geschichte Roms von der Flucht des Aeneas aus Troja bis in seine eigene Zeit (179 v. Chr.) dar, wobei er sich eng an das homerische Vorbild gehalten und statt des bisher üblichen Saturniers den Hexameter als Versmaß des Epos in Rom eingeführt und eine künstlerische Literatursprache geschaffen hat. Ennius hat auf Livius und Vergil einen besonders nachhaltigen Einfluß ausgeübt.   **84**

Eudoxos aus Knidos, griech. Mathematiker und Naturwissenschaftler des 4. Jh.s v. Chr.; er verfaßte heute verlorene Schriften über theologische, kosmologische und meteorologische Themen; größte Nachwirkung hatte jedoch seine Erdbeschreibung *(Períodos gês).* Auf dem Gebiet der Astronomie entwarf er einen Kalender und ein System der 27 homozentrischen Sphären, erfand ein astronomisches Instrument, die Arachne („Spinne"), und gab schließlich unter dem Titel *Phainómena,* die Aratos von Soloi zur Grundlage seiner poetischen Wiedergabe machte, eine genaue Beschreibung des Sternenhimmels mit beigefügtem Kalender für Auf- und Untergänge der Fixsterne sowie der sich daraus ergebenden Wetterprognosen. Ein Auszug daraus, *Eudóxu téchnē* („Die Kunst des Eudoxos") genannt, ist als Papyrus erhalten. Er schrieb auch ein Buch über die Anfertigung von Himmelskugeln.

Euktemon aus Athen, griech. Astronom, Geograph und Meteorologe des 5. Jh.s v. Chr., der stereotyp in Verbindung mit Meton anläßlich der athenischen Kalenderreform des Jahres 432 v. Chr. genannt wird. Beide Gelehrte arbeiteten auch an einem Steckkalender *(Parápēgma),* dessen meteorologische Angaben wohl auf Euktemon zurückzuführen sind; aus ihnen entwickelte er die Theorie des Zusammenhangs von Witterungswechsel und Sternphasen. Neben dem Kalender dürfte wohl auch eine Buchausgabe der Meteorologie anzunehmen sein, die starke Spuren in der dem Theophrast zugeschriebenen Abhandlung *Perì sēmeíōn* hinterlassen hat. Euktemon ist vermutlich auch der Verfasser eines „*Períplus* des Inneren Meeres", der für die Geographie des Westens von besonderer Bedeutung war.

Euphronius aus Athen, griech. Schriftsteller des 2. Jh.s v. Chr. (?), der über Weinbereitung *(de apparatu vini)* schrieb. Vielleicht ist er mit dem nicht näher bekannten griech. Arzt Euphron identisch; s. auch u.

Fabianus s. Papirius Fabianus

Graecinus s. Iulius Graecinus

Harpalos aus Tenedos, Baumeister der im Jahre 480 v. Chr. errichteten Hellespontbrücke des Perserkönigs Xerxes. Vielleicht ist er auch der Astronom, der zwischen Kleostratos (6. Jh.) und Meton (432 v. Chr.) einen neuen Achtjahreszyklus aufgestellt hat.   Index
Hekataios aus Milet, griech. Geograph des 6./5. Jh.s v. Chr., Verfasser einer Erdbeschreibung *(Periḗgēsis* oder *Períodos gḗs)* mit einer Karte und einer Sammlung der Mythen und Sagen *(Geneēlogíai),* von denen zahlreiche Bruchstücke erhalten sind.   Index
Hesiodos aus Askra, um 700 v. Chr., neben Homeros der bedeutendste Epiker der Griechen. Seine Hauptwerke sind eine Beschreibung der Weltentstehung im Rahmen der Göttergenealogie *(Theogonia)* und das Lehrgedicht „Werke und Tage" *(Erga kaì hēmérai).*   Index. 201. 213
Hieron II., König von Syrakus (270–215 v. Chr.), verfaßte ein uns nicht erhaltenes Werk über den Ackerbau.   Index. 22
Hipparchos aus Nikaia in Bithynien, griech. Astronom und Philosoph des 2. Jh.s v. Chr., lehrte auf Rhodos und in Alexandreia und war durch zahlreiche Erfindungen und Schriften berühmt. Erhalten ist lediglich ein kritisch-polemischer Kommentar in drei Büchern zu den *Phainómena* des Aratos, in dem er u. a. die Jahres- und Monatslängen bestimmte und einen Katalog von über 800 Sternen mit Angaben von Höhe und Breite aufstellte; er ist der Entdecker der Präzession der Tag- und Nachtgleiche.   Index
Hippokrates aus Kos, bedeutender griech. Arzt des 5./4. Jh.s v. Chr., Haupt der medizinischen Schule von Kos. Unter seinem Namen sind rund 130 Werke aus insgesamt fünf Jahrhunderten überliefert, die sämtliche Fragen der Medizin, Therapie und Pharmakologie behandeln. Etwa die Hälfte davon sind späte Fälschungen; der Rest ist als das sog. *corpus Hippocraticum* zusammengefaßt, aber auch da ist bei den einzelnen Schriften die Authentizität strittig.   75
Homeros, ältester griech. Dichter, gilt als Verfasser der beiden Epen *Ilias* und *Odyssee.*   33. 82. 92
Hostilius Saserna, Name zweier Schriftsteller des 1. Jh.s v. Chr. (Vater und Sohn), die beide als Verfasser eines landwirtschaftlichen Werkes *(de agricultura)* genannt werden, von dem einige Bruchstücke erhalten sind.   Index
Hyginus s. C. Iulius Hyginus

C. Iulius Caesar, 100–44 v. Chr., der bekannte Staatsmann, Feldherr und Schriftsteller der ausgehenden röm. Republik. Sein literarischer Nachlaß umfaßt neben den Geschichtswerken über den Gallischen Krieg und den

Bürgerkrieg *(Commentarii de bello Gallico* und *de bello civili)* Gedichte,
Dramen, Reden, Briefe sowie zwei Bücher *De analogia* über die grammati-
sche Sprachrichtigkeit als Grundlage der Rhetorik und die dem politischen
Tageskampf entwachsenen *Anticatones*, ein Pamphlet, in dem er seinen
toten Gegner M. Porcius Cato Uticensis verunglimpfte. Im Zusammenhang
mit der berühmten Kalenderreform des Jahres 45 v. Chr. steht das auf
Kenntnissen der ägyptischen Astronomie basierende Werk über die Bewe-
gung der Gestirne *(de astris)*, woran Caesars eigener schriftstellerischer
Anteil allerdings relativ gering gewesen sein dürfte.
Index. 211. 214. 234. 237. 246. 247. 248. 255. 256. 268. 270. 309. 311. 312. 313
Iulius Graecinus, röm. Senator, von Kaiser Caligula im Jahr 39 n. Chr. hinge-
richtet, Vater des Cn. Iulius Agricola, des Schwiegervaters des Historikers
Tacitus. Er schrieb ein Werk über Weinbau, das sich eng an Cornelius Cel-
sus anschloß.   Index
C. Iulius Hyginus (ca. 64 v.–17 n. Chr.), röm. Philologe und Polyhistor, Frei-
gelassener des Kaisers Augustus und Präfekt der Palatinischen Bibliothek.
Von seinen historischen, geographischen und landwirtschaftlichen Werken
sind zahlreiche Fragmente vorhanden.   Index. 232
L. Iunius Moderatus Columella, röm. Fachschriftsteller im 1. Jh. n. Chr.; sein
ursprünglich auf zehn Bücher angelegtes, dann auf zwölf Bücher erweitertes
Werk *De re rustica* gibt einen Abriß der gesamten Lehre von der Landwirtschaft. Zum Verzeichnis seiner Quellenschriftsteller s. u.   Index. 70. 303
D. Iunius Silanus, röm. Politiker des 2. Jh.s v. Chr., wurde als guter Kenner der
punischen Sprache vom Senat an die Spitze einer Kommission gestellt, die
das landwirtschaftliche Werk des Karthagers Mago ins Lateinische zu übersetzen hatte.   Index. 23

Kallippos aus Kyzikos, griech. Astronom des 4. Jh.s v. Chr., kam mit Eudoxos
aus Knidos 334 v. Chr. nach Athen und schloß sich dem Aristoteles an. Er
verbesserte die Theorie des Eudoxos von den konzentrischen Sphären und
ferner im Jahre 330 v. Chr. den von Meton und Euktemon in Athen angefer-
tigten Kalender durch Einführung der sog. Kallippischen Periode, nämlich
des Zeitraumes von 76 Jahren; dadurch erhielt Kallippos eine mittlere Jah-
resdauer von 365¹/₄ Tagen, wie Geminos aus Rhodos, ein griech. Philosoph
und Astronom des 1. Jh.s v. Chr., in seiner Einführung in die Himmels-
kunde *(Eisagōgḗ eis ta phainómena)* berichtet.   Index. 312
Konon aus Samos, griech. Astronom und Mathematiker des 3. Jh.s v. Chr.,
Lehrer des Dositheos aus Pelusion, wirkte vor allem in Alexandreia und
stand König Ptolemaios III. Euergetes und seiner Gattin Berenike nahe.
Archimedes lobte seine mathematischen Leistungen und Schriften, die auf
dem Gebiet der Kegelschnitte lagen. Ebenso verloren sind die sieben Bücher
über die Astronomie, die u. a. Tabellen der Auf- und Untergänge der Fix-

sterne sowie Daten aus eigenen Beobachtungen von Sonnenfinsternissen enthielten. Unsterblich gemacht hat Konon die „Entdeckung" der Locke der Berenike *(Bereníkēs plókamos)* als neues Sternbild am Himmel. Diesen Stoff verarbeitete Kallimachos literarisch und ist durch die Wiedergabe des Catull (ca. 66) erhalten. Index. 312

Kriton aus Naxos, griech. Astronom, der in die Generation zwischen Eudoxos aus Knidos und Eratosthenes aus Kyrene zu setzen ist, da er als der wahre Verfasser des beiden zugeschriebenen Werkes *Oktaetēris* („Achtjahreszyklus") gilt. Index. 312

Lysimachos s. u. Index

T. Maccius Plautus, ca. 250–184 v. Chr., röm. Komödiendichter. 21 vollständige und 52 nur in Bruchstücken oder dem Titel nach bekannte Stücke sind erhalten. 107

Mago aus Karthago, punischer Schriftsteller des 2. Jh.s v. Chr., verfaßte ein umfangreiches Fachwerk in 28 Büchern über Plantagenwirtschaft und alle anderen Gebiete des Landbaus. Eine von einer Kommission unter Leitung des D. Iunius Silanus nach der Zerstörung Karthagos hergestellte lateinische Übersetzung ist aber ebenso verloren wie die gekürzte griech. Fassung des Cassius Dionysius (88 v. Chr.). 22. 35. 97

Mamilius (Sura), sonst unbekannter röm. Fachschriftsteller des 1. Jh.s v. Chr., von dessen Schriften jedoch nichts erhalten ist. Index. 143

Mas(s)urius Sabinus, röm. Jurist des 1. Jh.s n. Chr., Haupt der von ihm begründeten Juristenschule der Sabinianer und Verfasser zahlreicher Schriften zum röm. Zivilrecht, aus denen sich bei späteren Juristen Bruchstücke finden. Index

Menandros aus Kephisia in Attika, berühmtester Dichter der „Neuen" Komödie, 342/1–293/2 v. Chr.; er schrieb über 100 Komödien, wobei er achtmal siegte. Das einzige vollständig erhaltene Stück „Der Menschenfeind" *(Dýskolos)*, 316 v. Chr. aufgeführt, wurde neben anderen Fragmenten durch Papyrusfunde bekannt. Eine Sammlung von Sinnsprüchen, gnomische Einzelverse, die vom 1. Jh. n. Chr. an entstanden und unter seinem Namen überliefert sind, geht nur zu einem geringen Teil auf ihn zurück. 72

Meton aus Athen, griech. Astronom und Geometer des 5. Jh.s v. Chr., bestimmte die Sommersonnenwende des 28. Juni 432 v. Chr., wobei er Beobachtungen des Metöken Phaineos verwertete. Zusammen mit Euktemon verbesserte er durch eine genaue Kombination von Sonnenjahr (365 1/4 Tage) und Mondjahr (354 Tage) den Kalender, indem er den nach ihm benannten 19jährigen Schaltzyklus mit sieben Schaltmonaten einführte; auch ließ er öffentlich Kalendertafeln und eine Sonnenuhr aufstellen. Aus Protest gegen die Sizilische Expedition der Athener (415 v. Chr.) soll er in einem vorgetäuschten Wahnsinn sein Haus angezündet haben. Aristopha-

nes hat ihn in der Kömödie „*Die Vögel*" als Geometer und Himmelsvermes-
ser auf die Bühne gebracht.   Index

Oinopides aus Chios, griech. Mathematiker und Astronom des 5. Jh.s v. Chr.,
soll in der Astronomie die Neigung der Ekliptik „entdeckt" und in Olympia
einen Kalender aufgestellt haben, der auf einem Schaltzyklus von 59 Jahren
beruhte und die Länge des Jahres auf $365^{22}/_{59}$ Tage bestimmte; er unter-
suchte ferner die Ursachen der Nilschwelle. In der Mathematik soll er als erster die Forderung aufgestellt haben, nur Lineal und Zirkel bei geometri-
schen Konstruktionen zu benutzen.   Index
P. Ovidius Naso aus Sulmo, 43 v. Chr.–17 n. Chr., röm. Dichter. Sein Werk
umfaßt die sog. Liebesdichtungen wie die „Liebesgedichte" *(Amores)* in
3 Büchern, 21 fingierte Liebesbriefe mythischer Frauen an ihre Gatten oder
Geliebten *(Epistulae Heroidum)* und ein Lehrgedicht der Liebe in 3 Büchern
(Ars amatoria). Die „Heilmittel gegen die Liebe" *(Remedia amoris)* lehren,
wie man sich von unerwünschter Liebe löst. Zu den erzählenden Dichtun-
gen gehören das Epos der *Metamorphosen* („Verwandlungen") in 15 Büchern sowie ein Festkalender *(Fasti)* in 6 Büchern, in dem Ovid Sagen und
geschichtliche Erinnerungen erzählt, die sich an bestimmte Festtage knüp-
fen. Aus Schmerz über die von Kaiser Augustus ausgesprochene Verban-
nung nach Tomi am Schwarzen Meer verfaßte Ovid „Lieder der Trauer"
(Tristia) in 5 Büchern und die sog. „Briefe vom Schwarzen Meer" *(Epistulae
ex Ponto)* in 4 Büchern, um die Stimmung in Rom zu seinen Gunsten zu beeinflussen.   Index

Papirius Fabianus, röm. Redner und Philosoph um Chr. Geburt; seine literarische Produktion kam selbst der Ciceros gleich, doch ist von seinen staatsphi-
losophischen und naturwissenschaftlichen Schriften *(libri de animalibus,
libri causarum naturalium)* nichts erhalten.   Index. 276
Parmeniskos aus Alexandreia, griech. Grammatiker um 100 v. Chr., Schüler
des Aristarchos aus Samothrake; er befaßte sich mit Fragen zu Homer und
Euripides und behandelte ferner mythologische, geographische und astronomische Probleme. Seine Kenntnisse der Sternkunde bezog er aus dem
Phainómena betitelten Lehrgedicht des nur durch ihn bekannten Naturphi-
losophen Kleostratos aus Tenedos (6. Jh. v. Chr.). Es sind 22 Fragmente,
aber nur ein einziger Buchtitel *Pròs Krátēn* erhalten, worin er vermutlich nur
homerische Themen abhandelte und gegen Krates aus Mallos und die perga-
menische Schule polemisierte.   Index. 312
Philippos aus Opus in Lokris, Schüler und in den letzten Lebensjahren Platons
(gest. 347 v. Chr.) dessen persönlicher Sekretär. Er soll das Alterswerk des
Philosophen, die *Nómoi* („Gesetze"), aus dem Nachlaß herausgegeben und
zugleich den *Epinomís* benannten Anhang hinzugefügt haben. Seine schrift-

stellerische Arbeit zeigt, daß diese die verschiedensten Gebiete umspannte.
Die zahlreichen mathematisch-naturwissenschaftlichen Schriften sind aber
ebensowenig erhalten wie die Werke astronomischen und philosophischen
Inhalts sowie die Verfassung Opunts. Index. 312

König Philometor s. Attalos III. Philometor

L. Piso s. L. Calpurnius Piso Frugi

Pompeius Trogus, röm. Historiker der augusteischen Zeit, verfaßte neben
heute verlorenen Schriften über Botanik und Zoologie eine Universalge-
schichte (*Historiae Philippicae*) in 44 Büchern, die uns durch den Auszug des
Justinus aus dem 3. Jh. n. Chr. teilweise erhalten ist. Index

M. Porcius Cato, 234–149 v. Chr., röm. Politiker und Schriftsteller, Verfechter
altrömischer Tugenden; er verfaßte zur Unterweisung seines Sohnes in ver-
schiedenen Wissensgebieten *Libri ad Marcum filium*, in denen er praktische
Lebensweisheit und Verhaltensregeln bot. Erhalten ist *De agricultura*, eine
Unterweisung für den Gutsbesitzer, während sein Hauptwerk *Origines*,
eine Darstellung der älteren röm. Geschichte in sieben Büchern, bis auf
Fragmente ebenso verloren ist wie die Sammlung seiner rund 150 Reden.
Index. 11. 22. 26. 27. 28. 29. 34. 36. 44. 77. 143. 163. 174. 229. 243. 260. 295. 337

Sabinus (auch Sabinius) Tiro, röm. Dichter der augusteischen Zeit, gehörte
zum Kreise des Maecenas und widmete diesem ein Werk über den Gartenbau *(Cepurica)*. Index

Saserna s. Hostilius Saserna

Scrofa s. Cn. Tremellius Scrofa

L. Sergius Plautus, stoischer Philosoph des 1. Jh.s n. Chr. Index

Sophokles aus Athen, 497–406 v. Chr., der mittlere der drei großen griech.
Dramatiker. Von 123 Dramen sind sieben ganz, von den übrigen nur Titel
und Fragmente, von seinen Satyrspielen, Epigrammen und Elegien nur
Reste erhalten. 65

Sosigenes aus Alexandreia, griech. Astronom und Philosoph des 1. Jh.s v. Chr.,
beriet Caesar bei der Reform des römischen Kalenders und beeinflußte dessen verlorene Schrift *De astris*, aus der nur spärliche Fragmente über Witte-
rungserscheinungen erhalten sind. Index. 211. 212

L. Tarutius Firmanus, ein Freund des M. Terentius Varro, stand unter dem Einfluß babylonischer und ägyptischer Astrologie und schrieb in griech. Sprache über das Geburtsdatum der Stadt Rom und ihres Gründers Romulus.
Index

M. Terentius Varro, 116–27 v. Chr., röm. Gelehrter und Schriftsteller, nahm
durch seine vielseitige Begabung und Tätigkeit eine zentrale Stellung im gei-
stigen Leben seiner Zeit ein. Seine Bedeutung liegt aber vor allem in der
erfolgreichen Übertragung der Methoden und Erkenntnisse der griechischen Wissenschaft auf den römischen Bereich. Seine naturwissenschaft-

lichen Schriften sind bis auf wenige Fragmente verloren; ganz erhalten sind jedoch fünf Bücher aus seinem großen Werk über die lateinische Sprache *(de lingua Latina)* und sein Spätwerk *Res rusticae* in drei Büchern, das in Dialogform alle Belange der Landwirtschaft behandelt.

Thales aus Milet, griech. Philosoph des 6. Jh.s v. Chr., galt seit Aristoteles als Archeget der Naturphilosophie. Er unternahm weite Reisen u. a. nach Ägypten, wo er die Vermessung der Pyramiden durch die Schattenmessung kennenlernte. Die richtige Voraussage der Sonnenfinsternis des Jahres 585 v. Chr. brachte ihm großen Ruhm.

Theophrastos aus Eresos auf Lesbos, griech. Philosoph des 4./3. Jh.s v. Chr., Schüler und Freund des Aristoteles. Sein Gesamtwerk, das rund 200 Titel aus vielen Wissensgebieten umfaßte, ist nur zu einem geringen Teil erhalten; vollständig überliefert sind nur eine Pflanzenkunde *(perì phytikón historías)* in neun Büchern, die das gesamte botanische System behandelte, eine Schrift über die Physiologie und Aitiologie der Pflanzen *(perì phytikón aitión)* in vier Büchern und eine Charakterkunde *(Ēthikoì charaktéres)*, eine Sammlung von 30 scharf und fein differenzierten Menschentypen.

Cn. Tremellius Scrofa, röm. Politiker des 1. Jh.s v. Chr., Fachmann für Landwirtschaft und als solcher Verfasser eines heute verlorenen einschlägigen Werkes.

Trogus s. Pompeius Trogus

M. Tullius Cicero, 106–43 v. Chr., der große Politiker, Redner und Philosoph der ausgehenden Republik.

Turranius Gracilis ist vielleicht identisch mit C. Turranius, der unter Augustus Präfekt von Ägypten war und noch als Neunzigjähriger 48 n. Chr. die *praefectura rei frumentariae* verwaltete. Er verfaßte eine heute verlorene Schrift, die allerlei Merkwürdigkeiten aus der Baetica, seiner Heimat, enthielt.

M. Varro s. M. Terentius Varro

P. Vergilius Maro, 70–19 v. Chr., verfaßte das römische Nationalepos *Aeneis* in zwölf Büchern, das landwirtschaftliche Lehrgedicht *Georgica* in vier Büchern und zehn bukolische Gedichte *(Eclogae)*.

M. Verrus Flaccus, röm. Grammatiker und Antiquar, Zeitgenosse des Kaisers Augustus, der ihm die Ausbildung seiner beiden Enkel übertrug. Sein Hauptwerk *De verborum significatu* war lexikalisch angelegt und enthielt neben der Erklärung veralteter und nicht mehr gebräuchlicher Wörter eine reiche Fülle antiquarischer Gelehrsamkeit. Das offenbar recht umfangreiche Werk wurde von Pompeius Festus im 2. Jh. n. Chr. zu einem Auszug von 20 Büchern gekürzt, aus denen ein weiteres Exzerpt des Paulus Diaconus (8. Jh.) stammt. Seine Merkwürdigkeiten *(Rerum memoria dignarum libri)* bekunden einen enzyklopädischen Zug und sind für die Kulturgeschichte eine ergiebige Fundgrube. Von dem von ihm zusammengestellten Kalender, der, in Marmor eingegraben, auf dem Forum in Praeneste aufgestellt wurde, haben sich Überreste erhalten. Index. 62

Xenophon aus Athen, griech. Historiker und Schriftsteller des 5./4. Jh.s v. Chr.; neben seinen größeren historischen Werken (*Anábasis, Helleniká, Kyrupaidía* u. a.) verfaßte er auch eine kleinere Schrift über die wirtschaftliche Führung eines Hauswesens, besonders hinsichtlich der Agrikultur *(Oikonomikós)*; der Philosoph Sokrates tritt darin als Gesprächspartner auf. Index. 22. 224

Zoroastres = Zarathustra, altiranischer Religionsstifter, wurde wahrscheinlich um 600 v. Chr. in Baktrien geboren und hatte mit 30 Jahren nach Fasten und Beten in der Einöde sein Berufungserlebnis, das ihn zum fanatischen Gegner der Mithras-Priesterschaft machte. Zarathustra soll mit 77 Jahren gestorben sein. Die Mythisierung des Propheten machte vor allem im Hellenismus immer raschere Fortschritte. So wurde seine Lehre bald als Magie, Astrologie und Alchemie mißdeutet. Index. 200

Nicht unter die Quellenschriftsteller der *Naturalis historia* kann Pedanius Dioscurides aus Anazarbos in Kilikien eingereiht werden. Dieser Zeitgenosse des älteren Plinius wirkte als Militärarzt unter Claudius und Nero in verschiedenen Provinzen des Reiches und galt als der berühmteste Pharmakologe des Altertums. Seine griech. geschriebene Arzneikunde *(Perì hýlēs iatrikês)* ist in reich illustrierten Handschriften des 6. und 7. Jh.s (Österr. Nationalbibliothek Wien, Cod. med. graec. I, und Biblioteca nazionale Napoli) erhalten und behandelt in fünf Büchern etwa 600 Pflanzen und fast 1000 Heilmittel; sie wurde im 6. Jh. unter dem Titel *Materia medica* ins Lateinische übersetzt (Bayer. Staatsbibliothek München. Cod. lat. 337 – 10. Jh., und Bibliothèque nationale Paris, cod. 9332 – 8./9. Jh.).
Eine alphabetische Bearbeitung des Stoffes mit verschiedenen Zusätzen aus anderen Quellen diente unter dem Titel *Dyascorides* während des Mittelalters als pharmakologisches Kompendium; daneben gab es seit dem 9. Jh. verschiedene Bearbeitungen und Übersetzungen, u. a. auch ins Arabische, Syrische und Hebräische, die die Bedeutung des Werkes bis in die Neuzeit begründeten. Die z. T. wörtlichen Übereinstimmungen des Dioskurides mit Plinius (z. B. *nat. hist.* 34,100–178) beruhen auf der Benutzung der gleichen Quelle, wohl des Arztes Q. Sextius Niger.

ZUSÄTZLICHE ANGABEN
ZU LANDWIRTSCHAFTLICHEN
SCHRIFTSTELLERN

Von einer Reihe der im Index genannten Autoren ist kaum mehr als der Name bekannt. Plinius hat diese Angaben aus der Liste der landwirtschaftlichen Schriftsteller bei Varro, res rusticae I 1,8–10 entnommen:

Qui Graece scripserunt dispersim alius de alia re, sunt plus quinquaginta. hi sunt, quos tu habere in consilio poteris, cum quid consulere voles, Hieron Siculus et Attalus Philometor; de philosophis Democritus physicus, Xenophon Socraticus, Aristoteles et Theophrastus Peripatetici, Archytas Pythagoreus; item Amphilochus Atheniensis, Anaxipolis Thasius, Apollodorus Lemnius, Aristophanes Mallotes, Antigonus Cymaeus, Agathocles Chius, Apollonius Pergamenus, Aristandrus Atheniensis, Bacchius Milesius, Bion Soleus, Chaeresteus et Chaereas Atheniensis, Diodorus Prieneus, Dion Colophonius, Diophanes Nicaeensis, Epigenes Rhodius, Euagon Thasius, Euphronii duo, unus Atheneinsis, alter Amphipolites, Hegesias Maronites, Menandri duo, unus Prieneus, alter Heracleotes, Nicesius Maronites, Pythion Rhodius. de reliquis, quorum quae fuerit patria non accepi, sunt Androtion, Aeschrion, Aristomenes, Athenagoras, Crates, Dadis, Dionysios, Euphyton, Euphorion, Eubulus, Lysimachus, Mnaseas, Menestratus, Plentiphanes, Persis, Theophilus. hi

8

9

Die Zahl derer, die in griechischer Sprache zerstreut über
alle möglichen Dinge geschrieben haben, ist größer als fünf-
zig. Dies sind, die du zu Rate ziehen kannst, wenn du über
etwas Bescheid wissen willst, Hieron aus Sizilien und Attalos
Philometor; von den Philosophen der Physiker Demokritos,
der Sokratesschüler Xenophon, die Peripatetiker Aristoteles
und Theophrastos, der Pythagoreer Archytas; ferner Amphilochos aus Athen, Anaxipolis aus Thasos, Apollodoros aus
Lemnos, Aristophanes aus Mallos, Antigonos aus Kyme,
Agathokles aus Chios, Apollonios aus Pergamon, Aristander
aus Athen, Bakchios aus Milet, Bion aus Soloi, Chairesteos
und Chaireas aus Athen, Diodoros aus Priene, Dion aus
Kolophon, Diophanes aus Nikaia, Epigenes aus Rhodos,
Euagon aus Thasos, die beiden Euphronios, einer aus Athen,
der andere aus Amphipolis, Hegesias aus Maroneia, die beiden Menander, einer aus Priene, der andere aus Herakleia,
Nikesios aus Maroneia, Pythion aus Rhodos. Unter den übrigen, deren Heimatstadt ich nicht erfahren habe, sind Androtion, Aischrion, Aristomenes, Athenagoras, Krates, Dadis,
Dionysios, Euphyton, Euphorion, Eubulos, Lysimachos,
Mnaseas, Menestratos, Plentiphanes, Persis, Theophilos. Die,
die ich erwähnt habe, haben alle in ungebundener Rede

quos dixi omnes soluta oratione scripserunt; easdem res etiam quidam versibus, ut Hesiodus
Ascreus, Menecrates Ephesius. hos nobilitate   10
Mago Carthaginiensis praeteriit, Phoenica lingua
qui res dispersas comprendit libris XXIIX, quos
Cassius Dionysius Uticensis vertit libris XX ac
Graeca lingua Sextilio praetori misit; in quae volumina de Graecis libris eorum quos dixi adiecit non
pauca et de Magonis dempsit instar librorum VIII.
hosce ipsos utiliter ad VI libros redegit Diophanes
in Bithynia et misit Deiotaro regi.

Eine vergleichbare Zusammenstellung findet sich bei
Columella, de re rust. I 1,7–11:

Magna porro et Graecorum turba est de rusticis   7
rebus praecipiens, cuius princeps celeberrimus
vates non minimum professioni nostrae contulit
Hesiodus Boeotius. magis deinde eam iuvere fontibus orti sapientiae Democritus Abderites, Socraticus Xenophon, Tarentinus Archytas, Peripatetici
magister ac discipulus Aristoteles cum Theophrasto. Siculi quoque non mediocri cura negotium istud   8
prosecuti sunt Hieron et Epicharmus, ⟨cuius⟩ discipulus Philometor erat Attalus. Athenae vero
scriptorum frequentiam pepererunt, e qua proba-
tissimi auctores Chaereas, Aristandros, Amphilochus, Euphronius, Chrestus – Euphronius non, ut
multi putant, Amphipolites, qui et ipse laudabilis
habetur agricola, sed indigena soli Attici. – insulae   9
quoque curam istam celebraverunt, ut testis est
Rhodius Epigenes, Chius Agathocles, Euagon et
Anaxipolis Thasii; unius quoque de septem Biantis
illius populares Menander et Diodorus in primis
sibi vindicaverunt agricolationis prudentiam. nec

geschrieben; dieselben Stoffe haben auch manche in Versen behandelt, wie z. B. Hesiodos aus Askra und Menekrates aus Ephesos. Diese hat an Trefflichkeit der Karthager Mago übertroffen, der in punischer Sprache die verstreute Materie in 28 Büchern zusammengefaßt hat, die Cassius Dionysios aus Utica auf 20 Bücher verkürzt und in griechischer Übersetzung dem Prätor (P.) Sextilius geschickt hat; in diese Bände fügte er aus den griechisch geschriebenen Büchern derer, die ich erwähnt habe, manches ein und hat vom Werk des Mago so viel wie acht Bücher weggenommen. Sie selbst hat Diophanes in Bithynien in brauchbarer Weise auf sechs Bücher zusammengefaßt und dem König Deiotaros geschickt.

Groß ist zunächst die Zahl der griechischen Darsteller der Landwirtschaft. Unter ihnen nimmt den ersten und rühmlichsten Platz der böotische Dichter Hesiod ein, dem unser Fach nicht wenig verdankt. Mehr auf wissenschaftlicher Grundlage haben sie gefördert Demokrit von Abdera, der Sokratiker Xenophon, Archytas von Tarent, der Meister und der Schüler des Peripatos, Aristoteles und Theophrast. Auch die Sizilier Hieron und Epicharm, ⟨dessen⟩ Schüler Attalos Philometor war, haben sich beträchtlich um dieses Gebiet bemüht. Athen hat eine große Menge Schriftsteller hervorgebracht, von denen die bedeutendsten Chaireas, Aristandros, Amphilochos, Euphronios und Chrestos[1] sind – nicht, wie manche meinen mögen, jener Euphronios aus Amphipolis, der ebenfalls als tüchtiger Landwirt gilt, sondern der Sproß des attischen Bodens. Auch die Inseln haben diesem Interesse gehuldigt; das bezeugen Epigenes von Rhodos, Agathokles von Chios, Euagon und Anaxipolis von Thasos; Menander und Diodoros, zwei Landsleute des Bias, der einer der Sieben Weisen war, haben sich ganz hervorragende Kenntnisse in der Landwirtschaft angeeignet. Ihnen geben aber Bakchios und

hic cessere Milesii Bacchius et Mnasias, Antigonus
Cymaeus, Pergamenus Apollonius, Dion Colophonius, Hegesias Maronites. nam quidem   10
Diophanes Bithynius Uticensem totum Diony-
sium, Poeni Magonis interpretem per multa diffu-
sum volumina sex epitomis circumscripsit. et alii
tamen obscuriores, quorum patrias non accepimus,
aliquod stipendium nostro studio contulerunt; hi
sunt Androtion, Aeschrion, Aristomenes, Athenagoras, Crates, Dadis, Dionysius, Euphyton,
Euphorion. nec minore fide pro virili parte tribu-   11
tum nobis intulerunt Lysimachus et Eubulus,
Menestratus et Plentiphanes, Persis et Theophilus.

Et ut agricolationem Romana tandem civitate   12
donemus – nam adhuc istis auctoribus Graecae
gentis fuit –, iam nunc M. Catonem Censorium
illum memoremus, qui eam Latine loqui primus
instituit; post hunc duos Sasernas, patrem et filium,
qui eam diligentius erudiverunt; ac deinde Scrofam
Tremelium, qui etiam eloquentem reddidit, et M.
Terentium, qui expolivit; mox Vergilium, qui car-
minum quoque potentem fecit. nec postremo quasi   13
paedagogi eius meminisse dedignemur Iuli Hygini,
verum tamen ut Carthaginiensem Magonem rusti-
cationis parentem maxime veneremur; nam huius
octo et viginti memorabilia illa volumina ex senatus
consulto in Latinum sermonem conversa sunt.   14
non minorem tamen laudem meruerunt nostrorum
temporum viri Cornelius Celsus et Iulius Atticus;
quippe Cornelius totum corpus disciplinae quinque libris conplexus est, hic de una specie culturae
pertinentis ad vitis singularem librum edidit. cuius
velut discipulus duo volumina similium praecepto-

Mnaseas aus Milet, Antigonos von Kyme, Apollonios von Pergamon, Dion von Kolophon und Hegesias von Maronea nichts nach. Diophanes von Bithynien hat den gesamten Dionysios von Utika, den Übersetzer des Puniers Mago, dessen Werk sich über viele Bände erstreckt, in einer Kurzausgabe von sechs Büchern zusammengefaßt. Doch auch andere weniger berühmte Männer, deren Heimat wir nicht ermitteln konnten, haben unserem Arbeitsgebiet einige Beiträge geleistet; es sind Androtion, Aischrion, Aristomenes, Athenagoras, Krates, Dadis, Dionysios, Euphyton und Euphorion. Mit nicht geringerer Gewissenhaftigkeit haben uns, jeder an seinem Teil, Lysimachos und Eubulos, Menestratos und Plentiphanes, Persis und Theophilos ihren Beitrag geliefert.[2]

Und um endlich der Landbaukunde das römische Bürgerrecht zu verleihen – denn für alle diese Schriftsteller war sie noch griechischer Nationalität –, wollen wir nun den berühmten Marcus Cato Censorius nennen, den ersten, der sie gelehrt hat, in lateinischer Sprache zu reden; nach ihm die beiden Saserna, Vater und Sohn, die sie sorgfältiger ausgebildet haben; weiter Tremelius Scrofa, der sie auch noch wortgewandt – und Marcus Terentius[3], der sie gesellschaftsfähig gemacht hat; schließlich Vergil, der sie in die Dichtung eingeführt hat. Am Ende wollen wir es nicht verschmähen, auch Julius Hyginus sozusagen als ihren ›Pädagogen‹ zu erwähnen; doch vor allem wollen wir dem Karthager Mago als dem Vater der Landwirtschaft die schuldige Ehre erweisen; sind doch seine vortrefflichen 28 Bücher auf einen Senatsbeschluß hin ins Lateinische übersetzt worden. Nicht weniger Anerkennung haben unsere Zeitgenossen Cornelius Celsus und Julius Atticus verdient; der erstere hat den gesamten Komplex unseres Wissensgebiets in fünf Bänden zusammengefaßt, der letztere über das Sondergebiet der Weinbaukunde einen Einzelband herausgegeben. Sozusagen als sein Schüler ließ

rum de vineis Iulius Graecinus conposita facetius et
eruditius posteritati tradenda curavit.

Julius Graecinus zwei Bände mit ähnlichen Anweisungen
über den Weinbau in geistvollerer und geschliffenerer Form
zum Nutzen kommender Geschlechter erscheinen.

(Übersetzung: Will Richter)

[1] Chairestos
[2] Die Namen der Autoren Apollodoros und Aristophanes hat Columella nicht übernommen.
[3] Varro

ZU DEN STERNDATEN

in Plinius, naturalis historia XVIII 234–235; 237; 246–248; 255–256; 268–271; 284–289; 309–313

Tierkreiszeichen	Namen	Früh-/Morgen-	←?→ Aufgang	Spät-/Abend-	Früh-/Morgen-	←?→ Untergang	Spät-/Abend-	Sonnenwende/Tagundnachtgleiche
17.01.	AQUARIUS (Wassermann)							
	Equus (Pferd/Pegasus)	07.03. Co		12.08. ATT	21.03. (Cä)* / 21.03. Co*			
15.02.	PISCES (Fische)				21.09. Co			
	piscis aquilonius (nördlicher F.)		←08.03. / ←13.03. Co des					
	commissura p. (Band)					←21.09. Cä		
17.03.	ARIES (Widder)							25.03. FTNGl
	Milus (Weih)		←09.03. ATT / ←18.03. ITA / ←17.03. (Ovid, F.3,793)					

Tierkreiszeichen	Namen	Aufgang			Untergang			Sonnenwende/ Tagundnachtgleiche
		Früh-/ Morgen-	←?→	Spät-/ Abend-	Früh-/ Morgen-	←?→	Spät-/ Abend-	
17.04.	**TAURUS** (Stier)							
	Suculae (Hyaden)	**31.10.** c.s.* 18.11. Co.* 01./02.05. Co 02.05. Cä	←21.05. Co	**16.10.**	21.11. Co	←30.11. Co gz 12./13.04. Co→	**16.04.** ATT 18.04. Cä→17.04. Cä 18.04. ÄGY 20.04. ASS 18.04. Co	
	Vergiliae (Plejaden)	22.04. Co c.s 07.05. Co	←**10.05.** 10.05. Co gz 13.05 (*Ovid, F. 5, 599*)	**10.10.** (Cä) 10.10. Co	08.11 Co 20./21.10 Co s.e.	←**11.11.** ←28.10. Co	**03.04.** ATT 04.04. BOE 05.04. Cä 05.04. CHA 06.04. Co	
	Auriga/Heniochos (Fuhrmann)				**27.09.** Cä 27.09. ASI 04.10. Co			
	Capella (Ziege)	**28.09.** alle* 29.04. Co 25.–27.05. Co	←**08.05.** (Cä) 07.09. Co→ ←01.05. (*Ovid, F. 5, 113*)	**09.09.** Cä	23.12. Co		**21.05.** (Cä)	
	Haedi (Böckchen)		←**25.04.** ÄGY 29.09. alle→ 27.09. Co→	06.10. Co			05.10. (Cä²)	

Tierkreiszeichen Forts.	Namen	Aufgang			Untergang			Sonnenwende/ Tagundnachtgleiche
		Früh-/Morgen-	←?→	Spät-/Abend-	Früh-/Morgen-	←?→	Spät-/Abend-	
	Orion		09.03.* ←26.06. Cä ←14.07. ÄGY des ←04.07. ATT gz			27.04. ASS gz → 05.04. ÄGY inc →	09.04. (Ov. F. 4, 387)	
	gladius (Schwert)		←15.06. ←19.06. ÄGY			05.04. ÄGY inc → 22.05. Cä inc → 21.06. Cä inc → ←09.11. inc		
	zona (Gürtel)		←04.07.	15.–17.10. Co				
	Canis (maior) (Großer Hund mit Sirius)		←18.07.		30.12. Cä 25.11. Co	25.–28.04. → 28.04. → 21.05. ATT →	26.04. ATT 26.04. BOE 08.05. ÄGY 30.04. Co	
	Canicula (Großer Hund)		←17.07. ITA ←04.07. ÄGY ←26.07. Co		25.11. Co c.s.		30.12. Co*	
19.05.	GEMINI (Zwillinge)							
	Procyon (Kl. Hund)	04.07. ASS/ ÄGY 15.07. Co	←17.07. ASS			(vor 28.04.) →		

Tierkreiszeichen	Namen	Aufgang			Untergang			Sonnenwende/ Tagundnachtgleiche
		Früh-/Morgen-	←?→	Spät-/Abend-	Früh-/Morgen-	←?→	Spät-/Abend-	
19.06.	CANCER (Krebs)		05.03. Cä*			←03.01. Co ←17.01. Co des 06.07. Co hlb→		24.06. SSW
20.07.	LEO (Löwe)				25.01.			
	Regulus	30.07. Cä	←29.07. Co			←27.01. Co		
20.08.	VIRGO (Jungfrau)							
	Spica (Ähre)	16.09. ÄGY	←18.09. Co					
	Vindemitor (Winzer)	22.08. Cä inc 22.08. ASS 26.08. Co	08.03.→ 02.03. Co→ ←05.09. ÄGY 05.03. (Ovid, F.3,407)→	23.02. (Cä) 21.02. Co p.n.				
	Bootes (Ochsentreiber)							
	Arcturus (Bärenhüter)	05.09. ATT	←05.09. Co ←17.09. Co ←12.09. (Cä) hlb		22./23.05. Co 11.05. Cä 07.06. ITA	06.08. hlb* 31.10. Cä→ 26.08. Co inc* ←07.06. Co	29.10. Co 02.11.	

Tierkreiszeichen	Namen	Aufgang		Untergang		Sonnenwende/Tagundnachtgleiche
		Früh-/Morgen-	←?→ Spät-/Abend-	Früh-/Morgen-	←?→ Spät-/Abend-	
19.09.	LIBRA (Waage)				←08.04. Cä ←10.04. Co inc ←13.04. Co	
	Corona (Krone)	02.10. ATT 13./14.10. Co gz	←04.10. Cä inc ←05.10 Co inc ←15.10. gz	04.07. CHA 04.07. Co		
	Gemma (Edelstein)		←08.10. Cä ←08.10. Co			
20.10.	SCORPIO (Skorpion)	13.12. Co gz	←09.11. Co st.cl.	01.04. Co	←15.03. Cä	
	Nepa (Skorpion)		←26.10. Co frons		←15.03. Co inc ←16.03. Co 06.05. Co hlb*	
	Fides (Leier)	05.01. Cä. Co* 13.–16.05.; Co* 16.11. Co	05.05. (Ovid, F.5,415)	12.08. Co 24.09. Varro inc	←20.08. Co 01.02. Co inc → 03.02. Co gz →	
	Fidicula (Leier)	03.11. Co 26.04.*	13.05. (Cä) → 23.04. Co p.n. ←06.11. Co gz 05.01.*	20.08. Varro	30.01. Co inc →22.01. Co 31.01. Co → 04.02. ←11.08. Cä ←08.08. „recte'	24.09. HTNGl

Tier-kreis-zeichen	Namen	Aufgang			Untergang			Sonnenwende/ Tagundnacht-gleiche
		Früh-/ Morgen-	←?→	Spät-/ Abend-	Früh-/ Morgen-	←?→	Spät-/ Abend-	
18.11.	SAGITTARIUS (Schütze)						13.02. Co	
	Sagitta (Pfeil)			22.02. cr	05.09.	←28.08. ASS	05.01. ÄGY	
	Aquila (Adler)	07.12. Co	←20.12. ITA 01./02.06. Co→ [27.07. Co]→	02.06. Cä 02.06. Cä it 02.06. ASS	20.07. ÄGY 23.07. ATT	←20.-23.07. ←30.07. Co	29.12. Co 30.12. Att	
	Delphinus (Delphin)	04.01. Cä	←27.12. Co inc ←09.01. (Ovid, F.1.457)	10.06. ITA? 10.06. Co	14.08. Co	←13.08. Co ←12.08. Cä ←12.08. ÄGY 30.01. Co inc→ 31.01. Co→	08.01. ITA?	
17.12.	CAPRICORNUS (Steinbock)							25.12. WSW

Abkürzungen und Zeichen

Cä: Caesar, De astris, bei Plinius, n.h. 18, 234 ff.
Co: Columella, De re rustica 11,2,3–97
F.: Ovid, Fasti

ÄGY: Ägypten, ASI: (Klein-)Asien, ASS: Assyrien, BOE: Böotien, CHA: Chaldaea/Chaldaei, ITA: Italien (d.h. Cä, s.o.); FTNGl: Frühjahrs-Tagundnachtgleiche, HTNGl: Herbst-Tagundnachtgleiche, SSW: Sommersonnenwende, WSW: Wintersonnenwende

alle:	Übereinstimmung aller Quellen
cr:	*crepusculo* zur Zeit der (Abend-)Dämmerung
c.s.:	*cum sole* mit Sonnenaufgang
des:	*desinit* hört auf (auf- bzw. untergehen)
gz:	ganz sichtbar
hlb:	halb sichtbar
it:	*iterum* zum zweitenmal (d.h. Abendaufgang nach Morgenaufgang)
p.n.:	*prima nocte* gleichzeitig mit dem Beginn der Nacht
s.e.:	*solis exortu* mit Sonnenaufgang
st. cl.:	*stella clara* heller Stern
←?→	Plinius gibt nicht an, ob es sich um den Morgen- oder den Abend-Aufgang/Untergang handelt
↓	gehört zur Spalte unmittelbar links daneben
↑	gehört zur Spalte unmittelbar rechts daneben
*	Zuordnung unklar

Bauernkalender

24.12.–08.02.:	Wintersonnenwende – Auftreten des Westwindes	(§§ 234–235; 336)
08.02.–25.03.:	Auftreten des Westwindes – Frühjahrs-Tagundnachtgleiche	(§§ 237; 238–245)
25.03.–10.05.:	Frühjahrs-Tagundnachtgleiche – Frühaufgang der Plejaden	(§§ 246–248; 249–254)
10.05.–24.06.:	Frühaufgang der Plejaden – Sommersonnenwende	(§§ 255–256; 257–267)
24.06.–08.08.:	Sommersonnenwende – Untergang der Leier	(§§ 268–271; 272–308)
08.08.–24.09.:	Untergang der Leier – Herbst-Tagundnachtgleiche	(§§ 309–311)
24.09.–11.11.:	Herbst-Tagundnachtgleiche – Untergang der Plejaden	(§§ 312–313; 314–321)

AUFBAU UND INHALT VON BUCH 18

Im vorliegenden Buch 18 werden folgende Themen behandelt:

Nach einem Überblick über die Themen in diesem Buch (Feldfrüchte, Gärten, Blumen, Kräuter) geht Plinius auf die Bedeutung des Bodens, der Erde, ein und äußert sich besorgt über die Schädigung der Umwelt (!) durch den Menschen (§ 1–4). Dann erwähnt er die Vorfahren, die vom Land lebten. Er blickt zurück auf Gesetze und Ordnungen früherer Generationen, auf deren einfaches Leben und beklagt die heutige Zeit, wo niemand mehr zufrieden sei und wo die Preise sehr gestiegen sind (§ 5–18).

Er fragt sich, wieso es damals fruchtbarere Äcker gab; wohl
weil die Feldherrn ihr Land selbst bestellten im Gegensatz zu
seiner Zeit, wo dieselbe Arbeit Sträflinge und Sklaven tun
(§ 19–21).

Dann geht er auf Vorschriften über den Ackerbau ein und
gibt eine Vorschau auf das folgende: Bearbeitungsmethoden,
Gestirne und deren Einfluß auf die Erde (§ 22–24). Er befaßt
sich zunächst mit den Vorschriften und Leitsätzen des Cato.
Dieser habe aufgrund seiner Erfahrung über das Landleben,
den Hausbau, die richtige Feldarbeit, die Verwaltung sowie
über das Maßhalten geschrieben (§ 25–48).

Es folgen dann exakte Anleitungen zum Ackerbau und
zum Behandeln der Feldfrüchte. Es wird über Säen, Pflege,
Ernte, Verarbeitung der einzelnen Getreidearten, über die
Gewinnung von Kleie, Mehl, über Brotbacken, über Getrei-
depreise, über den Anbau in den übrigen Ländern berichtet
(§ 48–101).

Über die Herstellung von Sauerteig lesen wir von § 102 bis
106. Plinius berichtet, daß von den Frauen gebacken wurde;
Bäcker gab es erst später und nur für die vornehmen Bürger
(§ 107–108). Weiter widmet er sich einigen Regionen Italiens,
wo bestimmte Getreidearten besonders gut gedeihen, und
begründet dies auch mit dem Boden (§ 109–112).

Die Zubereitung von Graupen, speziell in Mischung mit
Kreide, sowie Verfälschungen, behandelt er anschließend
(§ 113–116).

Über die Beschaffenheit der Hülsenfrüchte (Anbau, Verwendung) wird dann von § 117–125 berichtet. Dann wird
über die Rübe (verschiedene Arten, Anbau, Nutzen)
geschrieben (§ 126–132), über die Lupine (§ 133–136), über
die Wicke (§ 137–138), über die Erve, das Bockshorn
(§ 139–140). Schließlich kommt der Roggen dran, die Vogelwicke, die Luzerne, der Schneckenklee (§ 141–148).

Dann widmet er sich besonders den Krankheiten der Feldfrüchte, den Schädlingen und der Witterung (§ 149–156). Jetzt bespricht er Heilmittel und erläutert Erkenntnisse beim Säen (§ 157–162).

Nun geht er zum Pflügen über, behandelt die Geräte, die unterschiedlichen Methoden in den verschiedenen Ländern, erinnert sich wieder an Cato, an Vergil (§ 163–183).

Jetzt spricht er weitere Verfahren und Anleitungen beim Ackerbau an: Jäten, Bodenarten, Bewässerung, Düngen, Alter der Samen, Säen, richtige Zeit dazu im Zusammenhang mit den Gestirnen und den Winden (§ 167–200).

Dann kommt er zu dem schwierigen Kapitel der Astronomie: Sonne, Fixsterne, Planeten, Auf- und Untergänge, Wendepunkt der Zeiten, Tagundnachtgleiche, Tierkreiszeichen, Jahreszeiten (§ 201–229).

Er bespricht den Jahreslauf bei den Feldfrüchten im Hinblick auf den Gang der Gestirne und beginnt mit der Aussaat des Getreides, dem Anlegen von Gärten usw., eben mit den Frühjahrsarbeiten. Besondere Aufmerksamkeit widmet er den Winden, dem Behacken und Beschneiden. Cato, Vergil, Caesar werden zitiert (§ 230–253).

Anschließend behandelt er die Arbeiten, die nach der Tagundnachtgleiche vorzunehmen sind. Auch hier werden wieder die wichtigen Gestirne mit ihren Auf- und Untergängen erwähnt. Dann schreibt er alles über Wiesen zusammen, wie Grasarten, Sensen, Mähen, Einbringen (§ 254–263).

Jetzt führt Plinius die Arbeiten auf, die nach der Sommersonnenwende anfallen: Ernten der Früchte, Vorbereiten auf den Winter, alles wieder im Zusammenhang mit den wesentlichen Gestirnen. Zitiert werden Caesar und Demokrit. Eingegangen wird auch auf Getreiderost und Brand am Wein, wobei der Mond eine Rolle spielt. Erwähnt wird erstmals auch die Milchstraße (§ 264–283).

Nun werden die Feste der Alten besprochen (Rost-, Blüten- und Weinfest) und in Beziehung zu Sonne, Mond und

Sternen gesetzt (§ 284–289). Plinius spricht jetzt von der durch den Himmel bedingten Unfruchtbarkeit. Er bringt wieder den Mond mit seinen Phasen ins Spiel, gibt Ratschläge zur Vertreibung des Nebels (Rauch von Reisig und Spreu) und listet die ländlichen Arbeiten auf, die jetzt verrichtet werden müssen, darunter auch ein Speicherbau (§ 290–308).

Dann führt er wieder mit dem Herbstbeginn Auf- und Untergänge von Gestirnen auf; er bezieht sich sehr oft auf Caesar. Es werden auch noch Details zur Ernte von Rüben gegeben und dann der Weinlese und dem Auspressen größerer Raum eingeräumt (§ 309–317).

Sodann geht er auf die Obsternte ein und kommt wieder zur Weinlese zurück: Einkochen von Mostsaft, Preise und Gewinn. Auch die Olivenernte wird angesprochen (§ 318–320).

Zum Schluß nimmt er nochmals Stellung zum Mond, zu den Winden und Wetterzeichen (Einteilen der Arbeiten nach den Mondstellungen), Regeln für die Erledigung der Arbeiten bei Wind, bei Sonne, Festlegen der Himmelsrichtungen, Wetterzeichen durch die Sonne (ab § 342), den Mond (ab § 347), die Sterne (ab § 351), immer im Zusammenhang mit Wolken. Feuer und Gewässer, Stürme in den Wäldern und Bergen, Verhalten von bestimmten Tieren usw. werden ebenfalls als Wetterzeichen gedeutet (bis § 365).